Gebührenordnung für Ärzte (GOÄ)
UV-GOÄ

Gebührenordnung für Ärzte (GOÄ) UV-GOÄ

Gebührenordnung für Ärzte
Vertrag Ärzte/Unfallversicherungsträger
Gebührenverzeichnis für ärztliche Leistungen

Stand der Ausgabe 1.5.2001

Bearbeitung: Renate Hess

Deutscher Ärzte-Verlag Köln

Bearbeiter:
Dipl.-Kfm. Renate Hess
Stellvertretende Hauptgeschäftsführerin
der Bundesärztekammer, Köln

ISBN 3-7691-3156-8

Die Deutsche Bibliothek – CIP-Einheitsaufnahme

Gebührenordnung für Ärzte: (GOÄ), UV-GOÄ: Gebührenordnung für Ärzte; Vertrag Ärzte, Unfallversicherungsträger. Gebührenverzeichnis für ärztliche Leistungen.
Bearb.: Renate Hess; Stand der Ausg. 1.5.2001 – Köln:
Dt. Ärzte-Verl., 2001
Früher u.d.T. Gebührenordnung für Ärzte
ISBN 3-7691-3156-8

Satz: Fotosatz Schmidt + Co., Weinstadt
Druck und Bindung: Ebner Ulm, 89075 Ulm

Inhaltsverzeichnis

Vorwort

Die „Ausgabe 2001" der Textausgabe zur GOÄ hat eine wesentliche Ergänzung erfahren dadurch, dass der Vertrag zwischen den Spitzenverbänden der Gesetzlichen Unfallversicherung und der Kassenärztlichen Bundesvereinigung (Vertrag Ärzte/Unfallversicherungsträger) aufgenommen wurde. Der Vertrag gemäß § 34 Abs. 3 SGB VII ist zum 1. Mai 2001 in Kraft getreten und löst das alte Abkommen ab; er regelt die Durchführung der Heilbehandlung, die Vergütung sowie die Art und Weise der Abrechnung. Da – trotz einiger abweichender Regelungen – die GOÄ '96 Abrechnungsgrundlage für das Abkommen bleibt, konnte die Zusammenführung in einer Textausgabe endlich erreicht werden. Das Gebührenverzeichnis der GOÄ dient als Grundlage für das mit den Unfallversicherungsträgern vereinbarte Gebührenverzeichnis (UV-GOÄ); seine Systematik, die Leistungslegenden und die Punktzahlen wurden grundsätzlich als Basis für die Erstellung der DM-Gebührenordnung übernommen. Einige Abschnitte des Abkommens Ärzte/Unfallversicherungsträger sind eigenständig geregelt worden; so ist beispielsweise der Abschnitt B der GOÄ – Grundleistungen und Allgemeine Leistungen – im Vertrag wegen der geforderten Kostenneutralität umstrukturiert worden. Das in der GOÄ verankerte Zuschlagssystem für ambulante Operationen und Anästhesieleistungen wurde nicht in den Vertrag übernommen, da der erhöhte Aufwand für die ambulante Durchführung mit der Vergütung für die besondere Heilbehandlung abgegolten ist. Die Vergütungen für Gutachten, Berichte etc. sowie für Verbände sind eigenständig geregelt worden; die Vordrucke und ihre Vergütung werden im Gebührenteil (GOÄ-Nrn. 110 ff.) aufgeführt. Soweit von der GOÄ abweichende einzelne Gebührenpositionen in einem GOÄ-Abschnitt vereinbart worden sind, sind diese mit ▾UV-GOÄ gekennzeichnet.

Die Textausgabe wurde neu strukturiert: Nach einer Einführung zur GOÄ und dem Verordnungstext der Rechtsverordnung zur Gebührenordnung für Ärzte vom 12. November 1982 (BGBl. I, S. 1522), zuletzt geändert durch das GKV-Gesundheitsreformgesetz 2000 vom 22. Dezember 1999 (BGBl. I, S. 2626 ff.) unter Berücksichtigung des Achten Euro-Einführungsgesetzes vom 26. Februar 2001, finden Sie eine Einführung zum Vertrag Ärzte Unfallversicherungsträger, den Vertragstext und das Gebührenverzeichnis für ärztliche Leistungen (GOÄ/UV-GOÄ). Soweit die Leistungsverzeichnisse der GOÄ und der UV-GOÄ völlig verschieden sind, wurden beide Fassungen komplett abgedruckt; bei kleineren Abweichungen wurden beide Fassungen ebenfalls komplett abgedruckt, so dass klar erkennbar ist, welche Gebührenregelung der GOÄ und welche der UV-GOÄ zuzuordnen ist.

Die neue Textausgabe sieht neben den DM-Beträgen der einzelnen Gebührenpositionen erstmals auch Euro-Beträge vor; damit wird der Regelung Rechnung getragen, dass bis zum offiziellen Umstellungsdatum auf den Euro am 01.01.2002 eine Rechnungsstellung entweder auf DM- oder auf Euro-Basis möglich ist. Während eine gesonderte rechtsförmliche Umstellung der DM-Beträge in der GOÄ auf Euro-Beträge nicht vorgesehen ist, erfolgt im so genannten Achten Euro-Einführungsgesetz eine Klarstellung hinsichtlich des Punktwertes in der GOÄ. Im Rahmen der auf der Basis einschlägiger EG-Verordnungen festgelegten Rechtsautomatik erfolgt die Währungsumstellung automatisch, auch ohne dass es hierzu einer Änderung des nationalen Rechts bedarf. Nach der Verordnung (EG) Nr. 974/98 des Rates vom 03. Mai 1998 über die Einführung des Euro („Euro-Verordnung II") findet die Umstellung der nationalen Währungen der teilnehmenden Mitgliedstaaten auf den Euro einschließlich seiner Untereinheit Cent am 01. Januar 2002 statt; die nationalen Währungseinheiten fallen dann weg. In sämtlichen nationalen Rechtsakten (z. B. Gesetze, Verordnungen) gelten dann ohne weitere Bezugnahmen auf die nationale Währung bzw. Geldbeträge in nationaler Währung Euro-Beträge. In Deutschland geschieht dies unter Verwendung des Umrechnungskurses von 1,95583 DM für 1 Euro, der in der Verordnung (EG) Nr. 2866/98 des Rates vom 31. Dezember 1998 über die Umrechnungskurse zwischen dem Euro und den Währungen der Mitgliedstaaten, die den Euro einführen („Euro-Verordnung III"), festgelegt wurde.

Der Punktwert auf der Grundlage des § 5 Abs. 1 wird auf fünf Nachkommastellen in Cent umgerechnet; insofern entspricht der Punktwert von 11,4 Pfennigen in der GOÄ 5,82873 Cent. Die Euro-Beträge im Gebührenverzeichnis ergeben sich – wie bisher die DM-Beträge – durch Multiplikation des o. a. Punktwertes von 5,82873 Cent mit den Punktzahlen der jeweiligen Leistungsposition, wobei der Betrag auf zwei Stellen hinter dem Komma auf- oder abgerundet wird; bei Ergebnissen von 1, 2, 3 oder 4 bei der dritten Nachkommastelle ist abzurunden und bei Ergebnissen von 5, 6, 7, 8 oder 9 ist aufzurunden.

Vorwort

Eine Glättung von Euro-Beträgen in den allgemeinen Vorschriften und eine entsprechende Anpassung des Gebührenverzeichnisses bleibt bei sich bietender Gelegenheit der weiteren Novellierung der GOÄ vorbehalten.

Ziel der Neugestaltung der Textbroschüre ist, die GOÄ und einen ihrer wesentlichen Anwendungsbereiche – den Vertrag Ärzte/Unfallversicherungsträger – für den Arzt zusammenzuführen, um ihm eine schnelle Orientierung über den jeweiligen Regelungsinhalt zu ermöglichen. Zur Anwendungserleichterung werden im Gebührenverzeichnis Spalten mit gängigen Gebührensätzen bei bestimmten Multiplikatoren (Steigerungsfaktoren) wiedergegeben. Nach der Punktzahl (der Wertigkeit innerhalb des Gebührenverzeichnisses) und dem Einfachsatz (Punktzahl × Punktwert) folgen die Gebührensätze bei Anwendung des so genannten „Schwellenwertes" (2,3-fach, 1,8-fach oder 1,15-fach) und des Höchstsatzes (3,5-fach, 2,5-fach oder 1,3-fach). Der am 1. Januar 2000 eingeführte Standardtarif mit den Steigerungsfaktoren (1,7-fach, 1,3-fach, 1,1-fach) ist in der fünften Spalte aufgeführt. In der sechsten und siebten Spalte sind die Gebührensätze der UV-GOÄ, unterteilt in solche für die Allgemeine Heilbehandlung (UV Allg.) und für die Besondere Heilbehandlung (UV Bes.), aufgeführt. Diese die UV-GOÄ betreffenden Spalten sind durch Rasterunterlegung besonders gekennzeichnet. Die ausführlichen Einführungen in die GOÄ und in die UV-GOÄ sollen dazu beitragen, die Benutzerfreundlichkeit zu verbessern; in der GOÄ-Einführung werden – neben einer allgemeinen Vorstellung der GOÄ-Systematik – wichtige Hinweise zur Anwendung der einzelnen GOÄ-Vorschriften gegeben. Soweit es die UV-GOÄ betrifft, finden sich in der Einführung Hinweise zur gesetzlichen Grundlage des Vertrages im SGB VII und zu den Änderungen des Abkommens. Vervollständigt wird die Textausgabe schließlich durch das Verzeichnis analoger Bewertungen der Bundesärztekammer wie ein ausführliches, auf den neuesten Stand gebrachtes Sachverzeichnis, das dem Anwender die rasche Orientierung erleichtert; ein gesondertes Sachverzeichnis zu den Laborleistungen dient ebenfalls der schnellen Orientierung.

Köln, im April 2001 Dipl.-Kfm. Renate Hess

Einführung zur Gebührenordnung für Ärzte (GOÄ)

1 Allgemeines

1.1 Rechtsgrundlage

Die Amtliche Gebührenordnung für Ärzte ist eine von der Bundesregierung mit Zustimmung des Bundesrates erlassene Rechtsverordnung. Rechtsgrundlage für den Erlass der Amtlichen Gebührenordnung für Ärzte ist die Bundesärzteordnung (BÄO) in der Fassung der Bekanntmachung vom 16. April 1987 (BGBl. I, S. 1218), die in § 11 bestimmt: „Die Bundesregierung wird ermächtigt, durch Rechtsverordnung mit Zustimmung des Bundesrates die Entgelte für ärztliche Tätigkeit in einer Gebührenordnung zu regeln. In dieser Gebührenordnung sind Mindest- und Höchstsätze für ärztliche Leistungen festzusetzen. Dabei ist den berechtigten Interessen der Ärzte und der zur Zahlung der Entgelte Verpflichteten Rechnung zu tragen."

Bei Erlass der Amtlichen Gebührenordnung vom 12. November 1982 (BGBl. I, Seite 1522 ff.), die auch heute noch in wesentlichen Teilen Grundlage der privaten Gebührenberechnung ist, ist in Form von mehreren Verfassungsbeschwerden die Ermächtigungsgrundlage in Bezug auf die Bundeskompetenz in Frage gestellt worden. Das Bundesverfassungsgericht hat in seinem Beschluss vom 12. Dezember 1984 – I BvR 1249/83 die Zuordnung des § 11 BÄO in das Recht der Wirtschaft und damit die Zuständigkeit des Bundes auf der Grundlage von Art. 74, 11 GG (Recht der Wirtschaft) bestätigt. Die ebenfalls initiierte verfassungsrechtliche Prüfung einzelner Vorschriften der GOÄ '82 wurde durch das Bundesverfassungsgericht zunächst den Fachgerichten zugewiesen. Zuständig für Honorarstreitigkeiten sind damit nicht nur die ordentlichen Gerichte als Fachgerichte, sondern auch Verwaltungsgerichte, soweit es sich um die Geltendmachung von Beihilfeansprüchen handelt.

Die GOÄ ist eine Gebührenordnung für Ärzte. Voraussetzung für das Entstehen eines Vergütungsanspruches nach GOÄ ist, dass dem Arzt ein Liquidationsanspruch zusteht. Ein solcher Anspruch erwächst in der Regel durch Abschluss eines Behandlungsvertrages (Dienstvertrag nach § 611, BGB), aber auch durch Geschäftsführung ohne Auftrag nach § 683 BGB. Der Arzt schuldet dem Patienten nicht den Behandlungserfolg, sondern die mit der gebotenen Sorgfalt zu erbringenden ärztlichen Leistungen nach dem jeweiligen Stand der medizinischen Wissenschaft.

Die auf der Grundlage des § 11 BÄO beschlossene Gebührenordnung für Ärzte ist eine „Taxe" im Sinne von § 612 BGB. Die gemäß § 612 Abs. 2 BGB nur substitutive Anwendung einer solchen Taxe für den Fall einer fehlenden vertraglichen Vereinbarung ist im Zuge der 82'er Novelle weitgehend zu Gunsten einer vertraglich nicht abdingbaren Anwendung der GOÄ aufgegeben worden; nach § 2 GOÄ können Vergütungen, nur soweit es die Gebührenhöhe (Steigerungsfaktor) betrifft, abweichend vereinbart werden. Zudem gilt die GOÄ für alle beruflichen Leistungen des Arztes. Abweichende Bestimmungen zur Anwendung der GOÄ gibt es nur auf Grund von Bundesgesetzen, z. B. dem Einheitlichen Bewertungsmaßstab für vertragsärztliche Leistungen, dem Gesetz über die Entschädigung von Zeugen und Sachverständigen (ZSEG). Der Verordnungsgeber hat mit der GOÄ 1982 eine verbindliche Abrechnungsgrundlage für die „privatärztliche Behandlung" geschaffen; die damit verbundene Verpflichtung, diese verbindliche Vergütungsgrundlage regelmäßig dem Stand der medizinischen Wissenschaft anzupassen, wird vom Verordnungsgeber nur unzureichend erfüllt.

1.2 Historische Entwicklung

Vorgängerin der GOÄ war die Preussische Gebührenordnung für approbierte Ärzte und Zahnärzte vom 01. September 1924, die sog. PREUGO, die 1952 durch Übernahme in das Preisrecht bundesrechtliche Geltung erhielt. Die Mindestsätze der „PREUGO" sind in den Jahren 1953 und 1957 erhöht worden. Der Übergang von der „PREUGO" zur GOÄ ist im Jahre 1965 im wesentlichen in der Weise vollzogen worden, dass die allgemeinen gebührenrechtlichen Bestimmungen der „PREUGO" mit dem Leistungsverzeichnis der damals geltenden Ersatzkassengebührenordnung (E-Adgo) verbunden wurden. Dabei wurden die Abrechnungsbestimmungen der E-Adgo weitgehend übernommen. Die Höhe der Einfachsätze der GOÄ wurde am Vergütungsniveau der Ersatzkassen ausgerichtet.

Im Zeitraum von 1965 bis einschließlich 1982, d. h. innerhalb von 17 Jahren, ist die Gebührenordnung nicht geändert bzw. aktualisiert worden. Demgegenüber wurde die GOÄ '65 durch die Partner des Bundesmantelvertrages/Ärzte – die Kassenärztliche Bundesvereinigung sowie die Bundesverbände der Orts-, Betriebs-, Innungs- und landwirtschaftlichen Krankenkassen – als kassenärztliches Abrechnungsverzeichnis weiterentwickelt. Am 1. Januar 1971 wurde die so weiterentwickelte GOÄ '65 rechtsverbindlich als Bundeseinheitlicher Bewertungsmaßstab (BMÄ) vereinbart. Trotz zahlreicher politischer Vorstöße und der Vorlage eines von der Bundesärztekammer erarbeiteten Entwurfs einer neuen Gebührenordnung wurde diese erst im Jahre 1982, 11 Jahre später, insgesamt novelliert. Grundlage des Leistungsverzeichnisses der zu novellierenden GOÄ war der am 01. Juli 1978 eingeführte Einheitliche Bewertungsmaßstab (EBM), der für alle Kassenarten gemeinsam den Inhalt aller in der kassen- bzw. vertragsärztlichen Versorgung abrechnungsfähigen ärztlichen Leistungen zusammenführte und ihr wertmäßiges, in Punkten ausgedrücktes Verhältnis zueinander bestimmte.

1.3 Bisherige Änderungen der GOÄ '82

Die auf dem EBM basierende GOÄ vom 12. November 1982 (BGBl. I, S. 1522) trat am 01. Januar 1983 in Kraft; sie löste die Amtliche Gebührenordnung für Ärzte i. d. F. vom 18. März 1965 (BGBl. I, S. 89) ab. Seit ihrem Inkrafttreten 1983 ist die neu gestaltete GOÄ sieben Mal geändert worden; allerdings sind immer nur Teilaspekte ergänzt worden bzw. Teilaktualisierungen erfolgt mit der Folge, dass systematische Brüche und bewertungsmäßige Verwerfungen entstanden sind.

Die ursprüngliche Idee, das Gebührenverzeichnis der GOÄ und des EBM identisch zu regeln, wurde nur für einige Monate erreicht, weil der EBM als Vertragsgebührenordnung bereits kurz nach der Inkraftsetzung der GOÄ am 01. Januar 1983 weiter entwickelt wurde und sich die Gebührenwerke erneut inhaltlich auseinander entwickelten. Mit der Ersten Änderungsverordnung der GOÄ vom 20. Dezember 1983 (BGBl. I, S. 1500 ff.) wurde lediglich die Übergangsfrist für die Abgeltung von Sach- und Personalkosten im Krankenhausbereich verlängert. Die Zweite Änderungsverordnung vom 20. Dezember 1984 (BGBl. I, S. 1680 ff.) führte einen § 6 a Honorarminderungspflicht bei privatärztlichen Leistungen im stationären Bereich ein; zugleich wurde in der Bundespflegesatzverordnung ein Wahlarztabschlag zur Reduzierung der Pflegesätze bei Privatpatienten eingeführt, um eine Doppelbelastung des Privatpatienten im stationären Bereich mit Kosten zu vermeiden. Durch die Dritte Änderungsverordnung zur GOÄ vom 09. Juni 1988 (BGBl. I, S. 797 ff.) wurden eine Anpassung der Gebühren für privatärztliche Leistungen an die wirtschaftliche Entwicklung durch Punktwertanhebung um 10% bei gleichzeitiger pauschaler Bewertungsabsenkung von Laborleistungen um 20%, Änderungen im Paragraphenteil sowie eine Neufassung des Abschnittes Mund-, Kiefer-, Gesichtschirurgie in Folge der Novellierung der Amtlichen Gebührenordnung für Zahnärzte (GOZ) vorgenommen. Unter Verzicht auf die damals schon als notwendig erkannte umfassendere Überarbeitung des Gebührenverzeichnisses wurden einige Ergänzungen durch die Aufnahme der Analogen Bewertungen der Bundesärztekammer vorgenommen. Für die Ärzteschaft ergab sich durch die 3. Änderungsverordnung eine durchschnittliche Gebührenerhöhung um 3 bis 4 Prozent. Unter Berücksichtigung dieser Änderungen ist eine Neufassung der GOÄ bekannt gemacht worden (Neufassung vom 10. Juni 1988), (BGBl. I, S. 818).

Durch Art. 20 „Gesundheitsstrukturgesetz" vom 21. Dezember 1992 (BGBl. I, S. 2266) wurde die GOÄ erneut geändert; die Honorarminderungspflicht nach § 6a wurde neu geregelt.

Das Schwangeren- und Familienhilfeänderungsgesetz (SFHÄndG) vom 01. Oktober 1995 (BGBl. I, S. 1053) führte § 5a ein, der für die von der Schwangeren zu tragenden ärztlichen Leistungen in Zusammenhang mit einem „indikationslosen" Schwangerschaftsabbruch eine Begrenzung der Gebühren auf das 1,8-fache vorsieht.

Durch die Vierte Änderungsverordnung zur GOÄ vom 18. Dezember 1995 (BGBl. I, S. 1861) wurden sowohl Änderungen im Paragraphenteil als auch im Gebührenverzeichnis vorgenommen. Eine umfassende Novellierung war bereits in der Amtlichen Begründung der Bundesregierung zur Dritten Verordnung zur Änderung der GOÄ vom 01. Juli 1988 angekündigt worden. Ein erster Novellierungsteilschritt wurde durch diese Änderung mit einer Aktualisierung der Abschnitte B. Grundleistungen und allgemeine Leistungen, C. Nichtgebietsbezogene Sonderleistungen, M. Laboratoriumsuntersuchungen, O. Strahlendiagnostik, Nuklearmedizin, Magnetresonanztomographie und Strahlentherapie sowie der Aufnahme der Analogbewertungen der Bundesärztekammer realisiert. Die ärztlichen Grundleistungen wurden in ihrer Bewertung angehoben, das ambulante Operieren durch Einführung von Zuschlägen gefördert, der Punktwert um 3,6% von 11 auf 11,4 Pfennige angehoben. Obwohl nur ein Teil des Leistungsverzeichnisses aktualisiert wurde, wurden erneut Änderungen im Allgemeinen Teil vorgenommen, die sich auf das gesamte Leistungsverzeichnis auswirken, wie Einschränkung der abweichenden Honorarvereinbarung, Verstärkung des Prinzips der persönlichen Leistungserbringung für wahlärztliche Leistungen und im Labor, Zielleistungsprinzip für operative Leistungen, Neuregelung des Wegegeldes und Ergänzung der Regelungen zum Auslagenersatz und zur Rechnungsstellung.

Zuletzt wurde die GOÄ mit dem GKV-Gesundheitsreformgesetz 2000 vom 22. Dezember 1999 (BGBl. I, S. 2626 ff.) geändert. Mit Einführung des § 5 b wurden die ärztlichen Gebühren für Leistungen bei Versicherten des Standardtarifs abgesenkt und damit die Erstattungsbedingungen für Standardtarifversicherte in der GOÄ verankert.

2 Regelungen der Gebührenordnung (Paragraphenteil), Stand 01. Januar 2000

2.1 Anwendungsbereich (§ 1)

Die Amtliche Gebührenordnung für Ärzte gilt grundsätzlich für alle beruflichen Leistungen des Arztes, soweit nicht eine andere bundesgesetzliche Regelung gilt, wie z. B. der Einheitliche Bewertungsmaßstab für vertragsärztliche Leistungen (EBM), das Gesetz über die Entschädigung von Zeugen und Sachverständigen (ZSEG).

Vergütungen darf der Arzt nur für Leistungen berechnen, die nach den Regeln der ärztlichen Kunst für eine medizinisch notwendige ärztliche Versorgung erforderlich sind und mit der gebotenen Sorgfalt erbracht wurden. Leistungen, die über das Maß einer medizinisch notwendigen ärztlichen Versorgung hinausgehen, darf er nur berechnen, wenn sie auf Verlangen des Patienten erbracht worden sind. Da vielfach eine Kostenerstattung für solche Leistungen von Beihilfestellen und privater Krankenversicherung abgelehnt wird, ist es ratsam, den ausdrücklichen Wunsch des Patienten auf Durchführung derartiger Leistungen schriftlich bestätigen zu lassen (§ 1 Abs. 2).

2.2 Abweichende Vereinbarung (§ 2)

Der Handlungsspielraum für eine abweichende Vereinbarung – in der Regel Vereinbarung eines Steigerungsfaktors über den Höchstsätzen 3,5- bzw. 2,5fach – ist schrittweise immer weiter eingeengt worden. Bereits durch die letzte umfassende GOÄ-Reform im Jahre 1982 ist die bis dahin mögliche Abdingung aller Vorschriften der GOÄ beseitigt worden. Waren bis dahin Pauschalvereinbarungen oder die Abrechnung auf der Basis anderer Gebührenordnungen möglich gewesen, konnte vom 01. Januar 1983 an nur noch eine abweichende Vergütungshöhe vereinbart werden. Damit ist der Arzt an das Leistungsverzeichnis der GOÄ gebunden und kann nur einen höheren Steigerungsfaktor für die von ihm erbrachten Leistungen mit seinem Patienten vereinbaren.

Auf Grund des Urteils des Bundesgerichtshofs vom 30. Oktober 1991 sind die Anforderungen an eine abweichende Honorarvereinbarung, insbesondere soweit sie formularmäßig erfolgt, weiter verschärft worden; in diesen Fällen findet das Gesetz über die Allgemeinen Geschäftsbedingungen (AGB) Anwendung. Dies hat seinen Niederschlag auch in der GOÄ-Novelle '96 gefunden. Auszugehen ist von einer individuellen Absprache des Arztes mit dem Patienten als seinem Vertragspartner, bei der der Arzt sicherstellen muss, dass der Umfang der Abweichung für den Zahlungspflichtigen inhaltlich eindeutig und nachvollziehbar ist. Die abweichende Vereinbarung muss zwischen Arzt und Zahlungspflichtigen vor Erbringung der Leistung schriftlich getroffen werden. Die Abweichung muss dadurch deutlich erkennbar werden, dass in dem Schriftstück über die Vereinbarung diejenigen Leistungen einzeln mit Gebührennummer und Bezeichnung aufgeführt werden, für die höhere Steigerungsfaktoren gelten sollen; die jeweiligen Steigerungsfaktoren selbst und der sich daraus ergebende Betrag sind anzugeben. Daneben darf in dieser Vereinbarung nur noch der Hinweis enthalten sein, dass eine Erstattung der Vergütung durch Erstattungsstellen möglicherweise nicht in vollem Umfang gewährleistet ist. Das Schriftstück darf außerdem keine weiteren Erklärungen enthalten.

Mit der GOÄ-Novelle '96 ist neben erhöhten Anforderungen an Form und Inhalt der Honorarvereinbarung auch deren Anwendung noch weiter eingeschränkt worden.
So gilt ein Abdingungsverbot für:

- alle Leistungen nach den GOÄ-Abschnitten A, E, M und O

- voll-, teil- oder vor- bzw. nachstationäre wahlärztliche Leistungen, die der Chefarzt nicht höchstpersönlich erbringt
- Leistungen im Zusammenhang mit einem „indikationslosen" Schwangerschaftsabbruch (§ 5a neu in Verbindung mit § 218a Abs. 1 des Strafgesetzbuches).

2.3 Vergütungen (§ 3)

In der GOÄ gibt es drei Formen der Vergütung:
- Gebühren, aufgeführt im Gebührenverzeichnis einschließlich Analogbewertungen nach § 6 Abs. 2 GOÄ
- Entschädigungen und Wegegeld nach §§ 7,8
- Ersatz von Auslagen nach § 10.

Praxiskosten sind mit den Gebührensätzen für die ärztlichen Leistungen abgegolten (§ 4 Abs. 3).

2.4 Grundsatz der persönlichen Leistungserbringung (§ 4 Abs. 2)

Der Grundsatz der persönlichen Leistungserbringung ist in § 4 Abs. 2 GOÄ verankert; danach kann der Arzt Gebühren nur „für selbständige ärztliche Leistungen berechnen, die er selbst erbracht hat oder die unter seiner Aufsicht nach fachlicher Weisung erbracht wurden (eigene Leistungen)". Damit ist klar gestellt, dass der Arzt an der Leistungserbringung im Einzelfall, je nach der Art und Schwere der Leistung, mehr oder weniger intensiv mitwirken muss. Eine schlichte Anordnung alleine reicht nicht aus, um an Mitarbeiter delegierte Leistungen als persönliche (eigene) Leistungen des Arztes abrechnen zu können.

In Erinnerung gerufen sei, dass Bundesärztekammer und Kassenärztliche Bundesvereinigung – in Abstimmung mit den Spitzenverbänden der gesetzlichen Krankenversicherung – die berufsrechtlichen und kassenarztrechtlichen Anforderungen an die persönliche Leistungserbringung durch Ärzte präzisiert haben (Deutsches Ärzteblatt, Heft 31/82 vom 08.08.1988, Seite 2197 bis 2199); diese Anforderungen gelten noch heute.

In dieser Stellungnahme ist eine Differenzierung hinsichtlich nicht delegationsfähiger, d. h. vom Arzt persönlich zu erbringender Leistungen (z. B. Beratungs- und Untersuchungsleistungen), im Einzelfall delegationsfähiger Leistungen (z. B. Injektionen, Infusionen, Blutentnahmen) und grundsätzlich delegationsfähiger Leistungen (z. B. physikalisch-medizinische Leistungen, Wechsel einfacher Verbände) erfolgt. Im Grundsatz gilt, dass die Pflicht zur persönlichen Leistungserbringung nicht ausschließt, dass der Arzt bestimmte Leistungen an Personen delegiert, die unter seiner Aufsicht und Weisung stehen, und die für die Erbringung der Hilfeleistung qualifiziert sind. Es reicht nicht aus, dass sich der Arzt auf eine sorgfältige Auswahl der Personen beschränkt, die an der Erbringung der Leistungen beteiligt sind. Der Arzt muss Aufsicht und Weisung vielmehr so ausüben, dass er seiner Verantwortung für die Durchführung delegierter Leistungen im Einzelfall auch tatsächlich und fachlich gerecht werden kann. Neben der Anordnung der Leistung ist eine stichprobenartige Überwachung ihrer Durchführung sowie die persönliche Auswertung oder Beurteilung des jeweiligen Ergebnisses erforderlich; dabei hängt die Delegationsfähigkeit im Einzelfall von der Art und Schwere des Krankheitsbildes sowie der Fachkunde und Erfahrung der Mitarbeiter, an die Leistungen delegiert werden, ab. Als nach fachlicher Weisung erbracht können solche Leistungen nicht angesehen werden, die der Arzt selbst mangels entsprechender fachlicher Qualifikation nicht fachgerecht durchführen kann oder zu deren Ausführung das eingesetzte Personal nicht hinreichend qualifiziert ist.

Die Möglichkeiten der Delegation auf der Grundlage des oben dargestellten Grundsatzes der persönlichen Leistungserbringung und seiner berufsrechtlichen Ausfüllung sind durch die GOÄ-Novelle '96 im stationären Bereich und bei Laborleistungen beschränkt worden.

2.4.1 Persönliche Leistungserbringung bei wahlärztlichen Leistungen

Seit jeher ist mit der Vereinbarung von wahlärztlichen Leistungen die Verpflichtung des leitenden Krankenhausarztes verbunden, die Kernleistungen seines Fachgebietes persönlich zu erbringen sowie die Gesamtleitung der Behandlung des von ihm betreuten Privatpatienten zu übernehmen. Dieser Verpflichtung steht eine Vertretung aus unvorhersehbarem Grund nicht entgegen. Auch bei vorhersehbarer Abwesenheit kann sich der Chefarzt aus wichtigem Grund vertreten lassen, er muss im Vorfeld der Behandlung diese Vertretung mit seinem Privatpatienten besprechen und individuell schriftlich vereinbaren; dies hat zur Folge, dass sein Anspruch auf Privatliquidation erhalten bleibt.

Bei der GOÄ-Änderung 1996 sind diesbezügliche liquidationsbeschränkende Regelungen getroffen worden, so dass der Chefarzt die in § 4 Abs. 2 Satz 3 enumerativ aufgeführten Leistungen nur noch liquidieren darf, wenn sie von ihm selbst oder von seinem ständigen persönlichen Vertreter persönlich erbracht worden sind. Im einzelnen handelt es sich um:

- allgemeine Aufnahme- und Entlassungsuntersuchungen – Nrn. 1 bis 62 – innerhalb von 24 Stunden nach der Aufnahme und innerhalb von 24 Stunden vor der Entlassung;
- Visiten nach den Nrn. 45 und 46 während der gesamten Dauer der stationären Behandlung;
- Verweilen, der einfache Verband, Blutentnahme aus der Vene bzw. Kapillarblutentnahme, Injektionen und Infusionen nach den Nrn. 56, 200, 250, 250a, 252, 271 und 272 während der gesamten Dauer der stationären Behandlung.

Der „ständige ärztliche Vertreter“ des Wahlarztes muss Facharzt desselben Gebietes sein und dem Patienten vor Vertragsabschluss, d. h. vor Unterzeichnung des Krankenhausaufnahmevertrages mit der Vereinbarung wahlärztlicher Leistungen, benannt werden (§ 4 Abs. 2 Satz 3).

Die Berechtigung zur Liquidation delegierter physikalisch-medizinischer Leistungen im stationären Bereich – Abschnitt E (z. B. Krankengymnastik, Massagen) – ist an die Voraussetzung geknüpft worden, dass der liquidationsberechtigte Arzt oder dessen ständiger ärztlicher Vertreter entweder über die Zusatzbezeichnung „Physikalische Therapie“ oder die Gebietsbezeichnung „Facharzt für Physikalische und Rehabilitative Medizin“ verfügt. Zudem müssen die Leistungen nach fachlicher Weisung unter der Aufsicht der so qualifizierten Ärzte erbracht werden.

2.4.2 Begrenzung der Delegation von Laborleistungen und Neustrukturierung des Abschnittes M des Gebührenverzeichnisses

In § 4 Abs. 2 ist die Delegierbarkeit (Beziehbarkeit) labormedizinischer Leistungen an Laborgemeinschaften eingeschränkt worden. Während bislang alle Laborleistungen, auch bei Erbringung in Laborgemeinschaften, unter bestimmten Voraussetzungen als „eigene Leistung“ galten und damit in der Regel für den veranlassenden Arzt berechnungsfähig waren, hat § 4 Abs. 2 Satz 2 diejenigen Laborleistungen, die an Laborgemeinschaften delegiert werden können, eingeschränkt. Dadurch wurde eine Neustrukturierung des Abschnittes M in vier Unterabschnitte erforderlich. In Struktur und Bewertung ist in den vier Unterkapiteln der Abschnitt M des Gebührenverzeichnisses den unterschiedlichen Formen der Erbringung von Laborleistungen entsprechend gestaltet worden.

Der Unterabschnitt Praxislabor (M I) enthält ca. 30 Laborleistungen, die als Vorhalteleistungen nur im Praxislabor des niedergelassenen Arztes erbracht werden können. Wegen der ungünstigen Vorhaltekosten sind bei Durchführung in der Praxis des niedergelassenen Arztes höhere Bewertungen im Vergleich zu den in Laborgemeinschaften rationeller zu erbringenden Laborleistungen (Abschnitt M II) erfolgt. Das Akut- oder Notfall-Labor in der Praxis soll damit aufrecht erhalten werden können. Für die Abrechnung der Leistungen nach Abschnitt M I sind nach den Allgemeinen Bestimmungen folgende Voraussetzungen erforderlich:

- Die Laboruntersuchung muss entweder direkt beim Patienten (z.B. auch beim Hausbesuch) oder in den eigenen Praxisräumen innerhalb von vier Stunden nach der Probennahme bzw. Probenübergabe an den Arzt erfolgen.
- Leistungen des Kapitels M I sind nicht berechnungsfähig, wenn sie in einem Krankenhaus, einer krankenhausähnlichen Einrichtung, einer Laborgemeinschaft oder in einer laborärztlichen Praxis erbracht werden.

Im Abschnitt Basislabor (M II) sind diejenigen Leistungen zusammengefasst, die weiterhin an Laborgemeinschaften delegierbar sind. Sie sind dann als eigene Leistungen abrechenbar, wenn sie nach fachlicher Weisung unter der Aufsicht eines anderen Arztes in Laborgemeinschaften oder – im von Ärzten ohne eigene Liquidationsberechtigung geleiteten Krankenhauslabor – erbracht werden. Damit ist die Delegationsfähigkeit von Laborleistungen auf Leistungen des Abschnittes M II „Basislabor“ begrenzt worden. Für die Zuordnung als eigene ärztliche Leistung reicht es für diese Parameter des Abschnittes M II aus, dass sie in einem Labor erbracht werden, das von einem Arzt geleitet wird, und der veranlassende Arzt die Voraussetzungen für die fachliche Weisung erfüllt.

Speziallaborleistungen (Abschnitte M III/M IV) gelten dann als eigene Leistungen, wenn sie den Anforderungen des § 4 Abs. 2 S. 1 entsprechen, d. h. der Arzt muss sie entweder persönlich erbringen oder unter seiner Aufsicht nach fachlicher Weisung durch qualifizierte Mitarbeiter erbringen lassen.

Die fachliche Weisung des Arztes setzt voraus, dass der Arzt selbst über eine entsprechende fachliche Qualifikation zur Erbringung der Leistung verfügt. Insbesondere der Umfang der erforderlichen Aufsicht und damit die Anwesenheit im Labor ist immer wieder diskutiert worden. Die Anforderung an die Aufsicht zwingt nicht in jedem Falle dazu, dass das nichtärztliche Personal ausschließlich Personal des abrechnenden Arztes sein muss, so dass auch die Erbringbarkeit in einer Praxisgemeinschaft, welche Träger eines gemeinschaftlichen Labors ist, als rechtlich zulässig angesehen werden muss. Sicherzustellen ist auf jeden Fall aber, dass das nichtärztliche Personal beaufsichtigt, das heißt, der Einzelweisung des abrechnenden Arztes unterstellt ist und unter dessen Verantwortung tätig wird.

Die Allgemeinen Bestimmungen zum Abschnitt M GOÄ sagen zum gebührenrechtlichen Inhalt der Laborleistungen: „Die Gebühren für Laboratoriumsleistungen des Abschnittes M umfassen die Eingangsbegutachtung des Probenmaterials, die Probenvorbereitung, die Durchführung der Untersuchung (einschließlich der erforderlichen Qualitätssicherungsmaßnahmen) sowie die Erstellung des daraus resultierenden ärztlichen Befunds." Gemäß § 4 Abs. 2 Satz 1 GOÄ (1996) ergibt sich die Notwendigkeit, dass der Arzt, wenn es sich um das Labor einer Laborgemeinschaft handelt, welches er für die Erbringung von Speziallaborleistungen in Anspruch nimmt, wie bei der Erbringung im eigenen Labor grundsätzlich bei allen Schritten der Leistungserstellung persönlich anwesend ist – mit der Einschränkung, dass dies während der technischen Erstellung durch automatisierte Verfahren nicht erforderlich ist. Ausschlaggebend für diese Auslegung ist die Rechtsprechung zu diesem Sachverhalt sowie die gebührenpolitische Zielsetzung des Verordnungsgebers, durch die Neuregelung der Abrechnung von Laborleistungen – auch im privatärztlichen Bereich – eine Einschränkung der Beziehbarkeit bestimmter Laborleistungen aus Laborgemeinschaften zu erreichen.

Laborleistungen im stationären Bereich

Im stationären Bereich gilt für die Zurechenbarkeit von Laborleistungen Folgendes:

- Praxislaborleistungen nach Abschnitt M I sind weder im Krankenhaus noch in einer krankenhausähnlichen Einrichtung abrechnungsfähig.
- Leistungen des Basislabors (M II) sind auch im Krankenhaus weiterhin delegierbar, d. h. sie können dem liquidationsberechtigten Krankenhausarzt gebührenrechtlich als eigene Leistungen zugeordnet werden, wenn sie nach fachlicher Weisung in einem von Ärzten ohne eigene Liquidationsberechtigung geleiteten Krankenhauslabor erbracht werden.
- Die Abschnitte M III und M IV können nur noch dann abgerechnet werden, wenn der Arzt sie selbst erbringt oder wenn sie unter seiner Aufsicht nach fachlicher Weisung durch qualifizierte Mitarbeiter erbracht werden, auch hier ist die persönliche Anwesenheit in gleichem Umfange wie oben ausgeführt, erforderlich (vgl. Anforderungen Speziallabor).

2.5 Zielleistungsprinzip (§ 4 Abs. 2a)

Die 1996 vorgenommene Verstärkung des Bündelungs- oder Zielleistungsprinzips ist ein Beispiel dafür, dass strukturelle Verwerfungen dadurch entstehen, dass im Paragraphenteil der GOÄ Anforderungen an die Rechnungsstellung geknüpft werden, die mit der Struktur des Leistungsverzeichnisses nicht vereinbar sind. Dies ist Folge der permanenten Kopplung von Änderungen im Paragraphenteil, die sich auf alle Leistungen des Gebührenverzeichnisses beziehen, mit Teilnovellierungen des Gebührenverzeichnisses. Die Präzisierung des Ziel- oder Komplexleistungsprinzips, insbesondere für den operativen Bereich – mit entsprechender Änderung der Allgemeinen Bestimmungen vor Abschnitt L des Gebührenverzeichnisses –, wonach der Arzt methodisch notwendige operative Einzelschritte nicht neben der Hauptleistung berechnen kann, setzt voraus, dass die notwendigen Teilschritte einer operativen Leistung auch in der Hauptleistung enthalten sind und mit der dafür festgelegten Gebühr abgegolten sind. Struktur und Bewertungen der operativen Leistungen in der geltenden GOÄ tragen dem Zielleistungsprinzip nur teilweise Rechnung. Erst die Neustrukturierung der operativen Leistungen – wie in den Konzepten der Bundesärztekammer, die gemeinsam mit den Fachgebieten entwickelt wurden, vorgesehen – schafft die Voraussetzungen zur vollständigen Anwendung dieser Vorschrift. Die nunmehr getroffene Vorschrift führt ohne Neustrukturierung der entsprechenden Kapitel zu permanenten Fehlinterpretationen und Abrechnungsstreitigkeiten.

2.6 Bemessung der Gebühren für Leistungen des Gebührenverzeichnisses (§ 5)

Entsprechend der Ermächtigungsgrundlage zum Erlass der GOÄ in § 11 Bundesärzteordnung (BÄO) gibt die Gebührenordnung in § 5 einen Gebührenrahmen mit Mindest- und Höchstsätzen für ärztliche Leistungen vor. Zugleich werden Gebührenbemessungskriterien vorgegeben, die eine individuell abgestufte Gebührenberechnung innerhalb der vorgegebenen Gebührenrahmen ermöglichen.

Basis der Gebührenberechnung ist der Gebührensatz (Einfachsatz) § 5 Abs. 1 Satz 2. Das Leistungsverzeichnis der GOÄ enthält für jede Leistung:
- die Punktzahl als das wertmäßige Verhältnis der abrechnungsfähigen Leistungen zueinander;
- den auf der Punktwertbasis von derzeit 11,4 Pfennigen ermittelten einfachen Gebührensatz.

Der für jede Leistung maßgebliche Gebührensatz wird errechnet durch Multiplikation der Punktzahl mit dem für alle Leistungen einheitlich festgelegtem Punktwert. Der Gebührensatz (Einfachsatz) ist für jede Leistung des Gebührenverzeichnisses als Gebühr in DM ausgewiesen. Der Punktwert nach § 5 Abs. 1 Satz 3 bestimmt damit, neben der in Punktzahlen ausgedrückten Wertigkeit der Leistungen, die Vergütung jeder einzelnen Leistung; er soll insbesondere eine Anpassung an die wirtschaftliche Entwicklung ermöglichen. Seit 01. Januar 1983 ist der Punktwert am 01. Juli 1988 von 10 Pfennigen auf 11 Pfennige (10%) und am 01. Januar 1996 auf 11,4 Pfennige (+ 3,6%) angehoben worden. Diese Anhebung um insgesamt 13,4% in einem Zeitraum von 18 Jahren spiegelt die wirtschaftliche und die Kostenentwicklung in der Arztpraxis in keinem Fall wider. Der Ärzteschaft wird damit ein angemessener Inflationsausgleich verwehrt.

In § 5 sind unterschiedliche Gebührenrahmen festgelegt worden.

Der Gebührenrahmen für die Abschnitte B. Grundleistungen und allgemeine Leistungen, C. Sonderleistungen (mit Ausnahme der Nr. 437), D. Anästhesieleistungen bis L. Orthopädie, Chirurgie sowie N. Histologie, Zytologie und Zytogenetik und P. Sektionsleistungen, soweit einzelne dieser Leistungen nicht in Abschnitt A des Gebührenverzeichnisses aufgeführt sind, bemisst sich nach dem Einfachen bis Dreieinhalbfachen des Gebührensatzes. Gebühren für die in den Abschnitten A, E und O des Gebührenverzeichnisses aufgeführten Leistungen unterliegen einem Gebührenrahmen vom Einfachen bis Zweieinhalbfachen des Gebührensatzes. Laborleistungen einschließlich der Nummer 437 sind seit 1996 einem gesonderten Gebührenrahmen zugeordnet worden, der sich vom Einfachen bis 1,3fachen des Gebührensatzes bemisst (siehe Tabelle 1).

Tabelle 1: Gebührenrahmen (§ 5)

Abschnitte GOÄ	Mindest-/ Einfachsatz	Schwellenwert	Höchstsatz
G. Grundleistungen C- (ausgenommen Nr. 437) D- Anästhesie F- Innere, Dermatologie Kinderheilkunde G- Neurologie, Psychiatrie, Psychotherapie H- Geburtshilfe, Gynäkologie I - Augenheilkunde J - HNO-Heilkunde K- Urologie L - Chirurgie, Orthopädie N- Histologie, Zytologie Zytogenetik P- Sektionsleistungen	1,0	2,3	3,5
A- Gebühren in besonderen Fällen E- Physik. medizinische Leistungen O- Strahlendiagnostik, Nuklearmedizin, NMR, Strahlentherapie	1,0	1,8	2,5
M- Labor und Nr. 437	1,0	1,15	1,3

Die Gebührenbemessung innerhalb der vorgegebenen Rahmen erfolgt auf der Grundlage von Gebührenbemessungskriterien, die in § 5 Abs. 2 Satz 1 für jede Einzelleistung gesondert zu Grunde zu legen sind. Bemessungskriterien sind Schwierigkeit, Zeitaufwand und Umstände bei der Ausführung; zugleich kann die Schwierigkeit des Krankheitsfalles insgesamt die Gebührenbemessung prägen. Sind die oben aufgeführten Bemessungskriterien bereits in der Leistungsbeschreibung berücksichtigt, so können sie nicht gleichzeitig als Grundlage für die Anwendung eines erhöhten Steigerungsfaktors innerhalb des Gebührenrahmens dienen.

In § 5 Abs. 2 sind sog. Begründungsschwellen (Schwellenwerte) geregelt. Der Arzt ist verpflichtet, bei Überschreiten der jeweiligen Begründungsschwelle darzulegen, warum Besonderheiten des Behandlungsfalles die Höhe seines Honorars bzw. das Überschreiten der Begründungsschwelle rechtfertigen. Bei persönlich-ärztlichen Leistungen (Gebührenrahmen vom 1- bis 3,5fachen) liegt die Begründungsschwelle beim 2,3fachen Gebührensatz, beim Gebührenrahmen für Leistungen der Abschnitte A, E, O beim 1,8fachen, beim Labor – Abschnitt M – und der Nr. 437 liegt die Begründungsschwelle beim 1,15fachen. Wie oben ausgeführt, ist ein Überschreiten der jeweiligen Begründungsschwelle nur dann zulässig, wenn Besonderheiten des Krankheitsfalles, z. B. Schwierigkeit, Zeitaufwand der einzelnen Leistung oder Umstände der Ausführung vorliegen. Eine differenzierte Anwendung der Steigerungsfaktoren bei Abrechnung ärztlicher Leistungen wird für die Handhabung des § 5 für erforderlich gehalten.

2.6.1 Anwendung des Gebührenrahmens bei wahlärztlichen Leistungen

Die Anwendung des Gebührenrahmens bei wahlärztlichen Leistungen ist in § 5 Abs. 5 in der GOÄ 1966 neu geregelt worden. Bei einer Delegation wahlärztlicher Leistungen an den ärztlichen Dienst oder Pflege-/Assistenzpersonal können Leistungen innerhalb des Gebührenrahmens nur noch bis zur jeweiligen Begründungsschwelle – vom 1- bis 2,3fachen bzw. bis zum 1,8fachen, bzw. bis zum 1,15fachen – berechnet werden.

Nur bei persönlicher Leistungserbringung durch den leitenden Krankenhausarzt bzw. seinen ständigen persönlichen Vertreter kann die jeweilige Begründungsschwelle dann überschritten werden, wenn zugleich die Bemessungskriterien – Schwierigkeit, Zeitaufwand und Umstände bei der Ausführung – dies erlauben. Die Liquidationsmöglichkeiten für den Chefarzt sind differenziert geregelt worden:

- Abweichende Honorarvereinbarung nach § 2 ist nur bei höchstpersönlicher Leistungserbringung möglich.
- Eine Ausschöpfung des Gebührenrahmens bis zu den jeweiligen Höchstsätzen – unter Berücksichtigung der Bemessungskriterien für eine Überschreitung der Begründungsschwellen – ist nur möglich, wenn der Chefarzt selbst oder sein vor Abschluss des Wahlarztvertrages dem Patienten benannter ständiger ärztlicher Vertreter die Leistung erbringt.
- Bei einer Delegation von Leistungen an den ärztlichen Dienst bzw. Pflege-/Assistenzpersonal ist eine Rechnungsstellung nur bis zur jeweiligen Begründungsschwelle möglich (2,3; 1,8; 1,15).

2.7 Bemessung der Gebühren in besonderen Fällen (§ 5a)

Durch das Schwangeren- und Familienänderungsgesetz (SFHÄndG) aus dem Jahre 1995 wurde dem Urteil des Bundesverfassungsgerichts vom 28. Juni 1993 Rechnung getragen; danach ist gemäß § 218 a Abs. 1 StGB ein „indikationsloser" Schwangerschaftsabbruch bei Erfüllung bestimmter Voraussetzungen – Abbruch innerhalb der ersten zwölf Wochen durch einen Arzt nach Vorlage der Bescheinigung einer Schwangerschaftskonfliktberatung – ermöglicht worden. Eine Leistungspflicht der gesetzlichen Krankenversicherung wurde ausgeschlossen, so dass die Schwangere die Kosten des Abbruches selbst zu tragen hat. Zur Begrenzung des finanziellen Risikos der Schwangeren wurde in § 5a GOÄ die Höhe der Gebühren für ärztliche Leistungen im Zusammenhang mit einem „indikationslosen" Schwangerschaftsabbruch – einschließlich der medizinischen Vor- und Nachsorge bei komplikationslosen Verlauf – auf das 1,8fache des jeweiligen Gebührensatzes begrenzt. Die Vergütungsbegrenzung auf das 1,8fache gilt auch für privatversicherte Schwangere. Ausgeschlossen wurde zugleich, dass diese Begrenzung durch eine abweichende Honorarvereinbarung aufgehoben werden kann (§ 2 Abs. 1 GOÄ).

Zur Abgrenzung von Inhalt und Umfang der privat zu finanzierenden Leistungen beim „indikationslosen" Schwangerschaftsabbruch wurden in § 24b Abs. 4 SGB V die Leistungen abschließend aufgeführt, die aus der Leistungspflicht der GKV entfallen und damit privat auf der Grundlage des § 5a GOÄ zu liquidieren sind. Eine Härtefallregelung kommt für diejenigen Frauen zum Tragen, denen die Aufbringung der finanziellen Mittel für den Abbruch einer Schwangerschaft nicht möglich ist (Unterschreiten bestimmter Einkommensgrenzen). In diesen Fällen erfolgt die Abrechnung auf der Grundlage des EBM gegenüber den Krankenkassen und wird in der Regel von Seiten der Sozialämter erstattet.

Die nicht in § 24b Abs. 4 SGB V aufgelisteten Leistungen im Zusammenhang mit einem „indikationslosen" Schwangerschaftsabbruch werden bei sozialversicherten Frauen über die Krankenkassen abgerechnet. In den „Sonstigen-Hilfe-Richtlinien" des Bundesausschusses der Ärzte und Krankenkassen ist ein entsprechender Katalog dieser Leistungen aufgeführt, der im Rahmen der in der vertragsärztlichen Versorgung geltenden Bestimmungen und den dazu vereinbarten Vordrucken abzurechnen ist. Sofern der „indikationslose" Schwangerschaftsabbruch medikamentös erfolgt, gilt auch hier die Regelung des § 5a mit der Gebührenbegrenzung bis zum 1,8fachen des Gebührensatzes.

2.8 Bemessung der Gebühren bei Versicherten des Standardtarifs der Privaten Krankenversicherung (§ 5b)

Mit dem zum 1. Januar 2000 in Kraft getretenen GKV-Gesundheitsreformgesetz 2000 ist zugleich eine Änderung der GOÄ erfolgt und in Kraft getreten. Eingeführt wurde § 5b GOÄ, der die Erstattungsbedingungen des Standardtarifs in der GOÄ verankerte. Danach dürfen Ärzte für Leistungen bei Versicherten, die in einem brancheneinheitlichen Standardtarif versichert sind, Gebühren nur bis zum 1,7fachen Steigerungsfaktor des in § 5 Abs. 1 verankerten Gebührenrahmen (1fach bis 3,5-fach) berechnen; für Leistungen der Abschnitte A, E, O, ist der Steigerungsfaktor auf das 1,3-fache des in § 5 Abs. 3 aufgeführten Gebührenrahmens (1fach bis 2,5fach) und für Leistungen des Abschnittes M auf das 1,1fache des in § 5 Abs. 4 genannten Gebührenrahmens (1fach bis 1,3fach) begrenzt worden (siehe hierzu nachstehende Tabelle).

	Leistungen aus den GOÄ-Abschnitten A, E, O	M + Nr. 437	alle übrigen Leistungen
Gebührenrahmen (§ 5)	1- bis 2,5fach	1- bis 1,3fach	1- bis 3,5fach
Begründungsschwelle	1,8fach	1,15fach	2,3fach
Standardtarif	1,3fach	1,1fach	1,7fach

Der Kreis der Standardtarif-Versicherten ist erheblich erweitert worden. Der Standardtarif umfaßt in seinem Leistungskatalog die gesamte ambulante ärztliche Behandlung einschließlich der Früherkennung von Krankheiten. Bei stationärer Behandlung gilt der privat Standardtarif-Versicherte als Regelleistungspatient. Er hat keinen Anspruch auf wahlärztliche Leistungen, z. B. Chefarztbehandlung.

Zur Sicherstellung der Berücksichtigung des Standardtarifs sollte der Standardtarif-Versicherte sich beim behandelnden Arzt ausweisen.

2.9 Analogbewertungen (§ 6 Abs. 2)

Da das Gebührenverzeichnis nur alle 8-10 Jahre aktualisiert wird, hat der Verordnungsgeber dem Arzt die Möglichkeit eingeräumt, das Leistungsverzeichnis unter bestimmten Bedingungen selbst zu ergänzen. Ziel ist, zunächst in einem gewissen Umfang die Entwicklung des medizinischen Fortschritts in die GOÄ einzubeziehen.

Der Arzt darf daher für selbständige ärztliche Leistungen, die in das Gebührenverzeichnis nicht aufgenommen sind und auch nicht Modifikationen bereits im Leistungsverzeichnis befindlicher Leistungen darstellen, eine analoge Bewertung in Ansatz bringen. Dazu muss er im Gebührenverzeichnis eine der fehlenden Leistung gleichwertige Position suchen; gleichwertig bedeutet in der technischen Durchführung, der Art, im Kosten- und und Zeitaufwand vergleichbar (siehe nachstehenden Grundsatz Nr. 5).

In der Liquidation ist die erbrachte Leistung verständlich zu beschreiben und die analog angesetzte Position mit dem Vermerk „entsprechend Nr. ..." oder „analog Nr. ..." zu kennzeichnen.

Zur Interpretation des § 6 Abs. 2 hat der Vorstand der Bundesärztekammer im Jahre 1988 die nachstehenden 6 Grundsätze aufgestellt, die auch heute noch für die Bildung analoger Bewertungen gelten:

(1) Es darf sich nicht um ärztliche Leistungen handeln, die Bestandteil einer anderen, bereits ins Gebührenverzeichnis aufgenommenen Leistung sind (§ 4 Abs. 2 GOÄ).

(2) Es darf sich nicht um ärztliche Leistungen handeln, die lediglich eine abweichende Modalität gegenüber einer im Gebührenverzeichnis enthaltenen anderen Leistung darstellen, wenn diese Modalität durch die Bewertungskriterien des § 5 Abs. 2 erfassbar ist.

(3) Aus dem Selbstverständnis der Bundesärztekammer heraus verbietet sich die Empfehlung analoger Bewertungen für Leistungen, die nicht den Anforderungen des § 1 Abs. 2 GOÄ entsprechen, d. h. die nach den Regeln der ärztlichen Kunst für eine medizinisch notwendige Versorgung nicht erforderlich sind.

(4) Ärztliche Leistungen, die zum Zeitpunkt des Inkrafttretens der GOÄ bereits allgemein anerkannt waren, sind zwar im Grundsatz von einer Analogbewertung nicht ausgeschlossen; in solchen Fällen muss jedoch besonders sorgfältig geprüft werden, ob nicht diese Leistungen bisher als Bestandteil einer anderen, im Gebührenverzeichnis enthaltenen Leistung angesehen wurden oder lediglich als abweichende Modalitäten gegenüber einer im Gebührenverzeichnis befindlichen Leistung darstellen.

(5) Wird die Notwendigkeit einer Analogbewertung bejaht, so muss nach § 6 Abs. 2 GOÄ eine mit dieser Leistung gleichwertige Leistung des Gebührenverzeichnisses ermittelt werden. Empfehlungen zu Analogbewertungen können daher nicht in der Weise vorgenommen werden, dass bestehende Leistungspositionen der GOÄ mit anderen Punktwerten versehen werden oder Punkt-

wertabgriffe von Leistungspositionen genommen werden, die keinerlei vergleichbaren Bezug zu der nicht im Gebührenverzeichnis enthaltenen Leistung haben. Analog heranziehbar ist diejenige Leistungsposition der GOÄ, die in der technischen Durchführung, im Schwierigkeitsgrad und im Zeitaufwand sowie in den Kosten mit einer nicht im Gebührenverzeichnis enthaltenen Leistung vergleichbar ist. Dabei ist die vergleichbare Leistungsposition primär in demjenigen Teil des Gebührenverzeichnisses zu suchen, dem die analog zu bewertende Leistung zuzurechnen ist. Der analoge Abgriff kann auch durch die Summation mehrerer im Gebührenverzeichnis enthaltener Leistungen erfolgen.

(6) Die vorstehenden Grundsätze unter 1, 2, 4 und 5 gelten auch für Leistungen, die neu in den Bewertungsmaßstab für kassenärztliche Leistungen nach § 368g Abs. 4 RVO aufgenommen worden sind bzw. werden. Dies gilt insbesondere für den Grundsatz Nr. 4, da in den Bewertungsmaßstab für kassenärztliche Leistungen auch Modalitäten bestehender Leistungen als gesondert abrechenbare Leistungen aufgenommen werden müssen, weil ein Gebührenrahmen insofern nicht besteht. Dieser Grundsatz gilt auch für den Einheitlichen Bewertungsmaßstab für vertragsärztliche Leistungen auf der Grundlage von § 87 SGB V.

Ein Urteil des Oberverwaltungsgerichts Niedersachsen hat dazu geführt, die Modifikation von im Gebührenverzeichnis enthaltener Leistungen, soweit sie in der Weiterentwicklung der medizinischen Wissenschaft und Technik begründet ist, in Zukunft über analoge Bewertungen abrechnungsfähig zu machen. Bislang hat die Bundesärztekammer dazu die Auffassung vertreten, dass auch derartige Modifikationen unter bestimmten Bedingungen durch Ansatz eines höheren Multiplikators abrechnungsfähig sind. Um die notwendige Abgrenzung vorzunehmen, werden Kriterien erarbeitet, welche die Bildung einer Analogbewertung für den oben genannten Fall begründen.

2.10 Honorarminderungspflicht (§ 6a)

Aufgrund der Neuordnung des Pflegesatzrechtes im Zusammenhang mit dem Gesundheitsstrukturgesetz 1993 wurde die Minderung nach § 6 a neu geregelt; danach sind bei stationären, teilstationären sowie vor- und nachstationären privatärztlichen Leistungen die Gebühren um 25% (vorher 15%) zu mindern.

Bei Leistungen von Belegärzten oder niedergelassenen Konsiliarärzten, die Leistungen in der aufnehmenden Einrichtung selbst erbringen, wurde die Minderungspflicht bei 15% belassen. Zur Auslegung dieser Bestimmung gilt grundsätzlich auch heute noch die Absprache mit dem Bundesministerium für Gesundheit u. a., wonach die Honorarminderungspflicht bei stationärer, teil-, vor- oder nachstationärer Behandlung dann nicht zum Tragen kommt, wenn die Leistungen außerhalb der aufnehmenden Einrichtung, z. B. in einer Arztpraxis, erbracht werden. Nach dem Regelungszweck dient die Gebührenminderungspflicht in erster Linie der Vermeidung einer Doppelbelastung des Privatpatienten mit Kosten ärztlicher Leistungen im stationären Bereich, die in den Entgelten für Krankenhausleistungen eingerechnet sind (Pflegesätze bzw. Fallpauschalen, Sonderentgelte), und wahlärztlichen Vergütungen nach GOÄ, die ebenfalls Sachkosten enthalten. Vom Sinn und Zweck dieser Regelung ausgehend lässt sich hinsichtlich der Bedeutung des Begriffs „stationäre privatärztliche Leistungen" im Sinne des § 6a GOÄ folgern, dass privatärztliche Leistungen, die außerhalb des Krankenhauses von niedergelassenen Ärzten erbracht werden, unter Berücksichtigung der Kostensituation generell nicht der Gebührenminderungspflicht unterliegen.

Die Bestimmung und ihre Auslegung hat zu zahlreichen Rechtsstreiten geführt, insbesondere auch zu zwei BGH-Urteilen, denen jedoch spezifische Fallkonstellationen zu Grunde lagen und die an dem Grundsatz, dass außerhalb der stationären Einrichtung erbrachte Leistungen von der Minderungspflicht ausgenommen sind, nichts ändern. Allerdings muss die räumliche Trennung für den Patienten deutlich erkennbar sein, und er muss im Vorfeld über den Wegfall der Minderungspflicht informiert werden.

Die Höhe der Gebührenminderung ist differenziert zwischen vollstationären, teilstationären sowie vor- und nachstationären privatärztlichen Leistungen liquidationsberechtigter Krankenhausärzte mit einer Gebührenminderung von generell 25% und einer 15%igen Gebührenminderung für privatärztliche Leistungen von Belegärzten oder niedergelassenen anderen Ärzten, die diese für einen stationär zu behandelnden Patienten erbringen. Die Minderung bezieht sich auch auf Zuschläge, die für Gebühren bestimmter Leistungen zusätzlich berechnet werden können.

2.11 Entschädigungen, Wegegeld (§§ 7, 8)

Wegegeld und Reiseentschädigung dienen demselben Entschädigungszweck. Vornehmlich sollen Zeitversäumnisse und die durch den Besuch bedingten Mehrkosten des Arztes abgegolten werden. Die Abgrenzung zwischen Wegegeld und Reiseentschädigung hängt von der Entfernung zwischen der Besuchsstelle und dem Ausgangsort des Arztes (Praxis, Standort oder Wohnung) ab. Die Grenze liegt bei 25 Kilometern, unterhalb von 25 km kommt Wegegeld, bei mehr als 25 km Reiseentschädigung zum Tragen.

Bei der Berechnung des Wegegeldes ist mit der GOÄ 1996 eine andere Systematik zugrunde gelegt worden. Diese stellt auf den Radius zwischen Praxisstelle bzw. Wohnung des Arztes und dem Ort des Besuches ab. Gleichzeitig ist mit einer rein entfernungsabhängigen Wegegeldpauschale der Besuch mehrerer Patienten auf einem Wege neu geregelt worden. Werden danach mehrere Patienten in derselben häuslichen Gemeinschaft oder in einem Heim besucht, darf der Arzt das Wegegeld – unabhängig von der Anzahl der besuchten Patienten und deren Versichertenstatus – insgesamt nur einmal und nur anteilig berechnen.

2.12 Ersatz von Auslagen (§ 10)

Neben den für die einzelnen ärztlichen Leistungen im Leistungsverzeichnis vorgesehenen Gebühren und den Entschädigungen können nur die in § 10 aufgeführten oder nach den Vorschriften des Gebührenverzeichnisses als gesondert berechnungsfähig ausgewiesenen Kosten berechnet werden. Daraus ergibt sich, dass Kosten, die nach § 10 nicht gesondert berechnungsfähig sind, als Praxiskosten anzusehen sind, die mit den Gebühren abgegolten sind. Die Berechnung von Auslagen stellt insofern einen Sondertatbestand von Kosten dar, die im Einzelfall bei der Behandlung eines Patienten entstehen und diesem individuell zuzurechnen sind. In etwa entsprechen Auslagen dem sog. Sprechstundenbedarf in der vertragsärztlichen Versorgung. Mit der GOÄ-Novelle 1996 ist die bisherige Abgrenzung zwischen berechnungsfähigen und nicht berechnungsfähigen Kosten bzw. Auslagen beibehalten worden.

Absatz 1 Satz 1 enthält den abschließenden Katalog der gesondert berechnungsfähigen Auslagen. Seit 1966 sind Nuklidkosten für die Anwendung radioaktiver Stoffe bei In-vitro-Leistungen, die in den Abschnitt M. Laboratoriumsuntersuchungen einbezogen wurden, nicht mehr gesondert berechnungsfähig. Damit sind Radioimmuno-Assays (Rias) und Enzymimmuno-Assays (Eias) insofern gleichgestellt worden, als die Reagenzien-Kosten in die Bewertungen einbezogen worden und nicht mehr gesondert berechnungsfähig sind. Weiterhin berechnungsfähig sind hingegen die Nuklidkosten im Zusammenhang mit Leistungen nach Abschnitt O II. Nuklearmedizin bei der Anwendung radioaktiver Stoffe (In-vivo-Untersuchungen).

Versand- und Portokosten können vom Arzt nur berechnet werden, wenn ihm die gesamten Kosten für Versandmaterial, Versandgefäße sowie für den Versand oder Transport entstanden sind. Diese Kosten sind innerhalb einer Laborgemeinschaft oder innerhalb eines Krankenhausgeländes nicht berechnungsfähig. Dies gilt auch, wenn Material oder ein Teil davon unter Nutzung der Transportmittel oder des Versandweges oder der Gefäße einer Laborgemeinschaft zur Untersuchung einem anderen beauftragten Arzt zugeleitet werden. Für die Versendung der Liquidation dürfen Versand- und Portokosten nicht berechnet werden; jedoch ist dies möglich für den Versand von Befundberichten und Arztbriefen.

2.13 Rechnungsstellung (§ 12)

Die Anforderungen an die Abrechnung der Vergütung ist im einzelnen in § 12 geregelt. Danach wird eine Vergütung erst fällig, wenn dem Zahlungspflichtigen eine der Verordnung entsprechende Rechnung erteilt worden ist, d. h. eine den in § 12 geregelten inhaltlichen Anforderungen entsprechende Rechnung. Beauftragt der Arzt eine privatärztliche Verrechnungsstelle oder eine sonstige Abrechnungsstelle mit der Abrechnung seiner Leistungen, sollte er eine ausdrückliche Einwilligung des Patienten bzw. des Zahlungspflichtigen einholen, um zu vermeiden, dass sein Honoraranspruch nicht realisiert wird. Die Anforderungen an die Rechnungsstellung sind in § 12 detailliert gefaßt worden.

Danach muss die Rechnung des Arztes folgende Angaben enthalten:
- das Datum der Erbringung der Leistung;
- bei Gebühren die Nummer der einzelnen Leistung;
- die Bezeichnung der einzelnen berechneten Leistung einschließlich einer in der Leistungsbeschreibung ggf. genannten Mindestzeit;
- den jeweiligen Betrag (nicht die Punktzahl);
- den Steigerungssatz
- die jeweilige Begründung zum Überschreiten der Begründungsschwelle in verständlicher, nachvollziehbarer Form; auf Verlangen ist eine Erläuterung zu geben;
- den Minderungsbetrag nach § 6a Abs. 1 bei Erbringung stationärer oder teilstationärer sowie vor- und nachstationärer privatärztlicher Leistungen;
- Analogbewertungen nach § 6 Abs. 2 sind verständlich inhaltlich zu beschreiben und mit dem Hinweis

„entsprechend" oder „analog" und der Nummer und der Bezeichnung des „Analogabgriffs" in die Rechnung aufzunehmen;
- bei Entschädigungen nach § 7-9 den Betrag, die Art der Entschädigung und die Berechnung und
- bei Ersatz von Auslagen nach § 10 den Betrag und die Art der Auslage; bei Auslagen ab DM 50,– ist der Beleg oder ein Nachweis anzufügen.

3 Vergütungsregelungen in den neuen Bundesländern

Nach dem Einigungsvertrag vom 31. August 1990, in Verbindung mit Artikel 1 des Gesetzes vom 23. September 1990 (BGBl. II, Seite 885, 1056), ist für das Beitrittsgebiet eine reduzierte Höhe der Vergütungen nach der Gebührenordnung für Ärzte (GOÄ), der Gebührenordnung für Zahnärzte (GOZ) und nach der Hebammenhilfe-Gebührenordnung (HebGV) verankert worden (Ostabschlag). In regelmäßigen Abständen soll die Höhe der Vergütungen – unter Berücksichtigung des Verhältnisses der für das Beitrittsgebiet bestimmten Bezugsgröße der Sozialversicherung zu der für die alten Bundesländer geltenden Bezugsgröße – an die wirtschaftliche Entwicklung angepasst werden. Die Vergütungshöhe in den neuen Bundesländern wurde am 1. Oktober 1991, am 1. Juli 1993, am 1. August 1994, am 1. Oktober 1996 und zuletzt durch die Fünfte Gebührenanpassungsverordnung am 1. Januar 1999 von ursprünglich 45% auf derzeit 86% des Vergütungsniveaus der alten Bundesländer angehoben. Trotz der Zusage, das Vergütungsniveau zum Jahr 2000 anzugleichen, besteht der 14%ige Ostabschlag immer noch, obwohl die Vergütungen anderer Freier Berufe zum Teil bereits angeglichen sind. Ein soeben eingebrachter Referentenentwurf über die Sechste Gebührenanpassungsverordnung sieht eine Reduzierung des Ostabschlags von 4% zum 01.01.2002 vor. Damit läge der Ostabschlag bei 10% (Vergütungsniveau 90% der Westvergütungen).

3.1 GOÄ-Anwendung in den neuen Bundesländern

Im Einigungsvertrag ist bestimmt, dass die „Vergütung für Leistungen, die in dem in Artikel 3 des Vertrags genannten Gebiet erbracht werden", dem Vergütungsabschlag-Ost unterliegen. Für die Anwendung dieses Vergütungsabschlags gilt das „Tatortprinzip", d. h. die jeweiligen Vergütungsregelungen gelten für den Ort, an dem die Leistung erbracht wird, und nicht etwa den Wohnort des Patienten. Der Vergütungsabschlag-Ost bezieht sich daher auf Leistungen, die im ehemaligen Hoheitsgebiet der DDR, auch einschließlich Ost-Berlin, erbracht werden.

In der GOÄ wird bei der Vergütung des Arztes zwischen Gebühren, Entschädigungen und Auslagenersatz unterschieden (§ 3). Gebühren sind die „Vergütungen" für die im Gebührenverzeichnis genannten ärztlichen Leistungen (§ 4 Abs. 1 GOÄ). Damit sind alle diejenigen Leistungen bezeichnet, die beginnend mit Abschnitt A. Gebühren in besonderen Fällen bis Abschnitt P. Sektionsleistungen im Leistungsverzeichnis aufgeführt sind. Dies gilt auch für Schreibgebühren nach den Nrn. 95 und 96 sowie andere, nur mit dem Einfachsatz der GOÄ berechenbare Leistungen, wie z. B. Zuschläge zu den Grundleistungen in Abschnitt B sowie zu den ambulanten Operationen (C VIII). Zugleich unterliegen auch die nach § 6 Abs. 2 gebildeten Analogbewertungen dieser Abschlagsregelung. Für Gebühren – einschließlich der ergänzenden Analogbewertungen – gilt, dass sie derzeit mit 86% – ab 2002 voraussichtlich um 90% – berechenbar sind. Dies bedeutet, dass sie seit Inkrafttreten der Fünften Gebührenanpassungsverordnung am 1. Januar 1999 mit einem Punktwert von 9,8 Pfennigen berechnet werden dürfen (gegenüber 11,4 Pfennigen in den alten Bundesländern). Die Regelungen über die Anwendung des Steigerungssatzes in § 5, § 5a und § 5b sind unberührt und erfolgen in den neuen und alten Bundesländern nach den in den jeweiligenBestimmungen festgelegten Steigerungsfaktoren bzw. Kriterien.

Wegegeld (§ 8), Reiseentschädigung (§ 9) und Auslagen (§ 10) sind im Gegensatz zu den Leistungen des Gebührenverzeichnisses bei Leistungserbringung in den neuen Bundesländern zu 100% abrechenbar.

4 Gebührenverzeichnis für ärztliche Leistungen, Stand 01. Januar 1996

Das Gebührenverzeichnis für ärztliche Leistungen ist seit 1983 mehreren Teilnovellierungen unterworfen worden und von daher in seinem weit überwiegenden Teil aus den Jahren 1978-1982 stammend. Die umfassende Novellierung vom 01. Januar 1983 hatte auch eine völlige Neufassung des Gebührenverzeichnisses zum Inhalt. Das nunmehr über 20 Jahre alte Verzeichnis gilt noch immer bis auf die Änderungen der Novelle 1996; 1988 wurden einige Leistungen ergänzt, deren Abrechnung zuvor auf Analogbewertungen der Bundesärztekammer beruhte, und der Abschnitt L IX. Mund-, Kiefer- und Gesichtschirurgie des Gebührenverzeichnisses aktualisiert und zwar im Zuge der Novellierung der Amtlichen Gebührenordnung für Zahnärzte 1986. Erst die Vierte Änderungsverordnung zum 01. Januar 1996 brachte eine Teilaktualisierung des Gebührenverzeichnisses, und zwar in den Abschnitten B. Grundleistungen, C. Sonderleistungen, M. Laboratoriumsuntersuchungen und O. Strahlendiagnostik, Nuklearmedizin, Magnetresonanztomographie und Strahlentherapie. Die wesentlichen Änderungen des Verzeichnisses aus dem Jahre 1966 sind nachstehend erläutert.

4.1 GOÄ-Novelle vom 01. Januar 1996

4.1.1 Abschnitt B – Grundleistungen und allgemeine Leistungen

Mit Neufassung des Abschnittes B. Grundleistungen und allgemeine Leistungen ist eine Neustrukturierung der allgemeinen Beratungs- und Untersuchungsleistungen vorgenommen worden (Baukastensystem). Die Punktzahlbewertungen sind angehoben worden. Zur Berücksichtigung besonderer Umstände bei der Erbringung von Untersuchungs-, Beratungs- und Besuchsleistungen – z. B. Erbringung in der Nacht, an Sonn- und Feiertagen – sind Zuschläge eingeführt worden, die mit dem Einfachsatz – teilweise auch nebeneinander (kumulativ) – berechenbar sind. Das Prinzip der Zuschläge zur Berücksichtigung besonderer Umstände gilt gleichermaßen für Visiten, Besuche, Konsiliartätigkeit und Assistenzleistungen. In den Allgemeinen Bestimmungen vor Abschnitt B wurde eine neue Definition des Behandlungsfalls festgelegt, nämlich der Zeitraum eines Monats nach der jeweils ersten Inanspruchnahme des Arztes wegen derselben Erkrankung. Diese Begrenzung stellt klar, dass abrechnungstechnisch die Fortsetzung der Behandlung nach Ablauf eines Monats seit dem Tag des ersten Arzt-Patienten-Kontaktes einen neuen Behandlungsfall auslöst. Dies wirkt sich insbesondere auf die Berechnungsfähigkeit von Beratungs- und Untersuchungsleistungen aus.

Neu eingeführt worden in das Grundleistungskapitel sind: z. B. die Nr. 4 – Fremdanamnese -und Nr. 15 – Einleitung und Koordination flankierender therapeutischer und sozialer Maßnahmen – sowie spezielle Beratungen und Untersuchungen, insbesondere präventive Leistungen, spezifische Beratungsgespräche, Gruppenschulungen.

Für die häufigste stationäre Leistung – Visite im Krankenhaus – ist eine Bewertungsdifferenzierung zwischen Erstvisite (Nr. 45) und Zweitvisite (Nr. 46) erfolgt.

Die differenzierte Ausgestaltung der Besuchsleistungen (Nrn. 48 bis 51), mit einer Anhebung des Bewertungsniveaus, trägt dem zeit- und zuwendungsintensiven Aufwand dieser Leistungen Rechnung.

Schriftliche Berichte und gutachtliche Äußerungen sind differenziert aufgenommen und bewertet worden. Die einfache Befundmitteilung – telefonisch oder schriftlich – kann auch weiterhin nicht gesondert berechnet werden.

4.1.2 Abschnitt C. Nichtgebietsbezogene Sonderleistungen

Der Abschnitt C. Nichtgebietsbezogene Sonderleistungen ist in acht Unterabschnitte unterteilt worden; diese sind:

Anlegen von Verbänden (C I)
In diesem Abschnitt sind Bewertungsänderungen erfolgt sowie einige Leistungen neu aufgenommen worden – Tape-Verband (Nr. 206, 207), großflächiges Auftragen von Externa zur Behandlung von Hautkrankheiten (Nr. 209) sowie zirkulärer Gipsverband (Nr. 232).

Blutentnahmen, Injektionen, Infiltrationen, Infusionen, Transfusionen, Implantationen, Abstrichentnahmen (C II)
Dieser Abschnitt ist inhaltlich neu geordnet worden. Intravenöse, intraarterielle Injektionen und Infusionen wurden aufgrund der unterschiedlichen Schwierigkeit getrennt aufgeführt und unterschiedlich bewertet. Infusions- und Transfusionsleistungen können nur noch einmal je Behandlungstag berechnet werden. Das Wechseln von Infusionsbehältnissen bei vorhandener Verweilkanüle kann an demselben Tag nicht gesondert berechnet werden. Eine Ausnahme ist die Transfusion von Blutbestandteilen, da bei dieser vor einem Wechsel der Transfusionsbehältnisse jeweils erneute Blutgruppentests erforderlich sind. Die wachsende Bedeutung der präoperativen Eigenblutentnahme wird durch Einführung spezieller Gebühren berücksichtigt. Neu aufgenommen ist die Akupunktur zur Schmerzbehandlung.

Punktionen (C III)
In diesem Abschnitt sind Bewertungsänderungen erfolgt.

Kontrastmitteleinbringungen (C IV)
In diesem Abschnitt sind insbesondere Gebühren für Kontrastmittelverabreichungen über Herzkatheter neu geordnet worden. Zudem wurde eine Begrenzung der Abrechenbarkeit der Einbringung von Kontrastmitteln in Herzkranzgefäße oder Bypässe auf maximal drei Leistungen vorgenommen. Dies ist vom Verordnungsgeber mit widersprüchlichen Interpretationen der früheren Leistungslegenden zur Vermeidung ungerechtfertigter Mehrfachberechnung begründet und mit ähnlich hoch bewerteten chirurgischen Leistungen in Vergleich gesetzt worden.

Impfungen und Testungen (C V)
Neben einer Aktualisierung ist die Allergietestung neu geordnet worden mit einer stärkeren Abstaffelung der Bewertungen in Abhängigkeit von der Zahl der Testungen und einer Anbindung der Berechnungsfähigkeit an den Zeitraum des definierten Behandlungsfalls von einem Monat.

Sonographische Leistungen (C VI)
Die sonographischen Leistungen sind völlig neu geordnet und in ihrer Struktur dem vor dem 1. 1. 1996 gültigen EBM angenähert worden. Für technisch aufwendige Verfahren sind Zuschläge (Nrn. 401 bis 406) aufgenommen worden, die jedoch nur mit dem Einfachsatz berechnungsfähig sind – bis auf die Zuschläge nach den Nrn. 402 und 403, die steigerungsfähig sind. Unzureichend geregelt wurden die Duplexsonographie und die fetale Missbildungsdiagnostik (siehe Vergütungsempfehlungen der Bundesärztekammer).

Intensivmedizinische und sonstige Leistungen (C VII)
Dieser Unterabschnitt ist ebenfalls vollständig überarbeitet worden – einschließlich der Positionen für Maßnahmen zur Wiederbelebung und Notfallbehandlung (Nrn. 427 bis 430) und der Komplexgebühren für die stationäre intensivmedizinische Überwachung und Behandlung (Nrn. 435 und 437). Voraussetzung für die Berechnung dieser Komplexgebühr ist die auf den intensivmedizinischen Überwachungs- und Behandlungszweck abgestellte Ausstattung, die z. B. auch auf einer chirurgischen Wachstation gegeben ist. Es wird nicht mehr expressis verbis auf die Leistungserbringung in der Intensivstation abgestellt. Der Katalog von Leistungen, die mit der Komplexgebühr abgegolten sind, ist nunmehr abschließend aufgeführt, um Auslegungsschwierigkeiten zu vermeiden. In der Endphase der gesetzlichen Beratungen wurde dieser Katalog von nicht gesondert berechnungsfähigen Leistungen im Rahmen einer intensivmedizinischen Überwachung und Behandlung durch die Nr. 3055 – Überwachung einer assistierenden Zirkulation, je angefangene Stunde – ergänzt. Hinzuweisen ist, dass neben der Nr. 437 – Laboratoriumsuntersuchungen im Rahmen einer intensivmedizinischen Behandlung – Leistungen nach den Abschnitten M III und M IV berechnungsfähig sind.

Zuschläge zu Operations- und Anästhesieleistungen (C VIII)
Da die Durchführung von ambulanten Operationen als Kriterium zur Überschreitung der Begründungsschwelle in der Regel nicht anerkannt wurde, ist den besonderen Kosten bei ambulanter Erbringung oder bei Nutzung eines Operationsmikroskops bzw. Lasers durch die neu eingeführten Zuschläge zu Operations- und Anästhesieleistungen Rechnung getragen worden. Dabei sind die Zuschläge in ihrer Bewertung je nach Punktzahl (Bewertung) der zugrundeliegenden operativen Leistung gestaffelt worden. Anzumerken ist, dass der jeweilige Zuschlag nicht steigerungsfähig und nur einmal berechenbar ist; auch bei gleichzeitiger Durchführung mehrerer Operationen ist jeweils nur ein Zuschlag möglich. Auf die neu eingeführten Leistungen zur postoperativen Nachsorge ist hinzuweisen. Die Bindung der Zuschläge an GOÄ-Positionen für Operationsleistungen hindert eine sachgerechte Anpassung an den Fortschritt. Eine Vereinbarung zwischen Bundesärztekammer, Bundesgesundheitsministerium, Bundesinnenministerium und Verband der privaten Krankenversicherung zur Aktualisierung der Katalogregelung ist geplant.

4.1.3 Isolierte Änderungen in einigen Abschnitten

In einigen Kapiteln der GOÄ sind einzelne Leistungen bzw. Leistungskomplexe isoliert neu gefaßt bzw. abgesenkt worden, ohne das Kapitel insgesamt einer Überarbeitung zu unterziehen. Herausgegriffen wurden die Herzkatheteruntersuchungen nach den Nrn. 626 ff., die Langzeit-Blutdruckmessung nach Nr. 654, das Langzeit-EKG nach Nr. 659 sowie die arthroskopischen Operationen nach den Nrn. 2189 ff.

4.1.4 Abschnitt M

Gliederung und Inhalt des Laborkapitels ist völlig neu gestaltet worden (vgl. hierzu die Ausführungen unter 2.4.2.). Die Allgemeinen Bestimmungen zu Abschnitt M sind neu konzipiert und ergänzt worden. Neben der Neugliederung und Neubewertung der Laborleistungen, die die bisherige Minderungspflicht aufgrund mechanisierter Erbringung und Kennzeichnung mit MPE erübrigt, ist eine Gliederung des Laborkapitels entsprechend der Leistungserbringung und der zugrundeliegenden Methode erfolgt. Dies führt naturgemäß dazu, dass Leistungen bzw. Parameter in den Unterabschnitten mehrfach aufgeführt sind.

Das Laborkapitel ist um nuklearmedizinische In-vitro-Untersuchungen ergänzt worden. Nuklearmedizinische In-vivo-Untersuchungen sind weiterhin im Abschnitt O II. Nuklearmedizin aufgeführt. Mit dieser Ergänzung des Labors ist eine Gleichbehandlung der Radioimmuno-Assays mit den Enzymimmuno-Assays erfolgt – soweit es die Einbeziehung von Reagenzienkosten in die Bewertungen betrifft.

4.1.5 Abschnitt O – Strahlendiagnostik, Nuklearmedizin, Magnetresonanztomographie und Strahlentherapie

Der Abschnitt O ist neu gegliedert worden in die Unterkapitel O I. Strahlendiagnostik, O II. Nuklearmedizin, O III. Magnetresonanztomographie und O IV. Strahlentherapie. Bestehende Leistungen sind der medizinischen und technischen Entwicklung angepaßt, neuartige Leistungen sind einbezogen worden. Die Magnetresonanztomographie, die bisher in Abschnitt Q aufgeführt war, ist in Abschnitt O integriert worden (O III). Dagegen ist ein Teil der nuklearmedizinischen Untersuchungen, die In-vitro-Untersuchungen (bisher Abschnitt O II a 2), in den Abschnitt Laboratoriumsuntersuchungen überführt worden.

Im Abschnitt O I. Strahlendiagnostik wird nicht mehr auf die Anzahl der Aufnahmen, sondern die der Ebenen abgestellt. Das Kapitel ist um interventionelle Maßnahmen (Nrn. 5345 ff.) ergänzt worden. Computertomographische und kernspintomographische Leistungen sind tiefer untergliedert und mit Höchstwerten versehen worden.

5 Verzeichnis der Analogen Bewertungen der Bundesärztekammer, Stand März 2001

Gemäß § 6 Abs. 2 GOÄ können selbstständige, nicht im Gebührenverzeichnis aufgeführte ärztliche Leistungen entsprechend einer nach Art, Kosten und Zeitaufwand gleichwertigen Leistung des Gebührenverzeichnisses berechnet werden. Mit der zum 01. Januar 1996 erfolgten Novellierung der GOÄ wurden die von der Bundesärztekammer bis dahin empfohlenen Analogbewertungen weitgehend in das Gebührenverzeichnis aufgenommen. Auf Grund des Fortschrittes der Medizin sind jedoch weitere Analogbewertungen erforderlich. Die analogen Bewertungen, die mit dem Bundesministerium für Gesundheit, dem Bundesministerium des Innern und dem Verband der Privaten Krankenversicherung abgestimmt worden sind, sind nachfolgend aufgeführt. Diese gelten nicht für den Vertrag der Kassenärztlichen Bundesvereinigung mit den gesetzlichen Unfallversicherungsträgern; hier gelten Sonderregelungen.

6. Sachverzeichnis

Als Orientierungshilfe zum schnellen Auffinden von Leistungen und Tatbeständendient das Sachverzeichnis im Anhang; dieses ist gegliedert in ein allgemeines Sachverzeichnis und eines für Laborleistungen.

Renate Hess

Gebührenordnung für Ärzte – GOÄ

vom 12. November 1982 (BGBl. I S. 1522)
zuletzt geändert durch das GKV-Gesundheitsreformgesetz 2000
vom 22. Dezember 1999 (BGBl. I S. 2626 ff.)

Auf Grund des § 11 der Bundesärzteordnung in der Fassung der Bekanntmachung vom 16. April 1987 (BGBl. I S. 1218) verordnet die Bundesregierung mit Zustimmung des Bundesrates:

§ 1
Anwendungsbereich

(1) Die Vergütungen für die beruflichen Leistungen der Ärzte bestimmen sich nach dieser Verordnung, soweit nicht durch Bundesgesetz etwas anderes bestimmt ist.

(2) Vergütungen darf der Arzt nur für Leistungen berechnen, die nach den Regeln der ärztlichen Kunst für eine medizinisch notwendige ärztliche Versorgung erforderlich sind. Leistungen, die über das Maß einer medizinisch notwendigen ärztlichen Versorgung hinausgehen, darf er nur berechnen, wenn sie auf Verlangen des Zahlungspflichtigen erbracht worden sind.

§ 2
Abweichende Vereinbarung

(1) Durch Vereinbarung kann eine von dieser Verordnung abweichende Gebührenhöhe festgelegt werden. Für Leistungen nach § 5 a ist eine Vereinbarung nach Satz 1 ausgeschlossen. Die Vereinbarung einer abweichenden Punktzahl (§ 5 Abs. 1 Satz 2) oder eines abweichenden Punktwerts (§ 5 Abs. 1 Satz 3) ist nicht zulässig. Notfall- und akute Schmerzbehandlungen dürfen nicht von einer Vereinbarung nach Satz 1 abhängig gemacht werden.

(2) Eine Vereinbarung nach Absatz 1 Satz 1 ist nach persönlicher Absprache im Einzelfall zwischen Arzt und Zahlungspflichtigem vor Erbringung der Leistung des Arztes in einem Schriftstück zu treffen. Dieses muß neben der Nummer und der Bezeichnung der Leistung, dem Steigerungssatz und dem vereinbarten Betrag auch die Feststellung enthalten, daß eine Erstattung der Vergütung durch Erstattungsstellen möglicherweise nicht in vollem Umfang gewährleistet ist. Weitere Erklärungen darf die Vereinbarung nicht enthalten. Der Arzt hat dem Zahlungspflichtigen einen Abdruck der Vereinbarung auszuhändigen.

(3) Für Leistungen nach den Abschnitten A, E, M und O ist eine Vereinbarung nach Absatz 1 Satz 1 unzulässig. Im übrigen ist bei vollstationären, teilstationären sowie vor- und nachstationären wahlärztlichen Leistungen eine Vereinbarung nach Absatz 1 Satz 1 nur für vom Wahlarzt höchstpersönlich erbrachte Leistungen zulässig.

§ 3
Vergütungen

Als Vergütungen stehen dem Arzt Gebühren, Entschädigungen und Ersatz von Auslagen zu.

§ 4
Gebühren

(1) Gebühren sind Vergütungen für die im Gebührenverzeichnis genannten ärztlichen Leistungen.

(2) Der Arzt kann Gebühren nur für selbständige ärztliche Leistungen berechnen, die er selbst erbracht hat oder die unter seiner Aufsicht nach fachlicher Weisung erbracht wurden (eigene Leistungen). Als eigene Leistungen gelten auch von ihm berechnete Laborleistungen des Abschnitts M II des Gebührenverzeichnisses (Basislabor), die nach fachlicher Weisung unter der Aufsicht eines anderen Arztes in Laborgemeinschaften oder in von Ärzten ohne eigene Liquidationsberechtigung geleiteten Krankenhauslabors erbracht werden.

Als eigene Leistungen im Rahmen einer wahlärztlichen stationären, teilstationären oder vor- und nachstationären Krankenhausbehandlung gelten nicht

1. Leistungen nach den Nummern 1 bis 62 des Gebührenverzeichnisses innerhalb von 24 Stunden nach der Aufnahme und innerhalb von 24 Stunden vor der Entlassung,
2. Visiten nach den Nummern 45 und 46 des Gebührenverzeichnisses während der gesamten Dauer der stationären Behandlung sowie
3. Leistungen nach den Nummern 56, 200, 250, 250 a, 252, 271 und 272 des Gebührenverzeichnisses während der gesamten Dauer der stationären Behandlung,

wenn diese nicht durch den Wahlarzt oder dessen vor Abschluß des Wahlarztvertrages dem Patienten benannten ständigen ärztlichen Vertreter persönlich erbracht werden; der ständige ärztliche Vertreter muß Facharzt desselben Gebiets sein. Nicht persönlich durch den Wahlarzt oder dessen ständigen ärztlichen Vertreter erbrachte Leistungen nach Abschnitt E des Gebührenverzeichnisses gelten nur dann als eigene wahlärztliche Leistungen, wenn der Wahlarzt oder dessen ständiger ärztlicher Vertreter durch die Zusatzbezeichnung „Physikalische Therapie" oder durch die Gebietsbezeichnung „Facharzt für Physikalische und Rehabilitative Medizin" qualifiziert ist und die Leistungen nach fachlicher Weisung unter deren Aufsicht erbracht werden.

(2a) Für eine Leistung, die Bestandteil oder eine besondere Ausführung einer anderen Leistung nach dem Gebührenverzeichnis ist, kann der Arzt eine Gebühr nicht berechnen, wenn er für die andere Leistung eine Gebühr berechnet. Dies gilt auch für die zur Erbringung der im Gebührenverzeichnis aufgeführten operativen Leistungen methodisch notwendigen operativen Einzelschritte. Die Rufbereitschaft sowie das Bereitstehen eines Arztes oder Arztteams sind nicht berechnungsfähig.

(3) Mit den Gebühren sind die Praxiskosten einschließlich der Kosten für den Sprechstundenbedarf sowie die Kosten für die Anwendung von Instrumenten und Apparaten abgegolten, soweit nicht in dieser Verordnung etwas anderes bestimmt ist. Hat der Arzt ärztliche Leistungen unter Inanspruchnahme Dritter, die nach dieser Verordnung selbst nicht liquidationsberechtigt sind, erbracht, so sind die hierdurch entstandenen Kosten ebenfalls mit der Gebühr abgegolten.

(4) Kosten, die nach Absatz 3 mit den Gebühren abgegolten sind, dürfen nicht gesondert berechnet werden. Eine Abtretung des Vergütungsanspruchs in Höhe solcher Kosten ist gegenüber dem Zahlungspflichtigen unwirksam.

(5) Sollen Leistungen durch Dritte erbracht werden, die diese dem Zahlungspflichtigen unmittelbar berechnen, so hat der Arzt ihn darüber zu unterrichten.

§ 5

Bemessung der Gebühren für Leistungen des Gebührenverzeichnisses

(1) Die Höhe der einzelnen Gebühr bemißt sich, soweit in den Absätzen 3 bis 5 nichts anderes bestimmt ist, nach dem Einfachen bis Dreieinhalbfachen des Gebührensatzes. Gebührensatz ist der Betrag, der sich ergibt, wenn die Punktzahl der einzelnen Leistung des Gebührenverzeichnisses mit dem Punktwert vervielfacht wird. Der Punktwert beträgt 11,4 Deutsche Pfennige. Bei der Bemessung von Gebühren sind sich ergebende Bruchteile eines Pfennigs unter 0,5 abzurunden und Bruchteile von 0,5 und mehr aufzurunden.

(2) Innerhalb des Gebührenrahmens sind die Gebühren unter Berücksichtigung der Schwierigkeit und des Zeitaufwandes der einzelnen Leistung sowie der Umstände bei der Ausführung nach billigem Ermessen zu bestimmen. Die Schwierigkeit der einzelnen Leistung kann auch durch die Schwierigkeit des Krankheitsfalles begründet sein; dies gilt nicht für die in Absatz 3 genannten Leistungen. Bemessungskriterien, die bereits in der Leistungsbeschreibung berücksichtigt worden sind, haben hierbei außer Betracht zu bleiben. In der Regel darf eine Gebühr nur zwischen dem Einfachen und dem 2,3fachen des Gebührensatzes bemessen werden; ein Überschreiten des 2,3fachen des Gebührensatzes ist nur zulässig, wenn Besonderheiten der in Satz 1 genannten Bemessungskriterien dies rechtfertigen.

(3) Gebühren für die in den Abschnitten A, E und O des Gebührenverzeichnisses genannten Leistungen bemessen sich nach dem Einfachen bis Zweieinhalbfachen des Gebührensatzes. Absatz 2 Satz 4 gilt mit der Maßgabe, daß an die Stelle des 2,3fachen des Gebührensatzes das 1,8fache des Gebührensatzes tritt.

(4) Gebühren für die Leistung nach Nummer 437 des Gebührenverzeichnisses sowie für die in Abschnitt M des Gebührenverzeichnisses genannten Leistungen bemessen sich nach dem Einfachen bis 1,3fachen des Gebührensatzes. Absatz 2 Satz 4 gilt mit der Maßgabe, daß an die Stelle des 2,3fachen des Gebührensatzes das 1,15fache des Gebührensatzes tritt.

(5) Bei wahlärztlichen Leistungen, die weder von dem Wahlarzt noch von dessen vor Abschluß des Wahlarztvertrages dem Patienten benannten ständigen ärztlichen Vertreter persönlich erbracht werden, tritt an die Stelle des Dreieinhalbfachen des Gebührensatzes nach § 5 Abs. 1 Satz 1 das 2,3fache des Gebührensatzes und an die Stelle des Zweieinhalbfachen des Gebührensatzes nach § 5 Abs. 3 Satz 1 das 1,8fache des Gebührensatzes.

§ 5a

Bemessung der Gebühren in besonderen Fällen

Im Fall eines unter den Voraussetzungen des § 218a Abs. 1 des Strafgesetzbuches vorgenommenen Abbruchs einer Schwangerschaft dürfen Gebühren für die in § 24b Abs. 4 des Fünften Buches Sozialgesetzbuch genannten Leistungen nur bis zum 1,8fachen des Gebührensatzes nach § 5 Abs. 1 Satz 2 berechnet werden.

§ 5b

Bemessung der Gebühren bei Versicherten des Standardtarifes der privaten Krankenversicherung

Für Leistungen, die in einem brancheneinheitlichen Standardtarif nach § 257 Abs. 2a des Fünften Buches Sozialgesetzbuch versichert sind, dürfen Gebühren nur bis zum 1,7fachen des Gebührensatzes nach § 5 Abs. 1 Satz 2 berechnet werden. Bei Gebühren für die in den Abschnitten A, E und O des Gebührenverzeichnisses genannten Leistungen gilt Satz 1 mit der Maßgabe, dass an die Stelle des 1,7fachen des Gebührensatzes das 1,3fache des Gebührensatzes tritt. Bei Gebühren für die in Abschnitt M des Gebührenverzeichnisses genannten Leistungen gilt Satz 1 mit der Maßgabe, dass an die Stelle des 1,7fachen des Gebührensatzes das 1,1fache des Gebührensatzes tritt.

§ 6

Gebühren für andere Leistungen

(1) Erbringen Mund-Kiefer-Gesichtschirurgen, Hals-Nasen-Ohrenärzte oder Chirurgen Leistungen, die im Gebührenverzeichnis für zahnärztliche Leistungen – Anlage zur Gebührenordnung für Zahnärzte vom 22. Oktober 1987 (BGBl. I S. 2316) – aufgeführt sind, sind die Vergütungen für diese Leistungen nach den Vorschriften der Gebührenordnung für Zahnärzte in der jeweils geltenden Fassung zu berechnen.

(2) Selbständige ärztliche Leistungen, die in das Gebührenverzeichnis nicht aufgenommen sind, können entsprechend einer nach Art, Kosten- und Zeitaufwand gleichwertigen Leistung des Gebührenverzeichnisses berechnet werden.

§ 6a

Gebühren bei stationärer Behandlung

(1) Bei stationären, teilstationären sowie vor- und nachstationären privatärztlichen Leistungen sind die nach dieser Verordnung berechneten Gebühren einschließlich der darauf entfallenden Zuschläge um 25 vom Hundert zu mindern. Abweichend davon beträgt die Minderung für Leistungen und Zuschläge nach Satz 1 von Belegärzten oder niedergelassenen anderen Ärzten 15 vom Hundert. Ausgenommen von der Minderungspflicht ist der Zuschlag nach Buchstabe J in Abschnitt B V des Gebührenverzeichnisses.

(2) Neben den nach Absatz 1 geminderten Gebühren darf der Arzt Kosten nicht berechnen; die §§ 7 bis 10 bleiben unberührt.

§ 7

Entschädigungen

Als Entschädigungen für Besuche erhält der Arzt Wegegeld und Reiseentschädigung; hierdurch sind Zeitversäumnisse und die durch den Besuch bedingten Mehrkosten abgegolten.

§ 8

Wegegeld

(1) Der Arzt kann für jeden Besuch ein Wegegeld berechnen. Das Wegegeld beträgt für einen Besuch innerhalb eines Radius um die Praxisstelle des Arztes von

1.	bis zu zwei Kilometern	7,– Deutsche Mark 3,58 Euro*
	bei Nacht (zwischen 20 und 8 Uhr)	14,– Deutsche Mark 7,16 Euro*
2.	mehr als zwei Kilometern bis zu fünf Kilometern	13,– Deutsche Mark 6,64 Euro*
	bei Nacht	20,– Deutsche Mark 10,23 Euro*
3.	mehr als fünf Kilometern bis zu zehn Kilometern	20,– Deutsche Mark 10,23 Euro*
	bei Nacht	30,– Deutsche Mark 15,34 Euro*
4.	mehr als zehn Kilometern bis zu 25 Kilometern	30,– Deutsche Mark 15,34 Euro*
	bei Nacht	50,– Deutsche Mark 25,56 Euro*

(2) Erfolgt der Besuch von der Wohnung des Arztes aus, so tritt bei der Berechnung des Radius die Wohnung des Arztes an die Stelle der Praxisstelle.

(3) Werden mehrere Patienten in derselben häuslichen Gemeinschaft oder in einem Heim, insbesondere in einem Alten- oder Pflegeheim besucht, darf der Arzt das Wegegeld unabhängig von der Anzahl der besuchten Patienten und deren Versichertenstatus insgesamt nur einmal und nur anteilig berechnen.

§ 9

Reiseentschädigung

(1) Bei Besuchen über eine Entfernung von mehr als 25 Kilometern zwischen Praxisstelle des Arztes und Besuchsstelle tritt an die Stelle des Wegegeldes eine Reiseentschädigung.

* Einfügung im Hinblick auf die Euro-Einführung am 01.01.2002

(2) Als Reiseentschädigung erhält der Arzt

1. 50 Deutsche Pfennige (26 Cent*) für jeden zurückgelegten Kilometer, wenn er einen eigenen Kraftwagen benutzt, bei Benutzung anderer Verkehrsmittel die tatsächlichen Aufwendungen,
2. bei Abwesenheit bis zu 8 Stunden 100,– Deutsche Mark (51,13 Euro*), bei Abwesenheit von mehr als 8 Stunden 200,– Deutsche Mark (102,26 Euro*) je Tag,
3. Ersatz der Kosten für notwendige Übernachtungen.

(3) § 8 Abs. 2 und 3 gilt entsprechend.

§ 10

Ersatz von Auslagen

Neben den für die einzelnen ärztlichen Leistungen vorgesehenen Gebühren können als Auslagen nur berechnet werden

1. die Kosten für diejenigen Arzneimittel, Verbandmittel und sonstigen Materialien, die der Patient zur weiteren Verwendung behält oder die mit einer einmaligen Anwendung verbraucht sind, soweit in Absatz 2 nichts anderes bestimmt ist,
2. Versand- und Portokosten, soweit deren Berechnung nach Absatz 3 nicht ausgeschlossen ist,
3. die im Zusammenhang mit Leistungen nach Abschnitt O bei der Anwendung radioaktiver Stoffe durch deren Verbrauch entstandenen Kosten sowie
4. die nach den Vorschriften des Gebührenverzeichnisses als gesondert berechnungsfähig ausgewiesenen Kosten.

Die Berechnung von Pauschalen ist nicht zulässig.

(2) Nicht berechnet werden können die Kosten für

1. Kleinmaterialien wie Zellstoff, Mulltupfer, Schnellverbandmaterial, Verbandspray, Gewebeklebstoff auf Histoacrylbasis, Mullkompressen, Holzspatel, Holzstäbchen, Wattestäbchen, Gummifingerlinge,
2. Reagenzien und Narkosemittel zur Oberflächenanästhesie,
3. Desinfektions- und Reinigungsmittel,
4. Augen-, Ohren-, Nasentropfen, Puder, Salben und geringwertige Arzneimittel zur sofortigen Anwendung sowie für
5. folgende Einmalartikel: Einmalspritzen, Einmalkanülen, Einmalhandschuhe, Einmalharnblasenkatheter, Einmalskalpelle, Einmalproktoskope, Einmaldarmrohe, Einmalspekula.

(3) Versand- und Portokosten können nur von dem Arzt berechnet werden, dem die gesamten Kosten für Versandmaterial, Versandgefäße sowie für den Versand oder Transport entstanden sind. Kosten für Versandmaterial, für den Versand des Untersuchungsmaterials und die Übermittlung des Untersuchungsergebnisses innerhalb einer Laborgemeinschaft oder innerhalb eines Krankenhausgeländes sind nicht berechnungsfähig; dies gilt auch, wenn Material oder ein Teil davon unter Nutzung der Transportmittel oder des Versandweges oder der Versandgefäße einer Laborgemeinschaft zur Untersuchung einem zur Erbringung von Leistungen beauftragten Arzt zugeleitet wird. Werden aus demselben Körpermaterial sowohl in einer Laborgemeinschaft als auch von einem Laborarzt Leistungen aus den Abschnitten M oder N ausgeführt, so kann der Laborarzt bei Benutzung desselben Transportweges Versandkosten nicht berechnen; dies gilt auch dann, wenn ein Arzt eines anderen Gebiets Auftragsleistungen aus den Abschnitten M oder N erbringt. Für die Versendung der Arztrechnung dürfen Versand- und Portokosten nicht berechnet werden.

§ 11

Zahlung durch öffentliche Leistungsträger

(1) Wenn ein Leistungsträger im Sinne des § 12 des Ersten Buches des Sozialgesetzbuches oder ein sonstiger öffentlich-rechtlicher Kostenträger die Zahlung leistet, sind die ärztlichen Leistungen nach den Gebührensätzen des Gebührenverzeichnisses (§ 5 Abs. 1 Satz 2) zu berechnen.

(2) Absatz 1 findet nur Anwendung, wenn dem Arzt vor der Inanspruchnahme eine von dem die Zahlung Leistenden ausgestellte Bescheinigung vorgelegt wird. In dringenden Fällen kann die Bescheinigung auch nachgereicht werden.

§ 12

Fälligkeit und Abrechnung der Vergütung; Rechnung

(1) Die Vergütung wird fällig, wenn dem Zahlungspflichtigen eine dieser Verordnung entsprechende Rechnung erteilt worden ist.

(2) Die Rechnung muß insbesondere enthalten:

1. das Datum der Erbringung der Leistung,
2. bei Gebühren die Nummer und die Bezeichnung der einzelnen berechneten Leistung einschließlich

* Einfügung im Hinblick auf die Euro-Einführung am 01.01.2002

einer in der Leistungsbeschreibung gegebenenfalls genannten Mindestdauer sowie den jeweiligen Betrag und den Steigerungssatz,

3. bei Gebühren für vollstationäre, teilstationäre sowie vor- und nachstationäre privatärztliche Leistungen zusätzlich den Minderungsbetrag nach § 6 a,
4. bei Entschädigungen nach den §§ 7 bis 9 den Betrag, die Art der Entschädigung und die Berechnung,
5. bei Ersatz von Auslagen nach § 10 den Betrag und die Art der Auslage; übersteigt der Betrag der einzelnen Auslage 50,– Deutsche Mark (25,56 Euro*), ist der Beleg oder ein sonstiger Nachweis beizufügen.

(3) Überschreitet eine berechnete Gebühr nach Absatz 2 Nr. 2 das 2,3fache des Gebührensatzes, ist dies auf die einzelne Leistung bezogen für den Zahlungspflichtigen verständlich und nachvollziehbar schriftlich zu begründen; das gleiche gilt bei den in § 5 Abs. 3 genannten Leistungen, wenn das 1,8fache des Gebührensatzes überschritten wird, sowie bei den in § 5 Abs. 4 genannten Leistungen, wenn das 1,15fache des Gebührensatzes überschritten wird. Auf Verlangen ist die Begründung näher zu erläutern. Soweit im Falle einer abweichenden Vereinbarung nach § 2 auch ohne die getroffene Vereinbarung ein Überschreiten der in Satz 1 genannten Steigerungssätze gerechtfertigt gewesen wäre, ist das Überschreiten auf Verlangen des Zahlungspflichtigen zu begründen; die Sätze 1 und 2 gelten entsprechend. Die Bezeichnung der Leistung nach Absatz 2 Nummer 2 kann entfallen, wenn der Rechnung eine Zusammenstellung beigefügt wird, der die Bezeichnung für die abgerechnete Leistungsnummer entnommen werden kann. Leistungen, die auf Verlangen erbracht worden sind (§ 1 Abs. 2 Satz 2), sind als solche zu bezeichnen.

(4) Wird eine Leistung nach § 6 Abs. 2 berechnet, ist die entsprechend bewertete Leistung für den Zahlungspflichtigen verständlich zu beschreiben und mit dem Hinweis entsprechend sowie der Nummer und der Bezeichnung der als gleichwertig erachteten Leistung zu versehen.

(5) Durch Vereinbarung mit den in § 11 Abs. 1 genannten Leistungs- und Kostenträgern kann eine von den Vorschriften der Absätze 1 bis 4 abweichende Regelung getroffen werden.

---

* Einfügung im Hinblick auf die Euro-Einführung am 01.01.2002

Einführung zum Vertrag Ärzte/Unfallversicherungsträger
einschließlich Gebührenverzeichnis gemäß § 34 Abs. 3 SGB VII

Nach intensiven und oft kontrovers geführten Diskussionen liegt nunmehr ein neuer an das veränderte Recht angepaßter Vertrag Ärzte/Unfallversicherungsträger einschließlich Gebührenverzeichnis vor. Bezüglich der langen Verhandlungsdauer ist in Erinnerung zu rufen, daß spätestens mit Einführung ausgabenbegrenzender Maßnahmen im Bereich der gesetzlichen Krankenversicherung durch die „Reformgesetze" die Unfallversicherung in Bezug auf die vereinbarten Punktwerte erheblich unter politischen Druck geraten ist. Die Kassenärztliche Bundesvereinigung sah sich deswegen bereits nach Ende der Laufzeit des letzten Vertragsabschlusses der politischen Forderung nach einer Punktwertabsenkung insbesondere für die allgemeine Heilbehandlung ausgesetzt. Vor diesem Hintergrund und unter Berücksichtigung der Forderung der Unternehmer als Beitragszahler nach Senkung der Lohnnebenkosten wurde eine Weiterentwicklung der Vergütung seitens der Unfallversicherungsträger kategorisch abgelehnt. Für die Anpassung des Gebührenverzeichnisses an die GOÄ 96 wurde deshalb strengste Kostenneutralität gefordert.

In dieser Beratungsphase trat zum 1. Januar 1997 das SGB VII (Unfallversicherungseinordnungsgesetz) in Kraft mit den darin verankerten erheblich erweiterten Kompetenzen der Unfallversicherungsträger. Auf der neuen Rechtsgrundlage forderten die Unfallversicherungsträger immer wieder in einer ersten Stufe ausschließlich die vertraglichen Regelungen an die neuen gesetzlichen Erfordernisse anzupassen und dann erst über die Weiterentwicklung des Vergütungssystems zu verhandeln. Die Kassenärztliche Bundesvereinigung hatte jedoch darauf bestanden, beide Elemente des Vertrages synchron zu regeln.

Vertrag:

Der neue Vertrag tritt am 1. Mai 2001 in Kraft und löst das alte Abkommen ab; er regelt die Durchführung der Heilbehandlung, die Vergütung sowie die Art und Weise der Abrechnung. Wesentliche Regelungsbestandteile des bisherigen Abkommens konnten – teilweise modifiziert – übertragen werden. Exemplarisch zu nennen sind: Die Weichenstellung der Versorgung nach Art und Schwere der Verletzung, die zentrale Rolle des D-Arztes im Verhältnis zum Unfallversicherungsträger, die Unterscheidung zwischen allgemeiner und besonderer Heilbehandlung, die Möglichkeit der Beteiligung als H-Arzt, das Hautarztverfahren, das Berichts- und Gutachtenwesen.

Nicht mehr fortgeführt werden das Beratungsfacharztverfahren sowie das besondere Verfahren bei Augen- und Hals-Nasen-Ohrenverletzungen. Dies ist zurückzuführen auf die Entscheidung der Unfalversicherungsträger aufgrund ihres nach dem SGB VII eingeräumten Organisationsrechts, die Versorgung von Unfallverletzten nach den besonderen Verfahren auf D- und H-Ärzte zu beschränken. Demnach sind auch Fachärzte für Chirurgie und Orthopädie künftig nicht mehr von der Vorstellungspflicht beim D-Arzt befreit; sie haben jedoch die Möglichkeit, die Beteiligung als H-Arzt zu erwerben. Aufgrund der Übergangsregelung bleiben Fachärzte für Chirurgie und Orthopädie jedoch für ein halbes Jahr nach Inkrafttreten des Vertrages weiterhin von der Vorstellungspflicht befreit.

Erbrachte Leistungen sind nach dem Gebührenteil des Vertrages als Einzelleistungen in Rechnung zu stellen und – wie bisher – gegenüber dem Unfallversicherungsträger direkt abzurechnen. Dem von der Kassenärztlichen Bundesvereinigung nachdrücklich geforderten Verzicht auf die Anwendung der Übergangsregelung für die neuen Bundesländer konnten die Unfallversicherungsträger wegen der gesetzlichen Vorgaben nicht folgen. Die Übergangsregelung für ärztliche Leistungen ist in modifizierter Form als Anhang 2 aufgenommen worden, wobei die Höhe des Abzugs (z. Z. 14 %) nunmehr direkt an die Entwicklung der amtlichen Gebührenordnung gekoppelt ist. Leitnummern des alten Abkommens, die abrechnungsrelevante Regelungen beinhalten, sind in den Text des Gebührenverzeichnisses aufgenommen worden.

Gebührenverzeichnis:

Als Grundlage für das neue Gebührenverzeichnis mit den Unfallversicherungsträgern dient die Systematik der GOÄ 96. Dies bedeutet grundsätzlich die Übernahme der Leistungslegenden und der Punktzahlen. Die DM-Beträge des Gebührenverzeichnisses ergeben sich aus der Multiplikation der Punktzahlen der amtlichen Gebührenordnung mit den vertraglich festgelegten Punktwerten des alten Abkommens. Es bleibt bei einer uneingeschränkten Einzelleistungsvergütung.

Der Abschnitt B der GOÄ – Grundleistungen und allgemeine Leistungen – ist bei den Untersuchungs- und Beratungsleistungen wegen der geforderten Kostenneutralität umstrukturiert worden.

Das in der GOÄ vorgesehene Zuschlagssystem für ambulante Operationen und Anästhesieleistungen wurde nicht übernommen, da der entsprechende Aufwand mit der Vergütung für die besondere Heilbehandlung abgegolten ist.

Der von den Unfallversicherungsträgern beschlossenen Abschaffung des Augen-und HNO-Arzt-Verfahrens hat sich die Kassenärztliche Bundesvereinigung über alle Vertragsverhandlungen hin nachdrücklich widersetzt. Aufgrund ihrer Organisationshoheit hielten die UV-Träger an ihrer Entscheidung fest. Als Kompromiß wurde eine Regelung gefunden, nach der die genannten Ärzte bei der Erbringung bestimmter in einem Katalog des Gebührenteiles aufgeführter Leistungen diese nach den DM-Beträgen für die besondere Heilbehandlung in Rechnung stellen, wenn sie die Genehmigung zur Durchführung ambulanter Operationen in der vertragsärztlichen Versorgung besitzen (vgl. Allgemeine Bestimmungen – Kap. I und J).

Die bisherigen Gebührensätze für Gutachten, Berichte usw. sind wie folgt angehoben worden:

Arztvordrucke im Sinne einer Bescheinigung	+ 5 %
Arztvordrucke als kurze Krankheitsauskunft	+ 10 %
Arztvordrucke mit ausführlichem Inhalt	+ 20 %
Gutachten aller Art	+ 30 %

Die Vordrucke und ihre Vergütung werden im Gebührenteil (Gebührenordnungs-Nrn. 110 ff.) im einzelnen aufgeführt.

Mit dem neuen Vertrag sind die Vorschriften des SGB VII erfüllt. Die politische Diskussion um Punktwerte wird durch eine DM-Gebührenverordnung beendet. Damit ist auch die Möglichkeit gegeben, nach den spezifischen Versorgungsaufgaben der Unfallversicherungsträger partielle oder punktuelle Anpassungen der Gebühren zu vereinbaren.

Vertrag Ärzte/Unfallversicherungsträger

Vertrag gem. § 34 Abs. 3 SGB VII

zwischen

dem Hauptverband der gewerblichen Berufsgenossenschaften,
dem Bundesverband der
landwirtschaftlichen Berufsgenossenschaften,
dem Bundesverband der Unfallkassen einerseits

und der Kassenärztlichen Bundesvereinigung andererseits

über

die Durchführung der Heilbehandlung,
die Vergütung der Ärzte sowie die Art und Weise
der Abrechnung der ärztlichen Leistungen
(Vertrag Ärzte/Unfallversicherungsträger)

I. Allgemeiner Teil

§ 1

Gegenstand des Vertrages

Gegenstand des Vertrages ist die Durchführung der von den Unfallversicherungsträgern zu leistenden Heilbehandlung (§ 6). Der Vertrag umfasst auch die Vergütung der Ärzte, die Abrechnung der ärztlichen Leistungen gegenüber den Unfallversicherungsträgern, die Pflicht der Ärzte zur Dokumentation, zur Mitteilung von Patientendaten und zu sonstigen Auskünften gegenüber den Unfallversicherungsträgern sowie das für die Vertragsparteien maßgebliche Schiedsverfahren für den Fall der Nichteinigung.

§ 2

Gewährleistung

Die Kassenärztliche Bundesvereinigung und die Kassenärztlichen Vereinigungen übernehmen gegenüber den Unfallversicherungsträgern und deren Verbänden die Gewähr dafür, dass die Durchführung der Heilbehandlung den gesetzlichen und vertraglichen Erfordernissen entspricht.

§ 3

Erfüllung des Vertrages

(1) Die Vertragspartner und ihre Mitglieder sind verpflichtet, diesen Vertrag gewissenhaft zu erfüllen.

(2) Streitigkeiten über Auslegung und Durchführung des Vertrages sind in den dafür vorgesehenen Verfahren (§ 52 und 66) auszutragen. Sie berechtigen nicht dazu, die Erfüllung der übrigen vertraglichen Pflichten zu verzögern oder zu verweigern.

§ 4

Beteiligung am Vertrag

(1) Am Vertrag sind alle Ärzte beteiligt, die an der vertragsärztlichen Versorgung teilnehmen oder von den Unfallversicherungsträgern zugelassen sind.

(2) Ärzte, die nicht nach Abs. 1 beteiligt sind, können auf Antrag am Vertrag beteiligt werden.

(3) Der Antrag ist an die zuständige Kassenärztliche Vereinigung zu richten. Diese entscheidet im Einvernehmen mit dem zuständigen Landesverband der gewerblichen Berufsgenossenschaften.

§ 5

Datenerhebung und -verarbeitung durch Ärzte; Auskunftspflicht

(1) Ärzte, die an einer Heilbehandlung nach § 34 SGB VII beteiligt sind, erheben, speichern und übermitteln an die Unfallversicherungsträger Daten über die Behandlung und den Zustand des Versicherten sowie andere personenbezogene Daten, soweit dies für Zwecke der Heilbehandlung und die Erbringung sonstiger Leistungen erforderlich ist. Ferner erheben, speichern und übermitteln sie die Daten, die für ihre Entscheidung, eine Heilbehandlung nach § 34 SGB VII durchzuführen, maßgeblich waren.

(2) Der Versicherte ist von den Ärzten über den Zweck der Datenerhebung und darüber zu unterrichten, dass diese Daten an den Unfallversicherungsträger übermittelt werden müssen. Er ist auch darüber zu informieren, dass er vom Unfallversicherungsträger verlangen kann, über die von den Ärzten übermittelten Daten unterrichtet zu werden (§ 201 SGB VII; siehe Anhang 3).

(3) Ärzte, die nicht an einer Heilbehandlung nach § 34 SGB VII beteiligt sind, sind verpflichtet, dem Unfallversicherungsträger auf Verlangen Auskunft über die Behandlung, den Zustand sowie über Erkrankungen und frühere Erkrankungen des Versicherten zu erteilen, soweit dies für die Heilbehandlung und die Erbringung sonstiger Leistungen erforderlich ist (§ 203 SGB VII; siehe Anhang 3).

II. Allgemeine Regelungen für die Heilbehandlung bei Arbeitsunfällen

§ 6

Heilbehandlung

(1) Die Unfallversicherungsträger sind nach den gesetzlichen Vorschriften verpflichtet, alle Maßnahmen zu treffen, durch die eine möglichst frühzeitig nach dem Versicherungsfall einsetzende und sachgemäße Heilbehandlung und, soweit erforderlich, besondere unfallmedizinische Behandlung (im Folgenden „besondere Heilbehandlung" genannt) gewährleistet wird.

(2) Bei Arbeitsunfällen wird die Heilbehandlung nach Abs. 3 als allgemeine Heilbehandlung oder als besondere Heilbehandlung durchgeführt.

(3) Die Unfallversicherungsträger leisten für die Folgen eines Arbeitsunfalles vom Unfalltag an oder jederzeit später

1. allgemeine Heilbehandlung durch die nach § 4 am Vertrag beteiligten Ärzte,
2. besondere Heilbehandlung durch von den Unfallversicherungsträgern zugelassene oder besonders beauftragte Ärzte, wenn dies wegen der Art oder Schwere der Verletzung erforderlich ist.

§ 7
Einleitung besonderer Heilbehandlung

Die Einleitung besonderer Heilbehandlung kann nur durch die Unfallversicherungsträger oder durch Ärzte erfolgen, die von den Unfallversicherungsträgern zugelassen sind.

§ 8
Ärztliche Behandlung

(1) Die ärztliche Behandlung umfasst die Tätigkeit der Ärzte, die nach den Regeln der ärztlichen Kunst erforderlich und zweckmäßig ist und das Gebot der Wirtschaftlichkeit erfüllt.

(2) Die ärztliche Behandlung wird von Ärzten erbracht. Sind Hilfeleistungen anderer Personen erforderlich, dürfen diese nur erbracht werden, wenn sie vom Arzt angeordnet und von ihm verantwortet werden.

§ 9
Erstversorgung

Die Erstversorgung umfasst die ärztlichen Leistungen, die den Rahmen des sofort Notwendigen nicht überschreiten.

§ 10
Allgemeine Heilbehandlung

Allgemeine Heilbehandlung ist die ärztliche Versorgung einer Unfallverletzung, die nach Art oder Schwere weder eines besonderen personellen, apparativ-technischen Aufwandes noch einer spezifischen unfallmedizinischen Qualifikation des Arztes bedarf.

§ 11
Besondere Heilbehandlung

Besondere Heilbehandlung ist die fachärztliche Behandlung einer Unfallverletzung, die wegen Art oder Schwere besondere unfallmedizinische Qualifikation verlangt. Dazu gehören auch die Erfassung der Zusammenhänge zwischen Arbeitstätigkeit und Unfallereignis, die tätigkeitsbezogene Funktionsdiagnostik, ggf. unter Berücksichtigung von Vorschäden, sowie die prognostische Einschätzung der Unfallverletzung unter dem Gesichtspunkt typischer Komplikationen sowie frühzeitig einzuleitender medizinischer und schulischer/beruflicher Rehabilitationsmaßnahmen mit umfassender Dokumentation aller Daten, die zur Rekonstruktion von Ursache, Ausmaß und Verlauf der Heilbehandlung relevant sind.

§ 12
Durchführung allgemeiner Heilbehandlung

(1) Heilbehandlung (§ 6) wird grundsätzlich als allgemeine Heilbehandlung gewährt, es sei denn, der Durchgangsarzt, H-Arzt oder der Unfallversicherungsträger leitet besondere Heilbehandlung ein.

(2) Im Durchgangsarztverfahren sollen etwa 80 v.H. aller Fälle von Verletzungen der allgemeinen Heilbehandlung zugeordnet werden.

§ 13
Vom Unfallversicherungsträger veranlasste ärztliche Untersuchungen

Die Unfallversicherungsträger können ärztliche Untersuchungen, auch nach Abschluss der Behandlung (z.B. Nachuntersuchungen), durch von ihnen ausgewählte Ärzte veranlassen. Auf Verlangen des Unfallversicherungsträgers leitet der behandelnde Arzt den Unfallverletzten unverzüglich dem vom Unfallversicherungsträger bezeichneten Arzt zur Untersuchung zu.

§ 14
Ärztliche Unfallmeldung

(1) Der behandelnde Arzt erstattet am Tage der ersten Inanspruchnahme durch den Unfallverletzten, spätestens am Tage darauf, dem Unfallversicherungsträger die Ärztliche Unfallmeldung nach Vordruck F 1050.

(2) Die Ärztliche Unfallmeldung nach Abs. 1 entfällt in Fällen der Vorstellungspflicht des Unfallverletzten beim Durchgangsarzt nach § 26, im Verletzungsartenverfahren nach § 37 oder wenn ein H-Arzt-Bericht nach § 36 zu erstatten ist.

§ 15
Bericht bei Erstversorgung

Der Arzt, der bei einem Unfallverletzten die Erstversorgung leistet, erstattet auf Verlangen des Unfallversicherungsträgers diesem einen Bericht über den Zustand des Unfallverletzten und die Art der geleisteten Versorgung.

§ 16
Mitteilungen über Besonderheiten des Behandlungsverlaufs

Der behandelnde Arzt benachrichtigt den Unfallversicherungsträger unverzüglich von folgenden Sachverhalten:

- Unerwartete Heilkomplikationen,
- Verlegung,
- wesentliche Änderung der Diagnose,
- Notwendigkeit häuslicher Krankenpflege (siehe § 19),

- Abbruch der Heilbehandlung seitens des Unfallverletzten,
- ungenügende Unterstützung bzw. fehlende Mitwirkung des Unfallverletzten bei der Durchführung der Heilbehandlung.

§ 17

Hinweis auf Maßnahmen der Arbeits- und Berufsförderung

Der behandelnde Arzt gibt dem Unfallversicherungsträger frühzeitig einen Hinweis, wenn eine Belastungserprobung oder Arbeitstherapie angezeigt ist oder die Einleitung von Maßnahmen der Arbeits- und Berufsförderung/schulischen Förderung notwendig erscheint.

§ 18

Unterstützungspflicht des Arztes bei besonderen medizinischen Maßnahmen

(1) Der behandelnde Arzt unterstützt den Unfallversicherungsträger im Einzelfall auf Verlangen, wenn dieser besondere medizinische Maßnahmen einleiten oder veranlassen will.

(2) Von Anordnungen, die einen Eingriff in seine Behandlung (z.B. Verlegung oder Vorstellung bei anderen Ärzten) bedeuten, ist der Arzt so rechtzeitig zu benachrichtigen, dass er davon nicht später Kenntnis erhält als der Unfallverletzte.

(3) Vom Unfallversicherungsträger im Zusammenhang mit Abs. 1 angeforderte Auskünfte, Berichte und Aufzeichnungen sind diesem innerhalb von drei Tagen zuzuleiten.

§ 19

Verordnung häuslicher Krankenpflege

Der behandelnde Arzt kann häusliche Krankenpflege (§ 32 SGB VII) verordnen. Er hat hierbei die „Gemeinsamen Richtlinien der Spitzenverbände der Unfallversicherung über häusliche Krankenpflege" in der jeweils gültigen Fassung zu beachten.

§ 20

Verordnung von Heilmitteln

(1) Heilmittel (§ 30 SGB VII) kann nur der D-/H-Arzt verordnen, andere Ärzte nur mit vorheriger Genehmigung des Unfallversicherungsträgers. Liegt die Genehmigung vor, entfällt die Vorstellungspflicht beim Durchgangsarzt nach § 26 Abs. 1 Satz 2.

(2) Für die Verordnung von Krankengymnastik/physikalischer Therapie und die Verordnung von Erweiterter Ambulanter Physiotherapie (EAP) sind die von den Unfallversicherungsträgern vorgesehenen Vordrucke zu verwenden (Vordruck F 2400 – Verordnung von Leistungen zur Krankengymnastik/physikalische Therapie – bzw. Vordruck F 2410 – EAP-Verordnung –).

§ 21

Verordnung von Arznei- und Verbandmitteln

(1) Der behandelnde Arzt kann Arznei- und Verbandmittel (§ 29 SGB VII) verordnen.

(2) Bei der Verordnung von Arznei- und Verbandmitteln zulasten eines Unfallversicherungsträgers ist auf dem Arzneiverordnungsblatt (Muster 16 der Vordruckvereinbarung in der vertragsärztlichen Versorgung) neben der Bezeichnung des Unfallversicherungsträgers auch der Unfalltag und der Unfallbetrieb (ggf. Kindertageseinrichtung, Schule, Hochschule) anzugeben. Weiterhin sind das Ankreuzfeld „Arbeitsunfall" zu kennzeichnen und der Freivermerk einzutragen.

§ 22

Verordnung von Hilfsmitteln

(1) Hilfsmittel (§ 31 SGB VII) mit Ausnahme von Seh- und Hörhilfen kann nur der D-/H-Arzt verordnen. Für die Verordnung gilt § 21 Abs. 2 entsprechend.

(2) Für die Verordnung von Seh- und Hörhilfen verwendet der Augen-/HNO-Arzt die in der vertragsärztlichen Versorgung eingeführten Vordrucke. Dabei ist neben der Bezeichnung des Unfallversicherungsträgers auch der Unfalltag und der Unfallbetrieb (ggf. Kindertageseinrichtung, Schule, Hochschule) anzugeben.

III. Besondere Regelungen für die Heilbehandlung bei Arbeitsunfällen

§ 23

Verfahrensarten

Verfahrensarten i.S.d. § 34 Abs. 1 Satz 3 SGB VII sind

- das Durchgangsarztverfahren,
- das H-Arzt-Verfahren und
- das Verletzungsartenverfahren.

§ 24

Durchgangsarztverfahren

(1) Durchgangsärzte sind Ärzte, die als solche von den Landesverbänden der gewerblichen Berufsgenossenschaften zugelassen sind.

(2) Die von den Durchgangsärzten zu erfüllenden Voraussetzungen im Hinblick auf die fachliche Befähigung, die sächliche und personelle Ausstattung sowie die zu übernehmenden Pflichten werden in den „Anforderungen der gesetzlichen Unfallversicherungsträger zur Beteiligung am Durchgangsarztverfahren" festgelegt.

(3) Der Durchgangsarzt ist verpflichtet, die Tätigkeit persönlich auszuüben. Dies gilt auch für die Auswertung der Befunde beim Einsatz der Röntgendiagnostik und anderer bildgebender Verfahren im unmittelbaren Zusammenhang mit der Beurteilung von Art oder Schwere der Verletzung.

(4) Soweit erforderlich, können von den Landesverbänden der gewerblichen Berufsgenossenschaften ständige Durchgangsarzt-Vertreter anerkannt werden. Diese müssen ebenfalls über die fachliche Befähigung nach den „Anforderungen der gesetzlichen Unfallversicherungsträger zur Beteiligung am Durchgangsarztverfahren" verfügen.

§ 25
Hinzuziehen anderer Ärzte durch den Durchgangsarzt

Der Durchgangsarzt soll nach pflichtgemäßem Ermessen zur Klärung der Diagnose und/oder zur Mitbehandlung andere Ärzte zuziehen. Dies gilt insbesondere für Ärzte anderer Fachrichtungen, wenn bei der Art der Verletzung der Verdacht auf Mitbeteiligung eines entsprechenden Organs oder Organsystems besteht.

§ 26
Vorstellungspflicht beim Durchgangsarzt

(1) Der Arzt hält den Unfallverletzten an, sich unverzüglich einem Durchgangsarzt vorzustellen, wenn die Unfallverletzung über den Unfalltag hinaus zur Arbeitsunfähigkeit führt oder die Behandlungsbedürftigkeit voraussichtlich mehr als eine Woche beträgt. Eine Vorstellung beim Durchgangsarzt hat auch dann zu erfolgen, wenn nach Auffassung des behandelnden Arztes die Verordnung von Heilmitteln erforderlich ist. Bei Wiedererkrankung ist in jedem Fall eine Vorstellung erforderlich. Der Unfallverletzte hat grundsätzlich die freie Wahl unter den Durchgangsärzten.

(2) Absatz 1 findet keine Anwendung bei isolierten Augen- und/oder HNO-Verletzungen. In diesen Fällen ist der Verletzte unmittelbar an einen entsprechenden Facharzt zu überweisen.

(3) Für die Überweisung hat der Arzt den Vordruck F 2900 – ÜV – zu verwenden.

§ 27
Aufgaben des Durchgangsarztes

(1) Der Durchgangsarzt beurteilt und entscheidet unter Berücksichtigung von Art oder Schwere der Verletzung, ob eine allgemeine Heilbehandlung oder eine besondere Heilbehandlung erforderlich ist. Leitet er eine besondere Heilbehandlung ein, so führt er die Behandlung durch. Leitet er eine allgemeine Heilbehandlung ein, so überweist er den Unfallverletzten an den Arzt, den dieser als seinen behandelnden Arzt benennt. In diesen Fällen hat sich der Durchgangsarzt über den Stand der allgemeinen Heilbehandlung zu vergewissern (§ 29 Abs. 1).

(2) Der Durchgangsarzt erstattet unverzüglich den Durchgangsarztbericht nach Vordruck F 1000. Durchschrift dieses Berichts hat der Durchgangsarzt unverzüglich dem behandelnden Arzt zu übersenden. Ist der Unfallverletzte Mitglied einer gesetzlichen Krankenkasse, erhält diese gleichfalls unverzüglich die für sie bestimmte, den Belangen des Datenschutzes angepasste Durchschrift.

(3) Die Absätze 1 und 2 gelten auch bei Wiedererkrankung

(4) Bei Unfällen mit Kopfverletzungen mit Gehirnbeteiligung oder Verdacht auf Gehirnbeteiligung erstattet der Durchgangsarzt unverzüglich zusätzlich einen Ergänzungsbericht nach Vordruck F 1002 – Ergänzungsbericht Kopfverletzung. Hiervon bleibt die alsbaldige Hinzuziehung eines Neurologen unberührt.

(5) Bei Unfällen mit Knieverletzungen oder Verdacht auf Kniebinnenschaden erstattet der Durchgangsarzt zusätzlich einen Ergänzungsbericht nach Vordruck F 1004 – Ergänzungsbericht Knie – in den dort vorgesehenen Fällen.

(6) Bei Unfällen durch elektrischen Strom erstattet der Durchgangsarzt zusätzlich einen Ergänzungsbericht nach Vordruck F 1006 – Ergänzungsbericht Stromunfall –.

(7) Bei schweren Verbrennungen (2. und 3. Grades) erstattet der Durchgangsarzt zusätzlich einen Ergänzungsbericht nach Vordruck F 1008 – Ergänzungsbericht schwere Verbrennungen.

(8) Bei Handverletzungen erstattet der Durchgangsarzt zusätzlich einen Ergänzungsbericht nach Vordruck F 1010 – Ergänzungsbericht Hand.

(9) Vom Ende einer besonderen Heilbehandlung gibt der Durchgangsarzt dem Unfallversicherungsträger mit Vordruck F 2222 – Mitteilung D/H-Arzt: Veränderungen besondere Heilbehandlung – Nachricht.

§ 28
Inanspruchnahme eines nicht zur besonderen Heilbehandlung zugelassenen Arztes

Wird während der Durchführung einer besonderen Heilbehandlung ein anderer, hierzu nicht zugelassener Arzt in Anspruch genommen, so kann er in Fällen, in denen eine sofortige ärztliche Maßnahme dringend erforderlich ist, Leistungen erbringen, die den Rahmen des sofort Notwendigen nicht überschreiten dürfen. Diese Leistungen werden nach den Sätzen der allgemeinen Heilbehandlung vergütet. Im Übrigen hat der Arzt den Unfallverletzten an den die besondere Heilbehandlung durchführenden Arzt zu verweisen.

§ 29
Nachschau

(1) Bei den nicht in eigener Behandlung verbleibenden Unfallverletzten hat der Durchgangsarzt Nachschautermine festzusetzen und dem Unfallverletzten mitzuteilen.

(2) Der Durchgangsarzt erstattet unverzüglich einen Nachschaubericht nach Vordruck F 2106. Durchschrift dieses Berichtes übersendet der Durchgangsarzt unverzüglich dem behandelnden Arzt. Ist der Unfallverletzte Mitglied einer gesetzlichen Krankenkasse, erhält diese gleichfalls unverzüglich die für sie bestimmte, den Belangen des Datenschutzes angepasste Durchschrift.

(3) Der behandelnde Arzt kann von sich aus jederzeit eine Nachschau veranlassen.

(4) Eine Nachschau entfällt, wenn die Behandlung durch einen H-Arzt erfolgt.

§ 30
H-Arztverfahren

An der Durchführung der besonderen Heilbehandlung (§ 11) sind, unbeschadet der Regelung über das Durchgangsarztverfahren (§ 24ff.), die Ärzte zu beteiligen, die dazu fachlich befähigt, entsprechend ausgestattet und zur Übernahme der damit verbundenen Pflichten bereit sind (H-Ärzte).

§ 31
Fachliche Befähigung

Die von den H-Ärzten zu erfüllenden Voraussetzungen im Hinblick auf fachliche Befähigung, die sächliche und persönliche Ausstattung sowie die zu übernehmenden Pflichten werden in den „Anforderungen der gesetzlichen Unfallversicherungsträger zur Beteiligung am H-Arztverfahren" festgelegt.

§ 32
Zulassung zum H-Arzt

(1) Die Zulassung zum H-Arzt erfolgt auf Antrag. Der Antrag ist an den zuständigen Landesverband der gewerblichen Berufsgenossenschaften zu richten.

(2) Über den Antrag entscheidet ein Ausschuss, der sich aus je drei Vertretern der für den Praxissitz des Arztes zuständigen Kassenärztlichen Vereinigung und des zuständigen Landesverbandes der gewerblichen Berufsgenossenschaften zusammensetzt. Je zwei Vertreter sollen Ärzte sein. Der Ausschuss entscheidet über den Antrag mit einfacher Mehrheit. Stimmengleichheit gilt als Ablehnung. Die Beratungen sind nicht öffentlich. Eine ablehnende Entscheidung ist zu begründen.

(3) Auf Antrag der zuständigen Kassenärztlichen Vereinigung oder des zuständigen Landesverbandes der gewerblichen Berufsgenossenschaften entscheidet der Ausschuss auch über eine Kündigung der Beteiligung.

§ 33
Befreiung von der Vorstellung beim Durchgangsarzt

Der H-Arzt ist von der Vorstellung des Unfallverletzten beim Durchgangsarzt befreit.

§ 34
Persönliche Ausübung der H-Arzt-Tätigkeit; Hinzuziehen anderer Ärzte durch den H-Arzt

Die § 24 Abs. 3 und 25 finden entsprechende Anwendung.

§ 35
Besondere Heilbehandlung durch den H-Arzt

Der H-Arzt ist berechtigt, in den Fällen, in denen eine der folgenden Verletzungen vorliegt, eine besondere Heilbehandlung durchzuführen, soweit es sich nicht um eine im Verletzungsartenverzeichnis (siehe Anhang 1) aufgeführte Verletzung handelt:

1. Offene, scharfrandige bis in die Muskulatur hineinreichende Weichteilverletzungen ohne Nerven- und Sehnenbeteiligung
2. Lokalisierte, oberflächennahe, einschmelzende Entzündungen nach Unfallverletzungen, ohne Gelenkbeteiligung
3. Ausgedehnte Verbrennungen zweiten Grades oder kleinflächige Verbrennungen dritten Grades
4. Muskelrisse, die keine operative Behandlung erfordern

5. Schwere Prellungen, Quetschungen, Stauchungen und Zerrungen von Gelenken mit intraartikulärer oder stark periartikulärer Blutung mit Ausnahme von Schulter- und Kniegelenk
6. Knochenbrüche mit Ausnahme von Gelenkfrakturen und gelenknahen Frakturen bei Kindern
7. Verrenkungen mit Ausnahme von Verrenkungen des Schulter- und Kniegelenkes

§ 36

H-ärztliche Berichterstattung

(1) Der H-Arzt erstattet unverzüglich einen H-Arzt-Bericht nach Vordruck F 1020. Das gilt auch bei Wiedererkrankung. Ist der Unfallverletzte Mitglied einer gesetzlichen Krankenkasse, hat der H-Arzt dieser die den datenschutzrechtlichen Belangen angepasste Durchschrift des Berichtes unverzüglich zu übersenden.

(2) Bei Unfällen mit Kopfverletzungen und Gehirnbeteiligung oder Verdacht auf Gehirnbeteiligung erstattet der H-Arzt unverzüglich zusätzlich einen Ergänzungsbericht nach Vordruck F 1002 – Ergänzungsbericht Kopfverletzung. Hiervon bleibt die alsbaldige Hinzuziehung eines Neurologen unberührt.

(3) Bei Unfall mit Knieverletzungen oder Kniebinnenschaden erstattet der H-Arzt zusätzlich einen Ergänzungsbericht nach Vordruck F 1004 – Ergänzungsbericht Knie – in den dort vorgesehenen Fällen.

(4) Bei Unfällen durch elektrischen Strom erstattet der H-Arzt zusätzlich einen Ergänzungsbericht nach Vordruck F 1006 – Ergänzungsbericht Stromunfall.

(5) Bei schweren Verbrennungen (2. und 3. Grades) erstattet der Arzt zusätzlich einen Ergänzungsbericht nach Vordruck F 1008 – Ergänzungsbericht schwere Verbrennung.

(6) Bei Handverletzungen erstattet der H-Arzt zusätzlich einen Ergänzungsbericht nach Vordruck F 1010 – Ergänzungsbericht Hand.

(7) Besteht wegen der Unfallverletzung über den 14. Tag nach Behandlungsbeginn hinaus Arbeitsunfähigkeit, erstattet der H-Arzt unverzüglich – und in entsprechenden Zeitfolgen – einen Bericht nach Vordruck F 2108 – Verlaufsbericht H-Arzt. Bei Kindern in Kindertageseinrichtungen, Schülern und Studierenden gilt dies entsprechend bei noch bestehender Behandlungsbedürftigkeit.

(8) Vom Ende einer besonderen Heilbehandlung gibt der H-Arzt dem Unfallversicherungsträger mit Vordruck F 2222 – Mitteilung D-/H-Arzt: Veränderungen besondere Heilbehandlung – Nachricht.

§ 37

Verletzungsartenverfahren

(1) In Fällen, in denen eine Verletzung nach dem Verletzungsartenverzeichnis (siehe Anhang 1) vorliegt, hat der behandelnde Arzt dafür zu sorgen, dass der Unfallverletzte unverzüglich in ein von den Landesverbänden der gewerblichen Berufsgenossenschaften am Verletzungsartenverfahren beteiligtes Krankenhaus überwiesen wird.

(2) Der an diesem Krankenhaus tätige Durchgangsarzt entscheidet nach Art oder Schwere der Verletzung, ob eine stationäre oder ambulante Behandlung erforderlich ist. Er kann die Behandlung ambulant durchführen oder einen anderen qualifizierten Arzt mit der ambulanten Behandlung beauftragen.

(3) Eine Überweisung nach Abs. 1 ist in den Fällen der Ziffer 15 des Verletzungsartenverzeichnisses dann nicht erforderlich, wenn es sich bei dem behandelnden Arzt um einen Handchirurgen handelt, der zur Behandlung Unfallverletzter von einem Landesverband der gewerblichen Berufsgenossenschaften zugelassen ist.

(4) Der Arzt nach Abs. 2, Satz 2 oder der behandelnde Handchirurg nach Abs. 3 berichtet dem Unfallversicherungsträger unverzüglich über Übernahme, Verlauf und Abschluss der Behandlung. Die Berichte sind zu vergüten.
Die Vergütung der ärztlichen Leistungen erfolgt bei ambulanter Behandlung unmittelbar durch den Unfallversicherungsträger nach den Gebührensätzen der besonderen Heilbehandlung.

§ 38

Feststellung der Transportunfähigkeit

Hält der behandelnde Arzt den Unfallverletzten für transportunfähig, so hat er darüber auf Verlangen des Unfallversicherungsträgers eine Bescheinigung, in der die Transportunfähigkeit zu begründen ist, auszustellen.

IV. Regelungen bei Augen- und Hals-Nasen-Ohren-Verletzungen

§ 39

Überweisungspflicht an den Augen-/HNO-Arzt

(1) Bei Vorliegen einer Verletzung im Bereich von Augen oder Hals, Nasen, Ohren ist der Arzt verpflichtet, den Unfallverletzten unverzüglich einem entsprechenden Facharzt zur Untersuchung vorzustellen.

(2) Diese Vorstellung ist nicht erforderlich, wenn sich durch die vom zuerst in Anspruch genommenen Arzt geleistete Erstbehandlung eine weitere fachärztliche Behandlung erübrigt.

(3) Für die Überweisung hat der Arzt den Vordruck F 2900 – ÜV – zu verwenden.

§ 40

Berichterstattung des Augen-/HNO-Arztes

(1) Der Augen- oder Hals-Nasen-Ohren-Arzt erstattet dem Unfallversicherungsträger unverzüglich ohne besondere Anforderung den Augenarztbericht nach Vordruck F 1030 bzw. den Hals-Nasen-Ohren-Arzt-Bericht nach Vordruck F 1040 und übersendet der Krankenkasse die den datenschutzrechtlichen Belangen angepasste Durchschrift des Berichtes, sofern der Unfallverletzte Mitglied einer gesetzlichen Krankenkasse ist.

(2) Abs. 1 gilt auch bei Wiedererkrankungen.

V. Verfahren zur Früherfassung berufsbedingter Hauterkrankungen (Hautarztverfahren)

§ 41

Vorstellungspflicht beim Hautarzt

(1) Jeder Arzt ist verpflichtet, einen Versicherten mit krankhaften Hautveränderungen, bei dem die Möglichkeit besteht, dass daraus eine Hauterkrankung durch eine berufliche Tätigkeit im Sinne der Berufskrankheitenverordnung entsteht, wiederauflebt oder sich verschlimmert, unverzüglich einem Hautarzt vorzustellen.

(2) Der Hautarzt untersucht den Versicherten. Er erstattet unverzüglich den Hautarztbericht nach Vordruck F 6050 dem Unfallversicherungsträger und übersendet Durchschriften dem behandelnden Arzt und der Krankenkasse.

(3) Für die Vorstellung beim Hautarzt hat der Arzt den Vordruck F 2900 – ÜV – zu verwenden.

§ 42

Wiedervorstellungspflicht

Soweit es aus Gründen der Diagnostik erforderlich ist, kann der Hautarzt den Krankheitsverlauf durch Wiedervorstellung des Versicherten überwachen. Er hat unverzüglich den Hautarztbericht nach Vordruck F 6050 dem Unfallversicherungsträger zu erstatten und Durchschriften dem behandelnden Arzt und der Krankenkasse zu übersenden.

§ 43

Hauttestungen

(1) Der Hautarzt ist berechtigt, Tests durchzuführen, die zur Klärung des Ursachenzusammenhangs zwischen der Hauterkrankung und der beruflichen Tätigkeit erforderlich sind.

(2) Testungen sind auf das für die Erstattung des Hautarztberichts erforderliche Maß zu beschränken. Darüber hinausgehende Testungen bedürfen der Zustimmung des Unfallversicherungsträgers.

VI. Berufskrankheiten

§ 44

Ärztliche Anzeige einer Berufskrankheit

(1) Hat ein Arzt den begründeten Verdacht, dass bei einem Versicherten eine Berufskrankheit besteht, so erstattet er dem Unfallversicherungsträger unverzüglich die nach § 202 SGB VII vorgesehene Anzeige.

(2) Der Arzt hat den Versicherten über den Inhalt der Anzeige zu unterrichten und ihm den Unfallversicherungsträger und die Stelle zu nennen, denen er die Anzeige übersendet (vgl. § 202 Satz 2 SGB VII).

§ 45

Mitteilung über die Einleitung einer Behandlung bei Berufskrankheiten

Der Unfallversicherungsträger teilt dem anzeigenden Arzt unverzüglich mit, ob und ab welchem Zeitpunkt Heilbehandlung zulasten des Unfallversicherungsträgers durchzuführen ist.

VII. Auskünfte, Berichte, Aufzeichnungen, Gutachten

§ 46

Auskunftspflicht des Arztes

Der Arzt, der die Erstversorgung geleistet oder den Versicherten behandelt hat, erstattet dem Unfallversicherungsträger die Auskünfte, Berichte und Gutachten, die dieser im Vollzuge seiner gesetzlichen Aufgaben von ihm einholt (§ 201 SGB VII).

§ 47

Arbeitsunfähigkeits-Bescheinigung

(1) Der zulasten eines Unfallversicherungsträgers behandelnde Arzt ist verpflichtet, die Bescheinigungen, die der Unfallverletzte zum Nachweis der Arbeitsunfähigkeit benötigt, auszustellen.

(2) Er ist weiterhin verpflichtet, dem Träger der gesetzlichen Krankenversicherung unverzüglich die Bescheinigungen über die Arbeitsunfähigkeit mit Angaben über den Befund und die voraussichtliche Dauer der Arbeitsunfähigkeit zu übersenden.

§ 48
Anforderung von Gutachten

(1) Der Unfallversicherungsträger entscheidet darüber, ob das vereinbarte Formulargutachten oder ob ein freies Gutachten zu erstellen ist.

(2) Der Versicherte ist vom Arzt zu unterrichten über:
1. den Erhebungszweck der Daten und die Auskunftspflicht gegenüber dem Unfallversicherungsträger und
2. das Recht, vom Unfallversicherungsträger verlangen zu können, über die von den Ärzten übermittelten Daten unterrichtet zu werden

(vgl. § 201 SGB VII).

§ 49
Fristen für Erstattung von Berichten und Gutachten

(1) Der Arzt ist im Interesse des Unfallverletzten zu pünktlicher Berichterstattung verpflichtet. Die Frist beträgt vom Tage des Eingangs der Anforderung ab gerechnet für Auskünfte und Berichte längstens acht Tage, für Gutachten längstens drei Wochen; bei Einzelanordnung gilt § 18 Abs. 3.

(2) Für den Fall, dass es dem mit der Begutachtung beauftragten Arzt nicht möglich ist, das Gutachten innerhalb der in Absatz 1 genannten Frist bzw. des im Gutachtenauftrag genannten Termins zu erstatten, ist der Unfallversicherungsträger unverzüglich zu benachrichtigen.

§ 50
Ärztliche Aufzeichnungspflichten

Der Arzt ist verpflichtet, Aufzeichnungen über die Entstehung der Unfallverletzung, den Befund und den Verlauf der Heilbehandlung zu machen.

VIII. Allgemeine Regelungen für die Vergütung

§ 51
Leistungsverzeichnis und Vergütungsregelung

(1) Die Vergütung für ärztliche Leistungen richtet sich nach dem vereinbarten Leistungs- und Gebührenverzeichnis (Anlage zum Vertrag).

(2) Ärztliche Leistungen des Durchgangsarztes nach den § 27 und 29 werden nach den Gebührensätzen der besonderen Heilbehandlung vergütet.

§ 52
Ständige Gebührenkommission

(1) Für die Festlegung, Einordnung und Bewertung von Leistungen, die im Leistungs- und Gebührenverzeichnis nicht enthalten sind, sowie für die Auslegung und die Weiterentwicklung des Leistungs- und Gebührenverzeichnisses ist eine ständige Kommission zuständig.

(2) Die Beschlüsse der ständigen Kommission sind von den Vertragspartnern bekanntzugeben.

(3) Die bekanntgegebenen Beschlüsse der ständigen Kommission sind bis zur Beschlussfassung über die förmliche Änderung des Vertrages für die Vertragspartner bindend.

§ 53
Zahnärztliche Leistungen von Mund-, Kiefer- und Gesichtschirurgen

Erbringen Mund-, Kiefer- und Gesichtschirurgen zahnärztliche Leistungen, die in dem Leistungs- und Gebührenverzeichnis dieses Vertrages nicht aufgeführt sind, so werden diese Leistungen nach den Regelungen des Vertrages zwischen den Spitzenverbänden der Unfallversicherungsträger und der Kassenzahnärztlichen Bundesvereinigung in der jeweils geltenden Fassung vergütet.

§ 54
Regelungen bei stationärer Behandlung; Pflegesätze

Für die Unfallversicherungsträger gelten bei stationärer Behandlung (§ 33 Abs. 1 SGB VII) die Regelungen der Bundespflegesatzverordnung in der jeweils geltenden Fassung.

§ 55
Vergütung ärztlicher Leistungen am Aufnahmetag

(1) Die stationäre Behandlung beginnt mit der Aufnahme in das Krankenhaus. Die am Aufnahmetag im Krankenhaus erbrachten ärztlichen Leistungen gelten als stationäre Leistungen.

(2) Für im Rahmen stationärer Behandlung außerhalb des Krankenhauses erbrachte Leistungen besteht gegenüber dem Unfallversicherungsträger kein Vergütungsanspruch, soweit diese Leistungen nach Pflegesatzrecht als Bestandteil der allgemeinen Krankenhausleistungen mit dem Pflegesatz abgegolten sind.

§ 56

Belegärztliche Behandlung

(1) Soweit bei belegärztlicher Behandlung durch den Pflegesatz die ärztliche Behandlung nicht abgegolten ist, kann der Belegarzt seine ärztlichen Leistungen nach diesem Vertrag unter entsprechender Anwendung der Minderungspflicht des § 6a der Gebührenordnung für Ärzte (GOÄ) abrechnen.

(2) Die belegärztliche Behandlung beginnt mit der Aufnahme in die Belegabteilung. Die am Aufnahmetag erbrachten ärztlichen Leistungen gelten als belegärztliche Leistungen, es sei denn, dass diese außerhalb des Krankenhauses erbracht werden.

(3) Ein Belegarzt darf für eine Auftragsleistung, eine Konsiliaruntersuchung oder eine Mitbehandlung einen Arzt hinzuziehen, wenn das betreffende Fach am Krankenhaus nicht vertreten ist.

(4) Zugezogene Ärzte rechnen ihre ärztlichen Leistungen gegenüber dem Unfallversicherungsträger nach diesem Vertrag direkt ab. Bei Leistungserbringung im Krankenhaus gilt die Minderungspflicht entsprechend § 6a GOÄ.

IX. Regelungen für Auskünfte, Bescheinigungen, Berichte und Gutachten

§ 57

Berichts- und Gutachtenpauschalen

(1) Die Gebühren für Auskünfte, Bescheinigungen, Vordrucke, Berichte und Gutachten sind nach den Nrn. 110 ff des Leistungs- und Gebührenverzeichnisses zu zahlen.

(2) Unvollständige Auskünfte, Bescheinigungen, Berichte und Gutachten werden nicht vergütet.

§ 58

Vereinbarte Vordrucke

(1) Andere als zwischen den Vertragspartnern vereinbarte Vordrucke dürfen nicht verwendet werden.

(2) Beim Einsatz DV-gestützter Textverarbeitung muss sichergestellt sein, dass die Ausdrucke mit den vereinbarten Vordrucken identisch sind.

(3) Soweit auf Durchschriften von vereinbarten Vordrucken, die für Dritte bestimmt sind, aus Gründen des Datenschutzes Datenfelder durch Schwärzungen unkenntlich gemacht sind, ist beim Einsatz DV-gestützter Textverarbeitung sicherzustellen, dass auf den für die dritten Stellen bestimmten Ausdrucken die entsprechenden Daten unterdrückt werden.

§ 59

Überschreitung der Gebührenhöchstsätze bei Gutachten

Die Höchstsätze für frei erstattete Gutachten (Nrn. 160, 161, 165 des Leistungs- und Gebührenverzeichnisses) dürfen bei Vorliegen besonderer Gründe und mit vorheriger Zustimmung des Unfallversicherungsträgers überschritten werden. Lehnt dieser einen dahingehenden vom Arzt gestellten Antrag ab, so ist das Gutachten zu den Sätzen nach Nr. 160 bzw. 161 bzw. 165 des Leistungs- und Gebührenverzeichnisses zu honorieren. Falls der Arzt damit nicht einverstanden ist, gibt er den Gutachtenauftrag unverzüglich an den Unfallversicherungsträger zurück.

§ 60

Gebühren für die zum Zwecke der Begutachtung vorgenommenen ärztlichen Leistungen

Ärztliche Leistungen, die im Zusammenhang mit Begutachtungen erbracht werden, werden nach den Gebührensätzen für die besondere Heilbehandlung vergütet.

X. Regelungen bei Hinzuziehung zur Klärung der Diagnose und/oder Mitbehandlung einschließlich Berichterstattung

§ 61

Berichterstattung

(1) Ein Arzt, der vom Durchgangsarzt nach § 25 oder H-Arzt nach § 34 hinzugezogen wird, erstattet unverzüglich einen Bericht auf Vordruck oder in freier Form. Der Bericht ist dem Durchgangsarzt/H-Arzt zuzusenden. Der Unfallversicherungsträger erhält eine Durchschrift. Entsprechendes gilt auch für den vom Belegarzt nach § 56 Abs. 3 hinzugezogenen Arzt.

(2) Der Bericht ist zu vergüten.

§ 62

Vergütung ärztlicher Leistungen bei Hinzuziehung zur Klärung der Diagnose

Bei Hinzuziehung zur Klärung der Diagnose (§ 25) im Rahmen ambulanter Behandlung richtet sich die Höhe der Vergütung (Gebührensatz der allgemeinen oder besonderen Heilbehandlung) nach Maßgabe der Einstufung des Behandlungsfalles durch den Durchgangsarzt. Entsprechendes gilt bei Hinzuziehung im Rahmen belegärztlicher Behandlung. Bei Leistungserbringung im Krankenhaus gilt die Minderungspflicht entsprechend § 6a GOÄ.

§ 63
Vergütung ärztlicher Leistungen bei Mitbehandlung

Bei Hinzuziehung zur Mitbehandlung (§ 25) im Rahmen ambulanter oder belegärztlicher Behandlung gilt § 62 entsprechend.

XI. Rechnungslegung und Bezahlung

§ 64
Rechnungslegung

(1) Die Rechnung des Arztes an den Unfallversicherungsträger muss enthalten:
1. die Personaldaten des Unfallverletzten,
2. den Unfalltag,
3. den Unfallbetrieb (Name und Anschrift des Arbeitgebers, der Kindertageseinrichtung, der Schule oder Hochschule; handelt es sich um den Arbeitsunfall einer Pflegeperson, so ist als Unfallbetrieb der/die Pflegebedürftige anzugeben),
4. das Datum der Erbringung der Leistung,
5. die entsprechende Nummer im Leistungs- und Gebührenverzeichnis,
6. den jeweiligen Betrag, der im Leistungs- und Gebührenverzeichnis aufgeführt ist.

(2) Die Forderung der Vorauszahlung der Gebühr und die Erhebung durch Nachnahme sind unzulässig.

(3) Änderungen von Rechnungen sind vom Unfallversicherungsträger dem Arzt gegenüber zu begründen.

§ 65
Zahlungsfrist

Arztrechnungen sind unverzüglich, spätestens innerhalb einer Frist von vier Wochen zu begleichen. Ist dies aus besonderen Gründen nicht möglich, ist der Arzt vom Unfallversicherungsträger unter Angabe der Gründe zu benachrichtigen.

XII. Schlichtungsstelle, Schiedsamt, Inkrafttreten/Kündigung des Vertrages und Übergangsregelungen

§ 66
Schlichtungsstelle

(1) Zur einvernehmlichen Klärung von Fragen, die sich aus der Auslegung des Vertrages ergeben, werden – soweit nicht die Ständige Gebührenkommission nach § 52 zuständig ist – Schlichtungsstellen bei den Landesverbänden der gewerblichen Berufsgenossenschaften für deren Gebiet gebildet.

(2) Eine Schlichtungsstelle besteht aus je vier Vertretern der zuständigen Kassenärztlichen Vereinigung und des zuständigen Landesverbandes der gewerblichen Berufsgenossenschaften. Jede Partei bestimmt ihre Vertreter. Die Schlichtungsstelle gibt sich eine Verfahrensordnung.

(3) Die Schlichtungsstelle wird auf Antrag einer Kassenärztlichen Vereinigung oder eines Landesverbandes der gewerblichen Berufsgenossenschaften tätig.

(4) Die Entscheidungen der Schlichtungsstelle sind für die Betroffenen verbindlich, wenn sie ihr nicht widersprechen. Kann eine Einigung nicht einvernehmlich herbeigeführt werden, ist die Schlichtungsstelle verpflichtet, die Partner dieses Vertrages zu informieren, damit eine Regelung getroffen werden kann.

(5) Entscheidungen der Schlichtungsstellen sind den Partnern dieses Vertrages bekanntzugeben.

§ 67
Schiedsamt

(1) Gemäß § 34 Absatz 6 SGB VII bilden die Vertragspartner ein Schiedsamt.

(2) Das Schiedsamt besteht aus 3 Vertretern der Kassenärztlichen Bundesvereinigung und 3 Vertretern der Verbände der Unfallversicherungsträger sowie einem unparteiischen Vorsitzenden und 2 weiteren unparteiischen Mitgliedern. § 89 Absatz 3 SGB V sowie die auf Grund des § 89 Absatz 6 SGB V erlassenen Rechtsverordnungen gelten entsprechend.

(3) Das Schiedsamt entscheidet auf Antrag der Kassenärztlichen Bundesvereinigung oder der Verbände der Unfallversicherungsträger in Fällen des nicht Zustandekommens oder teilweise nicht Zustandekommens eines Vertrages nach § 34 Absatz 3 SGB VII. Das Schiedsamt legt in diesen Fällen mit der Mehrheit seiner Mitglieder innerhalb von 3 Monaten den Vertragsinhalt fest.
(4)Die Geschäftsführung für das Schiedsamt obliegt dem Hauptverband der gewerblichen Berufsgenossenschaften e.V.

§ 68
Kündigungsfrist

(1) Der Vertrag kann mit sechsmonatiger Frist zum Schluss eines jeden Kalenderjahres, das Leistungs- und Gebührenverzeichnis (§ 51) mit einer Frist von 6 Wochen zum Schluss eines jeden Kalenderhalbjahres gekündigt werden.

(2) Wird der Vertrag gekündigt, ist dies dem zuständigen Schiedsamt (§ 67) schriftlich mitzuteilen.

(3) Kommt bis zum Ablauf eines Vertrages ein neuer Vertrag ganz oder teilweise nicht zustande, setzt ein Schiedsamt mit der Mehrheit seiner Mitglieder innerhalb von 3 Monaten nach Vertragsablauf den neuen Inhalt fest. In diesem Fall gelten die Bestimmungen des bisherigen Vertrages bis zur Entscheidung des Schiedsamts vorläufig weiter.

§ 69

Inkrafttreten, Übergangsregelungen

(1) Dieser Vertrag tritt am 01. Mai 2001 in Kraft. Gleichzeitig tritt das Abkommen Ärzte/Unfallversicherungsträger vom 23. März 1984 in der Fassung vom 26. März 1992 einschließlich der Anlagen und Anhänge außer Kraft.

(2) Die bis einschließlich 30. April 2001 erbrachten Leistungen sind nach den Vorschriften des Abkommens in der Fassung vom 26. März 1992 abzurechnen.

(3) Ärzte, die nach dem Abkommen vom 23. März 1984 in der Fassung vom 26. März 1992 beteiligt waren, sind auch nach diesem Vertrag beteiligt.

(4) Für den nach Ltnr. 29 Abs. 3 des Abkommens vom 23. März 1984 in der Fassung vom 26. März 1992 von der Vorstellungspflicht beim Durchgangsarzt befreiten Arzt für Chirurgie oder Orthopädie gilt diese Regelung noch für einen Zeitraum von 6 Monaten nach Inkrafttreten dieses Vertrages weiter.

Sankt Augustin/Kassel/München/Köln,
den 29. November 2000

Anhang 1

zum Vertrag Ärzte/Unfallversicherungsträger in der ab 01. Mai 2001 gültigen Fassung

Verletzungsartenverzeichnis

1. Ausgedehnte oder tief gehende Weichteilverletzungen (offen oder geschlossen), Amputationsverletzungen, Muskelkompressionssyndrome
2. Akute oder drohende Ernährungsstörungen
3. Verletzungen der großen Gefäße
4. Verletzungen der großen Nerven oder Nervengeflechte
5. Offene oder gedeckte Schädel-Hirn-Verletzungen, ausgenommen Commotio (Schädel-Hirn-Trauma I)
6. Brustkorbverletzungen mit Organbeteiligungen
7. Stumpfe oder offene Bauchverletzungen
8. Verletzungen der Nieren oder Harnwege
9. Verletzungen der Wirbelsäule mit neurologischer Symptomatik
10. Offene Verletzungen großer Gelenke
11. Operationsbedürftige Verrenkungen der Gelenke
12. Gelenkbinnenverletzungen, mit Stabilitätsverlust verbundene Bandverletzungen mit Ausnahme der isolierten Bandverletzungen des oberen Sprunggelenkes
13. Durchtrennende Verletzungen von Sehnen, ausgenommen Strecksehnenverletzungen der Finger und Zehen
14. Ausgedehnte und tief gehende Verbrennungen oder Verätzungen, Inhalationstraumen
15. Folgende Verletzungen der Hand
    - 15.1 Amputationsverletzungen (ausgenommen Fingerendgliedknochen)
    - 15.2 Brüche mehrerer Finger
    - 15.3 Stark verschobene Frakturen oder Luxationen von Mittelhandknochen, Bennetsche Fraktur am 1. Mittelhandknochen in jeder Form, stark verschobene Langfingergrundgliedfrakturen oder solche mit Grundgelenksbeteiligung
    - 15.4 Kahnbeinbrüche und perilunäre Luxationen
    - 15.5 Verletzungen von mehreren Fingernerven
    - 15.6 Verletzungen mit akuten oder drohenden Ernährungsstörungen
    - 15.7 Beugesehnenverletzungen
    - 15.8 Verbrennungen der Hand mit drohender Funktionsstörung
16. Folgende Knochenbrüche
    - 16.1 Offene oder geschlossene Brüche des Hirn- und Gesichtsschädels
    - 16.2 Brüche mehrerer Röhrenknochen oder mehrfache Brüche eines Röhrenknochens
    - 16.3 Wirbelbrüche, ausgenommen Dorn- und Querfortsatzbrüche
    - 16.4 Verletzungen offener Wachstumsfugen
    - 16.5 Offene Brüche des Ober- oder Unterarms
    - 16.6 Geschlossene Brüche des Ober- oder Unterarms mit starker Verschiebung oder Splitterung oder Gelenkbeteiligung
    - 16.7 Beckenbrüche, ausgenommen Beckenschaufelbrüche und unverschobene Scham- und Sitzbeinbrüche
    - 16.8 Brüche des Oberschenkels
    - 16.9 Stückbrüche der Kniescheibe oder Brüche des Schienbeines mit Verschiebung
    - 16.10 Brüche des Unterschenkels oder Brüche des Schienbeines (mit Verschiebung) sowie mit offenen oder geschlossenen Weichteilschäden
    - 16.11 Brüche der Knöchelgabel mit Verschiebung
    - 16.12 Brüche des Sprungbeines oder verschobene Brüche des Fersenbeines und der Fußwurzel
    - 16.13 Stark verschobene Brüche eines Mittelfußknochens oder Brüche mehrerer Mittelfußknochen, ausgenommen die isolierte Basisfraktur am 5. Mittelfußknochen
17. Verletzungen oder Verletzungsfolgen mit tief gehenden, ausgedehnten oder fortschreitenden Entzündungen
18. Fehlender Heilungsfortschritt oder Komplikationen bei nicht im Verzeichnis enthaltenen Verletzungen
19. Behandlungs- oder korrekturbedürftige Unfallfolgezustände

Anhang 2

zum Vertrag Ärzte/Unfallversicherungsträger in der ab 01. Mai 2001 gültigen Fassung

Anwendung des Leistungs- und Gebührenverzeichnisses bei Leistungserbringung in den Bundesländern Mecklenburg-Vorpommern, Brandenburg, Sachsen, Sachsen-Anhalt, Thüringen und Berlin (Ost)

Das Leistungs- und Gebührenverzeichnis findet bei Leistungserbringung in den Bundesländern Mecklenburg-Vorpommern, Brandenburg, Sachsen, Sachsen-Anhalt, Thüringen und Berlin (Ost) mit der Maßgabe Anwendung, dass auf die Gebühren für ärztliche Leistungen ein Abschlag in der Höhe vorgenommen wird, wie es die jeweils gültige Verordnung zur Anpassung der Höhe der Vergütungen nach der Gebührenordnung für Ärzte (GOÄ) vorsieht.

Auf Gebühren für Berichte und Gutachten (Nrn. 110 bis 191 des Leistungs- und Gebührenverzeichnisses) wird kein Abschlag vorgenommen.

Anhang 3

zum Vertrag Ärzte/Unfallversicherungsträger in der ab 01. Mai 2001 gültigen Fassung

Auszug aus dem SGB VII – Datenschutz

§ 201 Datenerhebung und Datenverarbeitung durch Ärzte

(1) Ärzte und Zahnärzte, die an einer Heilbehandlung nach § 34 beteiligt sind, erheben, speichern und übermitteln an die Unfallversicherungsträger Daten über die Behandlung und den Zustand des Versicherten sowie andere personenbezogene Daten, soweit dies für Zwecke der Heilbehandlung und die Erbringung sonstiger Leistungen erforderlich ist. Ferner erheben, speichern und übermitteln sie die Daten, die für ihre Entscheidung, eine Heilbehandlung nach § 34 durchzuführen, maßgeblich waren. Der Versicherte kann vom Unfallversicherungsträger verlangen, über die von den Ärzten übermittelten Daten unterrichtet zu werden. § 25 Abs. 2 SGB X gilt entsprechend. Der Versicherte ist von den Ärzten über den Erhebungszweck, ihre Auskunftspflicht nach den Sätzen 1 und 2 sowie über sein Recht nach Satz 3 zu unterrichten.

(2) Soweit die für den medizinischen Arbeitsschutz zuständigen Stellen und die Krankenkassen Daten nach Absatz 1 zur Erfüllung ihrer Aufgaben benötigen, dürfen die Daten auch an sie übermittelt werden.

§ 203 Auskunftspflicht von Ärzten

(1) Ärzte und Zahnärzte, die nicht an einer Heilbehandlung nach § 34 beteiligt sind, sind verpflichtet, dem Unfallversicherungsträger auf Verlangen Auskunft über die Behandlung, den Zustand sowie über Erkrankungen und frühere Erkrankungen des Versicherten zu erteilen, soweit dies für die Heilbehandlung und die Erbringung sonstiger Leistungen erforderlich ist. Der Unfallversicherungsträger soll Auskunftsverlangen zur Feststellung des Versicherungsfalls auf solche Erkrankungen oder auf solche Bereiche von Erkrankungen beschränken, die mit dem Versicherungsfall in einem ursächlichen Zusammenhang stehen können.

§ 98 Abs. 2 Satz 2 SGB X gilt entsprechend.

(2) Die Unfallversicherungsträger haben den Versicherten auf ein Auskunftsverlangen nach Absatz 1 sowie auf das Recht, auf Verlangen über die von den Ärzten übermittelten Daten unterrichtet zu werden, rechtzeitig hinzuweisen.

§ 25 Abs. 2 SGB X gilt entsprechend.

Gebührenverzeichnis für ärztliche Leistungen GOÄ UV-GOÄ

A. Gebühren in besonderen Fällen (GOÄ)

Für die nachfolgend genannten Leistungen dürfen Gebühren nach Maßgabe des § 5 nur bis zum Zweieinhalbfachen des Vergütungssatzes bemessen werden: Nummern 2 und 56 in Abschnitt B, Nummern 250, 250 a, 402 und 403 in Abschnitt C, Nummern 602, 605 bis 617, 620 bis 624, 635 bis 647, 650, 651, 653, 654, 657 bis 661, 665 bis 666, 725, 726, 759 bis 761 in Abschnitt F, Nummern 855 bis 857 in Abschnitt G, Nummern 1001 und 1002 in Abschnitt H, Nummern 1255 bis 1257, 1259, 1260, 1262, 1263, 1268 bis 1270 in Abschnitt I, Nummern 1401, 1403 bis 1406, 1558 bis 1560 in Abschnitt J, Nummern 4850 bis 4873 in Abschnitt N.

A. Abrechnung der ärztlichen Leistungen (UV-GOÄ)

1. Als Vergütung stehen dem Arzt Gebühren, Entschädigungen und Ersatz von Auslagen zu.
2. Der Arzt kann Gebühren nur für selbständige ärztliche Leistungen berechnen, die er selbst erbracht hat oder die unter seiner Aufsicht nach fachlicher Weisung erbracht wurden (eigene Leistungen). Als eigene Leistungen gelten auch von ihm berechnete Laborleistungen, die nach fachlicher Weisung unter der Aufsicht eines anderen Arztes in Laborgemeinschaften oder in von Ärzten ohne eigene Liquidationsberechtigung geleiteten Krankenhauslabors erbracht werden. Für eine Leistung, die Bestandteil oder eine besondere Ausführung einer anderen Leistung nach dem Gebührenverzeichnis ist, kann der Arzt eine Gebühr nicht berechnen, wenn er für die andere Leistung eine Gebühr berechnet.
3. Mit den Gebühren sind die Praxiskosten einschließlich der Kosten für den Sprechstundenbedarf sowie die Kosten für die Anwendung von Instrumenten und Apparaten abgegolten, soweit nicht in diesem Vertrag etwas anderes bestimmt ist. Hat der Arzt ärztliche Leistungen unter Inanspruchnahme Dritter, die nach diesem Vertrag selbst nicht liquidationsberechtigt sind, erbracht, so sind die hierdurch entstandenen Kosten ebenfalls mit der Gebühr abgegolten.
4. Soweit in diesem Vertrag nichts anderes bestimmt ist, dürfen neben den für die einzelnen Leistungen vorgesehenen Gebühren als Auslagen nur berechnet werden:
   - 4.1 Die Kosten für diejenigen Arzneimittel, Verbandmittel und sonstige Materialien, die der Patient zur weiteren Verwendung behält, oder die mit einer einmaligen Anwendung verbraucht sind, mit Ausnahme der Kosten für
     - 4.1.1 Kleinmaterialien wie Zellstoff, Mulltupfer, Schnellverbandsmaterial, Verbandspray, Gewebeklebstoff auf Histoacrylbasis, Mullkompressen, Holzspatel, Holzstäbchen, Wattestäbchen, Gummifingerlinge;
     - 4.1.2 Reagenzien und Narkosemittel zur Oberflächenanästhesie;
     - 4.1.3 Desinfektions- und Reinigungsmittel;
     - 4.1.4 Augen-, Ohren-, Nasentropfen, Puder, Salben und geringwertige Arzneimittel zur sofortigen Anwendung;
     - 4.1.5 folgende Einmalartikel: Einmalspritzen, Einmalkanülen, Einmalhandschuhe, Einmalharnblasenkatheter, Einmalskalpelle, Einmalproktoskope, Einmaldarmrohre, Einmalspekula.
   - 4.2 Die durch Leistungen nach den Abschnitten M, N und O des Leistungs- und Gebührenverzeichnisses entstandenen Versand- und Portokosten,
   - 4.3 die bei der Anwendung radioaktiver Stoffe durch deren Verbrauch entstandenen Kosten sowie
   - 4.4 die nach den Vorschriften des Gebührenverzeichnisses als gesondert berechnungsfähig ausgewiesenen Kosten.
5. Für die Vergütung der ärztlichen Leistungen in den Bundesländern Mecklenburg-Vorpommern, Brandenburg, Sachsen, Sachsen-Anhalt, Thüringen und Berlin(Ost) gilt Anhang 2 zum Vertrag Ärzte Unfallversicherungsträger.

B. Grundleistungen und allgemeine Leistungen (GOÄ)

Allgemeine Bestimmungen

1. *Als Behandlungsfall gilt für die Behandlung derselben Erkrankung der Zeitraum eines Monats nach der jeweils ersten Inanspruchnahme des Arztes.*
2. *Die Leistungen nach den Nummern 1 und/oder 5 sind neben Leistungen nach den Abschnitten C bis O im Behandlungsfall nur einmal berechnungsfähig.*
3. *Die Leistungen nach den Nummern 1, 3, 5, 6, 7 und/oder 8 können an demselben Tag nur dann mehr als einmal berechnet werden, wenn dies durch die Beschaffenheit des Krankheitsfalls geboten war. Bei mehrmaliger Berechnung ist die jeweilige Uhrzeit der Leistungserbringung in der Rechnung anzugeben. Bei den Leistungen nach den Nummern 1, 5, 6, 7 und/oder 8 ist eine mehrmalige Berechnung an demselben Tag auf Verlangen, bei der Leistung nach Nummer 3 generell zu begründen.*
4. *Die Leistungen nach den Nummern 1, 3, 22, 30 und/oder 34 sind neben den Leistungen nach den Nummern 804 bis 812, 817, 835, 849, 861 bis 864, 870, 871, 886 sowie 887 nicht berechnungsfähig.*
5. *Mehr als zwei Visiten an demselben Tag können nur berechnet werden, wenn sie durch die Beschaffenheit des Krankheitsfalls geboten waren. Bei der Berechnung von mehr als zwei Visiten an demselben Tag ist die jeweilige Uhrzeit der Visiten in der Rechnung anzugeben. Auf Verlangen ist die mehr als zweimalige Berechnung einer Visite an demselben Tag zu begründen.*

   Anstelle oder neben der Visite im Krankenhaus sind die Leistungen nach den Nummern 1, 3, 4, 5, 6, 7, 8 und/ oder 15 nicht berechnungsfähig.
6. *Besuchsgebühren nach den Nummern 48, 50 und/oder 51 sind für Besuche von Krankenhaus- und Belegärzten im Krankenhaus nicht berechnungsfähig.*
7. *Terminvereinbarungen sind nicht berechnungsfähig.*
8. *Neben einer Leistung nach den Nummern 5, 6, 7 oder 8 sind die Leistungen nach den Nummern 600, 601, 1203, 1204, 1228, 1240, 1400, 1401 und 1414 nicht berechnungsfähig.*

		Punktzahl	1fach DM €	2,3-/ 1,8fach DM €	3,5-/ 2,5fach DM €	1,7fach DM €	UV Allg. DM €	UV Bes. DM €
I. Allgemeine Beratungen und Untersuchungen								
1	Beratung – auch mittels Fernsprecher –	80	9,12 4,66	20,98 10,73	31,92 16,32	15,50 7,93		
2*	Ausstellung von Wiederholungsrezepten und/oder Überweisungen und/ oder Übermittlung von Befunden oder ärztlichen Anordnungen – auch mittels Fernsprecher – durch die Arzthelferin und/oder Messung von Körperzuständen (z. B. Blutdruck, Temperatur) ohne Beratung, bei einer Inanspruchnahme des Arztes . . . . *Die Leistung nach Nummer 2 darf anläßlich einer Inanspruchnahme des Arztes nicht zusammen mit anderen Gebühren berechnet werden.*	30	3,42 1,75	6,16 3,15	8,55 4,37	4,45** 2,27		

* Reduzierter Gebührenrahmen
** 1,3fach

		Punktzahl	1fach DM €	2,3-/ 1,8fach DM €	3,5-/ 2,5fach DM €	1,7fach DM €	UV Allg. DM €	UV Bes. DM €
3	Eingehende, das gewöhnliche Maß übersteigende Beratung – auch mittels Fernsprecher –	150	17,10 8,74	39,33 20,11	59,85 30,60	29,07 14,86		
	Die Leistung nach Nummer 3 (Dauer mindestens 10 Minuten) ist nur berechnungsfähig als einzige Leistung oder im Zusammenhang mit einer Untersuchung nach den Nummern 5, 6, 7, 8, 800 oder 801. Eine mehr als einmalige Berechnung im Behandlungsfall bedarf einer besonderen Begründung.							

		Punktzahl	1fach DM €	2,3fach DM €	3,5fach DM €	1,7fach DM €	UV Allg. DM €	UV Bes. DM €
4	Erhebung der Fremdanamnese über einen Kranken und/oder Unterweisung und Führung der Bezugsperson(en) – im Zusammenhang mit der Behandlung eines Kranken –	220	25,08 12,82	57,68 29,49	87,78 44,88	42,64 21,80		
	Die Leistung nach Nummer 4 ist im Behandlungsfall nur einmal berechnungsfähig. *Die Leistung nach Nummer 4 ist neben den Leistungen nach den Nummern 30, 34, 801, 806, 807, 816, 817 und/oder 835 nicht berechnungsfähig.*							
5	Symptombezogene Untersuchung . . .	80	9,12 4,66	20,98 10,73	31,92 16,32	15,50 7,93		
	Die Leistung nach Nummer 5 ist neben den Leistungen nach den Nummern 6 bis 8 nicht berechnungsfähig.							
6	Vollständige körperliche Untersuchung mindestens eines der folgenden Organsysteme: alle Augenabschnitte, der gesamte HNO-Bereich, das stomatognathe System, die Nieren und ableitenden Harnwege (bei Männern auch gegebenenfalls einschließlich der männlichen Geschlechtsorgane) oder Untersuchung zur Erhebung eines vollständigen Gefäßstatus – gegebenenfalls einschließlich Dokumentation –	100	11,40 5,83	26,22 13,41	39,90 20,40	19,38 9,91		
	Die vollständige körperliche Untersuchung eines Organsystems nach der Leistung nach Nummer 6 beinhaltet insbesondere:							

		Punkt-zahl	1fach DM €	2,3fach DM €	3,5fach DM €	1,7fach DM €	UV Allg. DM €	UV Bes. DM €
	– bei den Augen: beidseitige Inspektion des äußeren Auges, beidseitige Untersuchung der vorderen und mittleren Augenabschnitte sowie des Augenhintergrunds; *– bei dem HNO-Bereich: Inspektion der Nase, des Naseninnern, des Rachens, beider Ohren, beider äußerer Gehörgänge und beider Trommelfelle, Spiegelung des Kehlkopfs;* *– bei dem stomatognathen System: Inspektion der Mundhöhle, Inspektion und Palpation der Zunge und beider Kiefergelenke sowie vollständiger Zahnstatus;* *– bei den Nieren und ableitenden Harnwegen: Palpation der Nierenlager und des Unterbauchs, Inspektion des äußeren Genitale sowie Digitaluntersuchung des Enddarms, bei Männern zusätzlich Digitaluntersuchung der Prostata, Prüfung der Bruchpforten sowie Inspektion und Palpation der Hoden und Nebenhoden;* *– bei dem Gefäßstatus: Palpation und gegebenenfalls Auskultation der Arterien an beiden Handgelenken, Ellenbeugen, Achseln, Fußrücken, Sprunggelenken, Kniekehlen, Leisten sowie der tastbaren Arterien an Hals und Kopf, Inspektion und gegebenenfalls Palpation der oberflächlichen Bein- und Halsvenen.* *Die Leistung nach Nummer 6 ist neben den Leistungen nach den Nummern 5, 7 und/oder 8 nicht berechnungsfähig.*							
7	Vollständige körperliche Untersuchung mindestens eines der folgenden Organsysteme: das gesamte Hautorgan, die Stütz- und Bewegungsorgane, alle Brustorgane, alle Bauchorgane, der gesamte weibliche Genitaltrakt (gegebenenfalls einschließlich Nieren und ableitende Harnwege) – gegebenenfalls einschließlich Dokumentation –	160	18,24 9,33	41,95 21,45	63,84 32,64	31,01 15,85		
	Die vollständige körperliche Untersuchung eines Organsystems nach der Leistung nach Nummer 7 beinhaltet insbesondere:							

Nr.	Leistung	Punktzahl	1fach DM €	2,3fach DM €	3,5fach DM €	1,7fach DM €	UV Allg. DM €	UV Bes. DM €
	– bei dem Hautorgan: Inspektion der gesamten Haut, Hautanhangsgebilde und sichtbaren Schleimhäute, gegebenenfalls einschließlich Prüfung des Dermographismus und Untersuchung mittels Glasspatel; *– bei den Stütz- und Bewegungsorganen: Inspektion, Palpation und orientierende Funktionsprüfung der Gelenke und der Wirbelsäule einschließlich Prüfung der Reflexe;* *– bei den Brustorganen: Auskultation und Perkussion von Herz und Lunge sowie Blutdruckmessung;* *– bei den Bauchorganen: Palpation, Perkussion und Auskultation der Bauchorgane einschließlich palpatorischer Prüfung der Bruchpforten und der Nierenlager;* *– bei dem weiblichen Genitaltrakt: bimanuelle Untersuchung der Gebärmutter und der Adnexe, Inspektion des äußeren Genitale, der Vagina und der Portio uteri, Digitaluntersuchung des Enddarms, gegebenenfalls Palpation der Nierenlager und des Unterbauchs.* *Die Leistung nach Nummer 7 ist neben den Leistungen nach den Nummern 5, 6 und/oder 8 nicht berechnungsfähig.*							
8	Untersuchung zur Erhebung des Ganzkörperstatus, gegebenenfalls einschließlich Dokumentation	260	29,64 15,16	68,17 34,86	103,74 53,04	50,39 25,76		
	Der Ganzkörperstatus beinhaltet die Untersuchung der Haut, der sichtbaren Schleimhäute, der Brust- und Bauchorgane, der Stütz- und Bewegungsorgane, sowie eine orientierende neurologische Untersuchung. *Die Leistung nach Nummer 8 ist neben den Leistungen nach den Nummern 5, 6, 7 und/oder 800 nicht berechnungsfähig.*							
11	Digitaluntersuchung des Mastdarms und/oder der Prostata	60	6,84 3,50	15,73 8,04	23,94 12,24	11,63 5,95		
15	Einleitung und Koordination flankierender therapeutischer und sozialer Maßnahmen während der kontinuierlichen ambulanten Betreuung eines chronisch Kranken	300	34,20 17,49	78,66 40,22	119,70 61,20	58,14 29,73		

	Punktzahl	1fach DM €	2,3fach DM €	3,5fach DM €	1,7fach DM €	UV Allg. DM €	UV Bes. DM €
Die Leistung nach Nummer 15 darf nur einmal im Kalenderjahr berechnet werden. Neben der Leistung nach Nummer 15 ist die Leistung nach Nummer 4 im Behandlungsfall nicht berechnungsfähig.							

II. Zuschläge zu Beratungen und Untersuchungen nach den Nummern 1, 3, 4, 5, 6, 7 oder 8

Allgemeine Bestimmungen

Die Zuschläge nach den Buchstaben A bis D sowie K 1 sind nur mit dem einfachen Gebührensatz berechnungsfähig. Sie dürfen unabhängig von der Anzahl und Kombination der erbrachten Leistungen je Inanspruchnahme des Arztes nur einmal berechnet werden. Neben den Zuschlägen nach den Buchstaben A bis D sowie K 1 dürfen die Zuschläge nach den Buchstaben E bis J sowie K 2 nicht berechnet werden. Die Zuschläge nach den Buchstaben B bis D dürfen von Krankenhausärzten nicht berechnet werden, es sei denn, die Leistungen werden durch den liquidationsberechtigten Arzt oder seinen Vertreter nach § 4 Abs. 2 Satz 3 erbracht.

Die Zuschläge sind in der Rechnung unmittelbar im Anschluß an die zugrundeliegende Leistung aufzuführen.

Nr.	Leistung	Punktzahl	1fach	2,3fach	3,5fach	1,7fach	UV Allg.	UV Bes.
A	Zuschlag für außerhalb der Sprechstunde erbrachte Leistungen	70	7,98 4,08	– –	– –	– –		
	Der Zuschlag nach Buchstabe A ist neben den Zuschlägen nach den Buchstaben B, C, und/oder D nicht berechnungsfähig. Der Zuschlag nach Buchstabe A ist für Krankenhausärzte nicht berechnungsfähig.							
B	Zuschlag für in der Zeit zwischen 20 und 22 Uhr oder 6 und 8 Uhr außerhalb der Sprechstunde erbrachte Leistungen	180	20,52 10,49	– –	– –	– –		
C	Zuschlag für in der Zeit zwischen 22 und 6 Uhr erbrachte Leistungen	320	36,48 18,65	– –	– –	– –		
	Neben dem Zuschlag nach Buchstabe C ist der Zuschlag nach Buchstabe B nicht berechnungsfähig.							
D	Zuschlag für an Samstagen, Sonn- oder Feiertagen erbrachte Leistungen	220	25,08 12,82	– –	– –	– –		
	Werden Leistungen innerhalb einer Sprechstunde an Samstagen erbracht, so ist der Zuschlag nach Buchstabe D nur mit dem halben Gebührensatz berechnungsfähig.							

		Punktzahl	1fach DM €	2,3fach DM €	3,5fach DM €	1,7fach DM €	UV Allg. DM €	UV Bes. DM €
	Werden Leistungen an Samstagen, Sonn- oder Feiertagen zwischen 20 und 8 Uhr erbracht, ist neben dem Zuschlag nach Buchstabe D ein Zuschlag nach Buchstabe B oder C berechnungsfähig. *Der Zuschlag nach Buchstabe D ist für Krankenhausärzte im Zusammenhang mit zwischen 8 und 20 Uhr erbrachten Leistungen nicht berechnungsfähig.*							
K 1	Zuschlag zu Untersuchungen nach den Nummern 5, 6, 7 oder 8 bei Kindern bis zum vollendeten 4. Lebensjahr	120	13,68 7,00	– –	– –	– –		

III. Spezielle Beratungen und Untersuchungen

		Punktzahl	1fach DM €	2,3fach DM €	3,5fach DM €	1,7fach DM €	UV Allg. DM €	UV Bes. DM €
20	Beratungsgespräch in Gruppen von 4 bis 12 Teilnehmern im Rahmen der Behandlung von chronischen Krankheiten, je Teilnehmer und Sitzung (Dauer mindestens 50 Minuten)	120	13,68 7,00	31,46 16,09	47,88 24,48	23,26 11,89		
	Neben der Leistung nach Nummer 20 sind die Leistungen nach den Nummern 847, 862, 864, 871 und/oder 887 nicht berechnungsfähig.							
21	Eingehende humangenetische Beratung, je angefangene halbe Stunde und Sitzung	360	41,04 20,98	94,39 48,26	143,64 73,44	69,77 35,67		
	Die Leistung nach Nummer 21 darf nur berechnet werden, wenn die Beratung in der Sitzung mindestens eine halbe Stunde dauert. *Die Leistung nach Nummer 21 ist innerhalb eines halben Jahres nach Beginn des Beratungsfalls nicht mehr als viermal berechnungsfähig.* *Neben der Leistung nach Nummer 21 sind die Leistungen nach den Nummern 1, 3, 4, 22 und 34 nicht berechnungsfähig.*							
22	Eingehende Beratung einer Schwangeren im Konfliktfall über die Erhaltung oder den Abbruch der Schwangerschaft – auch einschließlich Beratung über soziale Hilfen, gegebenenfalls auch einschließlich Beurteilung über das Vorliegen einer Indikation für einen nicht rechtswidrigen Schwangerschaftsabbruch –	300	34,20 17,49	78,66 40,22	119,70 61,20	58,14 29,73		

		Punktzahl	1fach DM €	2,3fach DM €	3,5fach DM €	1,7fach DM €	UV Allg. DM €	UV Bes. DM €
	Neben der Leistung nach Nummer 22 sind die Leistungen nach den Nummern 1, 3, 21 oder 34 nicht berechnungsfähig.							
23	Erste Vorsorgeuntersuchung in der Schwangerschaft mit Bestimmung des Geburtstermins – einschließlich Erhebung der Anamnese und Anlegen des Mutterpasses sowie Beratung der Schwangeren über die Mutterschaftsvorsorge, einschließlich Hämoglobinbestimmung –	300	34,20 17,49	78,66 40,22	119,70 61,20	58,14 29,73		
	Neben der Leistung nach Nummer 23 sind die Leistungen nach den Nummern 1, 3, 5, 7 und/oder 3550 nicht berechnungsfähig.							
24	Untersuchung im Schwangerschaftsverlauf – einschließlich Beratung und Bewertung der Befunde, gegebenenfalls auch im Hinblick auf Schwangerschaftsrisiken –	200	22,80 11,66	52,44 26,81	79,80 40,80	38,76 19,82		
	Neben der Leistung nach Nummer 24 sind die Leistungen nach den Nummern 1, 3, 5 und/oder 7 nicht berechnungsfähig.							
25	Neugeborenen-Erstuntersuchung – gegebenenfalls einschließlich Beratung der Bezugsperson(en) –	200	22,80 11,66	52,44 26,81	79,80 40,80	38,76 19,82		
	Neben der Leistung nach Nummer 25 sind die Leistungen nach den Nummern 1, 3, 4, 5, 6, 7 und/oder 8 nicht berechnungsfähig.							
26	Untersuchung zur Früherkennung von Krankheiten bei einem Kind bis zum vollendeten 14. Lebensjahr (Erhebung der Anamnese, Feststellung der Körpermaße, Untersuchung von Nervensystem, Sinnesorganen, Skelettsystem, Haut, Brust-, Bauch- und Geschlechtsorganen) – gegebenenfalls einschließlich Beratung der Bezugsperson(en) –	450	51,30 26,23	117,99 60,33	179,55 91,80	87,21 44,59		
	Die Leistung nach Nummer 26 ist ab dem vollendeten 2. Lebensjahr je Kalenderjahr höchstens einmal berechnungsfähig. *Neben der Leistung nach Nummer 26 sind die Leistungen nach den Nummern 1, 3, 4, 5, 6, 7 und/oder 8 nicht berechnungsfähig.*							

Nr.	Leistung	Punktzahl	1fach DM €	2,3fach DM €	3,5fach DM €	1,7fach DM €	UV Allg. DM €	UV Bes. DM €
27	Untersuchung einer Frau zur Früherkennung von Krebserkrankungen der Brust, des Genitales, des Rektums und der Haut – einschließlich Erhebung der Anamnese, Abstrichentnahme zur zytologischen Untersuchung, Untersuchung auf Blut im Stuhl und Urinuntersuchung auf Eiweiß, Zucker und Erythrozyten, einschließlich Beratung –	320	36,48 18,65	83,90 42,90	127,68 65,28	62,02 31,71		
	Mit der Gebühr sind die Kosten für Untersuchungsmaterialien abgegolten. *Neben der Leistung nach Nummer 27 sind die Leistungen nach den Nummern 1, 3, 5, 6, 7, 8, 297, 3500, 3511, 3650 und/oder 3652 nicht berechnungsfähig.*							
28	Untersuchung eines Mannes zur Früherkennung von Krebserkrankungen des Rektums, der Prostata, des äußeren Genitales und der Haut – einschließlich Erhebung der Anamnese, Urinuntersuchung auf Eiweiß, Zucker und Erythrozyten sowie Untersuchung auf Blut im Stuhl, einschließlich Beratung –	280	31,92 16,32	73,42 37,54	111,72 57,12	54,26 27,75		
	Mit der Gebühr sind die Kosten für Untersuchungsmaterialien abgegolten. *Neben der Leistung nach Nummer 28 sind die Leistungen nach den Nummern 1, 3, 5, 6, 7, 8, 11, 3500, 3511, 3650 und/oder 3652 nicht berechnungsfähig.*							
29	Gesundheitsuntersuchung zur Früherkennung von Krankheiten bei einem Erwachsenen – einschließlich Untersuchung zur Erhebung des vollständigen Status (Ganzkörperstatus), Erörterung des individuellen Risikoprofils und verhaltensmedizinischer orientierter Beratung –	440	50,16 25,65	115,37 58,99	175,56 89,76	85,27 43,60		
	Neben der Leistung nach Nummer 29 sind die Leistungen nach den Nummern 1, 3, 5, 6, 7 und/oder 8 nicht berechnungsfähig.							

		Punktzahl	1fach DM €	2,3fach DM €	3,5fach DM €	1,7fach DM €	UV Allg. DM €	UV Bes. DM €
30	Erhebung der homöopathischen Erstanamnese mit einer Mindestdauer von einer Stunde nach biographischen und homöopathisch-individuellen Gesichtspunkten mit schriftlicher Aufzeichnung zur Einleitung einer homöopathischen Behandlung – einschließlich homöopathischer Repertorisation und Gewichtung der charakteristischen psychischen, allgemeinen und lokalen Zeichen und Symptome des jeweiligen Krankheitsfalls, unter Berücksichtigung der Modalitäten, Alternanzen, Kausal- und Begleitsymptome, zur Auffindung des homöopathischen Einzelmittels, einschließlich Anwendung und Auswertung standardisierter Fragebogen –	900	102,60 52,46	235,98 120,66	359,10 183,61	174,42 89,18		
	Dauert die Erhebung einer homöopathischen Erstanamnese bei einem Kind bis zum vollendeten 14. Lebensjahr weniger als eine Stunde, mindestens aber eine halbe Stunde, kann die Leistung nach Nummer 30 bis entsprechender Begründung mit der Hälfte der Gebühr berechnet werden. *Die Leistung nach Nummer 30 ist innerhalb von einem Jahr nur einmal berechnungsfähig.* *Neben der Leistung nach Nummer 30 sind die Leistungen nach den Nummern 1, 3 und/oder 34 nicht berechnungsfähig.*							
31	Homöopathische Folgeanamnese mit einer Mindestdauer von 30 Minuten unter laufender Behandlung nach den Regeln der Einzelmittelhomöopathie zur Beurteilung des Verlaufs und Feststellung des weiteren Vorgehens – einschließlich schriftlicher Aufzeichnungen –	450	51,30 26,23	117,99 60,33	179,55 91,80	87,21 44,59		
	Die Leistung nach Nummer 31 ist innerhalb von sechs Monaten höchstens dreimal berechnungsfähig. *Neben der Leistung nach Nummer 31 sind die Leistungen nach den Nummern 1, 3, 4, 30 und/oder 34 nicht berechnungsfähig.*							

		Punktzahl	1fach DM €	2,3fach DM €	3,5fach DM €	1,7fach DM €	UV Allg. DM €	UV Bes. DM €
32[1]	Untersuchung nach §§ 32 bis 35 und 42 des Jugendarbeitsschutzgesetzes (Eingehende, das gewöhnliche Maß übersteigende Untersuchung – einschließlich einfacher Seh-, Hör- und Farbsinnprüfung –; Urinuntersuchung auf Eiweiß, Zucker und Erythrozyten; Beratung des Jugendlichen; schriftliche gutachtliche Äußerung; Mitteilung für die Personensorgeberechtigten; Bescheinigung für den Arbeitgeber) . .	400	45,60 23,32	104,88 53,62	159,60 81,60	77,52 39,64		
33	Strukturierte Schulung einer Einzelperson mit einer Mindestdauer von 20 Minuten (bei Diabetes, Gestationsdiabetes oder Zustand nach Pankreatektomie) – einschließlich Evaluation zur Qualitätssicherung unter diabetologischen Gesichtspunkten zum Erlernen und Umsetzen des Behandlungsmanagements, einschließlich der Auswertung eines standardisierten Fragebogens –	300	34,20 17,49	78,66 40,22	119,70 61,20	58,14 29,73		
	Die Leistung nach Nummer 33 ist innerhalb von einem Jahr höchstens dreimal berechnungsfähig. *Neben der Leistung nach Nummer 33 sind die Leistungen nach den Nummern 1, 3, 15, 20, 847, 862, 864, 871 und/oder 887 nicht berechnungsfähig.*							
34	Erörterung (Dauer mindestens 20 Minuten) der Auswirkungen einer Krankheit auf die Lebensgestaltung in unmittelbarem Zusammenhang mit der Feststellung oder erheblichen Verschlimmerung einer nachhaltig lebensverändernden oder lebensbedrohenden Erkrankung – gegebenenfalls einschließlich Planung eines operativen Eingriffs und Abwägung seiner Konsequenzen und Risiken –, einschließlich Beratung – gegebenenfalls unter Einbeziehung von Bezugspersonen –	300	34,20 17,49	78,66 40,22	119,70 61,20	58,14 29,73		
	Die Leistung nach Nummer 34 ist innerhalb von 6 Monaten höchstens zweimal berechnungsfähig. *Neben der Leistung nach Nummer 34 sind die Leistungen nach den Nummern 1, 3, 4, 15 und/oder 30 nicht berechnungsfähig.*							

[1] Bei Leistungserbringung für öffentliche Kostenträger gilt § 11 (Einfachsatz)

		Punktzahl	1fach DM €	2,3fach DM €	3,5fach DM €	1,7fach DM €	UV Allg. DM €	UV Bes. DM €

IV. Visiten, Konsiliartätigkeit, Besuche, Assistenz

		Punktzahl	1fach DM €	2,3fach DM €	3,5fach DM €	1,7fach DM €	UV Allg. DM €	UV Bes. DM €
45	Visite im Krankenhaus	70	7,98 4,08	18,35 9,38	27,93 14,28	13,57 6,94		

Die Leistung nach Nummer 45 ist neben anderen Leistungen des Abschnitts B nicht berechnungsfähig. Werden zu einem anderen Zeitpunkt an demselben Tag andere Leistungen des Abschnitts B erbracht, so können diese mit Angabe der Uhrzeit für die Visite und die anderen Leistungen aus Abschnitt B berechnet werden. Anstelle oder neben der Visite im Krankenhaus sind die Leistungen nach den Nummern 1, 3, 4, 5, 6, 7, 8, 15, 48, 50 und/oder 51 nicht berechnungsfähig.
Wird mehr als eine Visite an demselben Tag erbracht, kann für die über die erste Visite hinausgehenden Visiten nur die Leistung nach Nummer 46 berechnet werden.
Die Leistung nach Nummer 45 ist nur berechnungsfähig, wenn diese durch einen liquidationsberechtigten Arzt des Krankenhauses oder dessen ständigen ärztlichen Vertreter persönlich erbracht wird.

		Punktzahl	1fach DM €	2,3fach DM €	3,5fach DM €	1,7fach DM €	UV Allg. DM €	UV Bes. DM €
46	Zweitvisite im Krankenhaus	50	5,70 2,91	13,11 6,70	19,95 10,20	9,69 4,95		

Die Leistung nach Nummer 46 ist neben anderen Leistungen des Abschnitts B nicht berechnungsfähig. Werden zu einem anderen Zeitpunkt an demselben Tag andere Leistungen des Abschnitts B erbracht, so können diese mit Angabe der Uhrzeit für die Visite und die anderen Leistungen aus Abschnitt B berechnet werden. Anstelle oder neben der Zweitvisite im Krankenhaus sind die Leistungen nach den Nummern 1, 3, 4, 5, 6, 7, 8, 15, 45, 48, 50 und/oder 51 nicht berechnungsfähig.
Mehr als zwei Visiten dürfen nur berechnet werden, wenn sie durch die Beschaffenheit des Krankheitsfalls geboten waren oder verlangt wurden. Wurde die Visite verlangt, muß dies in der Rechnung angegeben werden.

		Punktzahl	1fach DM €	2,3fach DM €	3,5fach DM €	1,7fach DM €	UV Allg. DM €	UV Bes. DM €
	Die Leistung nach Nummer 46 ist nur berechnungsfähig, wenn diese durch einen liquidationsberechtigten Arzt des Krankenhauses oder dessen ständigen ärztlichen Vertreter persönlich erbracht wird.							
48	Besuch eines Patienten auf einer Pflegestation (z. B. in Alten- oder Pflegeheimen) – bei regelmäßiger Tätigkeit des Arztes auf der Pflegestation zu vorher vereinbarten Zeiten – .	120	13,68 7,00	31,46 16,09	47,88 24,48	23,26 11,89		
	Die Leistung nach Nummer 48 ist neben den Leistungen nach den Nummern 1, 50, 51 und/oder 52 nicht berechnungsfähig.							
50	Besuch, einschließlich Beratung und symptombezogene Untersuchung . . .	320	36,48 18,65	83,90 42,90	127,68 65,28	62,02 31,71		
	Die Leistung nach Nummer 50 darf anstelle oder neben einer Leistung nach den Nummern 45 oder 46 nicht berechnet werden. *Neben der Leistung nach Nummer 50 sind die Leistungen nach den Nummern 1, 5, 48 und/oder 52 nicht berechnungsfähig.*							
51	Besuch eines weiteren Kranken in derselben häuslichen Gemeinschaft in unmittelbarem zeitlichen Zusammenhang mit der Leistung nach Nummer 50 – einschließlich Beratung und symptombezogener Untersuchung – .	250	28,50 14,57	65,55 33,52	99,75 51,00	48,45 24,77		
	Die Leistung nach Nummer 51 darf anstelle oder neben einer Leistung nach den Nummern 45 oder 46 nicht berechnet werden. *Neben der Leistung nach Nummer 51 sind die Leistungen nach den Nummern 1, 5, 48 und/oder 52 nicht berechnungsfähig.*							
52	Aufsuchen eines Patienten außerhalb der Praxisräume oder des Krankenhauses durch nichtärztliches Personal im Auftrag des niedergelassenen Arztes (z. B. zur Durchführung von kapillaren oder venösen Blutentnahmen, Wundbehandlungen, Verbandwechsel, Katheterwechsel)	100	11,40 5,83	– –	– –	– –		

		Punkt-zahl	1fach DM €	2,3-/ 1,8fach DM €	3,5-/ 2,5fach DM €	1,7fach DM €	UV Allg. DM €	UV Bes. DM €
	Die Pauschalgebühr nach Nummer 52 ist nur mit dem einfachen Gebührensatz berechnungsfähig. Sie ist nicht berechnungsfähig, wenn das nichtärztliche Personal den Arzt begleitet. Wegegeld ist daneben nicht berechnungsfähig.							
55	Begleitung eines Patienten durch den behandelnden Arzt zur unmittelbar notwendigen stationären Behandlung – gegebenenfalls einschließlich organisatorischer Vorbereitung der Krankenhausaufnahme –	500	57,– 29,14	131,10 67,03	199,50 102,00	96,90 49,54		
	Neben der Leistung nach Nummer 55 sind die Leistungen nach den Nummern 56, 60 und/oder 833 nicht berechnungsfähig.							
56*	Verweilen, ohne Unterbrechung und ohne Erbringung anderer ärztlicher Leistungen – wegen Erkrankung erforderlich –, je angefangene halbe Stunde	180	20,52 10,49	36,94 18,89	51,30 26,23	26,68** 13,64		
	Die Verweilgebühr darf nur berechnet werden, wenn der Arzt nach der Beschaffenheit des Krankheitsfalls mindestens eine halbe Stunde verweilen muß und während dieser Zeit keine ärztliche(n) Leistung(en) erbringt. Im Zusammenhang mit dem Beistand bei einer Geburt darf die Verweilgebühr nur für ein nach Ablauf von zwei Stunden notwendiges weiteres Verweilen berechnet werden.							
60	Konsiliarische Erörterung zwischen zwei oder mehr liquidationsberechtigten Ärzten, für jeden Arzt	120	13,68 7,00	31,46 16,09	47,88 24,48	23,26 11,89		
	Die Leistung nach Nummer 60 darf nur berechnet werden, wenn sich der liquidierende Arzt zuvor oder in unmittelbarem zeitlichen Zusammenhang mit der konsiliarischen Erörterung persönlich mit dem Patienten und dessen Erkrankung befaßt hat. Die Leistung nach Nummer 60 darf auch dann berechnet werden, wenn die Erörterung zwischen einem liquidationsberechtigten Arzt und dem ständigen persönlichen ärztlichen Vertreter eines anderen liquidationsberechtigten Arztes erfolgt.							

* Reduzierter Gebührenrahmen
** 1,3fach

		Punktzahl	1fach DM €	2,3fach DM €	3,5fach DM €	1,7fach DM €	UV Allg. DM €	UV Bes. DM €
	Die Leistung nach Nummer 60 ist nicht berechnungsfähig, wenn die Ärzte Mitglieder derselben Krankenhausabteilung oder derselben Gemeinschaftspraxis oder einer Praxisgemeinschaft von Ärzten gleicher oder ähnlicher Fachrichtung (z. B. praktischer Arzt und Allgemeinarzt, Internist und praktischer Arzt) sind. Sie ist nicht berechnungsfähig für routinemäßige Besprechungen (z. B. Röntgenbesprechung, Klinik- oder Abteilungskonferenz, Team- oder Mitarbeiterbesprechung, Patientenübergabe).							
61	Beistand bei der ärztlichen Leistung eines anderen Arztes (Assistenz), je angefangene halbe Stunde	130	14,82 7,58	34,09 17,43	51,87 26,52	25,19 12,88		
	Die Leistung nach Nummer 61 ist neben anderen Leistungen nicht berechnungsfähig. Die Nummer 61 gilt nicht für Ärzte, die zur Ausführung einer Narkose hinzugezogen werden. Die Leistung nach Nummer 61 darf nicht berechnet werden, wenn die Assistenz durch nicht liquidationsberechtigte Ärzte erfolgt.							
62	Zuziehung eines Assistenten bei operativen belegärztlichen Leistung oder bei ambulanter Operation durch niedergelassene Ärzte, je angefangene halbe Stunde	150	17,10 8,74	39,33 20,11	59,85 30,60	29,07 14,86		
	Wird die Leistung nach Nummer 62 berechnet, kann der assistierende Arzt die Leistung nach Nummer 61 nicht berechnen.							

V. Zuschläge zu den Leistungen nach den Nummern 45 bis 62

Allgemeine Bestimmungen

Die Zuschläge nach den Buchstaben E bis J sowie K 2 sind nur mit dem einfachen Gebührensatz berechnungsfähig. Abweichend hiervon sind die Zuschläge nach den Buchstaben E bis H neben der Leistung nach Nummer 51 nur mit dem halben Gebührensatz berechnungsfähig. Im Zusammenhang mit Leistungen nach den Nummern 45 bis 55 und 60 dürfen die Zuschläge unabhängig von der Anzahl und Kombination der erbrachten Leistungen je Inanspruchnahme des Arztes nur einmal berechnet werden. Neben den Zuschlägen nach den Buchstaben E bis J sowie K 2 dürfen die Zuschläge nach den Buchstaben A bis D sowie K 1 nicht berechnet werden.

Die Zuschläge sind in der Rechnung unmittelbar im Anschluß an die zugrundeliegende Leistung aufzuführen.

		Punktzahl	1fach DM €	2,3fach DM €	3,5fach DM €	1,7fach DM €	UV Allg. DM €	UV Bes. DM €
E	Zuschlag für dringend angeforderte und unverzüglich erfolgte Ausführung . .	160	18,24 9,33	– –	– –	– –		
	Der Zuschlag nach Buchstabe E ist neben Leistungen nach den Nummern 45 und/oder 46 nicht berechnungsfähig, es sei denn, die Visite wird durch einen Belegarzt durchgeführt. Der Zuschlag nach Buchstabe E ist neben Zuschlägen nach den Buchstaben F, G und/oder H nicht berechnungsfähig.							
F	Zuschlag für in der Zeit von 20 bis 22 Uhr oder 6 bis 8 Uhr erbrachte Leistungen	260	29,64 15,16	– –	– –	– –		
	Der Zuschlag nach Buchstabe F ist neben den Leistungen nach den Nummern 45, 46, 48 und 52 nicht berechnungsfähig.							
G	Zuschlag für in der Zeit zwischen 22 und 6 Uhr erbrachte Leistungen	450	51,30 26,23	– –	– –	– –		
	Der Zuschlag nach Buchstabe G ist neben den Leistungen nach den Nummern 45, 46, 48 und 52 nicht berechnungsfähig. Neben dem Zuschlag nach Buchstabe G ist der Zuschlag nach Buchstabe F nicht berechnungsfähig.							
H	Zuschlag für an Samstagen, Sonn- oder Feiertagen erbrachte Leistungen	340	38,76 19,82	– –	– –	– –		
	Werden Leistungen an Samstagen, Sonn- oder Feiertagen zwischen 20 und 8 Uhr erbracht, darf neben dem Zuschlag nach Buchstabe H ein Zuschlag nach Buchstabe F oder G berechnet werden.							

		Punktzahl	1fach DM €	2,3fach DM €	3,5fach DM €	1,7fach DM €	UV Allg. DM €	UV Bes. DM €
	Der Zuschlag nach Buchstabe H ist neben den Leistungen nach den Nummern 45, 46, 48 und 52 nicht berechnungsfähig.							
J	Zuschlag zur Visite bei Vorhalten eines vom Belegarzt zu vergütenden ärztlichen Bereitschaftsdienstes, je Tag . . .	80	9,12 4,66	– –	– –	– –		
K 2	Zuschlag zu den Leistungen nach den Nummern 45, 46, 48, 50, 51, 55 oder 56 bei Kindern bis zum vollendeten 4. Lebensjahr	120	13,68 7,00	– –	– –	– –		

VI. Berichte, Briefe

		Punktzahl	1fach DM €	2,3fach DM €	3,5fach DM €	1,7fach DM €	UV Allg. DM €	UV Bes. DM €
70	Kurze Bescheinigung oder kurzes Zeugnis, Arbeitsunfähigkeitsbescheinigung	40	4,56 2,33	10,49 5,36	15,96 8,16	7,75 3,96		
75	Ausführlicher schriftlicher Krankheits- und Befundbericht (einschließlich Angaben zur Anamnese, zu dem(n) Befund(en), zur epikritischen Bewertung und gegebenenfalls zur Therapie	130	14,82 7,58	34,09 17,43	51,87 26,52	25,19 12,88		
	Die Befundmitteilung oder der einfache Befundbericht ist mit der Gebühr für die zugrundeliegende Leistung abgegolten.							
76	Schriftlicher Diätplan, individuell für den einzelnen Patienten aufgestellt .	70	7,98 4,08	18,35 9,38	27,93 14,28	13,57 6,94		
77	Schriftliche, individuelle Planung und Leitung einer Kur mit diätetischen, balneologischen und/oder klimatherapeutischen Maßnahmen unter Einbeziehung gesundheitserzieherischer Aspekte	150	17,10 8,74	39,33 20,11	59,85 30,60	29,07 14,86		
	Die Leistung nach Nummer 77 ist für eine im zeitlichen Zusammenhang durchgeführte Kur unabhängig von deren Dauer nur einmal berechnungsfähig.							
78	Behandlungsplan für die Chemotherapie und/oder schriftlicher Nachsorgeplan für einen tumorkranken Patienten, individuell für den einzelnen Patienten aufgestellt	180	20,52 10,49	47,20 24,13	71,82 36,72	34,88 17,84		
80	Schriftliche gutachtliche Äußerung . .	300	34,20 17,49	78,66 40,22	119,70 61,20	58,14 29,73		

		Punkt-zahl	1fach DM €	2,3fach DM €	3,5fach DM €	1,7fach DM €	UV Allg. DM €	UV Bes. DM €
85	Schriftliche gutachtliche Äußerung mit einem das gewöhnliche Maß übersteigenden Aufwand – gegebenenfalls mit wissenschaftlicher Begründung –, je angefangene Stunde Arbeitszeit ..	500	57,– 29,14	131,10 67,03	199,50 102,00	96,90 49,54		
90	Schriftliche Feststellung über das Vorliegen oder Nichtvorliegen einer Indikation für einen Schwangerschaftsabbruch	120	13,68 7,00	31,46 16,09	47,88 24,48	23,26 11,89		
95	Schreibgebühr, je angefangene DIN A 4-Seite	60	6,84 3,50	– –	– –	– –		
96	Schreibgebühr, je Kopie	3	0,34 0,18	– –	– –	– –		
	Die Schreibgebühren nach den Nummern 95 und 96 sind nur neben den Leistungen nach den Nummern 80, 85 und 90 und nur mit dem einfachen Gebührensatz berechnungsfähig.							

VII. Todesfeststellung

Allgemeine Bestimmung

Begibt sich der Arzt zur Erbringung einer oder mehrerer Leistungen nach den Nummern 100 bis 107 außerhalb seiner Arbeitsstätte (Praxis oder Krankenhaus) oder seiner Wohnung, kann er für die zurückgelegte Wegstrecke Wegegeld nach § 8 berechnen.

		Punkt-zahl	1fach DM €	2,3fach DM €	3,5fach DM €	1,7fach DM €	UV Allg. DM €	UV Bes. DM €
100	Untersuchung eines Toten – einschließlich Feststellung des Todes und Ausstellung des Leichenschauscheines –	250	28,50 14,57	65,55 33,52	99,75 51,00	48,45 24,77		
102	Entnahme einer Körperflüssigkeit bei einem Toten	150	17,10 8,74	39,33 20,11	59,85 30,60	29,07 14,86		
104	Bulbusentnahme bei einem Toten ...	250	28,50 14,57	65,55 33,52	99,75 51,00	48,45 24,77		
105	Hornhautentnahme aus einem Auge bei einem Toten	230	26,22 13,41	60,31 30,83	91,77 46,92	44,57 22,79		
107	Entnahme eines Herzschrittmachers bei einem Toten	220	25,08 12,82	57,68 29,49	87,78 44,88	42,64 21,80		

B. Grundleistungen und allgemeine Leistungen (UV-GOÄ)

Allgemeine Bestimmungen

1. Als Behandlungsfall gilt die gesamte ambulante Versorgung, die von demselben Arzt nach der ersten Inanspruchnahme innerhalb von drei Monaten an demselben Patienten zu Lasten desselben gesetzlichen UV-Trägers vorgenommen worden ist. Stationäre belegärztliche Behandlung ist ein eigenständiger Behandlungsfall auch dann, wenn innerhalb der 3 Monate ambulante Behandlung durch den Belegarzt erfolgt.
2. Die Leistung nach Nummer 1 ist neben Leistungen nach den Abschnitten C bis O im Behandlungsfall nur einmal berechnungsfähig. Die Leistung nach Nummer 1 ist neben der Leistung nach Nummer 6 nicht berechnungsfähig.
3. Die Leistungen nach den Nummern 1 bis 15 können an demselben Tag nur dann mehr als einmal berechnet werden, wenn dies durch die Beschaffenheit des Krankheitsfalls geboten war. Bei mehrmaliger Berechnung ist die jeweilige Uhrzeit der Leistungserbringung in der Rechnung anzugeben. Bei den Leistungen nach den Nummern 1 bis 5 und 11 bis 15 ist eine mehrmalige Berechnung an demselben Tag auf Verlangen, bei der Leistung nach den Nummern 6 bis 10 generell zu begründen.
4. Die Leistung nach Nummer 1 ist neben den Leistungen nach den Nummern 804 bis 812, 817, 835, 849, 861 bis 864, 870, 871, 886 sowie 887 nicht berechnungsfähig.
5. Mehr als zwei Visiten an demselben Tag können nur berechnet werden, wenn sie durch die Beschaffenheit des Krankheitsfalls geboten waren. Bei der Berechnung von mehr als zwei Visiten an demselben Tag ist die jeweilige Uhrzeit der Visiten in der Rechnung anzugeben. Auf Verlangen ist die mehr als zweimalige Berechnung einer Visite an demselben Tag zu begründen. Anstelle oder neben der Visite im Krankenhaus sind die Leistungen nach den Nummern 1 bis 15 und/oder 18 nicht berechnungsfähig.
6. Besuchsgebühren nach den Nummern 48, 50 und/oder 51 sind für Besuche von Krankenhaus- und Belegärzten im Krankenhaus nicht berechnungsfähig.
7. Terminvereinbarungen sind nicht berechnungsfähig.
8. Neben einer Leistung nach Nummer 6 bis 10 sind die Leistungen nach den Nummern 600, 601, 1203, 1204, 1228, 1240, 1400, 1401 und 1414 nicht berechnungsfähig.

Nr.	Leistung	Punktzahl	1fach DM €	2,3fach DM €	3,5fach DM €	1,7fach DM €	UV Allg. DM €	UV Bes. DM €
	I. Allgemeine Beratungen und Untersuchungen							
1	Symptomzentrierte Untersuchung bei Unfallverletzungen oder bei Verdacht auf das Vorliegen einer Berufskrankheit einschließlich Beratung						12,15 6,21	15,12 7,73
2	Leistung nach Nummer 1, jedoch außerhalb der Sprechstunde *Die Leistung nach Nummer 2 ist nicht berechnungsfähig, wenn ein Patient zwar nach Ablauf der angezeigten Sprechstundenzeit, jedoch während der noch andauernden Sprechstunde vom Arzt behandelt wird. Dies gilt auch für eine Behandlung im Rahmen einer Bestellpraxis.*						14,04 7,18	17,47 8,93
3	Leistung nach Nummer 1, jedoch bei Nacht (zwischen 20 und 8 Uhr)						37,53 19,19	46,70 23,88

		Punkt-zahl	1fach DM €	2,3fach DM €	3,5fach DM €	1,7fach DM €	UV Allg. DM €	UV Bes. DM €
4	Leistung nach Nummer 1, jedoch an Sonn- und Feiertagen						17,82 9,11	22,18 11,34
5	Leistung nach Nummer 1, jedoch an Samstagen ab 12 Uhr						17,82 9,11	22,18 11,34
6	Umfassende Untersuchung verbunden mit nach Umfang und Zeit besonderem differenzialdiagnostischen Aufwand und/oder Beteiligung mehrerer Organe einschl. Klärung oder Überprüfung des Zusammenhangs mit der Berufstätigkeit sowie der notwendigen Beratung						28,35 14,50	35,28 18,04
	Die Leistung kann pro Behandlungsfall nicht mehr als dreimal berechnet werden.							
7	Leistung nach Nummer 6, jedoch außerhalb der Sprechstunde						30,24 15,46	37,63 19,24
	Die Leistung nach Nr. 7 ist nicht berechnungsfähig, wenn ein Patient zwar nach Ablauf der angezeigten Sprechstundenzeit, jedoch während der noch andauernden Sprechstunde vom Arzt behandelt wird. Dies gilt auch für eine Behandlung im Rahmen einer Bestellpraxis.							
8	Leistung nach Nummer 6, jedoch bei Nacht (zwischen 20 und 8 Uhr)						53,73 27,47	66,86 34,19
9	Leistung nach Nummer 6, jedoch an Sonn- und Feiertagen						34,02 17,39	42,34 21,65
10	Leistung nach Nummer 6, jedoch an Samstagen ab 12 Uhr						34,02 17,39	42,34 21,65
11	Beratung – auch mittels Fernsprecher – als alleinige Leistung						4,86 2,48	6,05 3,09
12	Leistung nach Nummer 11, jedoch außerhalb der Sprechstunde						6,75 3,45	8,40 4,29
	Die Leistung nach Nr. 12 ist nicht berechnungsfähig, wenn ein Patient zwar nach Ablauf der angezeigten Sprechstundenzeit, jedoch während der noch andauernden Sprechstunde vom Arzt beraten wird. Dies gilt auch für eine Behandlung im Rahmen einer Bestellpraxis.							

		Punktzahl	1fach DM €	2,3fach DM €	3,5fach DM €	1,7fach DM €	UV Allg. DM €	UV Bes. DM €
13	Leistung nach Nummer 11, jedoch bei Nacht (zwischen 20 und 8 Uhr)						30,24 15,46	37,63 19,24
14	Leistung nach Nummer 11, jedoch an Sonn- und Feiertagen						10,53 5,38	13,10 6,70
15	Leistung nach Nummer 11, jedoch an Samstagen ab 12 Uhr						10,53 5,38	13,10 6,70
16	Aushändigen von Wiederholungsrezepten und/oder Überweisungen und/oder Übermittlung von Befunden oder ärztlichen Anordnungen – auch mittels Fernsprecher – durch die Arzthelferin als alleinige Leistung						4,05 2,07	5,04 2,58
18	Digitaluntersuchung des Mastdarms und/oder der Prostata						8,10 4,14	10,08 5,15
19	Einleitung und Koordination flankierender therapeutischer und sozialer Maßnahmen während der kontinuierlichen ambulanten Betreuung eines chronisch Kranken *Die Leistung nach Nummer 19 darf nur einmal im Kalenderjahr berechnet werden.*						40,50 20,71	50,40 25,77

II. Leistungen unter besonderen Bedingungen

		Punktzahl	1fach DM €	2,3fach DM €	3,5fach DM €	1,7fach DM €	UV Allg. DM €	UV Bes. DM €
20	Beratungsgespräch in Gruppen von 4 bis 12 Teilnehmern im Rahmen der Behandlung von chronischen Krankheiten, je Teilnehmer und Sitzung (Dauer mindestens 50 Minuten) *Neben der Leistung nach Nummer 20 sind die Leistungen nach den Nummern 847, 862, 864, 871 und/oder 887 nicht berechnungsfähig.*						16,20 8,28	20,16 10,31
21	Eingehende humangenetische Beratung, je angefangene halbe Stunde und Sitzung *Die Leistung nach Nummer 21 darf nur berechnet werden, wenn die Beratung in der Sitzung mindestens eine halbe Stunde dauert.* *Die Leistung nach Nummer 21 ist innerhalb eines halben Jahres nach Beginn des Beratungsfalls nicht mehr als viermal berechnungsfähig.*						48,60 24,85	60,48 30,92

		Punkt-zahl	1fach DM €	2,3fach DM €	3,5fach DM €	1,7fach DM €	UV Allg. DM €	UV Bes. DM €
	Neben der Leistung nach Nummer 21 sind die Leistungen nach den Nummern 1 bis 15 oder 22 nicht berechnungsfähig.							
22	Eingehende Beratung einer Schwangeren im Konfliktfall über die Erhaltung oder den Abbruch der Schwangerschaft – auch einschließlich Beratung über soziale Hilfen, gegebenenfalls auch einschließlich Beurteilung über das Vorliegen einer Indikation für einen nicht rechtswidrigen Schwangerschaftsabbruch –						40,50 20,71	50,40 25,77
	Neben der Leistung nach Nummer 22 sind die Leistungen nach den Nummern 1 bis 15 oder 21 nicht berechnungsfähig.							
33	Strukturierte Schulung einer Einzelperson mit einer Mindestdauer von 20 Minuten (bei Diabetes, Gestationsdiabetes oder Zustand nach Pankreatektomie) – einschließlich Evaluation zur Qualitätssicherung unter diabetologischen Gesichtspunkten zum Erlernen und Umsetzen des Behandlungsmanagements, einschließlich der Auswertung eines standardisierten Fragebogens – ggf. auch für gleichwertig strukturierte Schulungsprogramme						40,50 20,71	50,40 25,77
	Neben der Leistung nach Nummer 33 sind die Leistungen nach den Nummern 1 bis 15, 19, 20, 847, 862, 864, 871 und/oder 887 nicht berechnungsfähig.							

III. Visiten, Konsiliartätigkeit, Besuche, Assistenz

		Punkt-zahl	1fach DM €	2,3fach DM €	3,5fach DM €	1,7fach DM €	UV Allg. DM €	UV Bes. DM €
45	Visite im Krankenhaus						9,45 4,83	11,76 6,01
	Die Leistung nach Nummer 45 ist neben anderen Leistungen des Abschnitts B nicht berechnungsfähig. Werden zu einem anderen Zeitpunkt an demselben Tag andere Leistungen des Abschnitts B erbracht, so können diese mit Angabe der Uhrzeit für die Visite und die anderen Leistungen aus Abschnitt B berechnet werden. Anstelle oder neben der Visite im Krankenhaus sind die Leistungen nach den Nummern 1 bis 15, 18, 48, 50 und/oder 51 nicht berechnungsfähig.							

		Punktzahl	1fach DM €	2,3fach DM €	3,5fach DM €	1,7fach DM €	UV Allg. DM €	UV Bes. DM €
	Wird mehr als eine Visite an demselben Tag erbracht, kann für die über die erste Visite hinausgehenden Visiten nur die Leistung nach Nummer 46 berechnet werden. *Die Leistung nach Nummer 45 ist nur berechnungsfähig, wenn diese durch einen liquidationsberechtigten Arzt des Krankenhauses oder dessen ständigen ärztlichen Vertreter persönlich erbracht wird.*							
46	Zweitvisite im Krankenhaus						6,75 3,45	8,40 4,29
	Die Leistung nach Nummer 46 ist neben anderen Leistungen des Abschnitts B nicht berechnungsfähig. Werden zu einem anderen Zeitpunkt an demselben Tag andere Leistungen des Abschnitts B erbracht, so können diese mit Angabe der Uhrzeit für die Visite und die anderen Leistungen aus Abschnitt B berechnet werden. *Anstelle oder neben der Zweitvisite im Krankenhaus sind die Leistungen nach den Nummern 1 bis 15, 18, 45, 48, 50 und/oder 51 nicht berechnungsfähig.* *Mehr als zwei Visiten dürfen nur berechnet werden, wenn sie durch die Beschaffenheit des Krankheitsfalls geboten waren oder verlangt wurden. Wurde die Visite verlangt, muß dies in der Rechnung angegeben werden.* *Die Leistung nach Nummer 46 ist nur berechnungsfähig, wenn diese durch einen liquidationsberechtigten Arzt des Krankenhauses oder dessen ständigen ärztlichen Vertreter persönlich erbracht wird.*							
47	Kostenersatz zur Visite, je Tag, bei Vorhalten eines vom Belegarzt zu vergütenden ärztlichen Bereitschaftsdienstes						9,12 4,66	9,12 4,66
48	Besuch eines Patienten auf einer Pflegestation (z. B. in Alten- oder Pflegeheimen) – bei regelmäßiger Tätigkeit des Arztes auf der Pflegestation zu vorher vereinbarten Zeiten –						16,20 8,28	20,16 10,31
	Die Leistung nach Nummer 48 ist neben den Leistungen nach den Nummern 11 bis 15, 50, 51 und/oder 52 nicht berechnungsfähig.							

		Punkt-zahl	1fach DM €	2,3fach DM €	3,5fach DM €	1,7fach DM €	UV Allg. DM €	UV Bes. DM €
50	Besuch, einschließlich Beratung und Untersuchung						43,20 22,09	53,76 27,49
50 a	Leistung nach Nummer 50 (dringend angefordert und sofort ausgeführt oder wegen der Beschaffenheit der Krankheit gesondert notwendig)						54,00 27,61	67,20 34,36
50 b	Leistung nach Nummer 50, jedoch aus der Sprechstunde heraus sofort ausgeführt						70,20 35,89	87,36 44,67
50 c	Leistung nach Nummer 50, jedoch bei Nacht (bestellt und ausgeführt zwischen 20 und 22 Uhr oder 6 und 8 Uhr)						70,20 35,89	87,36 44,67
50 d	Leistung nach Nummer 50, jedoch bei Nacht (bestellt und ausgeführt zwischen 22 und 6 Uhr)						93,15 47,63	115,92 59,27
50 e	Leistung nach Nummer 50, jedoch an Samstagen ab 12 Uhr sowie an Sonn- und Feiertagen						59,40 30,37	73,92 37,79
	Die Leistungen nach Nummern 50 bis 50e dürfen anstelle oder neben einer Leistung nach Nummer 45 oder 46 nicht berechnet werden. *Neben den Leistungen nach Nummern 50 bis 50e sind die Leistungen nach den Nummern 1 bis 5, 11 bis 15, 48 und/oder 52 nicht berechnungsfähig.*							
51	Besuch eines weiteren Kranken in derselben häuslichen Gemeinschaft in unmittelbarem zeitlichen Zusammenhang mit der Leistung nach den Nummern 50 bis 50e – einschließlich Beratung und Untersuchung –						33,75 17,26	42,00 21,47
	Die Leistung nach Nummer 51 darf anstelle oder neben einer Leistung nach Nummer 45 oder 46 nicht berechnet werden. *Neben der Leistung nach Nummer 51 sind die Leistungen nach den Nummern 1 bis 5, 11 bis 15, 48 und/oder 52 nicht berechnungsfähig.*							

Nr.	Leistung	Punktzahl	1fach DM €	2,3fach DM €	3,5fach DM €	1,7fach DM €	UV Allg. DM €	UV Bes. DM €
52	Aufsuchen eines Patienten außerhalb der Praxisräume oder des Krankenhauses durch nichtärztliches Personal im Auftrag des niedergelassenen Arztes (z. B. zur Durchführung von kapillaren oder venösen Blutentnahmen, Wundbehandlungen, Verbandwechsel, Katheterwechsel)						11,40 5,83	11,40 5,83
	Wegegeld ist nicht berechnungsfähig. Die Gebühr ist nicht berechnungsfähig, wenn das nichtärztliche Personal den Arzt begleitet.							
55	Begleitung eines Patienten durch den behandelnden Arzt zur unmittelbar notwendigen stationären Behandlung – gegebenenfalls einschließlich organisatorischer Vorbereitung der Krankenhausaufnahme –						67,50 34,51	84,00 42,95
	Neben der Leistung nach Nummer 55 sind die Leistungen nach den Nummern 56, 60 und/oder 833 nicht berechnungsfähig.							
	Verweilen, ohne Unterbrechung und ohne Erbringung anderer ärztlicher Leistungen – wegen Erkrankung erforderlich –, je angefangene halbe Stunde							
56	– am Tag						12,15 6,21	15,12 7,73
57	– bei Nacht (zwischen 20 und 8 Uhr)						24,30 12,42	30,24 15,46
	Die Verweilgebühr darf nur berechnet werden, wenn der Arzt nach der Beschaffenheit des Krankheitsfalls mindestens eine halbe Stunde verweilen muß und während dieser Zeit keine ärztliche(n) Leistung(en) erbringt. Im Zusammenhang mit dem Beistand bei einer Geburt darf die Verweilgebühr nur für ein nach Ablauf von zwei Stunden notwendiges weiteres Verweilen berechnet werden.							
	Konsiliarische Erörterung zwischen zwei oder mehr liquidationsberechtigten Ärzten, für jeden Arzt							
60 a	– am Tag						16,20 8,28	20,16 10,31

		Punktzahl	1fach DM €	2,3fach DM €	3,5fach DM €	1,7fach DM €	UV Allg. DM €	UV Bes. DM €
60 b	– bei Nacht (zwischen 20 und 8 Uhr)						32,40 16,57	40,32 20,62
	Die Leistung nach Nummer 60 darf nur berechnet werden, wenn sich der liquidierende Arzt zuvor oder in unmittelbarem zeitlichen Zusammenhang mit der konsiliarischen Erörterung persönlich mit dem Patienten und dessen Erkrankung befaßt hat. *Die Leistung nach Nummer 60 darf auch dann berechnet werden, wenn die Erörterung zwischen einem liquidationsberechtigten Arzt und dem ständigen persönlichen ärztlichen Vertreter eines anderen liquidationsberechtigten Arztes erfolgt.* *Die Leistung nach Nummer 60 ist nicht berechnungsfähig, wenn die Ärzte Mitglieder derselben Krankenhausabteilung oder derselben Gemeinschaftspraxis oder einer Praxisgemeinschaft von Ärzten gleicher oder ähnlicher Fachrichtung (z. B. praktischer Arzt und Allgemeinarzt, Internist und praktischer Arzt) sind. Sie ist nicht berechnungsfähig für routinemäßige Besprechungen (z. B. Röntgenbesprechung, Klinik- oder Abteilungskonferenz, Team- oder Mitarbeiterbesprechung, Patientenübergabe).* Beistand bei der ärztlichen Leistung eines anderen Arztes (Assistenz), die typischerweise ohne ärztliche Assistenz nicht erbracht werden kann, je angefangene halbe Stunde – die Leistungen sind anzugeben.							
61 a	– am Tag						17,55 8,97	21,84 11,17
61 b	– bei Nacht (zwischen 20 und 22 Uhr und zwischen 6 und 8 Uhr)						33,89 17,33	42,17 21,56
61 c	– bei Nacht (zwischen 22 und 6 Uhr)						66,56 34,03	82,82 42,35
	Die Leistungen nach Nummer 61a-c sind neben anderen Leistungen nicht berechnungsfähig. *Die Nummern 61a-c gelten nicht für Ärzte, die zur Ausführung einer Narkose hinzugezogen werden; sie dürfen nicht berechnet werden, wenn die Assistenz durch nicht liquidationsberechtigte Ärzte erfolgt.*							

IV. Wegegeld und Reiseentschädigungen

Allgemeine Bestimmungen

1. Als Entschädigungen für Besuche erhält der Arzt Wegegeld und Reiseentschädigung; hierdurch sind Zeitversäumnisse und die durch den Besuch bedingten Mehrkosten abgegolten.
2. Der Arzt kann für jeden Besuch innerhalb eines begrenzten Radius um die Praxisstelle ein Wegegeld berechnen.
3. Bei Besuchen über eine Entfernung von mehr als 25 Kilometern zwischen Praxisstelle des Arztes und Besuchsstelle tritt an die Stelle des Wegegeldes eine Reiseentschädigung.
4. Erfolgt der Besuch von der Wohnung des Arztes aus, so tritt bei der Berechnung des Radius die Wohnung des Arztes an die Stelle der Praxisstelle. Werden mehrere Patienten in derselben häuslichen Gemeinschaft oder in einem Heim, insbesondere in einem Alten- oder Pflegeheim besucht, darf der Arzt das Wegegeld bzw. die Reiseentschädigung unabhängig von der Anzahl der besuchten Patienten und deren Versichertenstatus insgesamt nur einmal und nur anteilig berechnen.

		Punktzahl	1fach DM €	2,3fach DM €	3,5fach DM €	1,7fach DM €	UV Allg. DM €	UV Bes. DM €
Wegegeld								
71	bis zu zwei Kilometern						7,00 3,58	
72	bei Nacht (zwischen 20 und 8 Uhr)						14,00 7,16	
73	bis zu fünf Kilometern						13,00 6,65	
74	bei Nacht (zwischen 20 und 8 Uhr)						20,00 10,23	
81	bis zu zehn Kilometern						20,00 10,23	
82	bei Nacht (zwischen 20 und 8 Uhr)						30,00 15,34	
83	bis zu 25 Kilometern						30,00 15,34	
84	bei Nacht (zwischen 20 und 8 Uhr)						50,00 25,56	
Reiseentschädigung								
86	bei Benutzung des eigenen Kraftwagens je zurückgelegter Kilometer						0,50 0,26	
87	bei Benutzung anderer Verkehrsmittel tatsächliche Aufwendungen							
88	bei Abwesenheit bis zu 8 Stunden je Tag						100,00 51,13	
89	bei Abwesenheit von mehr als 8 Stunden je Tag						200,00 102,26	
91	für notwendige Übernachtungen Ersatz von Kosten							

V. Todesfeststellung

Allgemeine Bestimmung

Begibt sich der Arzt zur Erbringung einer oder mehrerer Leistungen nach den Nummern 100 bis 107 außerhalb seiner Arbeitsstätte (Praxis oder Krankenhaus) oder seiner Wohnung, kann er für die zurückgelegte Wegstrecke Wegegeld nach den Nummern 71 bis 74 oder 81 bis 84 berechnen.

		Punktzahl	1fach DM €	2,3fach DM €	3,5fach DM €	1,7fach DM €	UV Allg. DM €	UV Bes. DM €
100	Untersuchung eines Toten – einschließlich Feststellung des Todes und Ausstellung des Leichenschauscheines –						33,75 17,26	42,00 21,47
102	Entnahme einer Körperflüssigkeit bei einem Toten						20,25 10,35	25,20 12,88
104	Bulbusentnahme bei einem Toten						33,75 17,26	42,00 21,47
105	Hornhautentnahme aus einem Auge bei einem Toten						31,05 15,88	38,64 19,76
107	Entnahme eines Herzschrittmachers bei einem Toten						29,70 15,19	36,96 18,90

VI. Besondere Regelungen

Allgemeine Bestimmungen

1. Die Befundmitteilung oder der einfache Befundbericht ist mit der Gebühr für die zugrundeliegende Leistung abgegolten.
2. Für Berichte, die auf Verlangen des Trägers der gesetzlichen Unfallversicherung oder aufgrund von Regelungen des Vertrages Ärzte/Unfallversicherungsträger frei ohne Verwendung eines Vordrucks erstattet werden, bemisst sich die Gebühr entsprechend dem Aufwand, Zweck und Inhalt nach dem Gebührenrahmen der Nummern 110 bis 123.
3. Portoauslagen für angeforderte Berichte/Gutachten sind – soweit kein Freiumschlag beigefügt ist – dem Arzt zu erstatten.
4. Für die Übersendung von Krankengeschichten oder Auszüge (Fotokopien) daraus wird ungeachtet des Umfanges ein Pauschsatz von 24,20 DM (€ 12,37), zuzüglich Porto, vergütet. Sie müssen vom absendenden Arzt durchgesehen und ihre Richtigkeit muß von diesem bescheinigt werden.

Berichtsvordrucke		Berichtsgebühr in DM/€
110	Vordruck F 1100 Auskunft Behandlung	15,73 8,04
111	Vordruck F 1102 Auskunft Kopfverletzung	29,04 14,85
112	Vordruck F 1108 Auskunft Verbrennungen	15,73 8,04

Berichtsvordrucke		Berichtsgebühr in DM/€
113	Vordruck F 1104 Auskunft Komplikationen Gliedmaßenverletzung	17,16 8,77
114	nicht besetzt	
115	Vordruck F 2100 Zwischenbericht	17,16 8,77
117	Vordruck F 1110 Auskunft Zweifel Arbeitsunfall/Ursachenzusammenhang	31,56 16,14
118	nicht besetzt	
119	Vordruck F 1114 Ausführliche Auskunft	40,44 20,68
120	Vordruck F 1116 Ausführliche Auskunft, Augen	40,44 20,68
121	Vordruck F 2134 Ausführlicher Bericht, Knie	55,68 28,47
122	Vordruck F 2132 Ausführlicher Bericht, Kopfverletzung	34,54 17,66
123	Vordruck F 1120 Bericht neurologischer Befund	55,68 28,47
124	nicht besetzt	
125	Vordruck F 1050 Ärztliche Unfallmeldung	12,10 6,19
126	Vordruck F 1030 Augenarztbericht	24,24 12,39
127	Vordruck F 1040 Hals-Nasen-Ohrenarztbericht	24,24 12,39
128	nicht besetzt	
129	Vordruck F 6150 Bericht Haut BK 5101	40,44 20,68
130	Vordruck F 6050 Hautarztbericht	29,52 15,09

Portoauslagen und Tests (§ 43 Vertrag Ärzte/UV-Träger) werden gesondert vergütet.

Berichtsvordrucke		Berichtsgebühr in DM/€
132	Vordruck F 1000 Durchgangsarztbericht	29,52 15,09
134	Vordruck F 2106 Nachschaubericht	15,24 7,79
135	Vordruck F 1020 H-Arzt-Bericht	22,20 11,35
135a	Vordruck F 2108 Verlaufsbericht H-Arzt	15,24 7,79
136	Vordruck F 1002 Ergänzungsbericht Kopfverletzung	33,60 17,18
137	Vordruck F 1004 Ergänzungsbericht Knie	33,60 17,18
138	Vordruck F 1006 Ergänzungsbericht Stromunfall	22,20 11,35
139	Vordruck F 1008 Ergänzungsbericht schwere Verbrennungen	17,16 8,77
140	Vordruck F 1010 Ergänzungsbericht Hand	22,20 11,35
141	Vordruck F 6000 Ärztliche Anzeige über eine Berufskrankheit (§ 44 Vertrag Ärzte/UV-Träger)	29,76 15,22
142	Vordruck F 6120 Bericht Wirbelsäule BK 2108, 2109, 2110	31,56 16,14
143	Vordruck Bescheinigung zum Nachweis der Arbeitsunfähigkeit (§ 47 Vertrag Ärzte/UV-Träger)	5,36 2,74
144	Vordruck Bescheinigung über Transportunfähigkeit (§ 38 Vertrag Ärzte/UV-Träger)	7,46 3,81
145	Vordruck F 2900 Überweisungsvordruck ÜV §§ 26, 39 Vertrag Ärzte/UV-Träger)	6,83 3,49

Berichtsvordrucke		Berichtsgebühr in DM/€

Formulargutachten

146	Vordruck A 4200 Erstes Rentengutachten	131,30 67,13
147	Vordruck A 4202 Erstes Rentengutachten Augen	131,30 67,13
148	Vordruck A 4500 Zweites Rentengutachten (Rente auf unbestimmte Zeit)	115,05 58,82
149	Vordruck A 4502 Zweites Rentengutachten Augen (Rente auf unbestimmte Zeit)	115,05 58,82
150	Vordruck A 4510 Rentengutachten (Nachprüfung MdE)	115,05 58,82
151	Vordruck A 4512 Rentengutachten Augen (Nachprüfung MdE)	115,05 58,82
152	Vordruck A 4520 Rentengutachten (Rente nach Gesamtvergütung)	115,05 58,82
153	Vordruck A 4550 Gutachten bei Abfindung	78,78 40,28
154	Vordruck A 5512 Gutachten erhöhte Witwen-/Witwerrente	78,78 40,28
155	Vordruck A 8200-2301 Gutachten BK 2301 *Mit der Pauschgebühr sind alle Leistungen und Sachkosten abgegolten. Ausgenommen sind Röntgenleistungen und die Messung otoakustischer Emissionen. Werden dem Unfallversicherungsträger Sachkosten von einem Dritten in Rechnung gestellt, so sind diese von dem Gutachtenhonorar abzusetzen.*	299,78 153,28

Berichtsvordrucke		Berichtsgebühr in DM/€
Freie Gutachten		
160	Ohne Fragestellung zum ursächlichen Zusammenhang je nach Schwierigkeitsgrad und Umfang	131,30–302,51 67,13–156,20
161	Mit Fragestellung zum ursächlichen Zusammenhang je nach Schwierigkeitsgrad und Umfang *Zu den Höchstsätzen nach Nrn. 160, 161 gilt § 59 des Vertrages Ärzte/UV-Träger*	164,39–461,89 84,05–236,16
165	Eingehend begründetes wissenschaftliches Gutachten je nach Schwierigkeitsgrad und Umfang *Darunter ist zu verstehen: Aufgrund der Vorgeschichte, der Angaben und des Befundes erstelltes und durch wissenschaftliche Äußerungen gestütztes und zugleich die wissenschaftlichen Erwägungen (notwendige Beiziehung und Auswertung wissenschaftlicher Literatur) erläuterndes ausführliches Gutachten. Zum Höchstbetrag gilt § 59 des Vertrages Ärzte/UV-Träger.*	197,47–621,14 100,96–317,58
190	Schreibgebühren für Arztvordrucke nach den Nummern 117 bis 124 und Gutachten nach den Nummern 146 bis 154, 155 (ausgenommen audiologischer Befundbogen), 160, 161, 165 je Seite	6,84 3,50
191	je verlangte Kopie	0,34 0,17

C. Nichtgebietsbezogene Sonderleistungen (GOÄ/UV-GOÄ)

I. Anlegen von Verbänden (GOÄ)

Allgemeine Bestimmung

Wundverbände nach Nummer 200, die im Zusammenhang mit einer operativen Leistung (auch Ätzung, Fremdkörperentfernung), Punktion, Infusion, Transfusion oder Injektion durchgeführt werden, sind Bestandteil dieser Leistung.

		Punktzahl	1fach DM €	2,3fach DM €	3,5fach DM €	1,7fach DM €	UV Allg. DM €	UV Bes. DM €
200	Verband – ausgenommen Schnell- und Sprühverbände, Augen-, Ohrenklappen oder Dreiecktücher –	45	5,13 2,62	11,80 6,03	17,96 9,18	8,72 4,46		
201	Redressierender Klebeverband des Brustkorbs oder dachziegelförmiger Klebeverband – ausgenommen Nabelverband –	65	7,41 3,79	17,04 8,71	25,94 13,26	12,60 6,44		
204	Zirkulärer Verband des Kopfes oder des Rumpfes (auch als Wundverband); stabilisierender Verband des Halses, des Schulter- oder Hüftgelenks oder einer Extremität über mindestens zwei große Gelenke; Schanz'scher Halskrawattenverband; Kompressionsverband	95	10,83 5,54	24,91 12,74	37,91 19,38	18,41 9,41		
206	Tape-Verband eines kleinen Gelenks	70	7,98 4,08	18,35 9,38	27,93 14,28	13,57 6,94		
207	Tape-Verband eines großen Gelenks oder Zinkleimverband	100	11,40 5,83	26,22 13,41	39,90 20,40	19,38 9,91		
208	Stärke- oder Gipsfixation, zusätzlich zu einem Verband	30	3,42 1,75	7,87 4,02	11,97 6,12	5,81 2,97		
209	Großflächiges Auftragen von Externa (z. B. Salben, Cremes, Puder, Lotionen, Lösungen) zur Behandlung von Hautkrankheiten mindestens einer Körperregion (Extremität, Kopf, Brust, Bauch, Rücken), je Sitzung	150	17,10 8,74	39,33 20,11	59,85 30,60	29,07 14,86		
210	Kleiner Schienenverband – auch als Notverband bei Frakturen –	75	8,55 4,37	19,67 10,06	29,93 15,30	14,54 7,43		
211	Kleiner Schienenverband – bei Wiederanlegung derselben, gegebenenfalls auch veränderten Schiene –	60	6,84 3,50	15,73 8,04	23,94 12,24	11,63 5,95		

Nr.	Leistung	Punktzahl	1fach DM / €	2,3fach DM / €	3,5fach DM / €	1,7fach DM / €	UV Allg. DM / €	UV Bes. DM / €
212	Schienenverband mit Einschluß von mindestens zwei großen Gelenken (Schulter-, Ellenbogen-, Hand-, Knie-, Fußgelenk) – auch als Notverband bei Frakturen –	160	18,24 9,33	41,95 21,45	63,84 32,64	31,01 15,85		
213	Schienenverband mit Einschluß von mindestens zwei großen Gelenken (Schulter-, Ellenbogen-, Hand-, Knie-, Fußgelenk) – bei Wiederanlegung derselben, gegebenenfalls auch veränderten Schiene –	100	11,40 5,83	26,22 13,41	39,90 20,40	19,38 9,91		
214	Abduktionsschienenverband – auch mit Stärke- oder Gipsfixation –	240	27,36 13,99	62,93 32,18	95,76 48,96	46,51 23,78		
217	Streckverband	230	26,22 13,41	60,31 30,83	91,77 46,92	44,57 22,79		
218	Streckverband mit Nagel- oder Drahtextension	660	75,24 38,47	173,05 88,48	263,34 134,64	127,91 65,40		
225	Gipsfingerling	70	7,98 4,08	18,35 9,38	27,93 14,28	13,57 6,94		
227	Gipshülse mit Gelenkschienen	300	34,20 17,49	78,66 40,22	119,70 61,20	58,14 29,73		
228	Gipsschienenverband oder Gipspantoffel	190	21,66 11,08	49,82 25,47	75,81 38,76	36,82 18,83		
229	Gipsschienenverband – bei Wiederanlegung derselben, gegebenenfalls auch veränderten Schiene	130	14,82 7,58	34,09 17,43	51,87 26,52	25,19 12,88		
230	Zirkulärer Gipsverband – gegebenenfalls als Gipstutor –	300	34,20 17,49	78,66 40,22	119,70 61,20	58,14 29,73		
231	Zirkulärer Gehgipsverband des Unterschenkels	360	41,04 20,98	94,39 48,26	143,64 73,44	69,77 35,67		
232	Zirkulärer Gipsverband mit Einschluß von mindestens zwei großen Gelenken (Schulter-, Ellenbogen-, Hand-, Knie-, Sprunggelenk)	430	49,02 25,06	112,75 57,65	171,57 87,72	83,33 42,61		
235	Zirkulärer Gipsverband des Halses einschließlich Kopfstütze – auch mit Schultergürtel –	750	85,50 43,72	196,65 100,55	299,25 153,00	145,35 74,32		

		Punktzahl	1fach DM €	2,3fach DM €	3,5fach DM €	1,7fach DM €	UV Allg. DM €	UV Bes. DM €
236	Zirkulärer Gipsverband des Rumpfes	940	107,16 54,79	246,47 126,02	375,06 191,77	182,17 93,14		
237	Gips- oder Gipsschienenverband mit Einschluß von mindestens zwei großen Gelenken (Schulter-, Ellenbogen-, Hand-, Knie-, Fußgelenk) ...	370	42,18 21,57	97,01 49,60	147,63 75,48	71,71 36,66		
238	Gipsschienenverband mit Einschluß von mindestens zwei großen Gelenken (Schulter-, Ellenbogen-, Hand-, Knie-, Fußgelenk) – bei Wiederanlegung derselben, gegebenenfalls auch veränderten Schiene –	200	22,80 11,66	52,44 26,81	79,80 40,80	38,76 19,82		
239	Gipsverband für Arm mit Schulter oder Bein mit Beckengürtel	750	85,50 43,72	196,65 100,55	299,25 153,00	145,35 74,32		
240	Gipsbett oder Nachtschale für den Rumpf	940	107,16 54,79	246,47 126,02	375,06 191,77	182,17 93,14		
245	Quengelverband zusätzlich zum jeweiligen Gipsverband	110	12,54 6,41	28,84 14,75	43,89 22,44	21,32 10,90		
246	Abnahme des zirkulären Gipsverbandes	150	17,10 8,74	39,33 20,11	59,85 30,60	29,07 14,86		
247	Fensterung, Spaltung, Schieneneinsetzung, Anlegung eines Gehbügels oder einer Abrollsohle bei einem nicht an demselben Tag angelegten Gipsverband	110	12,54 6,41	28,84 14,75	43,89 22,44	21,32 10,90		

I. Anlegen von Verbänden (UV-GOÄ)

Allgemeine Bestimmung

Wundverbände nach Nummer 200, die im Zusammenhang mit einer operativen Leistung (auch Ätzung, Fremdkörperentfernung), Punktion, Infusion, Transfusion oder Injektion durchgeführt werden, sind Bestandteil dieser Leistung.

		Punktzahl	1fach DM €	2,3fach DM €	3,5fach DM €	1,7fach DM €	UV Allg. DM €	UV Bes. DM €
200	Verband – ausgenommen Schnellverbände, Augen-, Ohrenklappen oder Dreiecktücher						6,35 3,24	7,90 4,04
201 A	Redressierender Klebeverband des Brustkorbs oder dachziegelförmiger Klebeverband – ausgenommen Nabelverband –						8,51 4,35	10,58 5,41
201 B	bei Verwendung von Tape Verbänden						8,51 4,35	10,58 5,41
202	Schanz'scher Halskrawattenverband						12,83 6,56	15,96 8,16
203 A	Kompressionsverband/auch Schaumstoffkompressionsverband						12,83 6,56	15,96 8,16
203 B	Zinkleimverband						12,83 6,56	15,96 8,16
204	Zirkulärer Verband des Kopfes, des Schulter- oder Hüftgelenks oder des Rumpfes						12,83 6,56	15,96 8,16
205	Rucksack- oder Désault-Verband						12,83 6,56	15,96 8,16
208	Tape-Verband an Fingern oder Zehen						10,80 5,52	13,44 6,87
209	Tape-Verband an großen Gelenken oder an Weichteilen der Gliedmaßen						20,25 10,35	25,20 12,88
210	Kleiner Schienenverband – auch als erster Notverband bei Frakturen –						10,80 5,52	13,44 6,87
211	Kleiner Schienenverband bei Wiederanlegung derselben nicht neu hergerichteten Schiene						8,78 4,49	10,92 5,58

		Punktzahl	1fach DM €	2,3fach DM €	3,5fach DM €	1,7fach DM €	UV Allg. DM €	UV Bes. DM €
212	Schienenverband mit Einschluß von mindestens zwei großen Gelenken (Schulter-, Ellenbogen-, Hand-, Knie-, Fußgelenk) – auch als erster Notverband bei Frakturen –						21,33 10,91	26,54 13,57
213	Schienenverband mit Einschluß von mindestens zwei großen Gelenken (Schulter-, Ellenbogen-, Hand-, Knie-, Fußgelenk) bei Wiederanlegung derselben nicht neu hergerichteten Schiene						18,90 9,66	23,52 12,03
214	Abduktionsschienenverband						32,13 16,43	39,98 20,44
217	Streckverband						30,65 15,67	38,14 19,50
218	Streckverband mit Nagel- oder Drahtextension						89,37 45,69	111,22 56,87
226 A	Gipshülse						12,83 6,56	15,96 8,16
226 B	bei Verwendung von Kunststoff						12,83 6,56	15,96 8,16
228 A	Gipsschienenverband Unterarm						25,52 13,05	31,75 16,23
228 B	bei Verwendung von Kunststoff						25,52 13,05	31,75 16,23
228 C	Gipsschienenverband Unterschenkel oder Gipspantoffel						25,52 13,05	31,75 16,23
228 D	bei Verwendung von Kunststoff						25,52 13,05	31,75 16,23
229	Gipsschienenverband bei Wiederanlegung derselben nicht neu hergerichteten Schiene						18,90 9,66	23,52 12,03
230 A	Zirkulärer Finger- oder Zehengipsverband einschließl. Hand- oder Fußgelenk						40,91 20,92	50,90 26,03
230 B	bei Verwendung von Kunststoff						40,91 20,91	50,90 26,03
230 C	Zirkularer Unterarmgips einschließlich Hand						40,91 20,91	50,90 26,03

		Punkt-zahl	1fach DM €	2,3fach DM €	3,5fach DM €	1,7fach DM €	UV Allg. DM €	UV Bes. DM €
230 D	bei Verwendung von Kunststoff						40,91 20,91	50,90 26,03
230 E	Zirkulärer Gipsverband Unterschenkel einschließlich Fuß						40,91 20,91	50,90 26,03
230 F	bei Verwendung von Kunststoff						40,91 20,91	50,90 26,03
230 G	Zirkulärer Gipstutor						40,91 20,91	50,90 26,03
230 H	bei Verwendung von Kunststoff						40,91 20,91	50,90 26,03
231 A	Zirkulärer Gehgipsverband Unterschenkel mit Fuß						48,60 24,85	60,48 30,92
231 B	bei Verwendung von Kunststoff						48,60 24,85	60,48 30,92
231 C	Zirkulärer Gehgipsverband für das ganze Bein						48,60 24,85	60,48 30,92
231 D	bei Verwendung von Kunststoff						48,60 24,85	60,48 30,92
235 A	Zirkulärer Gipsverband des Halses einschließlich Kopfstütze – auch mit Schultergürtel –						102,20 52,25	127,18 65,02
235 B	bei Verwendung von Kunststoff						102,20 52,25	127,18 65,02
236 A	Zirkulärer Gipsverband des Rumpfes						127,71 65,30	158,93 81,26
236 B	bei Verwendung von Kunststoff						127,71 65,30	158,93 81,26
237 A	Zirkulärer Gipsverband für den ganzen Arm						51,17 26,16	63,67 32,55
237 B	bei Verwendung von Kunststoff						51,17 26,16	63,67 32,55
237 C	Zirkulärer Gipsverband für das ganze Bein						51,17 26,16	63,67 32,55
237 D	bei Verwendung von Kunststoff						51,17 26,16	63,67 32,55

		Punktzahl	1fach DM €	2,3fach DM €	3,5fach DM €	1,7fach DM €	UV Allg. DM €	UV Bes. DM €
237 E	Großer Gipsschienenverband						51,17 26,16	63,67 32,55
237 F	bei Verwendung von Kunststoff (Arm)						51,17 26,16	63,67 32,55
237 G	bei Verwendung von Kunststoff (Bein)						51,17 26,16	63,67 32,55
238	Gipsschienenverband über wenigstens zwei große Gelenke (Schulter-, Ellenbogen-, Hand-, Knie-, Fußgelenk) bei Wiederanlegung derselben nicht neu hergerichteten Schiene						40,50 20,71	50,40 25,77
239 A	Zirkulärer Gipsverband Arm mit Schulter oder Bein mit Beckengürtel						102,20 52,25	127,18 65,02
239 B	bei Verwendung von Kunststoff						102,20 52,25	127,18 65,02
240 A	Gipsbett oder Nachtschale für den Rumpf						127,71 65,30	158,93 81,26
240 B	bei Verwendung von Kunststoff						127,71 65,30	158,93 81,26
245	Quengelverband zusätzlich zum jeweiligen Gipsverband						15,39 7,87	19,15 9,79
246	Abnahme des zirkulären Gipsverbandes						20,52 10,49	25,54 13,06
247 A	Fensterung, Spaltung, Kürzung oder wesentliche Änderung bei einem nicht an demselben Tag angelegten Gipsverband						15,39 7,87	19,15 9,79
247 B	Schieneneinsetzung, Anlegung eines Gehbügels oder einer Abrollsohle bei einem nicht an demselben Tag angelegten Gipsverband						15,39 7,87	19,15 9,79
247 C	bei Verwendung von Kunststoff						15,39 7,87	19,15 9,79

II. Blutentnahmen, Injektionen, Infiltrationen, Infusionen, Transfusionen, Implantation, Abstrichentnahmen (GOÄ/UV-GOÄ)

Allgemeine Bestimmungen

Die Leistungen nach den Nummern 252 bis 258 und 261 sind nicht mehrfach berechnungsfähig, wenn anstelle einer Mischung mehrere Arzneimittel bei liegender Kanüle im zeitlichen Zusammenhang nacheinander verabreicht werden.

Die Leistungen nach den Nummern 270, 273 bis 281, 283, 286 sowie 287 können jeweils nur einmal je Behandlungstag berechnet werden. Die Leistungen nach den Nummern 271 oder 272 sind je Gefäßzugang einmal, insgesamt jedoch nicht mehr als zweimal je Behandlungstag berechnungsfähig. Die zweimalige Berechnung der Leistungen nach den Nummern 271 oder 272 setzt gesonderte Punktionen verschiedener Blutgefäße voraus.

Gegebenenfalls erforderliche Gefäßpunktionen sind Bestandteil der Leistungen nach den Nummern 270 bis 287 und mit den Gebühren abgegolten.

Die Leistungen nach den Nummern 271 bis 276 sind nicht nebeneinander berechnungsfähig.

		Punktzahl	1fach DM €	2,3-/ 1,8fach DM €	3,5-/ 2,5fach DM €	1,7fach DM €	UV Allg. DM €	UV Bes. DM €
250*	Blutentnahme mittels Spritze, Kanüle oder Katheter aus der Vene	40	4,56 2,33	8,21 4,20	11,40 5,83	5,92** 3,03	5,40 2,76	6,72 3,44
250 a*	Kapillarblutentnahme bei Kindern bis zum vollendeten 8. Lebensjahr	40	4,56 2,33	8,21 4,20	11,40 5,83	5,92** 3,03	5,40 2,76	6,72 3,44
251	Blutentnahme mittels Spritze oder Kanüle aus der Arterie	60	6,84 3,50	15,73 8,04	23,94 12,24	11,63 5,95	8,10 4,14	10,08 5,15
251 a▾	Blutentnahme zum Zwecke der Alkoholbestimmung *Befundbericht, Kosten der Koller-Venüle und Versandkosten sind mit der Gebühr abgegolten.*						79,10 40,44	79,10 40,44
252	Injektion, subkutan, submukös, intrakutan oder intramuskulär	40	4,56 2,33	10,49 5,36	15,96 8,16	7,75 3,96	5,40 2,76	6,72 3,44
253	Injektion, intravenös	70	7,98 4,08	18,35 9,38	27,93 14,28	13,57 6,94	9,45 4,83	11,76 6,01
254	Injektion, intraarteriell	80	9,12 4,66	20,98 10,73	31,92 16,32	15,50 7,93	10,80 5,52	13,44 6,87
255	Injektion, intraartikulär oder perineural	95	10,83 5,54	24,91 12,74	37,91 19,38	18,41 9,41	12,83 6,56	15,96 8,16
256	Injektion in den Periduralraum	185	21,09 10,78	48,51 24,80	73,82 37,74	35,85 18,33	24,98 12,77	31,08 15,89
257	Injektion in den Subarachnoidalraum	400	45,60 23,32	104,88 53,62	159,60 81,60	77,52 39,64	54,00 27,61	67,20 34,36

* Reduzierter Gebührenrahmen
** 1,3fach
▾ Leistung nur nach UV-GOÄ berechnungsfähig.

		Punktzahl	1fach DM €	2,3-/1,8fach DM €	3,5-/2,5fach DM €	1,7fach DM €	UV Allg. DM €	UV Bes. DM €
258	Injektion, intraaortal oder intrakardial – ausgenommen bei liegendem Aorten- oder Herzkatheter –	180	20,52 10,49	47,20 24,13	71,82 36,72	34,88 17,84	24,30 12,42	30,24 15,46
259	Legen eines Periduralkatheters – in Verbindung mit der Anlage eines subkutanen Medikamentenreservoirs – . .	600	68,40 34,97	157,32 80,44	239,40 122,40	116,28 59,45	81,00 41,41	100,80 51,54
260	Legen eines arteriellen Katheters oder eines zentralen Venenkatheters – einschließlich Fixation –	200	22,80 11,66	52,44 26,81	79,80 40,80	38,76 19,82	27,00 13,80	33,60 17,18
	Die Leistung nach Nummer 260 ist neben Leistungen nach den Nummern 355 bis 361, 626 bis 632 und/oder 648 nicht berechnungsfähig.							

		Punktzahl	1fach DM €	2,3fach DM €	3,5fach DM €	1,7fach DM €	UV Allg. DM €	UV Bes. DM €
261	Einbringung von Arzneimitteln in einen parenteralen Katheter	30	3,42 1,75	7,87 4,02	11,97 6,12	5,81 2,97	4,05 2,07	5,04 2,58
	Die Leistung nach Nummer 261 ist im Zusammenhang mit einer Anästhesie/Narkose nicht berechnungsfähig für die Einbringung von Anästhetika, Anästhesieadjuvantien und Anästhesieantidoten. *Wird die Leistung nach Nummer 261 im Zusammenhang mit einer Anästhesie/Narkose berechnet, ist das Medikament in der Rechnung anzugeben.*							
262	Transfemorale Blutentnahme mittels Katheter aus dem Bereich der Nierenvene(n)	450	51,30 26,23	117,99 60,33	179,55 91,80	87,21 44,59	60,75 31,06	75,60 38,65
263	Subkutane Hyposensibilisierungsbehandlung (Desensibilisierung), je Sitzung	90	10,26 5,25	23,60 12,07	35,91 18,36	17,44 8,92	12,15 6,21	15,12 7,73
264	Injektions- und/oder Infiltrationsbehandlung der Prostata, je Sitzung . . .	120	13,68 7,00	31,46 16,09	47,88 24,48	23,26 11,89	16,20 8,28	20,16 10,31
265	Auffüllung eines subkutanen Medikamentenreservoirs oder Spülung eines Ports, je Sitzung	60	6,84 3,50	15,73 8,04	23,94 12,24	11,63 5,95	8,10 4,14	10,08 5,15
265 a	Auffüllung eines Hautexpanders, je Sitzung	90	10,26 5,25	23,60 12,07	35,91 18,36	17,44 8,92	12,15 6,21	15,12 7,73

		Punktzahl	1fach DM / €	2,3fach DM / €	3,5fach DM / €	1,7fach DM / €	UV Allg. DM / €	UV Bes. DM / €
266	Intrakutane Reiztherapie (Quaddelbehandlung), je Sitzung	60	6,84	15,73	23,94	11,63	8,10	10,08
			3,50	8,04	12,24	5,95	4,14	5,15
267	Medikamentöse Infiltrationsbehandlung im Bereich einer Körperregion, auch paravertebrale oder perineurale oder perikapsuläre oder retrobulbäre Injektion und/oder Infiltration, je Sitzung	80	9,12	20,98	31,92	15,50	10,80	13,44
			4,66	10,73	16,32	7,93	5,52	6,87
268	Medikamentöse Infiltrationsbehandlung im Bereich mehrerer Körperregionen (auch eine Körperregion beidseitig), je Sitzung	130	14,82	34,09	51,87	25,19	17,55	21,84
			7,58	17,43	26,52	12,88	8,97	11,17
269	Akupunktur (Nadelstich-Technik) zur Behandlung von Schmerzen, je Sitzung	200	22,80	52,44	79,80	38,76	27,00	33,60
			11,66	26,81	40,80	19,82	13,80	17,18
269 a	Akupunktur (Nadelstich-Technik) mit einer Mindestdauer von 20 Minuten zur Behandlung von Schmerzen, je Sitzung	350	39,90	91,77	139,65	67,83	47,25	58,80
			20,40	46,92	71,40	34,68	24,16	30,06
	Neben der Leistung nach Nummer 269 a ist die Leistung nach Nummer 269 nicht berechnungsfähig.							
270	Infusion, subkutan	80	9,12	20,98	31,92	15,50	10,80	13,44
			4,66	10,73	16,32	7,93	5,52	6,87
271	Infusion, intravenös, bis zu 30 Minuten Dauer	120	13,68	31,46	47,88	23,26	16,20	20,16
			7,00	16,09	24,48	11,89	8,28	10,31
272	Infusion, intravenös, von mehr als 30 Minuten Dauer	180	20,52	47,20	71,82	34,88	24,30	30,24
			10,49	24,13	36,72	17,84	12,42	15,46
273	Infusion, intravenös – gegebenenfalls mittels Nabelvenenkatheter oder in die Kopfvene –, bei einem Kind bis zum vollendeten 4. Lebensjahr	180	20,52	47,20	71,82	34,88	24,30	30,24
			10,49	24,13	36,72	17,84	12,42	15,46
	Die Leistungen nach den Nummern 271, 272 und 273 sind im Zusammenhang mit einer Anästhesie/Narkose nicht berechnungsfähig für die Einbringung von Anästhetika, Anästhesieadjuvantien und Anästhesieantidoten. Werden die Leistungen nach den Nummern 271, 272 oder 273 im Zusammenhang mit einer Anästhesie/Narkose berechnet, ist das Medikament in der Rechnung anzugeben.							

Nr.	Leistung	Punktzahl	1fach DM €	2,3fach DM €	3,5fach DM €	1,7fach DM €	UV Allg. DM €	UV Bes. DM €
274	Dauertropfinfusion, intravenös, von mehr als 6 Stunden Dauer – gegebenenfalls einschließlich Infusionsplan und Bilanzierung –	320	36,48 18,65	83,90 42,90	127,68 65,28	62,02 31,71	43,20 22,09	53,76 27,49
	Neben der Leistung nach Nummer 274 sind die Leistungen nach den Nummern 271 bis 273, 275 und/oder 276 nicht berechnungsfähig.							
275	Dauertropfinfusion von Zytostatika, von mehr als 90 Minuten Dauer	360	41,04 20,98	94,39 48,26	143,64 73,44	69,77 35,67	48,60 24,85	60,48 30,92
276	Dauertropfinfusion von Zytostatika, von mehr als 6 Stunden Dauer	540	61,56 31,48	141,59 72,39	215,46 110,16	104,65 53,51	72,90 37,27	90,72 46,38
277	Infusion, intraarteriell, bis zu 30 Minuten Dauer	180	20,52 10,49	47,20 24,13	71,82 36,72	34,88 17,84	24,30 12,42	30,24 15,46
278	Infusion, intraarteriell, von mehr als 30 Minuten Dauer	240	27,36 13,99	62,93 32,18	95,76 48,96	46,51 23,78	32,40 16,57	40,32 20,62
279	Infusion in das Knochenmark	180	20,52 10,49	47,20 24,13	71,82 36,72	34,88 17,84	24,30 12,42	30,24 15,46
280	Transfusion der ersten Blutkonserve (auch Frischblut) oder des ersten Blutbestandteilpräparats – einschließlich Identitätssicherung im AB0-System (bedside-test) und Dokumentation der Konserven- bzw. Chargen-Nummer –	330	37,62 19,24	86,53 44,24	131,67 67,32	63,95 32,70	44,55 22,78	55,44 28,35
	Die Infusion von Albumin oder von Präparaten, die als einzigen Blutbestandteil Albumin enthalten, ist nicht nach der Leistung nach Nummer 280 berechnungsfähig.							
281	Transfusion der ersten Blutkonserve (auch Frischblut) oder des ersten Blutbestandteilpräparats bei einem Neugeborenen – einschließlich Nabelvenenkatheterismus, Identitätssicherung im AB0-System (bedside-test) und Dokumentation der Konserven- bzw. Chargen-Nummer –	450	51,30 26,23	117,99 60,33	179,55 91,80	87,21 44,59	60,75 31,06	75,60 38,65
	Die Infusion von Albumin oder von Präparaten, die als einzigen Blutbestandteil Albumin enthalten, ist nicht nach der Leistung nach Nummer 281 berechnungsfähig.							

		Punkt-zahl	1fach DM €	2,3fach DM €	3,5fach DM €	1,7fach DM €	UV Allg. DM €	UV Bes. DM €
282	Transfusion jeder weiteren Blutkonserve (auch Frischblut) oder jedes weiteren Blutbestandteilpräparats im Anschluß an die Leistungen nach den Nummern 280 oder 281 – einschließlich Identitätssicherung im AB0-System (bedside-test) und Dokumentation der Konserven- bzw. Chargen-Nummer –	150	17,10 8,74	39,33 20,11	59,85 30,60	29,07 14,86	20,25 10,35	25,20 12,88
	Die Infusion von Albumin oder von Präparaten, die als einzigen Blutbestandteil Albumin enthalten, ist nicht nach der Leistung nach Nummer 282 berechnungsfähig.							
283	Infusion in die Aorta bei einem Neugeborenen mittels transumbilikalem Aortenkatheter – einschließlich der Anlage des Katheters –	500	57,– 29,14	131,10 67,03	199,50 102,00	96,90 49,54	67,50 34,51	84,00 42,95
284	Eigenbluteinspritzung – einschließlich Blutentnahme –	90	10,26 5,25	23,60 12,07	35,91 18,36	17,44 8,92	12,15 6,21	15,12 7,73
285	Aderlaß aus der Vene oder Arterie mit Entnahme von mindestens 200 Milliliter Blut – gegebenenfalls einschließlich Verband –	110	12,54 6,41	28,84 14,75	43,89 22,44	21,32 10,90	14,85 7,59	18,48 9,45
286	Reinfusion der ersten Einheit (mindestens 200 Milliliter) Eigenblut oder Eigenplasma – einschließlich Identitätssicherung im AB0-System (bedside-test) –	220	25,08 12,82	57,68 29,49	87,78 44,88	42,64 21,80	29,70 15,19	36,96 18,90
286 a	Reinfusion jeder weiteren Einheit (mindestens 200 Milliliter) Eigenblut oder Eigenplasma im Anschluß an die Leistung nach der Nummer 286 – einschließlich Identitätssicherung im AB0-System (bedside-test) –	100	11,40 5,83	26,22 13,41	39,90 20,40	19,38 9,91	13,50 6,90	16,80 8,59
287	Blutaustauschtransfusion (z. B. bei schwerster Intoxikation)	800	91,20 46,63	209,76 107,25	319,20 163,20	155,04 79,27	108,00 55,22	134,40 68,72
288	Präoperative Entnahme einer Einheit Eigenblut (mindestens 400 Milliliter) zur späteren Retransfusion bei Aufbewahrung als Vollblutkonserve – gegebenenfalls einschließlich Konservierung –	230	26,22 13,41	60,31 30,83	91,77 46,92	44,57 22,79	31,05 15,88	38,64 19,76

		Punktzahl	1fach DM €	2,3fach DM €	3,5fach DM €	1,7fach DM €	UV Allg. DM €	UV Bes. DM €
289	Präoperative Entnahme einer Einheit Eigenblut (mindestens 400 Milliliter) zur späteren Retransfusion – einschließlich Auftrennung des Patientenblutes in ein Erythrozytenkonzentrat und eine Frischplasmakonserve, Versetzen des Erythrozytenkonzentrats mit additiver Lösung und anschließender Aufbewahrung bei + 2 °C bis + 6 °C sowie Schockgefrieren des Frischplasmas und anschließender Aufbewahrung bei – 30 °C oder darunter –	350	39,90 20,40	91,77 46,92	139,65 71,40	67,83 34,68	47,25 24,16	58,80 30,06
290	Infiltration gewebehärtender Mittel	120	13,68 7,00	31,46 16,09	47,88 24,48	23,26 11,89	16,20 8,28	20,16 10,31
291	Implantation von Hormonpreßlingen	70	7,98 4,08	18,35 9,38	27,93 14,28	13,57 6,94	9,45 4,83	11,76 6,01
297	Entnahme und Aufbereitung von Abstrichmaterial zur zytologischen Untersuchung – gegebenenfalls einschließlich Fixierung – *Mit der Gebühr sind die Kosten abgegolten.*	45	5,13 2,62	11,80 6,03	17,96 9,18	8,72 4,46	6,08 3,11	7,56 3,87
298	Entnahme und gegebenenfalls Aufbereitung von Abstrichmaterial zur mikrobiologischen Untersuchung – gegebenenfalls einschließlich Fixierung – *Mit der Gebühr sind die Kosten abgegolten.*	40	4,56 2,33	10,49 5,36	15,96 8,16	7,75 3,96	5,40 2,76	6,72 3,44

III. Punktionen (GOÄ/UV-GOÄ)

Allgemeine Bestimmung

Zum Inhalt der Leistungen für Punktionen gehören die damit im Zusammenhang stehenden Injektionen, Instillationen, Spülungen sowie Entnahmen z. B. von Blut, Liquor, Gewebe.

		Punktzahl	1fach DM €	2,3fach DM €	3,5fach DM €	1,7fach DM €	UV Allg. DM €	UV Bes. DM €
300	Punktion eines Gelenks	120	13,68 7,00	31,46 16,09	47,88 24,48	23,26 11,89	16,20 8,28	20,16 10,31
301	Punktion eines Ellenbogen-, Knie- oder Wirbelgelenks	160	18,24 9,33	41,95 21,45	63,84 32,64	31,01 15,85	21,60 11,04	26,88 13,74
302	Punktion eines Schulter- oder Hüftgelenks	250	28,50 14,57	65,55 33,52	99,75 51,00	48,45 24,77	33,75 17,26	42,00 21,47
303	Punktion einer Drüse, eines Schleimbeutels, Ganglions, Seroms, Hygroms, Hämatoms oder Abszesses oder oberflächiger Körperteile	80	9,12 4,66	20,98 10,73	31,92 16,32	15,50 7,93	10,80 5,52	13,44 6,87

Nr.	Leistung	Punktzahl	1fach DM / €	2,3fach DM / €	3,5fach DM / €	1,7fach DM / €	UV Allg. DM / €	UV Bes. DM / €
304	Punktion der Augenhöhle	160	18,24	41,95	63,84	31,01	21,60	26,88
			9,33	21,45	32,64	15,85	11,04	13,74
305	Punktion der Liquorräume (Subokzipital- oder Lumbalpunktion)	350	39,90	91,77	139,65	67,83	47,25	58,80
			20,40	46,92	71,40	34,68	24,16	30,06
305 a	Punktion der Liquorräume durch die Fontanelle	250	28,50	65,55	99,75	48,45	33,75	42,00
			14,57	33,52	51,00	24,77	17,26	21,47
306	Punktion der Lunge – auch Abszeß- oder Kavernenpunktion in der Lunge – oder Punktion des Gehirns bei vorhandener Trepanationsöffnung	500	57,–	131,10	199,50	96,90	67,50	84,00
			29,14	67,03	102,00	49,54	34,51	42,95
307	Punktion des Pleuraraums oder der Bauchhöhle	250	28,50	65,55	99,75	48,45	33,75	42,00
			14,57	33,52	51,00	24,77	17,26	21,47
308	Gewebeentnahme aus der Pleura – gegebenenfalls einschließlich Punktion –	350	39,90	91,77	139,65	67,83	47,25	58,80
			20,40	46,92	71,40	34,68	24,16	30,06
310	Punktion des Herzbeutels	350	39,90	91,77	139,65	67,83	47,25	58,80
			20,40	46,92	71,40	34,68	24,16	30,06
311	Punktion des Knochenmarks – auch Sternalpunktion –	200	22,80	52,44	79,80	38,76	27,00	33,60
			11,66	26,81	40,80	19,82	13,80	17,18
312	Knochenstanze – gegebenenfalls einschließlich Entnahme von Knochenmark –	300	34,20	78,66	119,70	58,14	40,50	50,40
			17,49	40,22	61,20	29,73	20,71	25,77
314	Punktion der Mamma oder Punktion eines Lymphknotens	120	13,68	31,46	47,88	23,26	16,20	20,16
			7,00	16,09	24,48	11,89	8,28	10,31
315	Punktion eines Organs (z. B. Leber, Milz, Niere, Hoden)	250	28,50	65,55	99,75	48,45	33,75	42,00
			14,57	33,52	51,00	24,77	17,26	21,47
316	Punktion des Douglasraums	250	28,50	65,55	99,75	48,45	33,75	42,00
			14,57	33,52	51,00	24,77	17,26	21,47
317	Punktion eines Adnextumors – auch einschließlich Douglaspunktion –	350	39,90	91,77	139,65	67,83	47,25	58,80
			20,40	46,92	71,40	34,68	24,16	30,06
318	Punktion der Harnblase oder eines Wasserbruchs	120	13,68	31,46	47,88	23,26	16,20	20,16
			7,00	16,09	24,48	11,89	8,28	10,31
319	Punktion der Prostata oder Punktion der Schilddrüse	200	22,80	52,44	79,80	38,76	27,00	33,60
			11,66	26,81	40,80	19,82	13,81	17,18

Nr.	Leistung	Punktzahl	1fach DM / €	2,3fach DM / €	3,5fach DM / €	1,7fach DM / €	UV Allg. DM / €	UV Bes. DM / €
321	Untersuchung von natürlichen Gängen oder Fisteln mittels Sonde oder Einführung eines Fistelkatheters – gegebenenfalls einschließlich anschließender Injektion oder Instillation – . . .	50	5,70 2,91	13,11 6,70	19,95 10,20	9,69 4,95	6,75 3,45	8,40 4,29

IV. Kontrastmitteleinbringungen (GOÄ/UV-GOÄ)

Allgemeine Bestimmungen

Die zur Einbringung des Kontrastmittels erforderlichen Maßnahmen wie Sondierungen, Injektionen, Punktionen, Gefäßkatheterismus oder Probeinjektionen und gegebenenfalls anschließende Wundnähte und Entfernung(en) des Kontrastmittels sind Bestandteile der Leistungen und nicht gesondert berechnungsfähig. Dies gilt auch für gegebenenfalls notwendige Durchleuchtungen zur Kontrolle der Lage eines Katheters oder einer Punktionsnadel.

Nr.	Leistung	Punktzahl	1fach DM / €	2,3fach DM / €	3,5fach DM / €	1,7fach DM / €	UV Allg. DM / €	UV Bes. DM / €
340	Einbringung des Kontrastmittels in die zerebralen und spinalen Liquorräume	400	45,60 23,32	104,88 53,62	159,60 81,60	77,52 39,64	54,00 27,61	67,20 34,36
344	Intravenöse Einbringung des Kontrastmittels mittels Injektion oder Infusion, bis zu 10 Minuten Dauer	100	11,40 5,83	26,22 13,41	39,90 20,40	19,38 9,91	13,50 6,90	16,80 8,59
345	Intravenöse Einbringung des Kontrastmittels mittels Injektion oder Infusion, von mehr als 10 Minuten Dauer	130	14,82 7,58	34,09 17,43	51,87 26,52	25,19 12,88	17,55 8,97	21,84 11,17
346	Intravenöse Einbringung des Kontrastmittels mittels Hochdruckinjektion	300	34,20 17,49	78,66 40,22	119,70 61,20	58,14 29,73	40,50 20,71	50,40 25,77
347	Ergänzung für jede weitere intravenöse Kontrastmitteleinbringung mittels Hochdruckinjektion bei bestehendem Zugang – im Zusammenhang mit der Leistung nach Nummer 346 –	150	17,10 8,74	39,33 20,11	59,85 30,60	29,07 14,86	20,25 10,35	25,20 12,88
350	Intraarterielle Einbringung des Kontrastmittels	150	17,10 8,74	39,33 20,11	59,85 30,60	29,07 14,86	20,25 10,35	25,20 12,88
351	Einbringung des Kontrastmittels zur Angiographie von Gehirnarterien, je Halsschlagader . . . . *Die Leistung nach Nummer 351 ist je Sitzung nicht mehr als zweimal berechnungsfähig.*	500	57,– 29,14	131,10 67,03	199,50 102,00	96,90 49,54	67,50 34,51	84,00 42,95

		Punktzahl	1fach DM €	2,3fach DM €	3,5fach DM €	1,7fach DM €	UV Allg. DM €	UV Bes. DM €
353▼	Einbringung des Kontrastmittels mittels intraarterieller Hochdruckinjektion zur selektiven Arteriographie (z. B. Nierenarterie), einschließlich Röntgenkontrolle und ggf. einschließlich fortlaufender EKG-Kontrolle						67,50 34,51	84,00 42,95
	Die Leistung nach Nummer 353 ist je Sitzung nicht mehr als zweimal berechenbar.							
355	Herzkatheter-Einbringung(en) und anschließende intrakardiale bzw. intraarterielle Einbringung(en) des Kontrastmittels mittels Hochdruckinjektion zur Darstellung des Herzens und der herznahen Gefäße (Aorta ascendens, Arteria pulmonalis) – einschließlich Röntgenkontrolle und fortlaufender EKG-Kontrolle –, je Sitzung	600	68,40 34,97	157,32 80,44	239,40 122,40	116,28 59,45		
	Die Leistung nach Nummer 355 ist neben den Leistungen nach den Nummern 626 und/oder 627 nicht berechnungsfähig. *Wird die Leistung nach Nummer 355 im zeitlichen Zusammenhang mit der Leistung nach Nummer 360 erbracht, ist die Leistung nach Nummer 355 nur mit dem einfachen Gebührensatz berechnungsfähig.*							
355	Herzkatheter-Einbringung(en) und anschließende intrakardiale bzw. intraarterielle Einbringung(en) des Kontrastmittels mittels Hochdruckinjektion zur Darstellung des Herzens und der herznahen Gefäße (Aorta ascendens, Arteria pulmonalis) – einschließlich Röntgenkontrolle und fortlaufender EKG-Kontrolle –, je Sitzung						81,00 41,42	100,80 51,54
	Die Leistung nach Nummer 355 ist neben den Leistungen nach den Nummern 626 und/oder 627 nicht berechnungsfähig.							
355 a	Leistung nach Nummer 355, jedoch im zeitlichen Zusammenhang mit der Leistung nach Nummer 360						68,40 34,97	68,40 34,97
356	Zuschlag zu der Leistung nach Nummer 355 bei Herzkatheter-Einbringung(en) zur Untersuchung sowohl des linken als auch des rechten Herzens über jeweils gesonderte Gefäßzugänge während einer Sitzung	400	45,60 23,32	104,88 53,62	159,60 81,60	77,52 39,64		

▼ Leistung nur nach UV-GOÄ berechnungsfähig.

		Punktzahl	1fach DM €	2,3fach DM €	3,5fach DM €	1,7fach DM €	UV Allg. DM €	UV Bes. DM €
	Die Leistung nach Nummer 356 ist neben den Leistungen nach den Nummern 626 und/oder 627 nicht berechnungsfähig. Wird die Leistung nach Nummer 356 im zeitlichen Zusammenhang mit der Leistung nach Nummer 360 erbracht, ist die Leistung nach Nummer 356 nur mit dem einfachen Gebührensatz berechnungsfähig.							
356▾	Zuschlag zu der Leistung nach Nummer 355 bei Herzkatheter-Einbringung(en) zur Untersuchung sowohl des linken als auch des rechten Herzens über jeweils gesonderte Gefäßzugänge während einer Sitzung						54,00 27,61	67,20 34,36
	Die Leistung nach Nummer 356 ist neben den Leistungen nach den Nummern 626 und/oder 627 nicht berechnungsfähig.							
356 a▾	Leistung nach Nummer 356, jedoch im zeitlichen Zusammenhang mit der Leistung nach Nummer 360						45,60 23,31	45,60 23,31
357	Intraarterielle Einbringung(en) des Kontrastmittels über einen Katheter mittels Hochdruckinjektion zur Übersichtsangiographie der Brust- und/oder Bauchaorta – einschließlich Röntgenkontrolle und gegebenenfalls einschließlich fortlaufender EKG-Kontrolle –, je Sitzung	500	57,– 29,14	131,10 67,03	199,50 102,00	96,90 49,54		
	Wird die Leistung nach Nummer 357 im Zusammenhang mit der Leistung nach Nummer 351 erbracht, ist die Leistung nach Nummer 357 nur mit dem einfachen Gebührensatz berechnungsfähig.							
357	Intraarterielle Einbringung(en) des Kontrastmittels über einen Katheter mittels Hochdruckinjektion zur Übersichtsangiographie der Brust- und/oder Bauchaorta – einschließlich Röntgenkontrolle und gegebenenfalls einschließlich fortlaufender EKG-Kontrolle –, je Sitzung						67,50 34,51	84,00 42,95
357 a▾	Leistung nach Nummer 357, jedoch im Zusammenhang mit der Leistung nach Nummer 351						57,00 29,14	57,00 29,14

▾ Leistung nur nach UV-GOÄ berechnungsfähig.

		Punktzahl	1fach DM €	2,3fach DM €	3,5fach DM €	1,7fach DM €	UV Allg. DM €	UV Bes. DM €
360	Herzkatheter-Einbringung(en) und anschließende intraarterielle Einbringung(en) des Kontrastmittels nach selektiver arterieller Katheterplazierung zur selektiven Koronarangiographie – einschließlich Röntgenkontrolle und fortlaufender EKG-Kontrolle –, je Sitzung	1000	114,– 58,29	262,20 134,06	399,– 204,01	193,80 99,09	135,00 69,02	168,00 85,90
	Die Leistung nach Nummer 360 kann je Sitzung nur einmal berechnet werden. *Die Leistung nach Nummer 360 ist neben den Leistungen nach den Nummern 626 und/oder 627 nicht berechnungsfähig.*							
361	Intraarterielle Einbringung(en) des Kontrastmittels nach erneuter Einbringung eines Herzkatheters zur Sondierung eines weiteren Gefäßes – im Anschluß an die Leistung nach Nummer 360 –	600	68,40 34,97	157,32 80,44	239,40 122,40	116,28 59,45	81,00 41,41	100,80 51,54
	Die Leistung nach Nummer 361 ist je Sitzung nicht mehr als zweimal berechnungsfähig.							
365	Einbringung des Kontrastmittels zur Lymphographie, je Extremität	400	45,60 23,32	104,88 53,62	159,60 81,60	77,52 39,64	54,00 27,61	67,20 34,36
368	Einbringung des Kontrastmittels zur Bronchographie	400	45,60 23,32	104,88 53,62	159,60 81,60	77,52 39,64	54,00 27,61	67,20 34,36
370	Einbringung des Kontrastmittels zur Darstellung natürlicher, künstlicher oder krankhaft entstandener Gänge, Gangsysteme, Hohlräume oder Fisteln – gegebenenfalls intraoperativ –	200	22,80 11,66	52,44 26,81	79,80 40,80	38,76 19,82	27,00 13,80	33,60 17,18
372	Einbringung des Kontrastmittels in einen Zwischenwirbelraum	280	31,92 16,32	73,42 37,54	111,72 57,12	54,26 27,75	37,80 19,33	47,04 24,05
373	Einbringung des Kontrastmittels in ein Gelenk	250	28,50 14,57	65,55 33,52	99,75 51,00	48,45 24,77	33,75 17,26	42,00 21,47
374	Einbringung des Kontrastmittels in den Dünndarm mittels im Dünndarm endender Sonde	150	17,10 8,74	39,33 20,11	59,85 30,60	29,07 14,86	20,25 10,35	25,20 12,88

V. Impfungen und Testungen (GOÄ/UV-GOÄ)

Allgemeine Bestimmungen (GOÄ)

1. Als Behandlungsfall gilt für die Behandlung derselben Erkrankung der Zeitraum eines Monats nach der jeweils ersten Inanspruchnahme des Arztes.

2. Erforderliche Nachbeobachtungen am Tag der Impfung oder Testung sind in den Leistungsansätzen enthalten und nicht gesondert berechnungsfähig.

3. Neben den Leistungen nach den Nummern 376 bis 378 sind die Leistungen nach den Nummern 1 und 2 und die gegebenenfalls erforderliche Eintragung in den Impfpaß nicht berechnungsfähig.

4. Mit den Gebühren für die Leistungen nach den Nummern 380 bis 382, 385 bis 391 sowie 395 und 396 sind die Kosten abgegolten.

5. Mit den Gebühren für die Leistungen nach den Nummern 393, 394, 397 und 398 sind die Kosten für serienmäßig lieferbare Testmittel abgegolten.

Allgemeine Bestimmungen (UV-GOÄ)

1. Als Behandlungsfall gilt für die Behandlung derselben Erkrankung der Zeitraum von 3 Monaten nach der jeweils ersten Inanspruchnahme des Arztes.
2. Erforderliche Nachbeobachtungen am Tag der Impfung oder Testung sind in den Leistungsansätzen enthalten und nicht gesondert berechnungsfähig.
3. Neben den Leistungen nach den Nummern 376–378 ist die ggf. erforderliche Eintragung in den Impfpaß nicht berechnungsfähig.
4. Mit den Gebühren für die Leistungen nach den Nummern 380 bis 382, 385 bis 391 sowie 395 und 396 sind die Kosten abgegolten.
5. Mit den Gebühren für die Leistungen nach den Nummern 393, 394, 397 und 398 sind die Kosten für serienmäßig lieferbare Testmittel abgegolten.
6. Für die Anfertigung und Übersendung von Kopien der Hauttestprotokolle wird ein Betrag in Höhe von 5,20 DM (€ 2,66), zuzüglich Porto, erstattet.

		Punktzahl	1fach DM / €	2,3fach DM / €	3,5fach DM / €	1,7fach DM / €	UV Allg. DM / €	UV Bes. DM / €
375	Schutzimpfung (intramuskulär, subkutan) – gegebenenfalls einschließlich Eintragung in den Impfpaß –	80	9,12 4,66	20,98 10,73	31,92 16,32	15,50 7,93	6,75 3,45	8,40 4,29
376	Schutzimpfung (oral) – einschließlich beratendem Gespräch –	80	9,12 4,66	20,98 10,73	31,92 16,32	15,50 7,93	10,80 5,52	13,44 6,87
377	Zusatzinjektion bei Parallelimpfung	50	5,70 2,91	13,11 6,70	19,95 10,20	9,69 4,95	6,75 3,45	8,40 4,29
378	Simultanimpfung (gleichzeitige passive und aktive Impfung gegen Wundstarrkrampf	120	13,68 7,00	31,46 16,09	47,88 24,48	23,26 11,89	16,20 8,28	20,16 10,31
380	Epikutantest, je Test (1. bis 30. Test je Behandlungsfall)	30	3,42 1,75	7,87 4,02	11,97 6,12	5,81 2,97	4,05 2,07	5,04 2,58
381	Epikutantest, je Test (31. bis 50. Test je Behandlungsfall)	20	2,28 1,17	5,24 2,68	7,98 4,08	3,88 1,98	2,70 1,38	3,36 1,72

		Punktzahl	1fach DM €	2,3fach DM €	3,5fach DM €	1,7fach DM €	UV Allg. DM €	UV Bes. DM €
382	Epikutantest, je Test (51. bis 100. Test je Behandlungsfall	15	1,71 0,87	3,93 2,01	5,99 3,06	2,91 1,49	2,03 1,04	2,52 1,29
	Mehr als 100 Epikutantests sind je Behandlungsfall nicht berechnungsfähig.							
383	Kutane Testung (z. B. von Pirquet, Moro)	30	3,42 1,75	7,87 4,02	11,97 6,12	5,81 2,97	4,05 2,07	5,04 2,58
384	Tuberkulinstempeltest, Mendel-Mantoux-Test oder Stempeltest mit mehreren Antigenen (sog. Batterietests) . .	40	4,56 2,33	10,49 5,36	15,96 8,16	7,75 3,96	5,40 2,76	6,72 3,44
385	Pricktest, je Test (1. bis 20. Test je Behandlungsfall)	45	5,13 2,62	11,80 6,03	17,96 9,18	8,72 4,46	6,08 3,11	7,56 3,87
386	Pricktest, je Test (21. bis 40. Test je Behandlungsfall)	30	3,42 1,75	7,87 4,02	11,97 6,12	5,81 2,97	4,05 2,07	5,04 2,58
387	Pricktest, je Test (41. bis 80. Test je Behandlungsfall)	20	2,28 1,17	5,24 2,68	7,98 4,08	3,88 1,98	2,70 1,38	3,36 1,72
	Mehr als 80 Pricktests sind je Behandlungsfall nicht berechnungsfähig.							
388	Reib-, Scratch- oder Skarifikationstest, je Test (bis zu 10 Tests je Behandlungsfall)	35	3,99 2,04	9,18 4,69	13,97 7,14	6,78 3,47	4,73 2,42	5,88 3,01
389	Reib-, Scratch- oder Skarifikationstest, jeder weitere Test	25	2,85 1,46	6,56 3,35	9,98 5,10	4,85 2,48	3,38 1,73	4,20 2,15
390	Intrakutantest, je Test (1. bis 20. Test je Behandlungsfall)	60	6,84 3,50	15,73 8,04	23,94 12,24	11,63 5,95	8,10 4,14	10,08 5,15
391	Intrakutantest, jeder weitere Test	40	4,56 2,33	10,49 5,36	15,96 8,16	7,75 3,96	5,40 2,76	6,72 3,44
	Mehr als 80 Intrakutantests sind je Behandlungsfall nicht berechnungsfähig.							
393	Beidseitiger nasaler oder konjunktivaler Provokationstest zur Ermittlung eines oder mehrerer auslösender Allergene mit Einzel- oder Gruppenextrakt, je Test	100	11,40 5,83	26,22 13,41	39,90 20,40	19,38 9,91	13,50 6,90	16,80 8,59
394	Höchstwert für Leistungen nach Nummer 393, je Tag	300	34,20 17,49	78,66 40,22	119,70 61,20	58,14 29,73	40,50 20,71	50,40 25,77

		Punktzahl	1fach DM €	2,3fach DM €	3,5fach DM €	1,7fach DM €	UV Allg. DM €	UV Bes. DM €
395	Nasaler Schleimhautprovokationstest (auch beidseitig) mit mindestens dreimaliger apparativer Registrierung zur Ermittlung eines oder mehrerer auslösender Allergene mit Einzel- oder Gruppenextrakt, je Test	280	31,92 16,32	73,42 37,54	111,72 57,12	54,26 27,75	37,80 19,33	47,04 24,05
396	Höchstwert für Leistungen nach Nummer 395, je Tag	560	63,84 32,64	146,83 75,07	223,44 114,24	108,53 55,49	75,60 38,65	94,08 48,10
397	Bronchialer Provokationstest zur Ermittlung eines oder mehrerer auslösender Allergene mit Einzel- oder Gruppenextrakt mit apparativer Registrierung, je Test	380	43,32 22,15	99,64 50,94	151,62 77,52	73,64 37,65	51,30 26,23	63,84 32,64
398	Höchstwert für Leistungen nach Nummer 397, je Tag	760	86,64 44,30	199,27 101,89	303,24 155,04	147,29 75,31	102,60 52,46	127,68 65,28
399	Oraler Provokationstest, auch Expositionstest bei Nahrungsmittel- oder Medikamentenallergien – einschließlich Überwachung zur Erkennung von Schockreaktionen –	200	22,80 11,66	52,44 26,81	79,80 40,80	38,76 19,82	27,00 13,81	33,60 17,18

VI. Sonographische Leistungen (GOÄ/UV-GOÄ)

Allgemeine Bestimmungen (GOÄ)

1. *Die Zuschläge nach den Nummern 401 sowie 404 bis 406 sind nur mit dem einfachen Gebührensatz berechnungsfähig.*
2. *Die Zuschläge bzw. Leistungen nach den Nummern 401 bis 418 sowie 422 bis 424 sind je Sitzung jeweils nur einmal berechnungsfähig.*
3. *Die Zuschläge bzw. Leistungen nach den Nummern 410 bis 418 sind nicht nebeneinander berechnungsfähig.*
4. *Die Leistungen nach den Nummern 422 bis 424 sind nicht nebeneinander berechnungsfähig.*
5. *Mit den Gebühren für die Zuschläge bzw. Leistungen nach den Nummern 401 bis 424 ist die erforderliche Bilddokumentation abgegolten.*
6. *Als Organe im Sinne der Leistungen nach den Nummern 410 und 420 gelten neben den anatomisch definierten Organen auch der Darm, Gelenke als Funktionseinheiten sowie Muskelgruppen, Lymphknoten und/oder Gefäße einer Körperregion.*
   Als Organ gilt die jeweils untersuchte Körperregion unabhängig davon, ob nur Gefäße oder nur Lymphknoten oder Gefäße und Lymphknoten bzw. Weichteile untersucht werden.
   Die Darstellung des Darms gilt als eine Organuntersuchung unabhängig davon, ob der gesamte Darm, mehrere Darmabschnitte oder nur ein einziger Darmabschnitt untersucht werden.
7. *Die sonographische Untersuchung eines Organs erfordert die Differenzierung der Organstrukturen in mindestens zwei Ebenen und schließt gegebenenfalls die Untersuchung unterschiedlicher Funktionszustände und die mit der gezielten Organuntersuchung verbundene Darstellung von Nachbarorganen mit ein.*

Allgemeine Bestimmungen (UV-GOÄ)

1. Die Leistungen nach den Nummern 401 bis 418 sowie 422 bis 424 sind je Sitzung jeweils nur einmal berechnungsfähig.
2. Die Leistungen nach den Nummern 410 bis 418 sind nicht nebeneinander berechnungsfähig.
3. Die Leistungen nach den Nummern 422 bis 424 sind nicht nebeneinander berechnungsfähig.
4. Mit den Gebühren für die Leistungen nach den Nummern 401 bis 424 ist die erforderliche Bilddokumentation abgegolten.
5. Als Organe im Sinne der Leistungen nach den Nummern 410 und 420 gelten neben den anatomisch definierten Organen auch der Darm, Gelenke als Funktionseinheiten sowie Muskelgruppen, Lymphknoten und/oder Gefäße einer Körperregion.

   Als Organ gilt die jeweils untersuchte Körperregion unabhängig davon, ob nur Gefäße oder nur Lymphknoten oder Gefäße und Lymphknoten bzw. Weichteile untersucht werden.

   Die Darstellung des Darms gilt als eine Organuntersuchung unabhängig davon, ober der gesamte Darm, mehrere Darmabschnitte oder nur ein einziger Darmabschnitt untersucht werden.
6. Die sonographische Untersuchung eines Organs erfordert die Differenzierung der Organstrukturen in mindestens zwei Ebenen und schließt gegebenenfalls die Untersuchung unterschiedlicher Funktionszustände und die mit der gezielten Organuntersuchung verbundene Darstellung von Nachbarorganen mit ein.

		Punktzahl	1fach DM €	2,3-/ 1,8fach DM €	3,5-/ 2,5fach DM €	1,7fach DM €	UV Allg. DM €	UV Bes. DM €
401	Zuschlag zu den sonographischen Leistungen nach den Nummern 410 bis 418 bei zusätzlicher Anwendung des Duplex-Verfahrens – gegebenenfalls einschließlich Farbkodierung – . .	400	45,60 23,32	– –	– –	– –	45,60 23,31	45,60 23,31
	Der Zuschlag nach Nummer 401 ist neben den Leistungen nach den Nummern 406, 422 bis 424, 644, 645, 649 und/oder 1754 nicht berechnungsfähig.							
402*	Zuschlag zu den sonographischen Leistungen bei transösophagealer Untersuchung	250	28,50 14,57	51,30 26,23	71,25 36,43	37,05** 18,94	33,75 17,26	42,00 21,47
	Der Zuschlag nach Nummer 402 ist neben den Leistungen nach den Nummern 403 sowie 676 bis 692 nicht berechnungsfähig.							
403*	Zuschlag zu den sonographischen Leistungen bei transkavitärer Untersuchung	150	17,10 8,74	30,78 15,74	42,75 21,86	22,23** 11,37	20,25 10,35	25,20 12,88
	Der Zuschlag nach Nummer 403 ist neben den Leistungen nach den Nummern 402 sowie 676 bis 692 nicht berechnungsfähig.							

* Reduzierter Gebührenrahmen
** 1,3fach

Nr.	Leistung	Punktzahl	1fach DM €	2,3fach DM €	3,5fach DM €	1,7fach DM €	UV Allg. DM €	UV Bes. DM €
404	Zuschlag zu Doppler-sonographischen Leistungen bei zusätzlicher Frequenzspektrumanalyse — einschließlich graphischer oder Bilddokumentation – . . . . *Der Zuschlag nach Nummer 404 ist neben den Leistungen nach den Nummern 422, 423, 644, 645, 649 und/ oder 1754 nicht berechnungsfähig.*	250	28,50 14,57	– –	– –	– –	28,50 14,57	28,50 14,57
405	Zuschlag zu den Leistungen nach Nummer 415 oder 424 – bei zusätzlicher Untersuchung mit cw-Doppler –	200	22,80 11,66	– –	– –	– –	22,80 11,66	22,80 11,66
406	Zuschlag zu der Leistung nach Nummer 424 – bei zusätzlicher Farbkodierung . .	200	22,80 11,66	– –	– –	– –	22,80 11,66	22,80 11,66
408	Transluminale Sonographie von einem oder mehreren Blutgefäß(en) nach Einbringung eines Gefäßkatheters, je Sitzung	200	22,80 11,66	52,44 26,81	79,80 40,80	38,76 19,82	27,00 13,80	33,60 17,18
410	Ultraschalluntersuchung eines Organs *Das untersuchte Organ ist in der Rechnung anzugeben.*	200	22,80 11,66	52,44 26,81	79,80 40,80	38,76 19,82	27,00 13,80	33,60 17,18
412	Ultraschalluntersuchung des Schädels bei einem Säugling oder Kleinkind bis zum vollendeten 2. Lebensjahr	280	31,92 16,32	73,42 37,54	111,72 57,12	54,26 27,75	37,80 19,33	47,04 24,05
413	Ultraschalluntersuchung der Hüftgelenke bei einem Säugling oder Kleinkind bis zum vollendeten 2. Lebensjahr . . .	280	31,92 16,32	73,42 37,54	111,72 57,12	54,26 27,75	37,80 19,33	47,04 24,05
415	Ultraschalluntersuchung im Rahmen der Mutterschaftsvorsorge – gegebenenfalls einschließlich Biometrie und Beurteilung der Organentwicklung – .	300	34,20 17,49	78,66 40,22	119,70 61,20	58,14 29,73		
417	Ultraschalluntersuchung der Schilddrüse	210	23,94 12,24	55,06 28,15	83,79 42,84	40,70 20,81	28,35 14,50	35,28 18,04
418	Ultraschalluntersuchung einer Brustdrüse – gegebenenfalls einschließlich der regionalen Lymphknoten –	210	23,94 12,24	55,06 28,15	83,79 42,84	40,70 20,81	28,25 14,50	35,28 18,04
420	Ultraschalluntersuchung von bis zu drei weiteren Organen im Anschluß an eine der Leistung nach den Nummern 410 bis 418, je Organ	80	9,12 4,66	20,98 10,73	31,92 16,32	15,50 7,93	10,80 5,52	13,44 6,87

		Punkt-zahl	1fach DM €	2,3fach DM €	3,5fach DM €	1,7fach DM €	UV Allg. DM €	UV Bes. DM €
	Die untersuchten Organe sind in der Rechnung anzugeben. Die Leistung nach Nummer 420 kann je Sitzung höchstens dreimal berechnet werden.							
422	Eindimensionale echokardiographische Untersuchung mittels Time-Motion-Diagramm, mit Bilddokumentation – gegebenenfalls einschließlich gleichzeitiger EKG-Kontrolle –	200	22,80 11,66	52,44 26,81	79,80 40,80	38,76 19,82	27,00 13,80	33,60 17,18
423	Zweidimensionale echokardiographische Untersuchung mittels Real-Time-Verfahren (B-Mode), mit Bilddokumentation – einschließlich der Leistung nach Nummer 422 –	500	57,– 29,14	131,10 67,03	199,50 102,00	96,90 49,54	67,50 34,51	84,00 42,95
424	Zweidimensionale Doppler-echokardiographische Untersuchung mit Bilddokumentation – einschließlich der Leistung nach Nummer 423 – (Duplex-Verfahren)	700	79,80 40,80	183,54 93,84	279,30 142,80	135,66 69,36	94,50 48,32	117,60 60,13

VII. Intensivmedizinische und sonstige Leistungen (GOÄ/UV-GOÄ)

427	Assistierte und/oder kontrollierte apparative Beatmung durch Saug-Druck-Verfahren bei vitaler Indikation, bis zu 12 Stunden Dauer	150	17,10 8,74	39,33 20,11	59,85 30,60	29,07 14,86	20,25 10,35	25,20 12,89
428	Assistierte und/oder kontrollierte apparative Beatmung durch Saug-Druck-Verfahren bei vitaler Indikation, bei mehr als 12 Stunden Dauer, je Tag . .	220	25,08 12,82	57,68 29,49	87,78 44,88	42,64 21,80	29,70 15,19	36,96 18,90
	Neben den Leistungen nach den Nummern 427 und 428 sind die Leistungen nach Nummern 462, 463 und/oder 501 nicht berechnungsfähig.							
429	Wiederbelebungsversuch – einschließlich künstlicher Beatmung und extrathorakaler indirekter Herzmassage, gegebenenfalls einschließlich Intubation –	400	45,60 23,32	104,88 53,62	159,60 81,60	77,52 39,64	54,00 27,61	67,20 34,36
430	Extra- oder intrathorakale Elektro-Defibrillation und/oder -Stimulation des Herzens	400	45,60 23,32	104,88 53,62	159,60 81,60	77,52 39,64	54,00 27,61	67,20 34,36

		Punktzahl	1fach DM €	2,3fach DM €	3,5fach DM €	1,7fach DM €	UV Allg. DM €	UV Bes. DM €
	Die Leistung nach Nummer 430 ist auch bei mehrfacher Verabfolgung von Stromstößen in engem zeitlichen Zusammenhang zur Erreichung der Defibrillation nur einmal berechnungsfähig.							
431	Elektrokardioskopie im Notfall	100	11,40 5,83	26,22 13,41	39,90 20,40	19,38 9,91	13,50 6,90	16,80 8,59
433	Ausspülung des Magens – auch mit Sondierung der Speiseröhre und des Magens und/oder Spülung des Duodenums –	140	15,96 8,16	36,71 18,77	55,86 28,56	27,13 13,87	18,90 9,66	23,52 12,03

		Punktzahl	1fach DM €	2,3-/1,15fach DM €	3,5-/1,3fach DM €	1,7fach DM €	UV Allg. DM €	UV Bes. DM €
435	Stationäre intensivmedizinische Überwachung und Behandlung eines Patienten auf einer dafür eingerichteten gesonderten Betteneinheit eines Krankenhauses mit spezieller Personal- und Geräteausstattung – einschließlich aller im Rahmen der Intensivbehandlung erbrachten Leistungen, soweit deren Berechnungsfähigkeit nachfolgend ausgeschlossen ist –, bis zu 24 Stunden Dauer	900	102,60 52,46	235,98 120,66	359,10 183,61	174,42 89,18		
	Neben der Leistung nach Nummer 435 sind für die Dauer der stationären intensivmedizinischen Überwachung und Behandlung Leistungen nach den Abschnitten C III und M, sowie die Leistungen nach den Nummern 1 bis 56, 61 bis 96, 200 bis 211, 247, 250 bis 268, 270 bis 286 a, 288 bis 298, 401 bis 424, 427 bis 433, 483 bis 485, 488 bis 490, 500, 501, 505, 600 bis 609, 634 bis 648, 650 bis 657, 659 bis 661, 665 bis 672, 1529 bis 1532, 1728 bis 1733 und 3055 nicht berechnungsfähig. *Diese Leistungen dürfen auch nicht anstelle der Leistung nach Nummer 435 berechnet werden.* *Teilleistungen sind auch dann mit der Gebühr abgegolten, wenn sie von verschiedenen Ärzten erbracht werden. Die Leistung nach Nummer 60 kann nur von dem Arzt berechnet werden, der die Leistung nach Nummer 435 nicht berechnet.*							

Nr.	Leistung	Punktzahl	1fach DM €	2,3 / 1,15fach DM €	3,5-/ 1,3fach DM €	1,7fach DM €	UV Allg. DM €	UV Bes. DM €
	Mit der Gebühr für die Leistung nach Nummer 435 sind Leistungen zur Untersuchung und/oder Behandlung von Störungen der Vitalfunktionen, der zugrundeliegenden Erkrankung und/ oder sonstiger Erkrankungen abgegolten.							
437*	Laboratoriumsuntersuchungen im Rahmen einer Intensivbehandlung nach Nummer 435, bis zu 24 Stunden Dauer	500	57,– 29,14	65,55 33,52	74,10 37,89	96,90 49,54		
	Neben der Leistung nach Nummer 437 sind Leistungen nach Abschnitt M – mit Ausnahme von Leistungen nach den Abschnitten M III 13 (Blutgruppenmerkmale, HLA-System) und M IV (Untersuchungen zum Nachweis und zur Charakterisierung von Krankheitserregern) – nicht berechnungsfähig.							

VIII. Zuschläge zu ambulanten Operations- und Anästhesieleistungen (GOÄ)

Allgemeine Bestimmungen

1. Bei ambulanter Durchführung von Operations- und Anästhesieleistungen in der Praxis niedergelassener Ärzte oder in Krankenhäusern können für die erforderliche Bereitstellung von Operationseinrichtungen und Einrichtungen zur Vor- und Nachsorge (z. B. Kosten für Operations- oder Aufwachräume oder Gebühren bzw. Kosten für wiederverwendbare Operationsmaterialien bzw. -geräte) Zuschläge berechnet werden.
Für die Anwendung eines Operationsmikroskops oder eines Lasers, im Zusammenhang mit einer ambulanten operativen Leistung können Zuschläge berechnet werden, wenn die Anwendung eines Operationsmikroskops oder eines Lasers in der Leistungsbeschreibung der Gebührennummer für die operative Leistung nicht beinhaltet ist.

2. Die Zuschläge nach den Nummern 440 bis 449 sind nur mit dem einfachen Gebührensatz berechnungsfähig.

3. Die Zuschläge nach den Nummern 440, 441, 442, 443, 444 und 445 sind operativen Leistungen
– nach den Nummern 679, 695, 700, 701, 765 in Abschnitt F,
– nach den Nummern 1011, 1014, 1041, 1043 bis 1045, 1048, 1052, 1055, 1056, 1060, 1085, 1086, 1089, 1097 bis 1099, 1104, 1111 bis 1113, 1120 bis 1122, 1125, 1126, 1129, 1131, 1135 bis 1137, 1140, 1141, 1145, 1155, 1156, 1159, 1160 in Abschnitt H,
– nach den Nummern 1283 bis 1285, 1292, 1299, 1301, 1302, 1304 bis 1306, 1310, 1311, 1321, 1326, 1330 bis 1333, 1341, 1345, 1346, 1348 bis 1361, 1365, 1366, 1367, 1369 bis 1371, 1374, 1375, 1377, 1382 bis 1384, 1386 in Abschnitt I,
– nach den Nummern 1428, 1438, 1441, 1445 bis 1448, 1455, 1457, 1467 bis 1472, 1485, 1486, 1493, 1497, 1513, 1519, 1520, 1527, 1528, 1534, 1535, 1576, 1586, 1588, 1595, 1597, 1598, 1601, 1610 bis 1614, 1622, 1628, 1635 bis 1637 in Abschnitt J,
– nach den Nummern 1713, 1738, 1740, 1741, 1753, 1755, 1756, 1760, 1761, 1763 bis 1769, 1782, 1797, 1800, 1802, 1815, 1816, 1827, 1851 in Abschnitt K

* Reduzierter Gebührenrahmen

– oder nach den Nummern 2010, 2040, 2041, 2042 bis 2045, 2050 bis 2052, 2062, 2064 bis 2067, 2070, 2072 bis 2076, 2080 bis 2084, 2087 bis 2089, 2091, 2092, 2100 bis 2102, 2105, 2106, 2110 bis 2112, 2117 bis 2122, 2130, 2131, 2133 bis 2137, 2140, 2141, 2156 bis 2158, 2170 bis 2172, 2189 bis 2191, 2193, 2210, 2213, 2216, 2219, 2220, 2223 bis 2225, 2230, 2235, 2250, 2253, 2254, 2256, 2257, 2260, 2263, 2268, 2269, 2273, 2279, 2281 bis 2283, 2291, 2293 bis 2297, 2325, 2339, 2340, 2344, 2345, 2347 bis 2350, 2354 bis 2356, 2380 bis 2386, 2390, 2392 bis 2394, 2396, 2397, 2402, 2404, 2405, 2407, 2408, 2410 bis 2412, 2414 bis 2421, 2427, 2430 bis 2432, 2440 bis 2442, 2454, 2540, 2541, 2570, 2580, 2581, 2583, 2584, 2586 bis 2589, 2597, 2598, 2620, 2621, 2625, 2627, 2640, 2642, 2650, 2651, 2655 bis 2658, 2660, 2670, 2671, 2675 bis 2677, 2682, 2687, 2688, 2690, 2692 bis 2695, 2698, 2699, 2701, 2705, 2706, 2710, 2711, 2730, 2732, 2751 bis 2754, 2800, 2801, 2803, 2809, 2823, 2881 bis 2883, 2887, 2890, 2891, 2895 bis 2897, 2950 bis 2952, 2970, 2990 bis 2993, 3095 bis 3097, 3120, 3156, 3173, 3200, 3208, 3219 bis 3224, 3237, 3240, 3241, 3283 bis 3286, 3300 in Abschnitt L zuzuordnen.

Die Zuschläge nach den Nummern 446 und 447 sind anästhesiologischen Leistungen des Abschnitts D zuzuordnen.

Die Zuschläge nach den Nummern 448 und 449 dürfen nur im Zusammenhang mit einer an einen Zuschlag nach den Nummern 442 bis 445 gebundenen ambulanten Operation und mit einer an einen Zuschlag nach den Nummern 446 bis 447 gebundenen Anästhesie bzw. Narkose berechnet werden.

Die Zuschläge sind in der Rechnung unmittelbar im Anschluß an die zugeordnete operative bzw. anästhesiologische Leistung aufzuführen.

4. *Maßgeblich für den Ansatz eines Zuschlages nach den Nummern 442 bis 445 sowie 446 oder 447 ist die erbrachte Operations- bzw. Anästhesieleistung mit der höchsten Punktzahl. Eine Zuordnung des Zuschlags nach den Nummern 442 bis 445 sowie 446 bis 447 zu der Summe der jeweils ambulant erbrachten einzelnen Operations- bzw. Anästhesieleistungen ist nicht möglich.*
5. *Die Leistungen nach den Nummern 448 und 449 sind im Zusammenhang mit derselben Operation nur von einem der an dem Eingriff beteiligten Ärzte und nur entweder neben den Leistungen nach den Nummern 442 bis 445 oder den Leistungen nach den Nummern 446 bis 447 berechnungsfähig. Neben den Leistungen nach den Nummern 448 oder 449 darf die Leistung nach Nummer 56 nicht berechnet werden.*
6. *Die Zuschläge nach den Nummern 442 bis 449 sind nicht berechnungsfähig, wenn der Patient an demselben Tag wegen derselben Erkrankung in stationäre Krankenhausbehandlung aufgenommen wird; das gilt nicht, wenn die stationäre Behandlung wegen unvorhersehbarer Komplikationen während oder nach der ambulanten Operation notwendig und entsprechend begründet wird.*

		Punktzahl	1fach DM €	1,7fach DM €	UV Allg. DM €	UV Bes. DM €
440	Zuschlag für die Anwendung eines Operationsmikroskops bei ambulanten operativen Leistungen .... *Der Zuschlag nach Nummer 440 ist je Behandlungstag nur einmal berechnungsfähig.*	400	45,60 23,32	-- --		
441	Zuschlag für die Anwendung eines Lasers bei ambulanten operativen Leistungen, je Sitzung *Der Zuschlag nach Nummer 441 beträgt 100 v.H. des einfachen Gebührensatzes der betreffenden Leistung, jedoch nicht mehr als 132,– Deutsche Mark* *Der Zuschlag nach Nummer 441 ist je Behandlungstag nur einmal berechnungsfähig*					

		Punktzahl	1fach DM €	1,7fach DM €	UV Allg. DM €	UV Bes. DM €
442	Zuschlag bei ambulanter Durchführung von operativen Leistungen, die mit Punktzahlen von 250 bis 499 Punkten bewertet sind	400	45,60 23,32	– –		
	Der Zuschlag nach Nummer 442 ist je Behandlungstag nur einmal berechnungsfähig. Der Zuschlag nach Nummer 442 ist neben den Zuschlägen nach den Nummern 443 bis 445 nicht berechnungsfähig.					
443	Zuschlag bei ambulanter Durchführung von operativen Leistungen, die mit Punktzahlen von 500 bis 799 Punkten bewertet sind	750	85,50 43,72	– –		
	Der Zuschlag nach Nummer 443 ist je Behandlungstag nur einmal berechnungsfähig. Der Zuschlag nach Nummer 443 ist neben den Zuschlägen nach den Nummern 442, 444 und/oder 445 nicht berechnungsfähig.					
444	Zuschlag bei ambulanter Durchführung von operativen Leistungen, die mit Punktzahlen von 800 bis 1199 Punkten bewertet sind	1300	148,20 75,77	– –		
	Der Zuschlag nach Nummer 444 ist je Behandlungstag nur einmal berechnungsfähig. Der Zuschlag nach Nummer 444 ist neben den Zuschlägen nach den Nummern 442, 443 und/oder 445 nicht berechnungsfähig.					
445	Zuschlag bei ambulanter Durchführung von operativen Leistungen, die mit Punktzahlen von 1200 und mehr Punkten bewertet sind	2200	250,80 128,23			
	Der Zuschlag nach Nummer 445 ist je Behandlungstag nur einmal berechnungsfähig. Der Zuschlag nach Nummer 445 ist neben den Zuschlägen nach den Nummern 442 bis 444 nicht berechnungsfähig.					
446	Zuschlag bei ambulanter Durchführung von Anästhesieleistungen, die mit Punktzahlen von 200 bis 399 Punkten bewertet sind	300	34,20 17,49			
	Der Zuschlag nach Nummer 446 ist je Behandlungstag nur einmal berechnungsfähig. Der Zuschlag nach Nummer 446 ist neben dem Zuschlag nach Nummer 447 nicht berechnungsfähig.					

		Punktzahl	1fach DM €	1,7fach DM €	UV Allg. DM €	UV Bes. DM €
447	Zuschlag bei ambulanter Durchführung von Anästhesieleistungen, die mit 400 und mehr Punkten bewertet sind	650	74,10 37,89	– –		
	Der Zuschlag nach Nummer 447 ist je Behandlungstag nur einmal berechnungsfähig. Der Zuschlag nach Nummer 447 ist neben dem Zuschlag nach Nummer 446 nicht berechnungsfähig.					
448	Beobachtung und Betreuung eines Kranken über mehr als zwei Stunden während der Aufwach- und/oder Erholungszeit bis zum Eintritt der Transportfähigkeit nach zuschlagsberechtigten ambulanten operativen Leistungen bei Durchführung unter zuschlagsberechtigten ambulanten Anästhesien bzw. Narkosen	600	68,40 34,97	– –		
	Der Zuschlag nach Nummer 448 ist je Behandlungstag nur einmal berechnungsfähig. Der Zuschlag nach Nummer 448 ist neben den Leistungen nach den Nummern 1 bis 8 und 56 sowie dem Zuschlag nach Nummer 449 nicht berechnungsfähig.					
449	Beobachtung und Betreuung eines Kranken über mehr als vier Stunden während der Aufwach- und/oder Erholungszeit bis zum Eintritt der Transportfähigkeit nach zuschlagsberechtigten ambulanten operativen Leistungen bei Durchführung unter zuschlagsberechtigten ambulanten Anästhesien bzw. Narkosen	900	102,60 52,46	– –		
	Der Zuschlag nach Nummer 449 ist je Behandlungstag nur einmal berechnungsfähig. Der Zuschlag nach Nummer 449 ist neben den Leistungen nach den ummern 1–8 und 56 sowie dem Zuschlag nach Nummer 448 nicht berechnungsfähig.					

D. Anästhesieleistungen (GOÄ/UV-GOÄ)

Allgemeine Bestimmungen

Bei der Anwendung mehrerer Narkose- oder Anästhesieverfahren nebeneinander ist nur die jeweils höchstbewertete dieser Leistungen berechnungsfähig; eine erforderliche Prämedikation ist Bestandteil dieser Leistung. Als Narkosedauer gilt die Dauer von zehn Minuten vor Operationsbeginn bis zehn Minuten nach Operationsende.

		Punktzahl	1fach DM €	2,3fach DM €	3,5fach DM €	1,7fach DM €	UV Allg. DM €	UV Bes. DM €
450	Rauschnarkose – auch mit Lachgas –	76	8,66 4,43	19,93 10,19	30,32 15,50	14,72 7,53	10,26 5,25	12,77 6,53
451	Intravenöse Kurznarkose	121	13,79 7,05	31,73 16,22	48,28 24,69	23,44 11,99	16,34 8,35	20,33 10,39
452	Intravenöse Narkose (mehrmalige Verabreichung des Narkotikums)	190	21,66 11,08	49,82 25,47	75,81 38,76	36,82 18,83	25,65 13,11	31,92 16,32
453	Vollnarkose	210	23,94 12,24	55,06 28,15	83,79 42,84	40,70 20,81	28,35 14,50	35,28 18,04
460	Kombinationsnarkose mit Maske, Gerät – auch Insufflationsnarkose –, bis zu einer Stunde	404	46,06 23,55	105,93 54,16	161,20 82,42	78,30 40,03	54,54 27,89	67,87 34,70
461	Kombinationsnarkose mit Maske, Gerät – auch Insufflationsnarkose –, jede weitere angefangene halbe Stunde	202	23,03 11,77	52,96 27,08	80,60 41,21	39,15 20,02	27,27 13,94	33,94 17,35
462	Kombinationsnarkose mit endotrachealer Intubation, bis zu einer Stunde	510	58,14 29,73	133,72 68,37	203,49 104,04	98,84 50,54	68,85 35,20	85,68 43,81
463	Kombinationsnarkose mit endotrachealer Intubation, jede weitere angefangene halbe Stunde	348	39,67 20,28	91,25 46,65	138,85 70,99	67,44 34,48	46,98 24,02	58,46 29,89
469	Kaudalanästhesie	250	28,50 14,57	65,55 33,52	99,75 51,00	48,45 24,77	33,75 17,26	42,00 21,47
470	Einleitung und Überwachung einer einzeitigen subarachnoidalen Spinalanästhesie (Lumbalanästhesie) oder einzeitigen periduralen (epiduralen) Anästhesie, bis zu einer Stunde Dauer	400	45,60 23,32	104,88 53,62	159,60 81,60	77,52 39,64	54,00 27,61	67,20 34,36

		Punktzahl	1fach DM €	2,3fach DM €	3,5fach DM €	1,7fach DM €	UV Allg. DM €	UV Bes. DM €
471	Einleitung und Überwachung einer einzeitigen subarachnoidalen Spinalanästhesie (Lumbalanästhesie) oder einzeitigen periduralen (epiduralen) Anästhesie, bis zu zwei Stunden Dauer	600	68,40 34,97	157,32 80,44	239,40 122,40	116,28 59,45	81,00 41,41	100,80 51,54
472	Einleitung und Überwachung einer einzeitigen subarachnoidalen Spinalanästhesie (Lumbalanästhesie) oder einzeitigen periduralen (epiduralen) Anästhesie, bei mehr als zwei Stunden Dauer	800	91,20 46,63	209,76 107,25	319,20 163,20	155,04 79,27	108,00 55,22	134,40 68,72
473	Einleitung und Überwachung einer kontinuierlichen subarachnoidalen Spinalanästhesie (Lumbalanästhesie) oder periduralen (epiduralen) Anästhesie mit Katheter, bis zu fünf Stunden Dauer	600	68,40 34,97	157,32 80,44	239,40 122,40	116,28 59,45	81,00 41,41	100,80 51,54
474	Einleitung und Überwachung einer kontinuierlichen subarachnoidalen Spinalanästhesie (Lumbalanästhesie) oder periduralen (epiduralen) Anästhesie mit Katheter, bei mehr als fünf Stunden Dauer	900	102,60 52,46	235,98 120,66	359,10 183,61	174,42 89,18	121,50 62,12	151,20 77,31
475	Überwachung einer kontinuierlichen subarachnoidalen Spinalanästhesie (Lumbalanästhesie) oder periduralen (epiduralen) Anästhesie mit Katheter, zusätzlich zur Leistung nach Nummer 474 für den zweiten und jeden weiteren Tag, je Tag	450	51,30 26,23	117,99 60,33	179,55 91,80	87,21 44,59	60,75 31,06	75,60 38,65
476	Einleitung und Überwachung einer supraklavikulären oder axillären Armplexus- oder Paravertebralanästhesie, bis zu einer Stunde Dauer	380	43,32 22,15	99,64 50,94	151,62 77,52	73,64 37,65	51,30 26,23	63,84 32,64
477	Überwachung einer supraklavikulären oder axillären Armplexus- oder Paravertebralanästhesie, jede weitere angefangene Stunde	190	21,66 11,08	49,82 25,47	75,81 38,76	36,82 18,83	25,65 13,11	31,92 16,32
478	Intravenöse Anästhesie einer Extremität, bis zu einer Stunde Dauer	230	26,22 13,41	60,31 30,83	91,77 46,92	44,57 22,79	31,05 15,88	38,64 19,76
479	Intravenöse Anästhesie einer Extremität, jede weitere angefangene Stunde	115	13,11 6,70	30,15 15,42	45,89 23,46	22,29 11,40	15,53 7,94	19,32 9,88

		Punktzahl	1fach DM / €	2,3fach DM / €	3,5fach DM / €	1,7fach DM / €	UV Allg. DM / €	UV Bes. DM / €
480	Kontrollierte Blutdrucksenkung während der Narkose	222	25,31 12,94	58,21 29,76	88,58 45,29	43,03 22,00	29,97 15,32	37,30 19,07
481	Kontrollierte Hypothermie während der Narkose	475	54,15 27,69	124,55 63,68	189,53 96,90	92,05 47,07	64,13 32,79	79,80 40,80
483	Lokalanästhesie der tieferen Nasenabschnitte – gegebenenfalls einschließlich des Rachens –, auch beidseitig	46	5,24 2,68	12,06 6,17	18,35 9,38	8,91 4,56	6,21 3,18	7,73 3,95
484	Lokalanästhesie des Kehlkopfes	46	5,24 2,68	12,06 6,17	18,35 9,38	8,91 4,56	6,21 3,18	7,73 3,95
485	Lokalanästhesie des Trommelfells und/oder der Paukenhöhle	46	5,24 2,68	12,06 6,17	18,35 9,38	8,91 4,56	6,21 3,18	7,73 3,95
488	Lokalanästhesie der Harnröhre und/oder Harnblase	46	5,24 2,68	12,06 6,17	18,35 9,38	8,91 4,56	6,21 3,18	7,73 3,95
489	Lokalanästhesie des Bronchialgebietes – gegebenenfalls einschließlich des Kehlkopfes und des Rachens –	145	16,53 8,45	38,02 19,44	57,86 29,58	28,10 14,37	19,58 10,01	24,36 12,46
490	Infiltrationsanästhesie kleiner Bezirke	61	6,95 3,56	15,99 8,18	24,34 12,44	11,82 6,04	8,24 4,21	10,25 5,24
491	Infiltrationsanästhesie großer Bezirke auch – Parazervikalanästhesie –	121	13,79 7,05	31,73 16,22	48,28 24,69	23,44 11,99	16,34 8,35	20,33 10,39
493	Leitungsanästhesie, perineural – auch nach Oberst –	61	6,95 3,56	15,99 8,18	24,34 12,44	11,82 6,04	8,24 4,21	10,25 5,24
494	Leitungsanästhesie, endoneural – auch Pudendusanästhesie –	121	13,79 7,05	31,73 16,22	48,28 24,69	23,44 11,99	16,34 8,35	20,33 10,39
495	Leitungsanästhesie, retrobulbär	121	13,79 7,05	31,73 16,22	48,28 24,69	23,44 11,99	16,34 8,35	20,33 10,39
496[*]	Drei-in-eins-Block, Knie- oder Fußblock						51,30 26,23	63,84 32,64
497	Blockade des Truncus sympathicus (lumbaler Grenzstrang oder Ganglion stellatum) mittels Anästhetika	220	25,08 12,82	57,68 29,49	87,78 44,88	42,64 21,80	29,70 15,19	36,96 18,90
498	Blockade des Truncus sympathicus (thorakaler Grenzstrang oder Plexus solaris) mittels Anästhetika	300	34,20 17,49	78,66 40,22	119,70 61,20	58,14 29,73	40,50 20,71	50,40 25,77

[*] Leistung nur nach UV-GOÄ berechnungsfähig.

E. Physikalisch-medizinische Leistungen (GOÄ/UV-GOÄ)

Allgemeine Bestimmungen

In den Leistungen des Abschnitts E sind alle Kosten enthalten mit Ausnahme der für Inhalationen sowie für die Photochemotherapie erforderlichen Arzneimittel.

Nr.	Leistung	Punktzahl	1fach DM / €	1,8fach DM / €	2,5fach DM / €	1,3fach DM / €	UV Allg. DM / €	UV Bes. DM / €
	I. Inhalationen							
500*	Inhalationstherapie – auch mittels Ultraschallvernebelung –	38	4,33 2,22	7,80 3,99	10,83 5,54	5,63 2,88	5,13 2,62	6,38 3,26
501*	Inhalationstherapie mit intermittierender Überdruckbeatmung (z. B. Bird-Respirator) *Neben der Leistung nach Nummer 501 sind die Leistungen nach den Nummern 500 und 505 nicht berechnungsfähig.*	86	9,80 5,01	17,65 9,02	24,51 12,53	12,74 6,52	11,61 5,94	14,45 7,39
	II. Krankengymnastik und Übungsbehandlungen							
505*	Atmungsbehandlung – einschließlich aller unterstützenden Maßnahmen –	85	9,69 4,95	17,44 8,92	24,23 12,39	12,60 6,44	11,48 5,87	14,28 7,30
506*	Krankengymnastische Ganzbehandlung als Einzelbehandlung – einschließlich der erforderlichen Massage(n) –	120	13,68 7,00	24,62 12,59	34,20 17,49	17,78 9,09	16,20 8,28	20,16 10,31
507*	Krankengymnastische Teilbehandlung als Einzelbehandlung – einschließlich der erforderlichen Massage(n) –	80	9,12 4,66	16,42 8,39	22,80 11,66	11,86 6,06	10,80 5,52	13,44 6,87
508*	Krankengymnastische Ganzbehandlung als Einzelbehandlung im Bewegungsbad	110	12,54 6,41	22,57 11,54	31,35 16,03	16,30 8,34	14,85 7,59	18,48 9,45
509*	Krankengymnastik in Gruppen (Orthopädisches Turnen) – auch im Bewegungsbad –, bei mehr als drei bis acht Teilnehmern, je Teilnehmer	38	4,33 2,22	7,80 3,99	10,83 5,54	5,63 2,88	5,13 2,62	6,38 3,26
510*	Übungsbehandlung, auch mit Anwendung medikomechanischer Apparate, je Sitzung	70	7,98 4,08	14,36 7,34	19,95 10,20	10,37 5,30	9,45 4,83	11,76 6,01

* Reduzierter Gebührenrahmen

		Punktzahl	1fach DM €	1,8fach DM €	2,5fach DM €	1,3fach DM €	UV Allg. DM €	UV Bes. DM €
	Neben der Leistung nach Nummer 510 ist die Leistung nach Nummer 521 nicht berechnungsfähig.							
514*	Extensionsbehandlung kombiniert mit Wärmetherapie und Massage mittels Gerät	105	11,97 6,12	21,55 11,02	29,93 15,30	15,56 7,96	14,18 7,25	17,64 9,02
515*	Extensionsbehandlung (z. B. Glissonschlinge)	38	4,33 2,22	7,80 3,99	10,83 5,54	5,63 2,88	5,13 2,62	6,38 3,26
516*	Extensionsbehandlung mit Schrägbett, Extensionstisch, Perlgerät	65	7,41 3,79	13,34 6,82	18,53 9,47	9,63 4,93	8,78 4,49	10,92 5,58
518*	Prothesengebrauchsschulung des Patienten – gegebenenfalls einschließlich seiner Betreuungsperson –, auch Fremdkraftprothesenschulung, Mindestdauer 20 Minuten, je Sitzung	120	13,68 7,00	24,62 12,59	34,20 17,49	17,78 9,09	16,20 8,28	20,16 10,31

III. Massagen

		Punktzahl	1fach DM €	1,8fach DM €	2,5fach DM €	1,3fach DM €	UV Allg. DM €	UV Bes. DM €
520*	Teilmassage (Massage einzelner Körperteile)	45	5,13 2,62	9,23 4,72	12,83 6,56	6,67 3,41	6,08 3,11	7,56 3,87
521*	Großmassage (z. B. Massage beider Beine, beider Arme, einer Körperseite, des Schultergürtels, eines Armes und eines Beines, des Rückens und eines Beines, des Rückens und eines Armes, beider Füße, beider Hände, beider Knie, beider Schultergelenke und ähnliche Massagen mehrerer Körperteile), je Sitzung	65	7,41 3,79	13,34 6,82	18,53 9,47	9,63 4,93	8,78 4,49	10,92 5,58
523*	Massage im extramuskulären Bereich (z. B. Bindegewebsmassage, Periostmassage, manuelle Lymphdrainage)	65	7,41 3,79	13,34 6,82	18,53 9,47	9,63 4,93	8,78 4,49	10,92 5,58
525*	Intermittierende apparative Kompressionstherapie an einer Extremität, je Sitzung	35	3,99 2,04	7,18 3,67	9,98 5,10	5,19 2,65	4,73 2,42	5,88 3,01
526*	Intermittierende apparative Kompressionstherapie an mehreren Extremitäten, je Sitzung	55	6,27 3,21	11,29 5,77	15,68 8,02	8,15 4,17	7,43 3,80	9,24 4,72
527*	Unterwasserdruckstrahlmassage (Wanneninhalt mindestens 400 Liter, Leistung der Apparatur mindestens 4 bar)	94	10,72 5,48	19,29 9,86	26,79 13,70	13,94 7,12	12,69 6,49	15,79 8,07

* Reduzierter Gebührenrahmen

		Punktzahl	1fach DM €	1,8fach DM €	2,5fach DM €	1,3fach DM €	UV Allg. DM €	UV Bes. DM €
IV. Hydrotherapie und Packungen								
530*	Kalt- oder Heißpackung(en) oder heiße Rolle, je Sitzung	35	3,99 2,04	7,18 3,67	9,98 5,10	5,19 2,65	4,73 2,42	5,88 3,01
531*	Leitung eines ansteigenden Teilbades	46	5,24 2,68	9,44 4,83	13,11 6,70	6,81 3,49	6,21 3,18	7,73 3,95
532*	Leitung eines ansteigenden Vollbades (Überwärmungsbad)	76	8,66 4,43	15,60 7,97	21,66 11,08	11,26 5,76	10,26 5,25	12,77 6,53
533*	Subaquales Darmbad	150	17,10 8,74	30,78 15,74	42,75 21,86	22,23 11,37	20,25 10,35	25,20 12,88
V. Wärmebehandlung								
535*	Heißluftbehandlung eines Körperteils (z. B. Kopf oder Arm)	33	3,76 1,92	6,77 3,46	9,41 4,81	4,89 2,50	4,46 2,28	5,54 2,83
536*	Heißluftbehandlung mehrerer Körperteile (z. B. Rumpf oder Beine)	51	5,81 2,97	10,47 5,35	14,54 7,43	7,55 3,87	6,89 3,52	8,57 4,38
538*	Infrarotbehandlung, je Sitzung	40	4,56 2,33	8,21 4,20	11,40 5,83	5,93 3,03	5,40 2,76	6,72 3,44
539*	Ultraschallbehandlung	44	5,02 2,57	9,03 4,62	12,54 6,41	6,53 3,33	5,94 3,04	7,39 3,78
VI. Elektrotherapie								
548*	Kurzwellen-, Mikrowellenbehandlung (Anwendung hochfrequenter Ströme)	37	4,22 2,16	7,59 3,88	10,55 5,39	5,49 2,80	5,00 2,56	6,22 3,18
549*	Kurzwellen-, Mikrowellenbehandlung (Anwendung hochfrequenter Ströme) bei Behandlung verschiedener Körperregionen in einer Sitzung	55	6,27 3,21	11,29 5,77	15,68 8,02	8,15 4,17	7,43 3,80	9,24 4,72
551*	Reizstrombehandlung (Anwendung niederfrequenter Ströme) – auch bei wechselweiser Anwendung verschiedener Impuls- oder Stromformen und gegebenenfalls unter Anwendung von Saugelektroden –	48	5,47 2,80	9,85 5,04	13,68 7,00	7,11 3,64	6,48 3,31	8,06 4,12

Wird Reizstrombehandlung nach Nummer 551 gleichzeitig neben einer Leistung nach den Nummern 535, 536, 538, 539, 548, 549, 552 oder 747 an demselben Körperteil oder an denselben Körperteilen verabreicht, so ist nur die höherbewertete Leistung berechnungsfähig; dies gilt auch bei Verwendung eines Apparatesystems an mehreren Körperteilen.

* Reduzierter Gebührenrahmen

		Punktzahl	1fach DM €	1,8fach DM €	2,5fach DM €	1,3fach DM €	UV Allg. DM €	UV Bes. DM €
552*	Iontophorese	44	5,02 2,57	9,03 4,62	12,54 6,41	6,53 3,33	5,94 3,04	7,39 3,78
553*	Vierzellenbad	46	5,24 2,68	9,44 4,83	13,11 6,70	6,81 3,49	6,21 3,18	7,73 3,95
554*	Hydroelektrisches Vollbad (Kataphoretisches Bad, Stanger-Bad)	91	10,37 5,30	18,67 9,55	25,94 13,26	13,48 6,90	12,29 6,28	15,29 7,82
555*	Gezielte Niederfrequenzbehandlung bei spastischen und/oder schlaffen Lähmungen, je Sitzung	120	13,68 7,00	24,62 12,59	34,20 17,49	17,78 9,09	16,20 8,28	20,16 10,31
558*	Apparative isokinetische Muskelfunktionstherapie, je Sitzung	120	13,68 7,00	24,62 12,59	34,20 17,49	17,78 9,09	16,20 8,28	20,16 10,31

VII. Lichttherapie

		Punktzahl	1fach DM €	1,8fach DM €	2,5fach DM €	1,3fach DM €	UV Allg. DM €	UV Bes. DM €
560*	Behandlung mit Ultraviolettlicht in einer Sitzung	31	3,53 1,81	6,36 3,25	8,84 4,52	4,59 2,35	4,19 2,14	5,21 2,66
	Werden mehrere Kranke gleichzeitig mit Ultraviolettlicht behandelt, so darf die Nummer 560 nur einmal berechnet werden.							
561*	Reizbehandlung eines umschriebenen Hautbezirkes mit Ultraviolettlicht	31	3,53 1,81	6,36 3,25	8,84 4,52	4,59 2,35	4,19 2,14	5,21 2,66
562*	Reizbehandlung mehrerer umschriebener Hautbezirke mit Ultraviolettlicht in einer Sitzung	46	5,24 2,68	9,44 4,83	13,11 6,70	6,81 3,49	6,21 3,18	7,73 3,95
	Die Leistungen nach den Nummern 538, 560, 561 und 562 sind nicht nebeneinander berechnungsfähig.							
563*	Quarzlampendruckbestrahlung eines Feldes	46	5,24 2,68	9,44 4,83	13,11 6,70	6,81 3,49	6,21 3,18	7,73 3,95
564*	Quarzlampendruckbestrahlung mehrerer Felder in einer Sitzung	91	10,37 5,30	18,67 9,55	25,94 13,26	13,48 6,90	12,29 6,28	15,29 7,82
565*	Photochemotherapie, je Sitzung	120	13,68 7,00	24,62 12,59	34,20 17,49	17,78 9,09	16,20 8,28	20,16 10,31
566*	Phototherapie eines Neugeborenen, je Tag	500	57,– 29,14	102,60 52,46	142,50 72,86	74,10 37,89	67,50 34,51	84,00 42,95
567*	Phototherapie mit selektivem UV-Spektrum, je Sitzung	91	10,37 5,30	18,67 9,55	25,94 13,26	13,48 6,90	12,29 6,28	15,29 7,82
569*	Photo-Patch-Test (belichteter Läppchentest), bis zu drei Tests je Sitzung, je Test	30	3,42 1,75	6,16 3,15	8,55 4,37	4,45 2,27	4,05 2,07	5,04 2,58

* Reduzierter Gebührenrahmen

F. Innere Medizin, Kinderheilkunde, Dermatologie (GOÄ/UV-GOÄ)

		Punktzahl	1fach DM €	2,3-/1,8fach DM €	3,5-/2,5fach DM €	1,7fach DM €	UV Allg. DM €	UV Bes. DM €
600	Herzfunktionsprüfung nach Schellong einschließlich graphischer Darstellung	73	8,32 4,26	19,14 9,79	29,13 14,89	14,14 7,23	9,86 5,04	12,26 6,27
601	Hyperventilationsprüfung	44	5,02 2,57	11,54 5,90	17,56 8,98	8,53 4,36	5,94 3,04	7,39 3,78
602*	Oxymetrische Untersuchung(en) (Bestimmung der prozentualen Sauerstoffsättigung im Blut) – gegebenenfalls einschließlich Bestimmung(en) nach Belastung –	152	17,33 8,86	31,19 15,95	43,32 22,15	22,53** 11,52	20,52 10,49	25,54 13,06
603	Bestimmung des Atemwegwiderstandes (Resistance) nach der Oszillationsmethode oder der Verschlußdruckmethode – gegebenenfalls einschließlich fortlaufender Registrierung – ..... *Neben der Leistung nach Nummer 603 ist die Leistung nach Nummer 608 nicht berechnungsfähig.*	90	10,26 5,25	23,60 12,07	35,91 18,36	17,44 8,92	12,15 6,21	15,12 7,73
604	Bestimmung des Atemwegwiderstandes (Resistance) nach der Oszillationsmethode oder der Verschlußdruckmethode vor und nach Applikation pharmakodynamisch wirksamer Substanzen – gegebenenfalls einschließlich Phasenwinkelbestimmung und gegebenenfalls einschließlich fortlaufender Registrierung – .... *Mit der Gebühr sind die Kosten abgegolten.* *Neben der Leistung nach der Nummer 604 sind die Leistungen nach den Nummern 603 und 608 nicht berechnungsfähig.*	160	18,24 9,33	41,95 21,45	63,84 32,64	31,01 15,85	21,60 11,04	26,88 13,74
605*	Ruhespirographische Untersuchung (im geschlossenen oder offenen System) mit fortlaufend registrierenden Methoden	242	27,59 14,11	49,66 25,39	68,97 35,26	35,87** 18,34	32,67 16,70	40,66 20,79
605 a*	Darstellung der Flußvolumenkurve bei spirographischen Untersuchungen – einschließlich graphischer Registrierung und Dokumentation –	140	15,96 8,16	28,73 14,69	39,90 20,40	20,75** 10,61	18,90 9,66	23,52 12,03

* Reduzierter Gebührenrahmen
** 1,3fach

		Punkt-zahl	1fach DM €	2,3-/ 1,8fach DM €	3,5-/ 2,5fach DM €	1,7fach DM €	UV Allg. DM €	UV Bes. DM €
606*	Spiroergometrische Untersuchung – einschließlich vorausgegangener Ruhespirographie und gegebenenfalls einschließlich Oxymetrie –	379	43,21 22,09	77,77 39,76	108,02 55,23	56,17** 28,72	51,17 26,16	63,67 32,55
607*	Residualvolumenbestimmung (Fremd gasmethode)	242	27,59 14,11	49,66 25,39	68,97 35,26	35,87** 18,34	32,67 16,70	40,66 20,79
608*	Ruhespirographische Teiluntersuchung (z. B. Bestimmung des Atemgrenzwertes, Atemstoßtest), insgesamt	76	8,66 4,43	15,60 7,97	21,66 11,08	11,26** 5,76	10,26 5,25	12,77 6,53
609*	Bestimmung der absoluten und relativen Sekundenkapazität vor und nach Inhalation pharmakodynamisch wirksamer Substanzen	182	20,75 10,61	37,35 19,10	51,87 26,52	26,98** 13,79	24,57 12,56	30,58 15,64
	Mit der Gebühr sind die Kosten abgegolten.							
610*	Ganzkörperplethysmographische Untersuchung (Bestimmung des intrathorakalen Gasvolumens und des Atemwegwiderstandes) – gegebenenfalls mit Bestimmung der Lungendurchblutung –	605	68,97 35,26	124,15 63,48	172,43 88,16	89,66** 45,84	81,68 41,76	101,64 51,97
	Neben der Leistung nach Nummer 610 sind die Leistungen nach den Nummern 605 und 608 nicht berechnungsfähig.							
611*	Bestimmung der Lungendehnbarkeit (Compliance) – einschließlich Einführung des Ösophaguskatheters –	605	68,97 35,26	124,15 63,48	172,43 88,16	89,66** 45,84	81,68 41,76	101,64 51,97
612*	Ganzkörperphlethysmographische Bestimmung der absoluten und relativen Sekundenkapazität und des Atemwegwiderstandes vor und nach Applikation pharmakodynamisch wirksamer Substanzen	757	86,30 44,12	155,34 79,42	215,75 110,31	112,19** 57,36	102,20 52,25	127,18 65,03
	Mit der Gebühr sind die Kosten abgegolten. Neben der Leistung nach Nummer 612 sind die Leistungen nach den Nummern 605, 608, 609 und 610 nicht berechnungsfähig.							
614*	Transkutane Messung(en) des Sauerstoffpartialdrucks	150	17,10 8,74	30,78 15,74	42,75 21,86	22,23** 11,37	20,25 10,35	25,20 12,89

* Reduzierter Gebührenrahmen
** 1,3fach

		Punktzahl	1fach DM €	2,3-/1,8fach DM €	3,5-/2,5fach DM €	1,7fach DM €	UV Allg. DM €	UV Bes. DM €
615*	Untersuchung der CO-Diffusionskapazität mittels Ein-Atemzugmethode (single-breath)	227	25,88 13,23	46,58 23,82	64,70 33,08	23,64** 17,20	30,65 15,67	38,14 19,50
616*	Untersuchung der CO-Diffusionskapazität als fortlaufende Bestimmung (steady state) in Ruhe oder unter Belastung	303	34,54 17,66	62,18 31,79	86,36 44,15	46,20** 22,96	40,91 20,92	50,90 26,03
	Neben der Leistung nach Nummer 616 ist die Leistung nach Nummer 615 nicht berechnungsfähig.							
617*	Gasanalyse in der Exspirationsluft mittels kontinuierlicher Bestimmung mehrerer Gase	341	38,87 19,88	69,97 35,78	97,19 49,69	50,53** 25,84	46,04 23,54	57,29 29,29
618▾	H2-Atemtest (z. B. Laktosetoleranztest), einschließlich Verabreichung der Testsubstanz, Probeentnahmen und Messungen der H2-Konzentration, einschließlich Kosten						46,04 23,54	57,29 29,29
620*	Rheographische Untersuchung der Extremitäten	152	17,33 8,86	31,19 15,95	43,32 22,15	22,53** 11,52	20,52 10,49	25,54 13,06
	Mit der Gebühr sind die Kosten abgegolten.							
621*	Mechanisch-oszillographische Untersuchung (Gesenius-Keller)	127	14,48 7,40	26,06 13,33	36,20 18,51	18,82** 9,62	17,15 8,77	21,34 10,91
622*	Akrale infraton-oszillographische Untersuchung	182	20,75 10,61	37,35 19,10	51,87 26,52	26,98** 13,79	24,57 12,56	30,58 15,63
623*	Temperaturmessung(en) an der Hautoberfläche (z. B. der Brustdrüse) mittels Flüssig-Kristall-Thermographie (Plattenthermographie) einschließlich der notwendigen Aufnahmen	140	15,96 8,16	28,73 14,69	39,90 20,40	20,75** 10,61	18,90 9,66	23,52 12,03
	Die Leistung nach Nummer 623 zur Temperaturmessung an der Hautoberfläche der Brustdrüse ist nur bei Vorliegen eines abklärungsbedürftigen mammographischen Röntgenbefundes berechnungsfähig.							
624*	Thermographische Untersuchung mittels elektronischer Infrarotmessung mit Schwarzweiß-Wiedergabe und Farbthermogramm einschließlich der notwendigen Aufnahmen, je Sitzung	330	37,62 19,24	67,72 34,62	94,05 48,09	48,91** 25,01	44,55 22,78	55,44 28,35

* Reduzierter Gebührenrahmen
** 1,3fach
▾ Leistung nur nach UV-GOÄ berechnungsfähig.

		Punktzahl	1fach DM €	2,3-/1,8fach DM €	3,5-/2,5fach DM €	1,7fach DM €	UV Allg. DM €	UV Bes. DM €
	Neben der Leistung nach Nummer 624 ist die Leistung nach Nummer 623 nicht berechnungsfähig.							
626	Rechtsherzkatheterismus – einschließlich Druckmessungen und oxymetrischer Untersuchungen sowie fortlaufender EKG- und Röntgenkontrolle	1000	114,– 58,29	262,20 134,06	399,– 204,01	193,80 99,09	135,00 69,02	168,00 85,90
	Die Leistung nach Nummer 626 ist je Sitzung nur einmal berechnungsfähig. Neben der Leistung nach Nummer 626 sind die Leistungen nach den Nummern 355, 356, 360, 361, 602, 648, 650, 651, 3710 und 5295 nicht berechnungsfähig.							
627	Linksherzkatheterismus – einschließlich Druckmessungen und oxymetrischer Untersuchungen sowie fortlaufender EKG- und Röntgenkontrolle –	1500	171,– 87,43	393,30 201,09	598,50 306,01	290,70 148,63	202,50 103,54	252,00 128,85
	Die Leistung nach Nummer 627 ist je Sitzung nur einmal berechnungsfähig. Neben der Leistung nach Nummer 627 sind die Leistungen nach den Nummern 355, 356, 360, 361, 602, 648, 650, 651, 3710 und 5295 nicht berechnungsfähig.							
628	Herzkatheterismus mit Druckmessungen und oxymetrischen Untersuchungen – einschließlich fortlaufender EKG- und Röntgenkontrolle – im zeitlichen Zusammenhang mit Leistungen nach den Nummern 355 und/oder 360	800	91,20 46,63	209,76 107,25	319,20 163,20	155,04 79,27	108,00 55,22	134,40 68,72
	Die Leistung nach Nummer 628 ist je Sitzung nur einmal berechnungsfähig. Neben der Leistung nach Nummer 628 sind die Leistungen nach den Nummern 602, 648, 650, 651, 3710 und 5295 nicht berechnungsfähig.							
629	Transseptaler Linksherzkatheterismus – einschließlich Druckmessungen und oxymetrischer Untersuchungen sowie fortlaufender EKG- und Röntgenkontrolle	2000	228,– 116,58	524,40 268,12	798,– 408,01	387,60 198,18	270,00 138,05	336,00 171,79
	Die Leistung nach Nummer 629 ist je Sitzung nur einmal berechnungsfähig. Neben der Leistung nach Nummer 629 sind die Leistungen nach den Nummern 355, 356, 602, 648, 650, 651, 3710 und 5295 nicht berechnungsfähig.							

Nr.	Leistung	Punktzahl	1fach DM €	2,3-/ 1,8fach DM €	3,5-/ 2,5fach DM €	1,7fach DM €	UV Allg. DM €	UV Bes. DM €
630	Mikro-Herzkatheterismus unter Verwendung eines Einschwemmkatheters – einschließlich Druckmessungen nebst fortlaufender EKG-Kontrolle – . *Neben der Leistung nach Nummer 630 sind die Leistungen nach den Nummern 355, 356, 360, 361, 602, 648, 650, 651, 3710 und 5295 nicht berechnungsfähig. Die Kosten für den Einschwemmkatheter sind mit der Gebühr abgegolten.*	908	103,51 52,93	238,08 121,73	362,29 185,24	175,97 89,97	122,58 62,67	152,54 77,99
631	Anlegung eines transvenösen temporären Schrittmachers – einschließlich Venenpunktion, Elektrodeneinführung, Röntgendurchleuchtung des Brustkorbs und fortlaufender EKG-Kontrolle –	1110	126,54 64,70	291,04 148,81	442,89 226,45	215,12 109,99	149,85 76,62	186,48 95,35
632	Mikro-Herzkatheterismus unter Verwendung eines Einschwemmkatheters – einschließlich Druckmessungen und oxymetrischer Untersuchungen nebst fortlaufender EKG-Kontrolle, gegebenenfalls auch unter Röntgen-Kontrolle – . . . . *Die Kosten für den Einschwemmkatheter sind mit der Gebühr abgegolten. Neben der Leistung nach Nummer 632 sind die Leistungen nach den Nummern 355, 356, 360, 361, 602, 648, 650, 651, 3710 und 5295 nicht berechnungsfähig.*	1210	137,94 70,53	317,26 162,21	482,79 246,85	234,50 119,90	163,35 83,52	203,28 103,94
634	Lichtreflex-Rheographie	120	13,68 7,00	31,46 16,09	47,88 24,48	23,26 11,89	16,20 8,28	20,16 10,31
635*	Photoelektrische Volumenpulsschreibung an mindestens vier Punkten . . .	227	25,88 13,23	46,58 23,82	64,70 33,08	33,64** 17,20	30,65 15,67	38,14 19,50
636*	Photoelektrische Volumenpulsschreibung mit Kontrolle des reaktiven Verhaltens der peripheren Arterien nach Belastung (z. B. mit Temperaturreizen)	379	43,21 22,09	77,77 39,76	108,02 55,23	56,17** 28,72	51,17 26,16	63,67 32,55
637*	Pulswellenlaufzeitbestimmung – gegebenenfalls einschließlich einer elektrokardiographischen Kontrollableitung –	227	25,88 13,23	46,58 23,82	64,70 33,08	33,64** 17,20	30,65 15,67	38,14 19,50

* Reduzierter Gebührenrahmen
** 1,3fach

		Punktzahl	1fach DM €	2,3-/ 1,8fach DM €	3,5-/ 2,5fach DM €	1,7fach DM €	UV Allg. DM €	UV Bes. DM €
638*	Punktuelle Arterien- und/oder Venenpulsschreibung	121	13,79 7,05	24,83 12,70	34,49 17,63	17,93** 9,17	16,34 8,35	20,33 10,39
639*	Prüfung der spontanen und reaktiven Vasomotorik (photoplethysmographische Registrierung der Blutfüllung und photoplethysmographische Simultanregistrierung der Füllungsschwankungen peripherer Arterien an mindestens vier peripheren Gefäßabschnitten sowie gleichzeitige Registrierung des Volumenpulsbandes) ..	454	51,76 26,46	93,16 47,63	129,39 66,16	67,29** 34,40	61,29 31,34	76,27 39,00
640*	Phlebodynamometrie	650	74,10 37,89	133,38 68,20	185,25 94,72	96,33** 49,25	87,75 44,87	109,20 55,83
641*	Venenverschluß-plethysmographische Untersuchung	413	47,08 24,07	84,75 43,33	117,71 60,18	61,20** 31,30	55,76 28,51	69,38 35,48
642*	Venenverschluß-plethysmographische Untersuchung mit reaktiver Hyperämiebelastung	554	63,16 32,29	113,68 58,12	157,89 80,73	82,11** 41,98	74,79 38,24	93,07 47,59
643*	Periphere Arterien- bzw. Venendruck- und/oder Strömungsmessung	120	13,68 7,00	24,62 12,59	34,20 17,49	17,78** 9,09	16,20 8,28	20,16 10,31
644*	Untersuchung der Strömungsverhältnisse in den Extremitätenarterien bzw. -venen mit direktionaler Ultraschall-Doppler-Technik – einschließlich graphischer Registrierung –	180	20,52 10,49	36,94 18,89	51,30 26,23	26,68** 13,64	24,30 12,42	30,24 15,46
645*	Untersuchung der Strömungsverhältnisse in den hirnversorgenden Arterien und den Periorbitalarterien mit direktionaler Ultraschall-Doppler-Technik – einschließlich graphischer Registrierung –	650	74,10 37,89	133,38 68,20	185,25 94,72	96,33** 49,25	87,75 44,87	109,20 55,83
646*	Hypoxietest (Simultanregistrierung des Atemvolumens und des Gasaustausches, der Arterialisation sowie der peripheren Vasomotorik mit gasanalytischen und photoelektrischen Verfahren)	605	68,97 35,26	124,15 63,48	172,43 88,16	89,66** 45,84	81,68 41,76	101,64 51,97

* Reduzierter Gebührenrahmen
** 1,3fach

		Punktzahl	1fach DM €	2,3-/ 1,8fach DM €	3,5-/ 2,5fach DM €	1,7fach DM €	UV Allg. DM €	UV Bes. DM €
647*	Kardiologische und/oder hepatologische Kreislaufzeitmessung(en) mittels Indikatorverdünnungsmethoden – einschließlich Kurvenschreibung an verschiedenen Körperstellen mit Auswertung und einschließlich Applikation der Testsubstanz –	220	25,08 12,82	45,14 23,08	62,70 32,06	42,64 21,80	29,70 15,19	36,96 18,90
648	Messung(en) des zentralen Venen- oder Arteriendrucks, auch unter Belastung – einschließlich Venen- oder Arterienpunktion, Kathetereinführung(en) und gegebenenfalls Röntgenkontrolle –	605	68,97 35,26	158,63 81,11	241,40 123,42	117,25 59,95	81,68 41,76	101,64 51,97
649	Transkranielle, Doppler-sonographische Untersuchung – einschließlich graphischer Registrierung	650	74,10 37,89	170,43 87,14	239,35 132,60	125,97 64,41	87,75 44,87	109,20 55,83
650*	Elektrokardiographische Untersuchung zur Feststellung einer Rhythmusstörung und/oder zur Verlaufskontrolle – gegebenenfalls als Notfall-EKG –	152	17,33 8,86	31,19 15,95	43,33 22,15	22,53** 11,52	20,52 10,49	25,54 13,06
651*	Elektrokardiographische Untersuchung in Ruhe – auch gegebenenfalls nach Belastung – mit Extremitäten- und Brustwandableitungen (mindestens neun Ableitungen)	253	28,84 14,75	51,92 26,54	72,11 36,87	37,49** 19,17	34,16 17,47	42,50 21,73
652	Elektrokardiographische Untersuchung unter fortschreibender Registrierung (mindestens 9 Ableitungen) in Ruhe und bei physikalisch definierter und reproduzierbarer Belastung (Ergometrie) – gegebenenfalls auch Belastungsänderung –	445	50,73 25,94	116,68 59,66	177,56 90,78	86,24 44,09	60,08 30,72	74,76 38,22
653*	Elektrokardiographische Untersuchung auf telemetrischem Wege	253	28,84 14,75	51,92 26,54	72,11 36,87	37,49** 19,17	34,16 17,46	42,50 21,73
	Die Leistungen nach den Nummern 650 bis 653 sind nicht nebeneinander berechnungsfähig.							
654*	Langzeitblutdruckmessung von mindestens 18 Stunden Dauer – einschließlich Aufzeichnung und Auswertung – . .	150	17,10 8,74	30,78 15,74	42,75 21,86	22,23** 11,37	20,25 10,35	25,20 12,88

* Reduzierter Gebührenrahmen
** 1,3fach

		Punkt-zahl	1fach DM €	2,3-/ 1,8fach DM €	3,5-/ 2,5fach DM €	1,7fach DM €	UV Allg. DM €	UV Bes. DM €
655	Elektrokardiographische Untersuchung mittels Ösophagusableitung – einschließlich Einführen der Elektrode – zusätzlich zu den Nummern 651 oder 652	152	17,33 8,86	39,85 20,38	60,65 31,01	29,46 15,06	20,52 10,49	25,54 13,06
656	Elektrokardiographische Untersuchung mittels intrakavitärer Ableitung am Hisschen Bündel einschließlich Röntgenkontrolle	1820	207,48 106,08	477,20 243,99	726,18 371,29	352,72 180,34	245,70 125,62	305,76 156,33
657*	Vektorkardiographische Untersuchung	253	28,84 14,75	51,92 26,54	72,11 36,87	37,49** 19,17	34,16 17,46	42,50 21,73
659*	Elektrokardiographische Untersuchung über mindestens 18 Stunden (Langzeit-EKG) – gegebenenfalls einschließlich gleichzeitiger Registrierung von Puls und Atmung –, mit Auswertung	400	45,60 23,32	82,08 41,97	114,– 58,29	59,28** 30,31	54,00 27,61	67,20 34,36
660*	Phonokardiographische Untersuchung mit mindestens zwei verschiedenen Ableitpunkten in mehreren Frequenzbereichen – einschließlich einer elektrokardiographischen Kontrollableitung sowie gegebenenfalls mit Karotispulskurve und/oder apexkardiographischer Untersuchung –	303	34,54 17,66	62,18 31,79	86,36 44,15	44,90** 22,96	40,91 20,91	50,90 26,03
661*	Impulsanalyse und EKG zur Überwachung eines implantierten Schrittmachers – gegebenenfalls mit Magnettest –	530	60,42 30,89	108,76 55,61	151,05 77,23	78,55** 40,16	71,55 36,58	89,04 45,53
665*	Grundumsatzbestimmung mittels Stoffwechselapparatur ohne Kohlensäurebestimmung	121	13,79 7,05	24,83 12,70	34,49 17,63	17,93** 9,17	16,34 8,35	20,33 10,39
666*	Grundumsatzbestimmung mittels Stoffwechselapparatur mit Kohlensäurebestimmung	227	25,88 13,23	46,58 23,82	64,70 33,08	33,64** 17,20	30,65 15,67	38,14 19,50
669	Ultraschallechographie des Gehirns (Echoenzephalographie)	212	24,17 12,36	55,59 28,42	84,59 43,25	41,09 21,01	28,62 14,63	35,62 18,21

* Reduzierter Gebührenrahmen
** 1,3fach

		Punktzahl	1fach DM €	2,3-/ 1,8fach DM €	3,5-/ 2,5fach DM €	1,7fach DM €	UV Allg. DM €	UV Bes. DM €
670	Einführung einer Magenverweilsonde zur enteralen Ernährung oder zur Druckentlastung	120	13,68 7,00	31,46 16,09	47,88 24,48	23,26 11,89	16,20 8,28	20,16 10,31
671	Fraktionierte Ausheberung des Magensaftes – auch nach Probefrühstück oder Probemahlzeit –	120	13,68 7,00	31,46 16,09	47,88 24,48	23,26 11,89	16,20 8,28	20,16 10,31
672	Ausheberung des Duodenalsaftes – auch mit Gallenreflex oder Duodenalspülung, gegebenenfalls fraktioniert –	120	13,68 7,00	31,46 16,09	47,88 24,48	23,26 11,89	16,20 8,28	20,16 10,31
674	Anlage eines Pneumothorax – gegebenenfalls einschließlich Röntgendurchleuchtungen vor und nach der Füllung –	370	42,18 21,57	97,01 49,60	147,63 75,48	71,71 36,66	49,95 25,54	62,16 31,78
675	Pneumothoraxfüllung – gegebenenfalls einschließlich Röntgendurchleuchtungen vor und nach der Füllung –	275	31,35 16,03	72,11 36,87	109,73 56,10	53,30 27,25	37,13 18,98	46,20 23,62

		Punktzahl	1fach DM €	2,3fach DM €	3,5fach DM €	1,7fach DM €	UV Allg. DM €	UV Bes. DM €
676	Magenuntersuchung unter Sichtkontrolle (Gastroskopie) mittels endogastral anzuwendender Kamera einschließlich Aufnahmen *Mit der Gebühr sind die Kosten abgegolten.*	800	91,20 46,63	209,76 107,25	319,20 163,20	155,04 79,27	108,00 55,22	134,40 68,72
677	Bronchoskopie oder Thorakoskopie	600	68,40 34,97	157,32 80,44	239,40 122,40	116,28 59,45	81,00 41,42	100,80 51,54
678	Bronchoskopie mit zusätzlichem operativem Eingriff (z. B. Probeexzision, Katheterbiopsie, periphere Lungenbiopsie, Segmentsondierungen) – gegebenenfalls einschließlich Lavage –	900	102,60 52,46	235,98 120,66	359,10 183,61	174,42 89,18	121,50 62,12	151,20 77,31
679	Mediastinoskopie – gegebenenfalls einschließlich Skalenoskopie und/oder Probeexzision und/oder Probepunktion –	1100	125,40 64,12	288,42 147,47	438,90 224,41	213,18 109,00	148,50 75,93	184,80 94,49
680	Ösophagoskopie – gegebenenfalls einschließlich Probeexzision und/oder Probepunktion –	550	62,70 32,06	144,21 73,73	219,45 112,20	106,59 54,50	74,25 37,96	92,40 47,24

		Punktzahl	1fach DM €	2,3fach DM €	3,5fach DM €	1,7fach DM €	UV Allg. DM €	UV Bes. DM €
681	Ösophagoskopie mit zusätzlichem operativem Eingriff (z. B. Fremdkörperentfernung) – gegebenenfalls einschließlich Probeexzision und/oder Probepunktion –	825	94,05 48,09	216,32 110,60	329,18 168,31	159,89 81,75	111,38 56,95	138,60 70,87
682	Gastroskopie unter Einsatz vollflexibler optischer Instrumente – gegebenenfalls einschließlich Probeexzision und/oder Probepunktion –	850	96,90 49,54	222,87 113,95	339,15 173,41	164,73 84,23	114,75 58,67	142,80 73,01
683	Gastroskopie einschließlich Ösophagoskopie unter Einsatz vollflexibler optischer Instrumente – gegebenenfalls einschließlich Probeexzision und/oder Probepunktion –	1000	114,– 58,29	262,20 134,06	399,– 204,01	193,80 99,09	135,00 69,02	168,00 85,90
684	Bulboskopie – gegebenenfalls einschließlich Ösophago- und Gastroskopie, Probeexzision und/oder Probepunktion –	1200	136,80 69,95	314,64 160,87	478,80 244,81	232,56 118,91	162,00 82,83	201,60 103,08
685	Duodeno-/Jejunoskopie – gegebenenfalls einschließlich einer vorausgegangenen Ösophago-/Gastro-/Bulboskopie, Probeexzision und/oder Probepunktion –	1350	153,90 78,69	353,97 180,98	538,65 275,41	261,63 133,77	182,25 93,18	226,80 115,96
686	Duodenoskopie mit Sondierung der Papilla Vateri zwecks Einbringung von Kontrastmittel und/oder Entnahme von Sekret – gegebenenfalls einschließlich Probeexzision und/oder Probepunktion –	1500	171,– 87,43	393,30 201,09	598,50 306,01	290,70 148,63	202,50 103,54	252,00 128,85
687	Hohe Koloskopie bis zum Coecum – gegebenenfalls einschließlich Probeexzision und/oder Probepunktion –	1500	171,– 87,43	393,30 201,09	598,50 306,01	290,70 148,63	202,50 103,54	252,00 128,85
688	Partielle Koloskopie – gegebenenfalls einschließlich Rektoskopie, Probeexzision und/oder Probepunktion –	900	102,60 52,46	235,98 120,66	359,10 183,61	174,42 89,18	121,50 62,12	151,20 77,31
689	Sigmoidoskopie unter Einsatz vollflexibler optischer Instrumente – einschließlich Rektoskopie sowie gegebenenfalls einschließlich Probeexzision und/oder Probepunktion –	700	79,80 40,80	183,54 93,84	279,30 142,80	135,66 69,36	94,50 48,32	117,60 60,13

		Punktzahl	1fach DM €	2,3fach DM €	3,5fach DM €	1,7fach DM €	UV Allg. DM €	UV Bes. DM €
690	Rektoskopie – gegebenenfalls einschließlich Probeexzision und/oder Probepunktion –	350	39,90 20,40	91,77 46,92	139,65 71,40	67,83 34,68	47,25 24,16	58,80 30,06
691	Ösophago-/Gastro-/Bulboskopie mit nachfolgender Sklerosierung von Ösophagusvarizen – gegebenenfalls einschließlich Probeexzision und/oder Probepunktion –	1400	159,60 81,60	367,08 187,69	558,60 285,61	271,32 138,72	189,00 96,63	235,20 120,26
692	Duodenoskopie mit Sondierung der Papilla Vateri zwecks Einbringung von Kontrastmittel und/oder Entnahme von Sekret – gegebenenfalls einschließlich Probeexzision und/oder Probepunktion – mit Papillotomie (Hochfrequenzelektroschlinge) und Steinentfernung	1900	216,60 110,75	498,18 254,72	758,10 387,61	368,22 188,27	256,50 131,15	319,20 163,20
692 a	Plazierung einer Drainage in den Gallen- oder Pankreasgang – zusätzlich zu einer Leistung nach den Nummern 685, 686 oder 692 –	400	45,60 23,32	104,88 53,62	159,60 81,60	77,52 39,64	54,00 27,61	67,20 34,36
693	Langzeit-pH-metrie des Ösophagus – einschließlich Sondeneinführung – . . .	300	34,20 17,49	78,66 40,22	119,70 61,20	58,14 29,73	40,50 20,71	50,40 25,77
694	Manometrische Untersuchung des Ösophagus	500	57,– 29,14	131,10 67,03	199,50 102,00	96,90 49,54	67,50 34,51	84,00 42,95
695	Entfernung eines oder mehrerer Polypen oder Schlingenbiopsie mittels Hochfrequenzelektroschlinge – gegebenenfalls einschließlich Probeexzision und/oder Probepunktion – zusätzlich zu den Nummern 682 bis 685 und 687 bis 689 –	400	45,60 23,32	104,88 53,62	159,60 81,60	77,52 39,64	54,00 27,61	67,20 34,36
696	Entfernung eines oder mehrerer Polypen oder Schlingenbiopsie mittels Hochfrequenzelektroschlinge – gegebenenfalls einschließlich Probeexzision und/oder Probepunktion – zusätzlich zu Nummer 690 –	200	22,80 11,66	52,44 26,81	79,80 40,80	38,76 19,82	27,00 13,80	33,60 17,18

		Punktzahl	1fach DM €	2,3fach DM €	3,5fach DM €	1,7fach DM €	UV Allg. DM €	UV Bes. DM €
697	Saugbiopsie des Dünndarms – gegebenenfalls einschließlich Röntgenkontrolle, Probeexzision und/oder Probepunktion –	400	45,60 23,32	104,88 53,62	159,60 81,60	77,52 39,64	54,00 27,61	67,20 34,36
698	Kryochirurgischer Eingriff im Enddarmbereich	200	22,80 11,66	52,44 26,81	79,80 40,80	38,76 19,82	27,00 13,80	33,60 17,18
699	Infrarotkoagulation im Enddarmbereich, je Sitzung	120	13,68 7,00	31,46 16,09	47,88 24,48	23,26 11,89	16,20 8,28	20,16 10,31
700	Laparoskopie (mit Anlegung eines Pneumoperitoneums) oder Nephroskopie – gegebenenfalls einschließlich Probeexzision und/oder Probepunktion –	800	91,20 46,63	209,76 107,25	319,20 163,20	155,04 79,27	108,00 55,22	134,40 68,72
701	Laparoskopie (mit Anlegung eines Pneumoperitoneums) mit intraabdominalem Eingriff – gegebenenfalls einschließlich Probeexzision und/oder Probepunktion –	1050	119,70 61,20	275,31 140,76	418,95 214,21	203,49 104,04	141,75 72,48	176,40 90,19
703	Ballonsondentamponade bei blutenden Ösophagus- und/oder Fundusvarizen	500	57,– 29,14	131,10 67,03	199,50 102,00	96,90 49,54	67,50 34,51	84,00 42,95
705	Proktoskopie	152	17,33 8,86	39,85 20,38	60,65 31,01	29,46 15,06	20,52 10,49	25,54 13,06
706	Licht- oder Laserkoagulation(en) zur Beseitigung von Stenosen oder zur Blutstillung bei endoskopischen Eingriffen, je Sitzung	600	68,40 34,97	157,32 80,44	239,40 122,40	116,28 59,45	81,00 41,41	100,80 51,54
714	Neurokinesiologische Diagnostik nach Vojta (Lagereflexe) sowie Prüfung des zerebellaren Gleichgewichtes und der Statomotorik	180	20,52 10,49	47,20 24,13	71,82 36,72	34,88 17,84	24,30 12,42	30,24 15,46

		Punktzahl	1fach DM €	2,3-/ 1,8fach DM €	3,5-/ 2,5fach DM €	1,7fach DM €	UV Allg. DM €	UV Bes. DM €
715	Prüfung der kindlichen Entwicklung bezüglich der Grobmotorik, der Feinmotorik, der Sprache und des sozialen Verhaltens nach standardisierten Skalen mit Dokumentation des entsprechenden Entwicklungsstandes	220	25,08 12,82	57,68 29,49	87,78 44,88	42,64 21,80	29,70 15,19	36,96 18,90
	Neben der Leistung nach Nummer 715 sind die Leistungen nach den Nummern 8 und 26 nicht berechnungsfähig.							
716	Prüfung der funktionellen Entwicklung bei einem Säugling oder Kleinkind (z. B. Bewegungs- und Wahrnehmungsvermögen) nach standardisierten Methoden mit Dokumentation des entsprechenden Entwicklungsstandes, je Untersuchungsgang	69	7,87 4,02	18,09 9,25	27,53 14,08	13,38 6,84	9,32 4,76	11,59 5,93
717	Prüfung der funktionellen Entwicklung bei einem Kleinkind (z. B. Sprechvermögen, Sprachverständnis, Sozialverhalten) nach standardisierten Methoden mit Dokumentation des entsprechenden Entwicklungsstandes, je Untersuchungsgang	110	12,54 6,41	28,84 14,75	43,75 22,44	21,32 10,90	14,85 7,59	18,48 9,45
718	Höchstwert bei den Untersuchungen nach den Nummern 716 und 717, auch bei deren Nebeneinanderberechnung	251	28,61 14,63	65,81 33,65	100,15 51,21	48,64 24,87	33,89 17,33	42,17 21,56
	Bei Berechnung des Höchstwertes sind die Arten der Untersuchungen anzugeben.							
719	Funktionelle Entwicklungstherapie bei Ausfallerscheinungen in der Motorik, im Sprachbereich und/oder Sozialverhalten, als Einzelbehandlung, Dauer mindestens 45 Minuten	251	28,61 14,63	65,81 33,65	100,15 51,21	48,64 24,87	33,89 17,33	42,17 21,56
725*	Systematische sensomotorische Entwicklungs- und Übungsbehandlung von Ausfallerscheinungen am Zentralnervensystem als zeitaufwendige Einzelbehandlung – gegebenenfalls einschließlich individueller Beratung der Betreuungsperson –, Dauer mindestens 45 Minuten	300	34,20 17,49	61,56 31,48	85,50 43,72	44,46** 22,73	40,50 20,71	50,40 25,77

* Reduzierter Gebührenrahmen
** 1,3fach

		Punkt-zahl	1fach DM €	2,3-/1,8fach DM €	3,5-/2,5fach DM €	1,7fach DM €	UV Allg. DM €	UV Bes. DM €
	Neben der Leistung nach Nummer 725 sind die Leistungen nach den Nummern 505 bis 527, 535 bis 555, 719, 806, 846, 847, 849, 1559 und 1560 nicht berechnungsfähig.							
726*	Systematische sensomotorische Behandlung von zentralbedingten Sprachstörungen – einschließlich aller dazugehörender psychotherapeutischer, atemgymnastischer, physikalischer und sedierender Maßnahmen sowie gegebenenfalls auch Dämmerschlaf – als zeitaufwendige Einzelbehandlung, Dauer mindestens 45 Minuten	300	34,20 17,49	61,56 31,48	85,50 43,72	44,46** 22,73	40,50 20,71	50,40 25,77
	Neben der Leistung nach Nummer 726 sind die Leistungen nach den Nummern 719, 849, 1559 und 1560 nicht berechnungsfähig. *Die Leistung nach Nummer 726 ist neben der Leistung nach Nummer 725 an demselben Tage nur berechnungsfähig, wenn beide Behandlungen zeitlich getrennt voneinander mit einer Dauer von jeweils mindestens 45 Minuten erbracht werden.*							
740	Kryotherapie der Haut, je Sitzung	71	8,09 4,14	18,62 9,52	28,33 14,48	13,75 7,04	9,59 4,90	11,93 6,10
741	Verschorfung mit heißer Luft oder heißen Dämpfen, je Sitzung	76	8,66 4,43	19,93 10,19	30,32 15,50	14,72 7,53	10,26 5,25	12,77 6,53
742	Epilation von Haaren im Gesicht durch Elektrokoagulation bei generalisiertem krankhaftem Haarwuchs infolge Endokrinopathie (z. B. Hirsutismus), je Sitzung	165	18,81 9,62	43,26 22,12	65,84 33,66	31,98 16,35	22,28 11,39	27,72 14,17
743	Schleifen und Schmirgeln und/oder Fräsen von Bezirken der Haut oder der Nägel, je Sitzung	75	8,55 4,37	19,67 10,06	29,93 15,30	14,54 7,43	10,13 5,18	12,60 6,44
744	Stanzen der Haut, je Sitzung	80	9,12 4,66	20,98 10,73	31,92 16,32	15,50 7,93	10,80 5,52	13,44 6,87
745	Auskratzen von Wundgranulationen oder Entfernung von jeweils bis zu drei Warzen mit dem scharfen Löffel	46	5,24 2,68	12,06 6,17	18,35 9,38	8,91 4,56	6,21 3,18	7,73 3,95

* Reduzierter Gebührenrahmen
** 1,3fach

		Punkt-zahl	1fach DM €	2,3-/ 1,8fach DM €	3,5-/ 2,5fach DM €	1,7fach DM €	UV Allg. DM €	UV Bes. DM €
746	Elektrolyse oder Kauterisation, als selbständige Leistung	46	5,24 2,68	12,06 6,17	18,35 9,38	8,91 4,56	6,21 3,18	7,73 3,95
747	Setzen von Schröpfköpfen, Blutegeln oder Anwendung von Saugapparaten, je Sitzung	44	5,02 2,57	11,54 5,90	17,56 8,98	8,53 4,36	5,94 3,04	7,39 3,78
748	Hautdrainage	76	8,66 4,43	19,93 10,19	30,32 15,50	14,72 7,53	10,26 5,25	12,77 6,53
750	Auflichtmikroskopie der Haut (Dermatoskopie), je Sitzung	120	13,68 7,00	31,46 16,09	47,88 24,48	23,26 11,89	16,20 8,28	20,16 10,31
752	Bestimmung des Elektrolytgehalts im Schweiß durch Widerstandsmessung – einschließlich Stimulation der Schweißsekretion –	150	17,10 8,74	39,33 20,11	59,85 30,60	29,07 14,86	20,25 10,35	25,20 12,89
755	Hochtouriges Schleifen von Bezirken der Haut bei schweren Entstellungen durch Naevi, narbigen Restzuständen nach Akne vulgaris und ähnlichen Indikationen, je Sitzung	240	27,36 13,99	62,93 32,18	95,76 48,96	46,51 23,78	32,40 16,57	40,32 20,62
756	Chemochirurgische Behandlung spitzer Kondylome, auch in mehreren Sitzungen	121	13,79 7,05	31,73 16,22	48,28 24,69	23,44 11,99	16,34 8,35	20,33 10,39
757	Chemochirurgische Behandlung einer Präkanzerose – gegebenenfalls in mehreren Sitzungen	150	17,10 8,74	39,33 20,11	59,85 30,60	29,07 14,86	20,25 10,35	25,20 12,88
758	Sticheln oder Öffnen und Ausquetschen von Aknepusteln, je Sitzung	75	8,55 4,37	19,67 10,06	29,93 15,30	14,54 7,43	10,13 5,18	12,60 6,44
759*	Bestimmung der Alkalineutralisationszeit	76	8,66 4,43	15,60 7,97	21,66 11,08	11,26** 5,76	10,26 5,25	12,77 6,53
760*	Alkaliresistenzbestimmung (Tropfmethode)	121	13,79 7,05	24,83 12,70	34,49 17,63	17,93** 9,17	16,34 8,35	20,33 10,39
761*	UV-Erythemschwellenwertbestimmung – einschließlich Nachschau –	76	8,66 4,43	15,60 7,97	21,66 11,08	11,26** 5,76	10,26 5,25	12,77 6,53

* Reduzierter Gebührenrahmen
** 1,3fach

		Punktzahl	1fach DM €	2,3fach DM €	3,5fach DM €	1,7fach DM €	UV Allg. DM €	UV Bes. DM €
762	Entleerung des Lymphödems an Arm oder Bein durch Abwicklung mit Gummischlauch	130	14,82 7,58	34,09 17,43	51,87 26,52	25,19 12,88	17,55 8,97	21,84 11,17
763	Spaltung oberflächlich gelegener Venen an einer Extremität oder von Hämorrhoidalknoten mit Thrombus-Expressionen – gegebenenfalls einschließlich Naht –	148	16,87 8,63	38,81 19,84	59,05 30,19	28,68 14,67	19,98 10,22	24,86 12,71
764	Verödung (Sklerosierung) von Krampfadern oder Hämorrhoidalknoten, je Sitzung	190	21,66 11,08	49,82 25,47	75,81 38,76	36,82 18,83	25,65 13,11	31,92 16,32
765	Operative Entfernung hypertropher zirkumanaler Hautfalten (Marisquen)	280	31,92 16,32	73,42 37,54	111,72 57,12	54,26 27,75	37,80 19,33	47,04 24,05
766	Ligaturbehandlung von Hämorrhoiden einschließlich Proktoskopie, je Sitzung	225	25,65 13,12	59,– 30,16	89,78 45,90	43,61 22,30	30,38 15,53	37,80 19,33
768	Ätzung im Enddarmbereich, als selbständige Leistung	50	5,70 2,91	13,11 6,70	19,95 10,20	9,69 4,95	6,75 3,45	8,40 4,29
770	Ausräumung des Mastdarms mit der Hand	140	15,96 8,16	36,71 18,77	55,86 28,56	27,13 13,87	18,90 9,66	23,52 12,03
780	Apparative Dehnung (Sprengung) eines Kardiospasmus	242	27,59 14,11	63,45 32,44	96,56 49,37	46,90 23,98	32,67 16,70	40,66 20,79
781	Bougierung der Speiseröhre, je Sitzung	76	8,66 4,43	19,93 10,19	30,32 15,50	14,72 7,53	10,26 5,25	12,77 6,53
784	Erstanlegen einer externen Medikamentenpumpe – einschließlich Einstellung sowie Beratung und Schulung des Patienten – gegebenenfalls in mehreren Sitzungen –	275	31,35 16,03	72,11 36,87	109,73 56,10	53,30 27,25	37,13 18,98	46,20 23,62
785	Anlage und Überwachung einer Peritonealdialyse einschließlich der ersten Spülung	330	37,62 19,24	86,53 44,24	131,67 67,32	63,95 32,70	44,55 22,78	55,44 28,35
786	Peritonealdialyse bei liegendem Katheter einschließlich Überwachung, jede (weitere) Spülung	55	6,27 3,21	14,42 7,37	21,95 11,22	10,66 5,45	7,43 3,80	9,24 4,72

		Punktzahl	1fach DM €	2,3fach DM €	3,5fach DM €	1,7fach DM €	UV Allg. DM €	UV Bes. DM €
790	Ärztliche Betreuung bei Hämodialyse als Training des Patienten und gegebenenfalls seines Dialysepartners zur Vorbereitung auf Heim- oder Limited-Care-Dialysen, auch als Hämofiltration, je Dialyse	500	57,– 29,14	131,10 67,03	199,50 102,00	96,90 49,54	67,50 34,51	84,00 42,95
791	Ärztliche Betreuung eines Patienten bei Hämodialyse als Heimdialyse oder Limited-Care-Dialyse, auch als Hämofiltration, je Dialyse	320	36,48 18,65	83,90 42,90	127,68 65,28	62,02 31,71	43,20 22,09	53,76 27,49
792	Ärztliche Betreuung eines Patienten bei Hämodialyse als Zentrums- oder Praxisdialyse (auch als Feriendialyse) – auch als Hämofiltration oder bei Plasmapherese –, je Dialyse bzw. Sitzung	440	50,16 25,65	115,37 58,99	175,56 89,76	85,27 43,60	59,40 30,37	73,92 37,79
793	Ärztliche Betreuung eines Patienten bei kontinuierlicher ambulanter Peritonealdialyse (CAPD), je Tag	115	13,11 6,70	30,15 15,42	45,89 23,46	22,29 11,40		

Der Leistungsinhalt der Nummern 790 bis 793 umfaßt insbesondere die ständige Bereitschaft von Arzt und gegebenenfalls Dialysehilfspersonal, die regelmäßigen Beratungen und Untersuchungen des Patienten, die Anfertigung und Auswertung der Dialyseprotokolle sowie die regelmäßigen Besuche bei Heimdialyse Patienten mit Gerätekontrollen im Abstand von mindestens drei Monaten.

Bei der Zentrums- und Praxisdialyse ist darüber hinaus die ständige Anwesenheit des Arztes während der Dialyse erforderlich.

Leistungen nach den Abschnitten B und C (mit Ausnahme der Leistung nach Nummer 50 in Verbindung mit einem Zuschlag nach den Buchstaben E, F, G und/oder H) sowie die Leistungen nach den Nummern 3550, 3555, 3557, 3558, 3562.H1, 3565.H1, 3574, 3580.H1, 3584.H1, 3585.H1, 3587.H1, 3592.H1, 3594.H1, 3595.H1, 3620, 3680, 3761 und 4381, die in ursächlichem Zusammenhang mit der Dialysebehandlung erbracht werden, sind nicht gesondert berechnungsfähig. Dies gilt auch für Auftragsleistungen.

		Punktzahl	1fach DM €	2,3fach DM €	3,5fach DM €	1,7fach DM €	UV Allg. DM €	UV Bes. DM €
793	Ärztliche Betreuung eines Patienten bei kontinuierlicher ambulanter Peritonealdialyse (CAPD), je Tag						15,53 7,94	19,32 9,88
	Der Leistungsinhalt der Nummern 790 bis 793 umfaßt insbesondere die ständige Bereitschaft von Arzt und gegebenenfalls Dialysehilfespersonal, die regelmäßigen Beratungen und Untersuchungen des Patienten, die Anfertigung und Auswertung der Dialyseprotokolle sowie die regelmäßigen Besuche bei Heimdialyse-Patienten mit Gerätekontrollen im Abstand von mindestens drei Monaten. *Bei der Zentrums- und Praxisdialyse ist darüber hinaus die ständige Anwesenheit des Arztes während der Dialyse erforderlich.* *Leistungen nach den Abschnitten B und C (mit Ausnahme der Leistung nach Nummern 50a bis 50e) sowie die Leistungen nach den Nummern 3550, 3555, 3557, 3558, 3562.H1, 3565.H1, 3574, 3580.H1, 3584.H1, 3585.H1, 3587.H1, 3592.H1, 3594.H1, 3595.H1, 3620, 3680, 3761 und 4381, die in ursächlichem Zusammenhang mit der Dialysebehandlung erbracht werden, sind nicht gesondert berechnungsfähig. Dies gilt auch für Auftragsleistungen.*							
796▲	Ergometrische Funktionsprüfung mittels Fahrrad- oder Laufbandergometer (physikalisch definierte und reproduzierbare Belastungsstufen), einschließlich Dokumentation						20,52 10,49	25,54 13,06

▲ Leistung nur nach UV-GOÄ berechnungsfähig.

G. Neurologie, Psychiatrie und Psychotherapie (GOÄ/UV-GOÄ)

		Punktzahl	1fach DM €	2,3fach DM €	3,5fach DM €	1,7fach DM €	UV Allg. DM €	UV Bes. DM €
800	Eingehende neurologische Untersuchung – gegebenenfalls einschließlich der Untersuchung des Augenhintergrundes –	195	22,23 11,37	51,13 26,14	77,81 39,78	37,79 19,32		
	Neben der Leistung nach Nummer 800 sind die Leistungen nach den Nummern 8, 26, 825, 826, 830 und 1400 nicht berechnungsfähig.							
800	Eingehende neurologische Untersuchung – gegebenenfalls einschließlich der Untersuchung des Augenhintergrundes –						26,33 13,46	32,76 16,75
	Die Leistung ist nur für Nervenärzte, Neurologen und Neurochirurgen berechnungsfähig und im Behandlungsfall nicht mehr als dreimal berechenbar. *Neben der Leistung nach Nummer 800 sind die Leistungen nach den Nummern 6 bis 10, 725, 830 und 1400 nicht berechnungsfähig.*							
801	Eingehende psychiatrische Untersuchung – gegebenenfalls unter Einschaltung der Bezugs- und/oder Kontaktperson –	250	28,50 14,57	65,55 33,52	99,75 51,00	48,45 24,77		
	Neben der Leistung nach Nummer 801 sind die Leistungen nach den Nummern 4, 8, 715 bis 718, 825, 826, 830 und 1400 nicht berechnungsfähig.							
801	Eingehende psychiatrische Untersuchung – gegebenenfalls unter Einschaltung der Bezugs- und/oder Kontaktperson –						33,75 17,26	42,00 21,47
	Neben der Leistung nach Nummer 801 sind die Leistungen nach den Nummern 6 bis 10, 715 bis 718, 825, 826, 830 und 1400 nicht berechnungsfähig.							
804	Psychiatrische Behandlung durch eingehendes therapeutisches Gespräch – auch mit gezielter Exploration – ...	150	17,10 8,74	39,33 20,11	59,85 30,60	29,07 14,86	20,25 10,35	25,20 12,88

Nr.	Leistung	Punktzahl	1fach DM / €	2,3fach DM / €	3,5fach DM / €	1,7fach DM / €	UV Allg. DM / €	UV Bes. DM / €
806	Psychiatrische Behandlung durch gezielte Exploration und eingehendes therapeutisches Gespräch, auch in akuter Konfliktsituation – gegebenenfalls unter Einschluß eines eingehenden situationsregulierenden Kontaktgesprächs mit Dritten –, Mindestdauer 20 Minuten	250	28,50 14,57	65,55 33,52	99,75 51,00	48,45 24,77	33,75 17,26	42,00 21,47
807	Erhebung einer biographischen psychiatrischen Anamnese bei Kindern oder Jugendlichen unter Einschaltung der Bezugs- und Kontaktpersonen mit schriftlicher Aufzeichnung, auch in mehreren Sitzungen	400	45,60 23,32	104,88 53,62	159,60 81,60	77,52 39,64	54,00 27,61	67,20 34,36
	Die Leistung nach Nummer 807 ist im Behandlungsfall nur einmal berechnungsfähig.							
808	Einleitung oder Verlängerung der tiefenpsychologisch fundierten oder der analytischen Psychotherapie – einschließlich Antrag auf Feststellung der Leistungspflicht im Rahmen des Gutachterverfahrens, gegebenenfalls einschließlich Besprechung mit dem nichtärztlichen Psychotherapeuten –	400	45,60 23,32	104,88 53,62	159,60 81,60	77,52 39,64	54,00 27,61	67,20 34,36
812	Psychiatrische Notfallbehandlung bei Suizidversuch und anderer psychischer Dekompensation durch sofortige Intervention und eingehendes therapeutisches Gespräch	500	57,– 29,14	131,10 67,03	199,50 102,00	96,90 49,54	67,50 34,51	84,00 42,95
816	Neuropsychiatrische Behandlung eines Anfallkranken mit Kontrolle der Anfallaufzeichnung – gegebenenfalls mit medikamentöser Ein- oder Umstellung und auch mit Einschaltung von Kontaktpersonen –	180	20,52 10,49	47,20 24,13	71,82 36,72	34,88 17,84	24,30 12,42	30,24 15,46
817	Eingehende psychiatrische Beratung der Bezugsperson psychisch gestörter Kinder oder Jugendlicher anhand erhobener Befunde und Erläuterung geplanter therapeutischer Maßnahmen	180	20,52 10,49	47,20 24,13	71,82 36,72	34,88 17,84	24,30 12,42	30,24 15,46
825	Genaue Geruchs- und/oder Geschmacksprüfung zur Differenzierung von Störungen der Hirnnerven, als selbständige Leistung	83	9,46 4,84	21,76 11,13	33,12 16,93	16,08 8,22	11,21 5,73	13,94 7,13

		Punktzahl	1fach DM €	2,3fach DM €	3,5fach DM €	1,7fach DM €	UV Allg. DM €	UV Bes. DM €
826	Gezielte neurologische Gleichgewichts- und Koordinationsprüfung – gegebenenfalls einschließlich kalorisch-otologischer Prüfung –	99	11,29 5,77	25,96 13,27	39,50 20,20	19,19 9,81	13,37 6,83	16,63 8,50
	Neben der Leistung nach Nummer 826 ist die Leistung nach Nummer 1412 nicht berechnungsfähig.							
827	Elektroenzephalographische Untersuchung – auch mit Standardprovokationen –	605	68,97 35,26	158,63 81,11	241,40 123,42	117,25 59,95	81,68 41,76	101,64 51,97
827 a	Langzeit-elektroenzephalographische Untersuchung von mindestens 18 Stunden Dauer – einschließlich Aufzeichnung und Auswertung	950	108,30 55,37	249,09 127,36	379,05 193,81	184,11 94,13	128,25 65,57	159,60 81,60
828	Messung visuell, akustisch oder somatosensorisch evozierter Hirnpotentiale (VEP, AEP, SSP)	605	68,97 35,26	158,63 81,11	241,40 123,42	117,25 59,95	81,68 41,76	101,64 51,97
829	Sensible Elektroneurographie mit Oberflächenelektroden – gegebenenfalls einschließlich Bestimmung der Rheobase und der Chronaxie –	160	18,24 9,33	41,95 21,45	63,84 32,64	31,01 15,85	21,60 11,04	26,88 13,74
830	Eingehende Prüfung auf Aphasie, Apraxie, Alexie, Agraphie, Agnosie und Körperschemastörungen	80	9,12 4,66	20,98 10,73	31,92 16,32	15,50 7,93	10,80 5,52	13,44 6,87
831	Vegetative Funktionsdiagnostik – auch unter Anwendung pharmakologischer Testmethoden (z. B. Minor) einschließlich Wärmeanwendung und/oder Injektionen –	80	9,12 4,66	20,98 10,73	31,92 16,32	15,50 7,93	10,80 5,52	13,44 6,87
832	Befunderhebung am Nervensystem durch Faradisation und/oder Galvanisation	158	18,01 9,21	41,43 21,18	63,04 32,23	30,62 15,66	21,33 10,91	26,54 13,57
833	Begleitung eines psychisch Kranken bei Überführung in die Klinik – einschließlich Ausstellung der notwendigen Bescheinigungen –	285	32,49 16,61	74,73 38,21	113,72 58,14	55,23 28,24	38,48 19,68	47,88 24,48
	Verweilgebühren sind nach Ablauf einer halben Stunde zusätzlich berechnungsfähig.							

		Punktzahl	1fach DM €	2,3fach DM €	3,5fach DM €	1,7fach DM €	UV Allg. DM €	UV Bes. DM €
835	Einmalige, nicht in zeitlichem Zusammenhang mit einer eingehenden Untersuchung durchgeführte Erhebung der Fremdanamnese über einen psychisch Kranken oder über ein verhaltensgestörtes Kind	64	7,30 3,73	16,78 8,58	25,54 13,06	12,41 6,34	8,64 4,42	10,75 5,50
836	Intravenöse Konvulsionstherapie	190	21,66 11,08	49,82 25,47	75,81 38,76	36,82 18,83	25,65 13,11	31,92 16,32
837	Elektrische Konvulsionstherapie	273	31,12 15,91	71,58 36,60	108,93 55,69	52,90 27,05	36,86 18,84	45,86 23,45
838	Elektromyographische Untersuchung zur Feststellung peripherer Funktionsstörungen der Nerven und Muskeln	550	62,70 32,06	144,21 73,73	219,45 112,20	106,59 54,50	74,25 37,96	92,40 47,24
839	Elektromyographische Untersuchung zur Feststellung peripherer Funktionsstörungen der Nerven und Muskeln mit Untersuchung der Nervenleitungsgeschwindigkeit	700	79,80 40,80	183,54 93,84	279,30 142,80	135,66 69,36	94,50 48,32	117,60 60,13

		Punktzahl	1fach DM €	2,3-/1,8fach DM €	3,5-/2,5fach DM €	1,7fach DM €	UV Allg. DM €	UV Bes. DM €
840	Sensible Elektroneurographie mit Nadelelektroden – gegebenenfalls einschließlich Bestimmung der Rheobase und der Chronaxie –	700	79,80 40,80	183,54 93,84	279,30 142,80	135,66 69,36	94,50 48,32	117,60 60,13
842	Apparative isokinetische Muskelfunktionsdiagnostik *Die Leistung nach Nummer 842 ist im Behandlungsfall nur einmal berechnungsfähig.*	500	57,– 29,14	131,10 67,03	199,50 102,00	96,90 49,54	67,50 34,51	84,00 42,95
845	Behandlung einer Einzelperson durch Hypnose	150	17,10 8,74	39,33 20,11	59,85 30,60	29,07 14,86	20,25 10,35	25,20 12,88
846	Übende Verfahren (z. B. autogenes Training) in Einzelbehandlung, Dauer mindestens 20 Minuten	150	17,10 8,74	39,33 20,11	59,85 30,60	29,07 14,86	20,25 10,35	25,20 12,88
847	Übende Verfahren (z. B. autogenes Training) in Gruppenbehandlung mit höchstens zwölf Teilnehmern, Dauer mindestens 20 Minuten, je Teilnehmer	45	5,13 2,62	11,80 6,03	17,96 9,18	8,72 4,46	6,08 3,11	7,56 3,87

		Punktzahl	1fach DM €	2,3-/1,8fach DM €	3,5-/2,5fach DM €	1,7fach DM €	UV Allg. DM €	UV Bes. DM €
849	Psychotherapeutische Behandlung bei psychoreaktiven, psychosomatischen oder neurotischen Störungen, Dauer mindestens 20 Minuten	230	26,22 13,41	60,31 30,83	91,77 46,92	44,57 22,79	31,05 15,88	38,64 19,76
855*	Anwendung und Auswertung projektiver Testverfahren (z. B. Rorschach-Test, TAT) mit schriftlicher Aufzeichnung, insgesamt	722	82,31 42,08	148,15 75,75	205,77 105,21	107,00** 54,71	97,47 49,84	121,30 62,02
856*	Anwendung und Auswertung standardisierter Intelligenz- und Entwicklungstests (Staffeltests oder HAWIE(K), IST/Amthauer, Bühler-Hetzer, Binet-Simon, Kramer) mit schriftlicher Aufzeichnung, insgesamt	361	41,15 21,04	74,08 37,88	102,89 52,60	53,50** 27,35	48,74 24,92	60,65 31,01
	Neben der Leistung nach Nummer 856 sind die Leistungen nach den Nummern 715 bis 718 nicht berechnungsfähig.							
857*	Anwendung und Auswertung orientierender Testuntersuchungen (z. B. Fragebogentest nach Eysenck, MPQ oder MPI, Raven-Test, Sceno-Test, Wartegg-Zeichentest, Haus-Baum-Mensch, mit Ausnahme des sogenannten Lüscher-Tests), insgesamt	116	13,22 6,76	23,80 12,17	33,06 16,90	17,19** 8,79	15,66 8,01	19,49 9,96
	Neben der Leistung nach Nummer 857 sind die Leistungen nach den Nummern 716 und 717 nicht berechnungsfähig.							
860	Erhebung einer biographischen Anamnese unter neurosenpsychologischen Gesichtspunkten mit schriftlicher Aufzeichnung zur Einleitung und Indikationsstellung bei tiefenpsychologisch fundierter und analytischer Psychotherapie, auch in mehreren Sitzungen	920	104,88 53,62	241,22 123,34	367,08 187,69	178,30 91,16	124,20 63,50	154,56 79,03
	Die Nummer 860 ist im Behandlungsfall nur einmal berechnungsfähig. Neben der Leistung nach Nummer 860 sind die Leistungen nach Nummern 807 und 835 nicht berechnungsfähig.							

* Reduzierter Gebührenrahmen
** 1,3fach

		Punktzahl	1fach DM €	2,3fach DM €	3,5fach DM €	1,7fach DM €	UV Allg. DM €	UV Bes. DM €
861	Tiefenpsychologisch fundierte Psychotherapie, Einzelbehandlung, Dauer mindestens 50 Minuten	690	78,66 40,22	180,92 92,50	275,31 140,76	133,72 68,37	93,15 47,63	115,92 59,27
862	Tiefenpsychologisch fundierte Psychotherapie, Gruppenbehandlung mit einer Teilnehmerzahl von höchstens acht Personen, Dauer mindestens 100 Minuten, je Teilnehmer	345	39,33 20,11	90,46 46,25	137,66 70,38	66,86 34,19	46,58 23,81	57,96 29,63
863	Analytische Psychotherapie, Einzelbehandlung, Dauer mindestens 50 Minuten	690	78,66 40,22	180,92 92,50	275,31 140,76	133,72 68,37	93,15 47,63	115,92 59,27
864	Analytische Psychotherapie, Gruppenbehandlung mit einer Teilnehmerzahl von höchstens acht Personen, Dauer mindestens 100 Minuten, je Teilnehmer	345	39,33 20,11	90,46 46,25	137,66 70,38	66,86 34,19	46,58 23,81	57,96 29,63
865	Besprechung mit dem nichtärztlichen Psychotherapeuten über die Fortsetzung der Behandlung	345	39,33 20,11	90,46 46,25	137,66 70,38	66,86 34,19	46,58 23,81	57,96 29,63
870	Verhaltenstherapie, Einzelbehandlung, Dauer mindestens 50 Minuten – gegebenenfalls Unterteilung in zwei Einheiten von jeweils mindestens 25 Minuten –	750	85,50 43,72	196,65 100,55	299,25 153,00	145,35 74,32	101,25 51,77	126,00 64,42
871	Verhaltenstherapie, Gruppenbehandlung mit einer Teilnehmerzahl von höchstens 8 Personen, Dauer mindestens 50 Minuten, je Teilnehmer *Bei einer Sitzungsdauer von mindestens 100 Minuten kann die Leistung nach Nummer 871 zweimal berechnet werden.*	150	17,10 8,74	39,33 20,11	59,85 30,60	29,07 14,86	20,25 10,35	25,20 12,88
885	Eingehende psychiatrische Untersuchung bei Kindern oder Jugendlichen unter auch mehrfacher Einschaltung der Bezugs- und/oder Kontaktperson(en) unter Berücksichtigung familienmedizinischer und entwicklungspsychologischer Bezüge	500	57,– 29,14	131,10 67,03	199,50 102,00	96,90 49,54	67,50 34,51	84,00 42,95

		Punkt-zahl	1fach DM €	2,3fach DM €	3,5fach DM €	1,7fach DM €	UV Allg. DM €	UV Bes. DM €
886	Psychiatrische Behandlung bei Kindern und/oder Jugendlichen unter Einschaltung der Bezugs- und/oder Kontaktperson(en) unter Berücksichtigung familienmedizinischer und entwicklungspsychologischer Bezüge, Dauer mindestens 40 Minuten	700	79,80 40,80	183,54 93,84	279,30 142,80	135,66 69,36	94,50 48,32	117,60 60,13
887	Psychiatrische Behandlung in Gruppen bei Kindern und/oder Jugendlichen, Dauer mindestens 60 Minuten, bei einer Teilnehmerzahl von höchstens zehn Personen, je Teilnehmer .	200	22,80 11,66	52,44 26,81	79,80 40,80	38,76 19,82	27,00 13,80	33,60 17,18

H. Geburtshilfe und Gynäkologie (GOÄ/UV-GOÄ)

Allgemeine Bestimmungen

Werden mehrere Eingriffe in der Bauchhöhle in zeitlichem Zusammenhang durchgeführt, die jeweils in der Leistung die Eröffnung der Bauchhöhle enthalten, so darf diese nur einmal berechnet werden; die Vergütungssätze der weiteren Eingriffe sind deshalb um den Vergütungssatz nach Nummer 3135 zu kürzen.

		Punktzahl	1fach DM €	2,3-/ 1,8fach DM €	3,5-/ 2,5fach DM €	1,7fach DM €	UV Allg. DM €	UV Bes. DM €
1001*	Tokographische Untersuchung	120	13,68 7,00	24,62 12,59	34,20 17,49	17,78** 9,09	16,20 8,28	20,16 10,31
1002*	Externe kardiotokographische Untersuchung	200	22,80 11,66	41,04 20,98	57,– 29,14	29,64** 15,16	27,00 13,80	33,60 17,18
1003	Interne kardiotokographische Untersuchung – gegebenenfalls einschließlich einer im zeitlichen Zusammenhang des Geburtsvorganges vorausgegangenen externen Kardiotokographie –	379	43,21 22,09	99,37 50,81	151,22 77,32	73,46 37,56	51,17 26,16	63,67 32,55
	Neben den Leistungen nach den Nummern 1002 und 1003 ist die Leistung nach Nummer 1001 nicht berechnungsfähig.							
1010	Amnioskopie	148	16,87 8,63	38,81 19,84	59,05 30,19	28,68 14,67	19,98 10,22	24,86 12,71
1011	Amniozentese – einschließlich Fruchtwasserentnahme –	266	30,32 15,50	69,75 35,66	106,13 54,27	51,54 26,36	35,91 18,36	44,69 22,85
1012	Blutentnahme beim Fetus	74	8,44 4,31	19,40 9,92	29,53 15,10	14,35 7,33	9,99 5,11	12,43 6,36
1013	Blutentnahme beim Fetus – einschließlich pH-Messung(en) im Blut –	178	20,29 10,38	46,67 23,86	71,02 36,31	34,49 17,64	24,03 12,29	29,90 15,29
1014	Blutentnahme beim Fetus mittels Amnioskopie – einschließlich pH-Messung(en) im Blut –	296	33,74 17,25	77,61 39,68	118,10 60,39	57,36 29,33	39,96 20,43	49,73 25,43
1020	Erweiterung des Gebärmutterhalses durch Dehnung im Zusammenhang mit einer Geburt – gegebenenfalls einschließlich Eipollösung –	148	16,87 8,63	38,81 19,84	59,05 30,19	28,68 14,67	19,98 10,22	24,86 12,71
1021	Beistand von mindestens zwei Stunden Dauer bei einer Geburt, die auf natürlichem Wege nicht beendet werden kann, ausschließlich Kunsthilfe ..	266	30,32 15,50	69,75 35,66	106,13 54,27	51,54 26,36	35,91 18,36	44,69 22,85

* Reduzierter Gebührenrahmen
** 1,3fach

		Punktzahl	1fach DM €	2,3-/1,8fach DM €	3,5-/2,5fach DM €	1,7fach DM €	UV Allg. DM €	UV Bes. DM €
1022	Beistand bei einer Geburt, auch Risikogeburt, regelwidriger Kindslage, Mehrlingsgeburt, ausschließlich Kunsthilfe, sofern der Arzt die Geburt auf natürlichem Wege bis zur Beendigung geleitet hat	1300	148,20 75,77	340,86 174,28	518,70 265,21	251,94 128,82	175,50 89,73	218,40 111,67
1025	Entbindung durch Manualextraktion am Beckenende	554	63,16 32,29	145,26 74,27	221,05 113,02	107,37 54,90	74,79 38,24	93,07 47,59
1026	Entbindung durch Vakuumextraktion .	832	94,85 48,50	218,15 111,54	331,97 169,73	161,25 82,44	112,32 57,43	139,78 71,47
1027	Entbindung durch Zange	832	94,85 48,50	218,15 111,54	331,97 169,73	161,25 82,44	112,32 57,43	139,78 71,47
1028	Äußere Wendung	370	42,18 21,57	97,01 49,60	147,63 75,48	71,71 36,66	49,95 25,54	62,16 31,78
1029	Innere oder kombinierte Wendung – auch mit Extraktion –	1110	126,54 64,70	291,04 148,81	442,89 226,45	215,12 109,99	149,85 76,62	186,48 95,35

		Punktzahl	1fach DM €	2,3fach DM €	3,5fach DM €	1,7fach DM €	UV Allg. DM €	UV Bes. DM €
1030	Entbindung bei vorliegendem Mutterkuchen, zusätzlich	370	42,18 21,57	97,01 49,60	147,63 75,48	71,71 36,66	49,95 25,54	62,16 31,78
	Neben den Leistungen nach den Nummern 1025 bis 1030 kann jeweils eine Leistung nach der Nummer 1021 oder 1022 zusätzlich berechnet werden.							
1031	Entbindung durch Perforation oder Embryotomie, mit Extraktion	1950	222,30 113,66	511,29 261,42	778,05 397,81	377,91 193,22	263,25 134,60	327,60 167,50
1032	Schnittentbindung von der Scheide oder von den Bauchdecken aus	2310	263,34 134,64	605,68 309,68	921,69 471,25	447,68 228,89	311,85 159,45	388,08 198,42
1035	Operation der Uterusruptur ohne Uterusexstirpation	2030	231,42 118,32	532,27 272,14	809,97 414,13	393,41 201,15	274,05 140,12	341,04 174,37
1036	Operation der Uterusruptur mit Uterusexstirpation	2770	315,78 161,46	726,29 371,35	1105,23 565,10	536,83 274,48	373,95 191,20	465,36 237,94
1040	Reanimation eines asphyktischen Neugeborenen durch apparative Beatmung – auch mit Intubation und gegebenenfalls einschließlich extrathorakaler indirekter Herzmassage – . . .	350	39,90 20,40	91,77 46,92	139,65 71,40	67,83 34,68	47,25 24,16	58,80 30,06

		Punktzahl	1fach DM €	2,3fach DM €	3,5fach DM €	1,7fach DM €	UV Allg. DM €	UV Bes. DM €
1041	Entfernung der Nachgeburt oder von Resten durch inneren Eingriff mit oder ohne Kürettement	824	93,94 48,03	216,05 110,47	328,78 168,10	159,70 81,65	111,24 56,88	138,43 70,78
1042	Behandlung einer Blutung nach der Geburt durch innere Eingriffe	554	63,16 32,29	145,26 74,27	221,05 113,02	107,37 54,90	74,79 38,24	93,07 47,59
1043	Naht des Gebärmutterhalses – einschließlich der vorangegangenen Erweiterung durch Schnitt oder Naht eines frischen Mutterhalsrisses –	620	70,68 36,14	162,56 83,12	247,38 126,48	120,16 61,44	83,70 42,80	104,16 53,26
1044	Naht der weichen Geburtswege – auch nach vorangegangener künstlicher Erweiterung – und/oder Naht eines Dammrisses I. oder II. Grades und/oder Naht eines Scheidenrisses .	420	47,88 24,48	110,12 56,31	167,58 85,68	81,40 41,62	56,70 28,99	70,56 36,08
	Neben der Leistung nach Nummer 1044 ist die Leistung nach Nummer 1096 nicht berechnungsfähig.							
1045	Naht eines vollkommenen Dammrisses (III. Grades)	924	105,34 53,86	242,27 123,87	368,68 188,50	179,08 91,56	124,74 63,78	155,23 79,37
	Neben der Leistung nach Nummer 1045 ist die Leistung nach Nummer 1044 nicht berechnungsfähig.							
1048	Operation einer Extrauterinschwangerschaft	2310	263,34 134,64	605,68 309,68	921,69 471,25	447,68 228,89	311,85 159,45	388,08 198,42
1049	Aufrichtung der eingeklemmten Gebärmutter einer Schwangeren – auch mit Einlage eines Ringes –	296	33,74 17,25	77,61 39,68	118,10 60,39	57,36 29,33	39,96 20,43	49,73 25,43
1050	Instrumentale Einleitung einer Geburt oder Fehlgeburt, als selbständige Leistung	296	33,74 17,25	77,61 39,68	118,10 60,39	57,36 29,33	39,96 20,43	49,73 25,43
1051	Beistand bei einer Fehlgeburt ohne operative Hilfe	185	21,09 10,78	48,51 24,80	73,82 37,74	35,85 18,33	24,98 12,77	31,08 15,89
1052	Beistand bei einer Fehlgeburt und deren Beendigung durch inneren Eingriff	739	84,25 43,07	193,77 99,07	294,86 150,76	143,23 73,23	99,77 51,01	124,15 63,48

		Punktzahl	1fach DM / €	2,3fach DM / €	3,5fach DM / €	1,7fach DM / €	UV Allg. DM / €	UV Bes. DM / €
1055*	Abbruch einer Schwangerschaft bis einschließlich 12. Schwangerschaftswoche – gegebenenfalls einschließlich Erweiterung des Gebärmutterhalskanals –	800	91,20	209,76	319,20	155,04	108,00	134,40
			46,63	83,93	116,58	79,27	55,22	68,72
1056	Abbruch einer Schwangerschaft ab der 13. Schwangerschaftswoche – gegebenenfalls einschließlich Erweiterung des Gebärmutterhalskanals –	1200	136,80	314,64	478,80	232,56	162,00	201,60
			69,95	160,87	244,81	118,91	82,83	103,08
	Neben den Leistungen nach den Nummern 1055 und 1056 ist die intravaginale oder intrazervikale Applikation von Prostaglandin-Gel nicht gesondert berechnungsfähig.							
1060	Ausräumung einer Blasenmole oder einer missed abortion	924	105,34	242,27	368,68	179,08	124,74	155,23
			53,86	123,87	188,50	91,56	63,78	79,37
1061	Abtragung des Hymens oder Eröffnung eines Hämatokolpos	185	21,09	48,51	73,82	35,85	24,98	31,08
			10,78	24,80	37,74	18,33	12,77	15,89
1062	Vaginoskopie bei einer Virgo	178	20,29	46,67	71,02	34,49	24,03	29,90
			10,38	23,86	36,31	17,64	12,29	15,29
1063	Vaginoskopie bei einem Kind bis zum vollendeten 10. Lebensjahr	240	27,36	62,93	95,76	46,51	32,40	40,32
			13,99	32,18	48,96	23,78	16,57	20,62
1070	Kolposkopie	73	8,32	19,14	29,13	14,14	9,86	12,26
			4,26	9,79	14,89	7,23	5,04	6,27
1075	Vaginale Behandlung – auch einschließlich Einbringung von Arzneimitteln in die Gebärmutter, Ätzung des Gebärmutterhalses und/oder Behandlung von Portioerosionen –	45	5,13	11,80	17,96	8,72	6,08	7,56
			2,62	6,03	9,18	4,46	3,11	3,87
1080	Entfernung eines Fremdkörpers aus der Scheide eines Kindes	106	12,08	27,79	42,29	20,54	14,31	17,81
			6,18	14,21	21,63	10,50	7,32	9,11
1081	Ausstopfung der Scheide zur Blutstillung, als selbständige Leistung	59	6,73	15,47	23,54	11,44	7,97	9,91
			3,44	7,91	12,04	5,85	4,07	5,07
1082	Ausstopfung der Gebärmutter – gegebenenfalls einschließlich Scheide – zur Blutstillung, als selbständige Leistung	178	20,29	46,67	71,02	34,49	24,03	29,90
			10,38	23,86	36,31	17,64	12,29	15,29

* § 5 a GOÄ: in den Fällen des § 218 a Abs. 1 StGB Begrenzung auf den 1,8fachen Satz (DM 164,16)

		Punktzahl	1fach DM €	2,3fach DM €	3,5fach DM €	1,7fach DM €	UV Allg. DM €	UV Bes. DM €
1083	Kauterisation an der Portio und/oder der Zervix, als selbständige Leistung	70	7,98 4,08	18,35 9,38	27,93 14,28	13,57 6,94	9,45 4,83	11,76 6,01
1084	Thermokoagulation an der Portio und/oder der Zervix, als selbständige Leistung	118	13,45 6,88	30,94 15,82	47,08 24,07	22,87 11,69	15,93 8,14	19,82 10,14
1085	Kryochirurgischer Eingriff im Vaginalbereich, als selbständige Leistung	296	33,74 17,25	77,61 39,68	118,10 60,39	57,36 29,33	39,96 20,43	49,73 25,43
1086	Konisation der Portio	296	33,74 17,25	77,61 39,68	118,10 60,39	57,36 29,33	39,96 20,43	49,73 25,43
1087	Einlegen oder Wechseln eines Ringes oder Anlegen eines Portio-Adapters	55	6,27 3,21	14,42 7,37	21,95 11,22	10,66 5,45	7,43 3,80	9,24 4,72
1088	Lageverbesserung der Gebärmutter mit Einlegen eines Ringes	93	10,60 5,42	24,39 12,47	37,11 18,97	18,02 9,22	12,56 6,42	15,62 7,99
1089	Operative Entfernung eines eingewachsenen Ringes aus der Scheide	463	52,78 26,99	121,40 62,07	184,74 94,46	89,73 45,88	62,51 31,96	77,78 39,77
1090	Einlegen oder Wechseln eines Okklusivpessars	52	5,93 3,03	13,63 6,97	20,75 10,61	10,08 5,15	7,02 3,59	8,74 4,47
1091	Einlegen oder Wechseln eines Intrauterinpessars	106	12,08 6,18	27,79 14,21	42,29 21,63	20,54 10,50	14,31 7,32	17,81 9,11
1092	Entfernung eines Intrauterinpessars	52	5,93 3,03	13,63 6,97	20,75 10,61	10,08 5,15	7,02 3,59	8,74 4,47
1095	Operative Reposition der umgestülpten Gebärmutter	2310	263,34 134,64	605,68 309,68	921,69 471,25	447,68 228,89	311,85 159,45	388,08 198,42
1096	Erweiterung des Gebärmutterhalses durch Dehnung	148	16,87 8,63	38,81 19,84	59,05 30,19	28,68 14,67	19,98 10,22	24,86 12,71
1097	Erweiterung des Gebärmutterhalses durch Schnitt – gegebenenfalls einschließlich Naht –	296	33,74 17,25	77,61 39,68	118,10 60,39	57,36 29,33	39,96 20,43	49,73 25,43
1098	Durchtrennung oder Sprengung eines stenosierenden Narbenstranges der Scheide	296	33,74 17,25	77,61 39,68	118,10 60,39	57,36 29,33	39,96 20,43	49,73 25,43
1099	Operative Behandlung der Hämato- oder Pyometra	647	73,76 37,71	169,64 86,74	258,15 131,99	125,39 64,11	87,35 44,66	108,70 55,58

		Punktzahl	1fach DM €	2,3fach DM €	3,5fach DM €	1,7fach DM €	UV Allg. DM €	UV Bes. DM €
1102	Entfernung eines oder mehrerer Polypen und/oder Abrasio aus dem Gebärmutterhals oder dem Muttermund	148	16,87 8,63	38,81 19,84	59,05 30,19	28,68 14,67	19,98 10,22	24,86 12,71
1103	Probeexzision aus dem Gebärmutterhals und/oder dem Muttermund und/oder der Vaginalwand – gegebenenfalls einschließlich Abrasio und auch einschließlich Entfernung eines oder mehrerer Polypen –	185	21,09 10,78	48,51 24,80	73,82 37,74	35,85 18,33	24,98 12,77	31,08 15,89
1104	Ausschabung und/oder Absaugung der Gebärmutterhöhle einschließlich Ausschabung des Gebärmutterhalses – gegebenenfalls auch mit Probeexzision aus Gebärmutterhals und/oder Muttermund und/oder Vaginalwand sowie gegebenenfalls einschließlich Entfernung eines oder mehrerer Polypen –	647	73,76 37,71	169,64 86,74	258,15 131,99	125,39 64,11	87,35 44,66	108,70 55,58
1105	Gewinnung von Zellmaterial aus der Gebärmutterhöhle und Aufbereitung zur zytologischen Untersuchung – einschließlich Kosten –	180	20,52 10,49	47,20 24,13	71,82 36,72	34,88 17,84	24,30 12,42	30,24 15,46
1110	Hysteroskopie	444	50,62 25,88	116,42 59,52	177,16 90,58	86,05 44,00	59,94 30,65	74,59 38,14
1111	Hysteroskopie mit zusätzlichem(n) operativem(n) Eingriff(en)	739	84,25 43,07	193,77 99,07	294,86 150,76	143,23 73,23	99,77 51,01	124,15 63,48
1112	Tubendurchblasung	296	33,74 17,25	77,61 39,68	118,10 60,39	57,36 29,33	39,96 20,43	49,73 25,43
1113	Tubendurchblasung mit Druckschreibung	420	47,88 24,48	110,12 56,31	167,58 85,68	81,40 41,62	56,70 28,99	70,56 36,08
1114	Insemination – auch einschließlich Konservierung und Aufbereitung des Samens –	370	42,18 21,57	97,01 49,60	147,63 75,48	71,71 36,66	49,95 25,54	62,16 31,78
1120	Operation eines alten unvollkommenen Dammrisses – auch einschließlich Naht von Einrissen der Vulva und/oder Vagina –	647	73,76 37,71	169,64 86,74	258,15 131,99	125,39 64,11	87,35 44,66	108,70 55,58

		Punktzahl	1fach DM €	2,3fach DM €	3,5fach DM €	1,7fach DM €	UV Allg. DM €	UV Bes. DM €
1121	Operation eines alten vollkommenen Dammrisses	1660	189,24 96,76	435,25 222,54	662,34 338,65	321,71 164,49	224,10 114,58	278,88 142,59
	Neben der Leistung nach Nummer 1121 ist die Leistung nach Nummer 1126 nicht berechnungsfähig.							
1122	Operation eines alten Gebärmutterhalsrisses	739	84,25 43,07	193,77 99,07	294,86 150,76	143,23 73,23	99,77 51,01	124,15 63,48
1123	Plastische Operation bei teilweisem Verschluß der Scheide	2770	315,78 161,46	726,29 371,35	1105,23 565,10	536,83 274,48	373,95 191,20	465,36 237,94
1123 a	Plastische Operation zur Öffnung der Scheide bei anogenitaler Fehlbildung im Kindesalter	2270	258,78 132,31	595,19 304,32	905,73 463,09	439,93 224,93	306,45 156,69	381,36 194,99
1124	Plastische Operation bei gänzlichem Fehlen der Scheide	3700	421,80 215,66	970,14 496,03	1476,30 754,82	717,06 366,63	499,50 255,39	621,60 317,82
1125	Vordere Scheidenplastik	924	105,34 53,86	242,27 123,87	368,68 188,50	179,08 91,56	124,74 63,78	155,23 79,37
1126	Hintere Scheidenplastik mit Beckenbodenplastik	1290	147,06 75,19	338,24 172,94	514,71 263,17	250,– 127,82	174,15 89,04	216,72 110,81
1127	Vordere und hintere Scheidenplastik mit Beckenbodenplastik	1660	189,24 96,76	435,25 222,54	662,34 338,65	321,71 164,49	224,10 114,58	278,88 142,59
1128	Scheiden- und Portioplastik – gegebenenfalls auch mit Zervixamputation mit Elevation des Uterus auf vaginalem Wege (z. B. Manchester-Fothergill, Interposition), auch mit Beckenbodenplastik –	2220	253,08 129,40	582,08 297,62	885,78 452,89	430,24 219,98	299,70 153,23	372,96 190,69
1129	Plastische Operation am Gebärmutterhals und/oder operative Korrektur einer Isthmusinsuffizienz des Uterus (z. B. nach Shirodkar)	739	84,25 43,07	193,77 99,07	294,86 150,76	143,23 73,23	99,77 51,01	124,15 63,48
1131	Operative Entfernung eines Stützbandes oder einer Metallnaht nach Isthmusinsuffizienzoperation	379	43,21 22,09	99,37 50,81	151,22 77,32	73,46 37,56	51,17 26,16	63,67 32,55
1135	Zervixamputation	554	63,16 32,29	145,26 74,27	221,05 113,02	107,37 54,90	74,79 38,24	93,07 47,59

		Punkt-zahl	1fach DM €	2,3fach DM €	3,5fach DM €	1,7fach DM €	UV Allg. DM €	UV Bes. DM €
1136	Vordere und/oder hintere Kolpozöliotomie – auch Eröffnung eines Douglas-Abszesses –, als selbständige Leistung	379	43,21 22,09	99,37 50,81	151,22 77,32	73,46 37,56	51,17 26,16	63,67 32,55
1137	Vaginale Myomenukleation	1290	147,06 75,19	338,24 172,94	514,71 263,17	250,– 127,82	174,15 89,04	216,72 110,81
1138	Vaginale oder abdominale Totalexstirpation des Uterus ohne Adnexentfernung	2770	315,78 161,46	726,29 371,35	1105,23 565,10	536,83 274,48	373,95 191,20	465,36 237,93
1139	Vaginale oder abdominale Totalexstirpation des Uterus mit Adnexentfernung	3330	379,62 194,10	873,13 446,42	1328,67 679,34	645,35 329,96	449,55 229,85	559,44 286,04
1140	Operative Behandlung einer konservativ unstillbaren Nachblutung nach vaginaler Uterusoperation	333	37,96 19,41	87,31 44,64	132,87 67,93	64,53 33,00	44,96 22,99	55,94 28,60
1141	Operation im Vaginal- oder Vulvabereich (z. B. Exstirpation von Vaginalzysten oder Bartholinischen Zysten oder eines Scheidenseptums)	554	63,16 32,29	145,26 74,27	221,05 113,02	107,37 54,90	74,79 38,24	93,07 47,59
1145	Ovarektomie, Ovariotomie, Salpingektomie, Salpingotomie, Salpingolyse und/oder Neoostomie durch vaginale oder abdominale Eröffnung der Bauchhöhle, einseitig	1660	189,24 96,76	435,25 222,54	662,34 338,65	321,71 164,49	224,10 114,58	278,88 142,59
1146	Ovarektomie, Ovariotomie, Salpingektomie, Salpingotomie, Salpingolyse und/oder Neoostomie durch vaginale oder abdominale Eröffnung der Bauchhöhle, beidseitig	2220	253,08 129,40	582,08 297,62	885,78 452,89	430,24 219,98	299,70 153,23	372,96 190,69
1147	Antefixierende Operation des Uterus mit Eröffnung der Bauchhöhle	1480	168,72 86,27	388,06 198,41	590,52 301,93	286,82 146,65	199,80 102,16	248,64 127,13
1148	Plastische Operation bei Tubensterilität (z. B. Implantation, Anastomose), einseitig	2500	285,– 145,72	655,50 335,15	997,50 510,01	484,50 247,72	337,50 172,56	420,00 214,74
1149	Plastische Operation bei Tubensterilität (z. B. Implantation, Anastomose), beidseitig	3500	399,– 204,01	917,70 469,21	1396,50 714,02	678,30 346,81	472,50 241,59	588,00 300,64

		Punktzahl	1fach DM €	2,3fach DM €	3,5fach DM €	1,7fach DM €	UV Allg. DM €	UV Bes. DM €
1155	Pelviskopie mit Anlegen eines druckkontrollierten Pneumoperitoneums und Anlegen eines Portioadapters – gegebenenfalls einschließlich Probeexzision und/oder Probepunktion –	800	91,20 46,63	209,76 107,25	319,20 163,20	155,04 79,27	108,00 55,22	134,40 68,72
1156	Pelviskopie mit Anlegen eines druckkontrollierten Pneumoperitoneums und Anlegen eines Portioadapters einschließlich Durchführung intraabdominaler Eingriffe – gegebenenfalls einschließlich Probeexzision und/oder Probepunktion –	1050	119,70 61,20	275,31 140,76	418,95 214,21	203,49 104,04	141,75 72,48	176,40 90,19
1158	Kuldoskopie – auch mit operativen Eingriffen –	739	84,25 43,07	193,77 99,07	294,86 150,76	143,23 73,23	99,77 51,01	124,15 63,48
1159	Abtragung großer Geschwülste der äußeren Geschlechtsteile – auch Vulvektomie –	1660	189,24 96,76	435,25 222,54	662,34 338,65	321,71 164,49	224,10 114,58	278,88 142,59
1160	Operative Beseitigung von Uterusmißbildungen (z. B. Uterus bicornis, Uterus subseptus)	2770	315,78 161,46	726,29 371,35	1105,23 565,10	536,83 274,48	373,95 191,20	465,36 237,93
1161	Uterusamputation, supravaginal	1480	168,72 86,27	388,06 198,41	590,52 301,93	286,82 146,65	199,80 102,16	248,64 127,13
1162	Abdominale Myomenukleation	1850	210,90 107,83	485,07 248,01	738,15 377,41	358,53 183,31	249,75 127,70	310,80 158,91
1163	Fisteloperation an den Geschlechtsteilen – gegebenenfalls einschließlich der Harnblase und/oder Operation einer Darmscheiden- oder Darmharnröhrenfistel auch mit hinterer Scheidenplastik und Beckenbodenplastik –	2770	315,78 161,46	726,29 371,35	1105,23 565,10	536,83 274,48	373,95 191,20	465,36 237,93
1165	Radikaloperation des Scheiden- und Vulvakrebses	3140	357,96 183,02	823,31 420,95	1252,86 640,58	608,53 311,14	423,90 216,74	527,52 269,72
1166	Radikaloperation des Zervixkrebses, vaginal oder abdominal, mit Entfernung der regionären Lymphknoten	4620	526,68 269,29	1211,36 619,36	1843,38 942,51	895,36 457,79	623,70 318,89	776,16 396,84

		Punkt-zahl	1fach DM €	2,3fach DM €	3,5fach DM €	1,7fach DM €	UV Allg. DM €	UV Bes. DM €
1167	Radikaloperation des Zervixkrebses, abdominal, mit Entfernung der Lymphstromgebiete, auch paraaortal	4900	558,60 285,61	1284,78 656,90	1955,10 999,63	949,62 485,53	661,50 338,22	823,20 420,90
1168	Exenteration des kleinen Beckens . . .	5900	672,60 343,90	1546,98 790,96	2354,10 1203,63	1143,42 584,62	796,50 407,24	991,20 506,79

I. Augenheilkunde (GOÄ/UV-GOÄ)

Allgemeine Bestimmungen (UV-GOÄ)

Die Leistungen nach den Nummern 1302, 1304, 1305, 1321, 1330, 1331, 1332, 1333, 1348, 1349, 1350, 1351, 1352, 1353, 1354, 1355, 1358, 1359, 1360, 1365, 1366, 1367, 1374, 1377, 1383, 1384 dürfen nur von Augenärzten erbracht werden und werden dann nach den Gebührensätzen für die besondere Heilbehandlung vergütet, wenn diese Ärzte die Voraussetzungen für die Durchführung ambulanter Operationen in der vertragsärztlichen Versorgung erfüllen. Die für den vertragsärztlichen Bereich erforderliche Erklärung ist auf Verlangen dem Kostenträger vorzulegen.

		Punktzahl	1fach DM / €	2,3fach DM / €	3,5fach DM / €	1,7fach DM / €	UV Allg. DM / €	UV Bes. DM / €
1200	Subjektive Refraktionsbestimmung mit sphärischen Gläsern	59	6,73 3,44	15,47 7,91	23,54 12,04	11,44 5,85	7,97 4,07	9,91 5,07
1201	Subjektive Refraktionsbestimmung mit sphärisch-zylindrischen Gläsern	89	10,15 5,19	23,34 11,93	35,51 18,16	17,26 8,82	12,02 6,14	14,95 7,64
1202	Objektive Refraktionsbestimmung mittels Skiaskopie oder Anwendung eines Refraktometers	74	8,44 4,31	19,40 9,92	29,53 15,10	14,35 7,33	9,99 5,11	12,43 6,36
1203	Messung der Maximal- oder Gebrauchsakkommodation mittels Akkommodometer oder Optometer	60	6,84 3,50	15,73 8,04	23,94 12,24	11,63 5,95	8,10 4,14	10,08 5,15
1204	Messung der Hornhautkrümmungsradien	45	5,13 2,62	11,80 6,03	17,96 9,18	8,72 4,46	6,08 3,11	7,56 3,87
1207	Prüfung von Mehrstärken- oder Prismenbrillen mit Bestimmung der Fern- und Nahpunkte bei subjektiver Brillenunverträglichkeit	70	7,98 4,08	18,35 9,38	27,93 14,28	13,57 6,94	9,45 4,83	11,76 6,01
1209	Nachweis der Tränensekretionsmenge (z. B. Schirmer-Test) . . . . *Mit der Gebühr sind die Kosten abgegolten.*	20	2,28 1,17	5,24 2,68	7,98 4,08	3,88 1,98	2,70 1,38	3,36 1,72
1210	Erstanpassung und Auswahl der Kontaktlinse (Haftschale) für ein Auge zum Zwecke der Verordnung – einschließlich objektiver Refraktionsbestimmung, Messung der Hornhautradien und der Spaltlampenmikroskopie –	228	25,99 13,29	59,78 30,57	90,97 46,51	44,18 22,59	30,78 15,74	38,30 19,58

		Punktzahl	1fach DM €	2,3fach DM €	3,5fach DM €	1,7fach DM €	UV Allg. DM €	UV Bes. DM €
1211	Erstanpassung und Auswahl der Kontaktlinsen (Haftschalen) für beide Augen zum Zwecke der Verordnung – einschließlich objektiver Refraktionsbestimmung, Messung der Hornhautradien und der Spaltlampenmikroskopie –	300	34,20 17,49	78,66 40,22	119,70 61,20	58,14 29,73	40,50 20,71	50,40 25,77
1212	Prüfung auf Sitz und Funktion der verordneten Kontaktlinse (Haftschale) für ein Auge und gegebenenfalls Anpassung einer anderen Kontaktlinse (Haftschale) – einschließlich objektiver Refraktionsbestimmung, Messung der Hornhautradien und der Spaltlampenmikroskopie –	132	15,05 7,69	34,61 17,70	52,67 26,93	25,59 13,08	17,82 9,11	22,18 11,34
1213	Prüfung auf Sitz und Funktion der verordneten Kontaktlinsen (Haftschalen) für beide Augen und gegebenenfalls Anpassung anderer Kontaktlinsen (Haftschalen) – einschließlich objektiver Refraktionsbestimmung, Messung der Hornhautradien und der Spaltlampenmikroskopie –	198	22,57 11,54	51,92 26,54	79,– 40,39	38,37 19,62		
	Neben den Leistungen nach den Nummern 1210 bis 1213 sind die Leistungen nach den Nummern 5 und/oder 6 nicht berechnungsfähig. Wurden harte Kontaktlinsen (Haftschalen) nicht vertragen und müssen deshalb weiche Kontaktlinsen angepaßt werden, sind die Leistungen nach der Nummer 1210 oder 1211 nicht erneut, sondern lediglich die Leistungen nach der Nummer 1212 oder 1213 berechnungsfähig.							
1213	Prüfung auf Sitz und Funktion der verordneten Kontaktlinsen (Haftschalen) für beide Augen und gegebenenfalls Anpassung anderer Kontaktlinsen (Haftschalen) – einschließlich objektiver Refraktionsbestimmung, Messung der Hornhautradien und der Spaltlampenmikroskopie –						26,73 13,67	33,26 17,01
	Neben den Leistungen nach den Nummern 1210 bis 1213 sind die Leistungen nach den Nummern 6 bis 10 nicht berechnungsfähig.							

		Punktzahl	1fach DM €	2,3fach DM €	3,5fach DM €	1,7fach DM €	UV Allg. DM €	UV Bes. DM €
	Wurden harte Kontaktlinsen (Haftschalen) nicht vertragen und müssen deshalb weiche Kontaktlinsen angepaßt werden, sind die Leistungen nach der Nummer 1210 oder 1211 nicht erneut, sondern lediglich die Leistungen nach der Nummer 1212 oder 1213 berechnungsfähig.							
1215	Bestimmung von Fernrohrbrillen oder Lupenbrillen, je Sitzung	121	13,79 7,05	31,73 16,22	48,28 24,69	23,44 11,99	16,34 8,35	20,33 10,39
1216	Untersuchung auf Heterophorie bzw. Strabismus gegebenenfalls einschließlich qualitativer Untersuchung des binokularen Sehaktes –	91	10,37 5,30	23,86 12,20	36,31 18,57	17,63 9,02	12,29 6,28	15,29 7,82
1217	Qualitative und quantitative Untersuchung des binokularen Sehaktes	242	27,59 14,11	63,45 32,44	96,56 49,37	46,90 23,98		
	Neben der Leistung nach Nummer 1217 sind die Leistungen nach den Nummern 5 und/oder 6 nicht berechnungsfähig.							
1217	Qualitative und quantitative Untersuchung des binokularen Sehaktes						32,67 16,70	40,66 20,79
	Neben der Leistung nach Nummer 1217 sind die Leistungen nach den Nummern 6 bis 10 nicht berechnungsfähig.							
1218	Differenzierende Analyse und graphische Darstellung des Bewegungsablaufs beider Augen bei Augenmuskelstörungen, mindestens 36 Blickrichtungen pro Auge	700	79,80 40,80	183,54 93,84	279,30 142,80	135,66 69,36	94,50 48,32	117,60 60,13
1225	Kampimetrie (z. B. Bjerrum) – auch Perimetrie nach Förster –	121	13,79 7,05	31,73 16,22	48,28 24,69	23,44 11,99	16,34 8,35	20,33 10,39
1226	Projektionsperimetrie mit Marken verschiedener Reizwerte	182	20,75 10,61	47,72 24,40	72,62 37,13	35,28 18,03	24,57 12,56	30,58 15,63
1227	Quantitativ abgestufte (statische) Profilperimetrie	248	28,27 14,46	65,03 33,25	98,95 50,59	48,06 24,57	33,48 17,12	41,66 21,30
1228	Farbsinnprüfung mit Pigmentproben (z. B. Farbtafeln)	61	6,95 3,56	15,99 8,18	24,34 12,44	11,82 6,04	8,24 4,21	10,25 5,24
1229	Farbsinnprüfung mit Anomaloskop	182	20,75 10,61	47,72 24,40	72,62 37,13	35,28 18,03	24,57 12,56	30,58 15,63

Nr.	Leistung	Punktzahl	1fach DM €	2,3fach DM €	3,5fach DM €	1,7fach DM €	UV Allg. DM €	UV Bes. DM €
1233	Vollständige Untersuchung des zeitlichen Ablaufs der Adaptation	484	55,18	126,91	193,12	93,81	65,34	81,31
			28,21	64,89	98,74	47,96	33,41	41,57
	Neben der Leistung nach Nummer 1233 ist die Leistung nach Nummer 1234 nicht berechnungsfähig.							
1234	Untersuchung des Dämmerungssehens ohne Blendung	91	10,37	23,86	36,31	17,63	12,29	15,29
			5,30	12,20	18,57	9,02	6,28	7,82
1235	Untersuchung des Dämmerungssehens während der Blendung	91	10,37	23,86	36,31	17,63	12,29	15,29
			5,30	12,20	18,57	9,02	6,28	7,82
1236	Untersuchung des Dämmerungssehens nach der Blendung (Readaptation)	91	10,37	23,86	36,31	17,63	12,29	15,29
			5,30	12,20	18,57	9,02	6,28	7,82
1237	Elektroretinographische Untersuchung (ERG) und/oder elektrookulographische Untersuchung (EOG)	600	68,40	157,32	239,40	116,28	81,00	100,80
			34,97	80,44	122,40	59,45	41,41	51,54
1240	Spaltlampenmikroskopie der vorderen und mittleren Augenabschnitte – gegebenenfalls einschließlich der binokularen Untersuchung des hinteren Poles (z. B. Hruby-Linse) –	74	8,44	19,40	29,53	14,35	9,99	12,43
			4,31	9,92	15,10	7,33	5,11	6,36
1241	Gonioskopie	152	17,33	39,85	60,65	29,46	20,52	25,54
			8,86	20,38	31,01	15,06	10,49	13,06
1242	Binokulare Untersuchung des Augenhintergrundes einschließlich der äußeren Peripherie (z. B. Dreispiegelkontaktglas, Schaepens) – gegebenenfalls einschließlich der Spaltlampenmikroskopie der vorderen und mittleren Augenabschnitte und/oder diasklerale Durchleuchtung –	152	17,33	39,85	60,65	29,46	20,52	25,54
			8,86	20,38	31,01	15,06	10,49	13,06

Nr.	Leistung	Punktzahl	1fach DM €	2,3-/1,8fach DM €	3,5-/2,5fach DM €	1,7fach DM €	UV Allg. DM €	UV Bes. DM €
1243	Diasklerale Durchleuchtung	61	6,95	15,99	24,34	11,82	8,24	10,25
			3,56	8,18	12,44	6,04	4,21	5,24
1244	Exophthalmometrie	50	5,70	13,11	19,95	9,69	6,75	8,40
			2,91	6,70	10,20	4,95	3,45	4,29
1248	Fluoreszenzuntersuchung der terminalen Strombahn am Augenhintergrund – einschließlich Applikation des Teststoffes –	242	27,59	63,45	96,56	46,90	32,67	40,66
			14,11	32,44	49,37	23,98	16,70	20,79

		Punktzahl	1fach DM €	2,3-/1,8fach DM €	3,5-/2,5fach DM €	1,7fach DM €	UV Allg. DM €	UV Bes. DM €
1249	Fluoreszenzangiographische Untersuchung der terminalen Strombahn am Augenhintergrund – einschließlich Aufnahmen und Applikation des Teststoffes –	484	55,18 28,21	126,91 64,89	193,12 98,74	93,81 47,96	65,34 33,41	81,31 41,57
	Mit den Gebühren für die Leistungen nach den Nummern 1248 und 1249 sind die Kosten abgegolten.							
1250	Lokalisation eines Fremdkörpers nach Comberg oder Vogt	273	31,12 15,91	71,58 36,60	108,93 55,69	52,90 27,05	36,86 18,84	45,86 23,45
1251	Lokalisation einer Netzhautveränderung als Voraussetzung für einen gezielten intraokularen Eingriff	273	31,12 15,91	71,58 36,60	108,93 55,69	52,90 27,05	36,86 18,84	45,86 23,45
1252	Fotographische Verlaufskontrolle intraokularer Veränderungen mittels Spaltlampenfotographie	100	11,40 5,83	26,22 13,41	39,90 20,40	19,38 9,91	13,50 6,90	16,80 8,59
1253	Fotographische Verlaufskontrolle von Veränderungen des Augenhintergrunds mittels Fundusfotographie	150	17,10 8,74	39,33 20,11	59,85 30,60	29,07 14,86	20,25 10,35	25,20 12,88
1255*	Tonometrische Untersuchung mit Anwendung des Impressionstonometers	70	7,98 4,08	14,36 7,34	19,95 10,20	10,37** 5,30	9,45 4,83	11,76 6,01
1256*	Tonometrische Untersuchung mit Anwendung des Applanationstonometers	100	11,40 5,83	20,52 10,49	28,50 14,57	14,82** 7,58	13,50 6,90	16,80 8,59
1257*	Tonometrische Untersuchung (mehrfach in zeitlichem Zusammenhang zur Anfertigung tonometrischer Kurven, mindestens vier Messungen) – auch fortlaufende Tonometrie zur Ermittlung des Abflußwiderstandes –	242	27,59 14,11	49,66 25,39	68,97 35,26	35,87** 18,34	32,67 16,70	40,66 20,79
1259*	Pupillographie	242	27,59 14,11	49,66 25,39	68,97 35,26	35,87** 18,34	32,67 16,70	40,66 20,79
1260*	Elektromyographie der äußeren Augenmuskeln	560	63,84 32,64	114,91 58,75	159,60 81,60	82,99** 42,43	75,60 38,65	94,08 48,10
1262*	Ophthalmodynamometrie – gegebenenfalls einschließlich Tonometrie –, erste Messung	242	27,59 14,11	49,66 25,39	68,97 35,26	35,87** 18,34	32,67 16,70	40,66 20,79

* Reduzierter Gebührenrahmen
** 1,3fach

		Punktzahl	1fach DM €	2,3-/1,8fach DM €	3,5-/2,5fach DM €	1,7fach DM €	UV Allg. DM €	UV Bes. DM €
1263*	Ophthalmodynamometrie – gegebenenfalls einschließlich Tonometrie –, jede weitere Messung	152	17,33 8,86	31,19 15,95	43,32 22,15	22,53** 11,52	20,52 10,49	25,54 13,06
1268*	Aktive Behandlung der Schwachsichtigkeit (Pleoptik) mittels Spezial-Ophthalmoskop, Mindestdauer 20 Minuten	152	17,33 8,86	31,19 15,95	43,32 22,15	22,53** 11,52	20,52 10,49	25,54 13,06
1269*	Behandlung der gestörten Binokularfunktion (Orthoptik) mit Geräten nach dem Prinzip des Haploskops (z. B. Synoptophor, Amblyoskop), Mindestdauer 20 Minuten	152	17,33 8,86	31,19 15,95	43,32 22,15	22,53** 11,52	20,52 10,49	25,54 13,06
1270*	Unterstützende oder ergänzende pleoptische oder orthoptische Behandlung an optischen Zusatz- oder Übungsgeräten, Mindestdauer 20 Minuten	54	6,16 3,15	11,08 5,67	15,39 7,87	8,01** 4,09	7,29 3,73	9,07 4,64
1271	Auswahl und Einprobieren eines künstlichen Auges	46	5,24 2,68	12,06 6,17	18,35 9,38	8,91 4,56	6,21 3,18	7,73 3,95
1275	Entfernung von oberflächlichen Fremdkörpern von der Bindehaut und/oder der Hornhaut	37	4,22 2,16	9,70 4,96	14,76 7,55	7,17 3,67	5,00 2,56	6,22 3,18
1276	Instrumentelle Entfernung von Fremdkörpern von der Hornhautoberfläche, aus der Lederhaut und/oder von eingebrannten Fremdkörpern aus der Bindehaut und/oder der Hornhaut	74	8,44 4,31	19,40 9,92	29,53 15,10	14,35 7,33	9,99 5,11	12,43 6,36
1277	Entfernung von eisenhaltigen eingebrannten Fremdkörpern aus der Hornhaut mit Ausfräsen des Rostringes	152	17,33 8,86	39,85 20,38	60,65 31,01	29,46 15,06	20,52 10,49	25,54 13,06
1278	Entfernung von eingespießten Fremdkörpern aus der Hornhaut mittels Präparation	278	31,69 16,20	72,89 37,27	110,92 56,71	53,87 27,55	37,53 19,19	46,70 23,88
1279	Entfernung von Korneoskleralfäden	100	11,40 5,83	26,22 13,41	39,90 20,40	19,38 9,91	13,50 6,90	16,80 8,59

* Reduzierter Gebührenrahmen
** 1,3fach

Nr.	Leistung	Punkt-zahl	1fach DM €	2,3-/1,8fach DM €	3,5-/2,5fach DM €	1,7fach DM €	UV Allg. DM €	UV Bes. DM €
1280	Entfernung von eisenhaltigen Fremdkörpern aus dem Augeninnern mit Hilfe des Magneten – einschließlich Eröffnung des Augapfels –	1290	147,06 75,19	338,24 172,94	514,71 263,17	250,– 127,82	174,15 89,04	216,72 110,81
1281	Entfernung von nichtmagnetischen Fremdkörpern oder einer Geschwulst aus dem Augeninnern	2220	253,08 129,40	582,08 297,62	885,78 452,89	430,24 219,98	299,70 153,23	372,96 190,69
1282	Entfernung einer Geschwulst oder von Kalkinfarkten aus den Lidern eines Auges oder aus der Augapfelbindehaut	152	17,33 8,86	39,85 20,38	60,65 31,01	29,46 15,06	20,52 10,49	25,54 13,06
1283	Entfernung von Fremdkörpern oder einer Geschwulst aus der Augenhöhle ohne Resektion der Orbitalwand und ohne Muskelablösung	554	63,16 32,29	145,26 74,27	221,05 113,02	107,37 54,90	74,79 38,24	93,07 47,59
1284	Entfernung von Fremdkörpern oder einer Geschwulst aus der Augenhöhle ohne Resektion der Orbitalwand mit Muskelablösung	924	105,34 53,86	242,27 123,87	368,68 188,50	179,08 91,56	124,74 63,78	155,23 79,37
1285	Entfernung von Fremdkörpern oder einer Geschwulst aus der Augenhöhle mit Resektion der Orbitalwand	1480	168,72 86,27	388,06 198,41	590,52 301,93	286,82 146,65	199,80 102,16	248,64 127,13
1290	Vorbereitende operative Maßnahmen zur Rekonstruktion einer Orbita unter Verwendung örtlichen Materials, ausgenommen das knöcherne Gerüst	1500	171,– 87,43	393,30 201,09	598,50 306,01	290,70 148,63	202,50 103,54	252,00 128,85
1291	Wiederherstellungsoperation an der knöchernen Augenhöhle (z. B. nach Fraktur)	1850	210,90 107,83	485,07 248,01	738,15 377,41	358,53 183,31	249,75 127,70	310,80 158,91
1292	Operation der Augenhöhlen- oder Tränensackphlegmone	278	31,69 16,20	72,89 37,27	110,92 56,71	53,87 27,55	37,53 19,19	46,70 23,88

Nr.	Leistung	Punkt-zahl	1fach DM €	2,3fach DM €	3,5fach DM €	1,7fach DM €	UV Allg. DM €	UV Bes. DM €
1293	Dehnung, Durchspülung, Sondierung, Salbenfüllung oder Kaustik der Tränenwege, auch beidseitig	74	8,44 4,31	19,40 9,92	29,53 15,10	14,35 7,33	9,99 5,11	12,43 6,36

Nr.	Leistung	Punktzahl	1fach DM / €	2,3fach DM / €	3,5fach DM / €	1,7fach DM / €	UV Allg. DM / €	UV Bes. DM / €
1294	Sondierung des Tränennasengangs bei Säuglingen und Kleinkindern, auch beidseitig	130	14,82	34,09	51,87	25,19	17,55	21,84
			7,58	17,43	26,52	12,88	8,97	11,17
1297	Operation des evertierten Tränenpünktchens	152	17,33	39,85	60,65	29,46	20,52	25,54
			8,86	20,38	31,01	15,06	10,49	13,06
1298	Spaltung von Strikturen des Tränennasenkanals	132	15,05	34,61	52,67		17,82	22,18
			7,69	17,70	26,93	13,08	9,11	11,34
1299	Tränensackexstirpation	554	63,16	145,26	221,05	107,37	74,79	93,07
			32,29	74,27	113,02	54,90	38,24	47,59
1300	Tränensackoperation zur Wiederherstellung des Tränenabflusses zur Nase mit Knochenfensterung	1220	139,08	319,88	486,78	236,44	164,70	204,96
			71,11	163,55	248,89	120,89	84,21	104,79
1301	Exstirpation oder Verödung der Tränendrüse	463	52,78	121,40	184,74	89,73	62,51	77,78
			26,99	62,07	94,46	45,88	31,96	39,77
1302	Plastische Korrektur der verengten oder erweiterten Lidspalte oder des Epikanthus	924	105,34	242,27	368,68	179,08	124,74	155,23
			53,86	123,87	188,50	91,56	63,78	79,37
1303	Vorübergehende Spaltung der verengten Lidspalte	230	26,22	60,31	91,77	44,57	31,05	38,64
			13,41	30,83	46,92	22,79	15,88	19,76
1304	Plastische Korrektur des Ektropiums oder Entropiums, der Trichiasis oder Distichiasis	924	105,34	242,27	368,68	179,08	124,74	155,23
			53,86	123,87	188,50	91,56	63,78	79,37
1305	Operation der Lidsenkung (Ptosis)	739	84,25	193,77	294,86	143,23	99,77	124,15
			43,07	99,07	150,76	73,23	51,01	63,48
1306	Operation der Lidsenkung (Ptosis) mit direkter Lidheberverkürzung	1110	126,54	291,04	442,89	215,12	149,85	186,48
			64,70	148,81	226,45	109,99	76,62	95,35
1310	Augenlidplastik mittels freien Hauttransplantates	1480	168,72	388,06	590,52	286,82	199,80	248,64
			86,27	198,41	301,93	146,65	102,16	127,13
1311	Augenlidplastik mittels Hautlappenverschiebung aus der Umgebung	1110	126,54	291,04	442,89	215,12	149,85	186,48
			64,70	148,81	226,45	109,99	76,62	95,35
1312	Augenlidplastik mittels Hautlappenverschiebung aus der Umgebung und freier Transplantation	1850	210,90	485,07	738,15	358,53	249,75	310,80
			107,83	248,01	377,41	183,31	127,70	158,91

		Punktzahl	1fach DM €	2,3fach DM €	3,5fach DM €	1,7fach DM €	UV Allg. DM €	UV Bes. DM €
1313	Abreiben, Skarifizieren oder chemische Ätzung der Bindehaut, auch beidseitig	30	3,42 1,75	7,87 4,02	11,97 6,12	5,81 2,97		
1318	Ausrollen oder Ausquetschen der Übergangsfalte	74	8,44 4,31	19,40 9,92	29,53 15,10	14,35 7,33		
1319	Plastische Wiederherstellung des Bindehautsackes durch Transplantation von Lippenschleimhaut und/oder Bindehaut bei erhaltenem Augapfel – einschließlich Entnahme des Transplantates und gegebenenfalls einschließlich Maßnahmen am Lidknorpel –	1850	210,90 107,83	485,07 248,01	738,15 377,41	358,53 183,31	249,75 127,70	310,80 158,91
1320	Einspritzung unter die Bindehaut	52	5,93 3,03	13,63 6,97	20,75 10,61	10,08 5,15	7,02 3,59	8,74 4,47
1321	Operation des Flügelfells	296	33,74 17,25	77,61 39,68	118,10 60,39	57,36 29,33	39,96 20,43	49,73 25,43
1322	Operation des Flügelfells mit lamellierender Keratoplastik	1660	189,24 96,76	435,25 222,54	662,34 338,65	321,71 164,49	224,10 114,58	278,88 142,59
1323	Elektrolytische Epilation von Wimpernhaaren, je Sitzung	67	7,64 3,91	17,57 8,98	26,73 13,67	12,99 6,64	9,05 4,62	11,26 5,76
1325	Naht einer Bindehaut- oder nicht perforierenden Hornhaut- oder nicht perforierenden Lederhautwunde	230	26,22 13,41	60,31 30,83	91,77 46,92	44,57 22,79	31,05 15,88	38,64 19,76
1326	Direkte Naht einer perforierenden Hornhaut- oder Lederhautwunde – auch mit Reposition oder Abtragung der Regenbogenhaut und gegebenenfalls mit Bindehautdeckung –	1110	126,54 64,70	291,04 148,81	442,89 226,45	215,12 109,99	149,85 76,62	186,48 95,35
1327	Wiederherstellungsoperation bei perforierender Hornhaut- oder Lederhautverletzung mit Versorgung von Regenbogenhaut und Linse	1850	210,90 107,83	485,07 248,01	738,15 377,41	358,53 183,31	249,75 127,70	310,80 158,91
1328	Wiederherstellungsoperation bei schwerverletztem Augapfel, Zerschneidung von Hornhaut und Lederhaut, Beteiligung der Iris, der Linse, des Glaskörpers und der Netzhaut	3230	368,22 188,27	846,91 433,02	1288,77 658,94	625,97 320,06	436,05 222,95	542,64 277,45

Nr.	Leistung	Punktzahl	1fach DM / €	2,3fach DM / €	3,5fach DM / €	1,7fach DM / €	UV Allg. DM / €	UV Bes. DM / €
1330	Korrektur einer Schielstellung durch Eingriff an einem geraden Augenmuskel	739	84,25 43,07	193,77 99,07	294,86 150,76	143,23 73,23	99,77 51,01	124,15 63,48
1331	Korrektur einer Schielstellung durch Eingriff an jedem weiteren geraden Augenmuskel, zusätzlich zu Nummer 1330	554	63,16 32,29	145,26 74,27	221,05 113,02	107,37 54,90	74,79 38,24	93,07 47,59
1332	Korrektur einer Schielstellung durch Eingriff an einem schrägen Augenmuskel	1110	126,54 64,70	291,04 148,81	442,89 226,45	215,12 109,99	149,85 76,62	186,48 95,35
1333	Korrektur einer Schielstellung durch Eingriff an jedem weiteren schrägen Augenmuskel, zusätzlich zu Nummer 1332	739	84,25 43,07	193,77 99,07	294,86 150,76	143,23 73,23	99,77 51,01	124,15 63,48
1338	Chemische Ätzung der Hornhaut	56	6,38 3,26	14,68 7,51	22,34 11,42	10,85 5,55	7,56 3,87	9,41 4,81
1339	Abschabung der Hornhaut	148	16,87 8,63	38,81 19,84	59,05 30,19	28,68 14,67	19,98 10,22	24,86 12,71
1340	Thermo- oder Kryotherapie von Hornhauterkrankungen (z. B. Herpes ulcus) mit Epithelentfernung	185	21,09 10,78	48,51 24,80	73,82 37,74	35,85 18,33	24,98 12,77	31,08 15,89
1341	Tätowierung der Hornhaut	333	37,96 19,41	87,31 44,64	132,87 67,93	64,53 33,00	44,96 22,99	55,94 28,60
1345	Hornhautplastik	1660	189,24 96,76	435,25 222,54	662,34 338,65	321,71 164,49	224,10 114,58	278,88 142,59
1346	Hornhauttransplantation	2770	315,78 161,46	726,29 371,35	1105,23 565,10	536,83 274,48	373,95 191,20	465,36 237,94
1347	Einpflanzung einer optischen Kunststoffprothese in die Hornhaut (Keratoprothesis)	3030	345,42 176,61	794,47 406,20	1208,97 618,14	587,21 300,24	409,05 209,14	509,04 260,27
1348	Diszision der klaren oder getrübten Linse oder des Nachstars	832	94,85 48,50	218,15 111,54	331,97 169,73	161,25 82,44	112,32 57,43	139,78 71,47
1349	Operation des weichen Stars (Saug-Spül-Vorgang) – gegebenenfalls mit Extraktion zurückgebliebener Linsenteile –	1850	210,90 107,83	485,07 248,01	738,15 377,41	358,53 183,31	249,75 127,70	310,80 158,91
1350	Staroperation – gegebenenfalls mit Iridektomie – einschließlich Nahttechnik	2370	270,18 138,14	621,41 317,72	945,63 483,49	459,31 234,84	319,95 163,59	398,16 203,58

		Punktzahl	1fach DM €	2,3fach DM €	3,5fach DM €	1,7fach DM €	UV Allg. DM €	UV Bes. DM €
1351	Staroperation mit Iridektomie und Einpflanzung einer intraokularen Kunststofflinse	2770	315,78 161,46	726,29 371,35	1105,23 565,10	536,83 274,48	373,95 191,20	465,36 237,93
1352	Einpflanzung einer intraokularen Linse, als selbständige Leistung	1800	205,20 104,92	471,96 241,31	718,20 367,21	348,84 178,36	243,00 124,24	302,40 154,61
1353	Extraktion einer eingepflanzten Linse	832	94,85 48,50	218,15 111,54	331,97 169,73	161,25 82,44	112,32 57,43	139,78 71,47
1354	Extraktion der luxierten Linse	2220	253,08 129,40	582,08 297,62	885,78 452,89	430,24 219,98	299,70 153,23	372,96 190,69
1355	Partielle oder totale Extraktion des Nachstars	1110	126,54 64,70	291,04 148,81	442,89 226,45	215,12 109,99	149,85 76,62	186,48 95,35
1356	Eröffnung (Parazentese), Spülung oder Wiederherstellung der Augenvorderkammer, als selbständige Leistung	370	42,18 21,57	97,01 49,60	147,63 75,48	71,71 36,66	49,95 25,54	62,16 31,78
1357	Hintere Sklerotomie	370	42,18 21,57	97,01 49,60	147,63 75,48	71,71 36,66	49,95 25,54	62,16 31,78
1358	Zyklodialyse, Iridektomie	1000	114,– 58,29	262,20 134,06	399,– 204,01	193,80 99,09	135,00 69,02	168,00 85,90
1359	Zyklodiathermie-Operation oder Kryozyklothermie-Operation	500	57,– 29,14	131,10 67,03	199,50 102,00	96,90 49,54	67,50 34,51	84,00 42,95
1360	Laseroperation am Trabekelwerk des Auges bei Glaukom (Lasertrabekuloplastik)	1000	114,– 58,29	262,20 134,06	399,– 204,01	193,80 99,09	135,00 69,02	168,00 85,90
1361	Fistelbildende Operation und Eingriff an den kammerwasserabführenden Wegen bei Glaukom	1850	210,90 107,83	485,07 248,01	738,15 377,41	358,53 183,31	249,75 127,70	310,80 158,91
1362	Kombinierte Operation des Grauen Stars und bei Glaukom	3030	345,42 176,61	794,47 406,20	1208,97 618,14	587,21 300,24	409,05 209,14	509,04 260,27
1365	Lichtkoagulation zur Verhinderung einer Netzhautablösung und/oder Netzhautblutung, je Sitzung	924	105,34 53,86	242,27 123,87	368,68 188,50	179,08 91,56	124,74 63,78	155,23 79,37
1366	Vorbeugende Operation zur Verhinderung einer Netzhautablösung oder operativer Eingriff bei vaskulären Netzhauterkrankungen	1110	126,54 64,70	291,04 148,81	442,89 226,45	215,12 109,99	149,85 76,62	186,48 95,35

		Punktzahl	1fach DM €	2,3fach DM €	3,5fach DM €	1,7fach DM €	UV Allg. DM €	UV Bes. DM €
1367	Operation einer Netzhautablösung mit eindellenden Maßnahmen	2220	253,08 129,40	582,08 297,62	885,78 452,89	430,24 219,98	299,70 153,23	372,96 190,69
1368	Operation einer Netzhautablösung mit eindellenden Maßnahmen und Glaskörperchirurgie	3030	345,42 176,61	794,47 406,20	1208,97 618,14	587,21 300,24	409,05 209,14	509,04 260,27
1369	Koagulation oder Lichtkaustik eines Netz- oder Aderhauttumors	1850	210,90 107,83	485,07 248,01	738,15 377,41	358,53 183,31	249,75 127,70	310,80 158,91
1370	Operative Entfernung des Augapfels	924	105,34 53,86	242,27 123,87	368,68 188,50	179,08 91,56	124,74 63,78	155,23 79,37
1371	Operative Entfernung des Augapfels mit Einsetzung einer Plombe	1290	147,06 75,19	338,24 172,94	514,71 263,17	250,– 127,82	174,15 89,04	216,72 110,81
1372	Wiederherstellung eines prothesenfähigen Bindehautsackes mittels Transplantation	1850	210,90 107,83	485,07 248,01	738,15 377,41	358,53 183,31	249,75 127,70	310,80 158,91
1373	Operative Ausräumung der Augenhöhle	1110	126,54 64,70	291,04 148,81	442,89 226,45	215,12 109,99	149,85 76,62	186,48 95,35
1374	Extrakapsuläre Operation des Grauen Stars mittels gesteuerten Saug-Spül-Verfahrens oder Linsenkernverflüssigung (Phakoemulsifikation) gegebenenfalls einschließlich Iridektomie –	3050	347,70 177,78	799,71 408,89	1216,95 622,22	591,09 302,22	411,75 210,52	512,40 261,99
1375	Extrakapsuläre Operation des Grauen Stars mittels gesteuerten Saug-Spül-Verfahrens oder Linsenkernverflüssigung (Phakoemulsifikation) gegebenenfalls einschließlich Iridektomie –, mit Implantation einer intraokularen Linse	3500	399,– 204,01	917,70 469,21	1396,50 714,02	678,30 346,81	472,50 241,59	588,00 300,64
1376	Rekonstruktion eines abgerissenen Tränenröhrchens	1480	168,72 86,27	388,06 198,41	590,52 301,93	286,82 146,65	199,80 102,16	248,64 127,13
1377	Entfernung einer Silikon-/Silastik-/Rutheniumplombe	280	31,92 16,32	73,42 37,54	111,72 57,12	54,26 27,75	37,80 19,33	47,04 24,05
1380	Operative Entfernung eines Iristumors	2000	228,– 116,58	524,40 268,12	798,– 408,01	387,60 198,18	270,00 138,05	336,00 171,79
1381	Operative Entfernung eines Iris-Ziliar-Aderhauttumors (Zyklektomie)	2770	315,78 161,46	726,29 371,35	1105,23 565,10	536,83 274,48	373,95 191,20	465,36 237,93

Nr.	Leistung	Punktzahl	1fach DM / €	2,3fach DM / €	3,5fach DM / €	1,7fach DM / €	UV Allg. DM / €	UV Bes. DM / €
1382	Goniotrepanation oder Trabekulektomie oder Trabekulotomie bei Glaukom	2500	285,–	655,50	997,50	484,50	337,40	420,00
			145,72	335,15	510,01	247,72	172,56	214,74
1383	Vitrektomie, Glaskörperstrangdurchtrennung, als selbständige Leistung	2500	285,–	655,50	997,50	484,50	337,50	420,00
			145,72	335,15	510,01	247,72	172,56	214,74
1384	Vordere Vitrektomie (Glaskörperentfernung aus der Augenvorderkammer), als selbständige Leistung	830	94,62	217,63	331,17	160,85	112,05	139,44
			48,38	111,27	169,33	82,24	57,29	71,29
1386	Aufnähen einer Rutheniumplombe auf die Lederhaut	1290	147,06	338,24	514,71	250,–	174,15	216,72
			75,19	172,94	263,17	127,82	89,04	110,81

J. Hals-, Nasen-, Ohrenheilkunde (GOÄ/UV-GOÄ)

Allgemeine Bestimmungen (UV-GOÄ)

Die von den HNO-Ärzten erbrachten Leistungen nach den Nummern 1445, 1446, 1447, 1448, 1467, 1485, 1497, 1588, 1595, 1611, 1612, 1613, 1614, 1625, 1626, 1636, 1637, 1638, 2384, 2441, 2651, 2660, 2751 werden nach den Gebührensätzen für die besondere Heilbehandlung vergütet, wenn diese Ärzte die Voraussetzungen für die Durchführung ambulanter Operationen in der vertragsärztlichen Versorgung erfüllen. Die für den vertragsärztlichen Bereich erforderliche Erklärung ist auf Verlangen dem Kostenträger vorzulegen.

		Punktzahl	1fach DM €	2,3-/1,8fach DM €	3,5-/2,5fach DM €	1,7fach DM €	UV Allg. DM €	UV Bes. DM €
1400	Genaue Hörprüfung mit Einschluß des Tongehörs (Umgangs- und Flüstersprache, Luft- und Knochenleitung)	76	8,66 4,43	19,93 10,19	30,32 15,50	14,72 7,53	10,26 5,25	12,77 6,53
1401*	Hörprüfung mittels einfacher audiologischer Testverfahren (mindestens fünf Frequenzen)	60	6,84 3,50	12,31 6,30	17,10 8,74	8,89** 4,55	8,10 4,14	10,08 5,15
1403*	Tonschwellenaudiometrische Untersuchung, auch beidseitig, (Bestimmung der Hörschwelle mit 8 bis 12 Prüffrequenzen oder mittels kontinuierlicher Frequenzänderung im Hauptfrequenzbereich des menschlichen Gehörs, in Luft- und in Knochenleitung, auch mit Vertäubung) – auch mit Bestimmung der Intensitätsbreite und gegebenenfalls einschließlich überschwelliger audiometrischer Untersuchung –	158	18,01 9,21	32,42 16,58	45,03 23,02	23,41** 11,97		
1403	Tonschwellenaudiometrische Untersuchung, auch beidseitig, (Bestimmung der Hörschwelle mit 8 bis 12 Prüffrequenzen oder mittels kontinuierlicher Frequenzänderung im Hauptfrequenzbereich des menschlichen Gehörs, in Luft- und in Knochenleitung, auch mit Vertäubung) – auch mit Bestimmung der Intensitätsbreite und gegebenenfalls einschließlich überschwelliger audiometrischer Untersuchung – . . . . *Für Kopie und Versand von Tonschwellenaudiogrammen – auch beiderseits – wird ein Betrag in Höhe von 5,20 DM (€ 2,66) zuzüglich Porto erstattet.*						21,33 10,91	26,54 13,57

* Reduzierter Gebührenrahmen
** 1,3fach

		Punktzahl	1fach DM €	2,3-/ 1,8fach DM €	3,5-/ 2,5fach DM €	1,7fach DM €	UV Allg. DM €	UV Bes. DM €
1404*	Sprachaudiometrische Untersuchung, auch beidseitig, (Ermittlung des Hörverlustes für Sprache und des Diskriminationsverlustes nach DIN-Norm, getrennt für das rechte und linke Ohr über Kopfhörer, erforderlichenfalls auch über Knochenleitung, gegebenenfalls einschließlich Prüfung des beidohrigen Satzverständnisses über Lautsprecher)	158	18,01 9,21	32,42 16,58	45,03 23,02	23,41** 11,97	21,33 10,91	26,54 13,57
	Neben den Leistungen nach den Nummern 1403 und 1404 sind die Leistungen nach den Nummern 1400 und 1401 nicht berechnungsfähig.							
1405*	Sprachaudiometrische Untersuchung zur Kontrolle angepaßter Hörgeräte im freien Schallfeld	63	7,18 3,67	12,93 6,61	17,96 9,18	9,33** 4,77	8,51 4,35	10,58 5,41
1406*	Kinderaudiometrie (in der Regel bis zur Vollendung des 7. Lebensjahres) zur Ermittlung des Schwellengehörs (Knochen- und Luftleitung) mit Hilfe von bedingten und/oder Orientierungsreflexen – gegebenenfalls einschließlich überschwelliger audiometrischer Untersuchung und Messungen zur Hörgeräteanpassung –	182	20,75 10,61	37,35 19,10	51,87 26,52	26,98** 13,79	24,57 12,56	30,58 15,63
	Neben der Leistung nach Nummer 1406 sind die Leistungen nach den Nummern 1400, 1401, 1403 und 1404 nicht berechnungsfähig.							
1407	Impedanzmessung am Trommelfell und/oder an den Binnenohrmuskeln (z. B. Stapedius-Lautheitstest), auch beidseitig	182	20,75 10,61	47,72 24,40	72,62 37,13	35,28 18,03	24,57 12,56	30,58 15,63
1408	Audioelektroenzephalographische Untersuchung	888	101,23 51,76	232,83 119,05	354,31 181,16	172,09 87,99	119,88 61,29	149,18 76,28
1409	Messung otoakustischer Emissionen	400	45,60 23,32	104,88 53,62	159,60 81,60	77,52 39,64	54,00 27,61	67,20 34,36
	Die Leistung nach Nummer 1409 ist neben den Leistungen nach den Nummern 827 bis 829 nicht berechnungsfähig.							

* Reduzierter Gebührenrahmen
** 1,3fach

		Punktzahl	1fach DM €	2,3fach DM €	3,5fach DM €	1,7fach DM €	UV Allg. DM €	UV Bes. DM €
1412	Experimentelle Prüfung des statischen Gleichgewichts (Drehversuch, kalorische Prüfung und Lagenystagmus)	91	10,37 5,30	23,86 12,20	36,31 18,57	17,63 9,02	12,29 6,28	15,29 7,82
1413	Elektronystagmographische Untersuchung	265	30,21 15,45	69,48 35,53	105,74 54,06	51,36 26,26	35,78 18,29	44,52 22,76
1414	Diaphanoskopie der Nebenhöhlen der Nase	42	4,79 2,45	11,01 5,63	16,76 8,57	8,14 4,16	5,67 2,90	7,06 3,61
1415	Binokularmikroskopische Untersuchung des Trommelfells und/oder der Paukenhöhle zwecks diagnostischer Abklärung, als selbständige Leistung	91	10,37 5,30	23,86 12,20	36,31 18,57	17,63 9,02	12,29 6,28	15,29 7,82
1416	Stroboskopische Untersuchung der Stimmbänder	121	13,79 7,05	31,73 16,22	48,28 24,69	23,44 11,99	16,34 8,35	20,33 10,39
1417	Rhinomanometrische Untersuchung	100	11,40 5,83	26,22 13,41	39,90 20,40	19,38 9,91	13,50 6,90	16,80 8,59
1418	Endoskopische Untersuchung der Nasenhaupthöhlen und/oder des Nasenrachenraums – gegebenenfalls einschließlich der Stimmbänder – *Neben der Leistung nach Nummer 1418 ist die Leistung nach Nummer 1466 nicht berechnungsfähig.*	180	20,52 10,49	47,20 24,13	71,82 36,72	34,88 17,84	24,30 12,42	30,24 15,46
1425	Ausstopfung der Nase von vorn, als selbständige Leistung	50	5,70 2,91	13,11 6,70	19,95 10,20	9,69 4,95	6,75 3,45	8,40 4,29
1426	Ausstopfung der Nase von vorn und hinten, als selbständige Leistung	100	11,40 5,83	26,22 13,41	39,90 20,40	19,38 9,91	13,50 6,90	16,80 8,59
1427	Entfernung von Fremdkörpern aus dem Naseninnern, als selbständige Leistung	95	10,83 5,54	24,91 12,74	37,91 19,38	18,41 9,41	12,83 6,56	15,96 8,16
1428	Operativer Eingriff zur Entfernung festsitzender Fremdkörper aus der Nase	370	42,18 21,57	97,01 49,60	147,63 75,48	71,71 36,66	49,95 25,54	62,16 31,78
1429	Kauterisation im Naseninnern, je Sitzung	76	8,66 4,43	19,93 10,19	30,32 15,50	14,72 7,53	10,26 5,25	12,77 6,53

		Punktzahl	1fach DM €	2,3fach DM €	3,5fach DM €	1,7fach DM €	UV Allg. DM €	UV Bes. DM €
1430	Operativer Eingriff in der Nase, wie Muschelfrakturierung, Muschelquetschung, Kaltkaustik der Muscheln, Synechielösung und/oder Probeexzision	119	13,57 6,94	31,20 15,95	47,48 24,28	23,07 11,79	16,07 8,21	19,99 10,22
1435	Stillung von Nasenbluten mittels Ätzung und/oder Tamponade und/oder Kauterisation, auch beidseitig	91	10,37 5,30	23,86 12,20	36,31 18,57	17,63 9,02	12,29 6,28	15,29 7,82
1436	Gezielte Anbringung von Ätzmitteln im hinteren Nasenraum unter Spiegelbeleuchtung oder Ätzung des Seitenstranges, auch beidseitig	36	4,10 2,10	9,44 4,83	14,36 7,34	6,97 3,57	4,86 2,48	6,05 3,09
1438	Teilweise oder vollständige Abtragung einer Nasenmuschel	370	42,18 21,57	97,01 49,60	147,63 75,48	71,71 36,66	49,95 25,54	62,16 31,78
1439	Teilweise oder vollständige Abtragung von Auswüchsen der Nasenscheidewand einer Seite	370	42,18 21,57	97,01 49,60	147,63 75,48	71,71 36,66	49,95 25,54	62,16 31,78
1440	Operative Entfernung einzelner Nasenpolypen oder anderer Neubildungen einer Nasenseite	130	14,82 7,58	34,09 17,43	51,87 26,52	25,19 12,88	17,55 8,97	21,84 11,17
1441	Operative Entfernung mehrerer Nasenpolypen oder schwieriger zu operierender Neubildungen einer Nasenseite, auch in mehreren Sitzungen	296	33,74 17,25	77,61 39,68	118,10 60,39	57,36 29,33	39,96 20,43	49,73 25,43
1445	Submuköse Resektion an der Nasenscheidewand	463	52,78 26,99	121,40 62,07	184,74 94,46	89,73 45,88	62,51 31,96	77,78 39,77
1446	Submuköse Resektion an der Nasenscheidewand mit Resektion der ausgedehnten knöchernen Leiste	739	84,25 43,07	193,77 99,07	294,86 150,76	143,23 73,23	99,77 51,01	124,15 63,48
1447	Plastische Korrektur am Nasenseptum und an den Weichteilen zur funktionellen Wiederherstellung der Nasenatmung – gegebenenfalls einschließlich der Leistungen nach den Nummern 1439, 1445, 1446 und 1456 –, auch in mehreren Sitzungen	1660	189,24 96,76	435,25 222,54	662,34 338,65	321,71 164,49	224,10 114,58	278,88 142,59

		Punktzahl	1fach DM €	2,3fach DM €	3,5fach DM €	1,7fach DM €	UV Allg. DM €	UV Bes. DM €
1448	Plastische Korrektur am Nasenseptum und an den Weichteilen und am knöchernen Nasengerüst zur funktionellen Wiederherstellung der Nasenatmung – gegebenenfalls einschließlich der Leistungen nach den Nummern 1439, 1445, 1446 und 1456 –, auch in mehreren Sitzungen	2370	270,18 138,14	621,41 317,72	945,63 483,49	459,31 234,84	319,95 163,59	398,16 203,58
1449	Plastische Operation bei rekonstruierender Teilplastik der äußeren Nase, auch in mehreren Sitzungen	3700	421,80 215,66	970,14 496,03	1476,30 754,82	717,06 366,63	499,50 255,39	621,60 317,82
1450	Rekonstruierende Totalplastik der äußeren Nase, auch in mehreren Sitzungen	7400	843,60 431,33	1940,28 992,05	2952,60 1509,64	1434,12 733,25	999,00 510,78	1243,20 635,64
1452	Umfangreiche operative Teilentfernung der äußeren Nase	800	91,20 46,63	209,76 107,25	319,20 163,20	155,04 79,27	108,00 55,22	134,40 68,72
1453	Operative Entfernung der gesamten Nase	1100	125,40 64,12	288,42 147,47	438,90 224,41	213,18 109,00	148,50 75,93	184,80 94,49
1455	Plastische Operation zum Verschluß einer Nasenscheidewandperforation .	550	62,70 32,06	144,21 73,73	219,45 112,20	106,59 54,50	74,25 37,96	92,40 47,24
1456	Operative Verschmälerung des Nasensteges	232	26,45 13,52	60,83 31,10	92,57 47,33	44,97 22,99	31,32 16,01	38,98 19,93
1457	Operative Korrektur eines Nasenflügels	370	42,18 21,57	97,01 49,60	147,63 75,48	71,71 36,66	49,95 25,54	62,16 31,78
1458	Beseitigung eines knöchernen Choanenverschlusses	1290	147,06 75,19	338,24 172,94	514,71 263,17	250,– 127,82	174,15 89,04	216,72 110,81
1459	Eröffnung eines Abszesses der Nasenscheidewand	74	8,44 4,31	19,40 9,92	29,53 15,10	14,35 7,33	9,99 5,11	12,43 6,36
1465	Punktion einer Kieferhöhle – gegebenenfalls einschließlich Spülung und/oder Instillation von Medikamenten –	119	13,57 6,94	31,20 15,95	47,48 24,28	23,07 11,79	16,07 8,21	19,99 10,22
1466	Endoskopische Untersuchung der Kieferhöhle (Antroskopie) – gegebenenfalls einschließlich der Leistung nach Nummer 1465 –	178	20,29 10,38	46,67 23,86	71,02 36,31	34,49 17,64	24,03 12,29	29,90 15,29

		Punktzahl	1fach DM €	2,3fach DM €	3,5fach DM €	1,7fach DM €	UV Allg. DM €	UV Bes. DM €
1467	Operative Eröffnung einer Kieferhöhle vom Mundvorhof aus – einschließlich Fensterung –	407	46,40 23,72	106,72 54,56	162,39 83,03	78,88 40,33	54,95 28,09	68,38 34,96
1468	Operative Eröffnung einer Kieferhöhle von der Nase aus	296	33,74 17,25	77,61 39,68	118,10 60,39	57,36 29,33	39,96 20,43	49,73 25,43
1469	Keilbeinhöhlenoperation oder Ausräumung der Siebbeinzellen von der Nase aus	554	63,16 32,29	145,26 74,27	221,05 113,02	107,37 54,90	74,79 38,24	93,07 47,59
1470	Keilbeinhöhlenoperation oder Ausräumung der Siebbeinzellen von der Nase aus – einschließlich teilweiser oder vollständiger Abtragung einer Nasenmuschel oder von Auswüchsen der Nasenscheidewand –	739	84,25 43,07	193,77 99,07	294,86 150,76	143,23 73,23	99,77 51,01	124,15 63,48
1471	Operative Eröffnung der Stirnhöhle – gegebenenfalls auch der Siebbeinzellen – vom Naseninnern aus	1480	168,72 86,27	388,06 198,41	590,52 301,93	286,82 146,65	199,80 102,16	248,64 127,13
1472	Anbohrung der Stirnhöhle von außen	222	25,31 12,94	58,21 29,76	88,58 45,29	43,03 22,00	29,97 15,32	37,30 19,07
1473	Plastische Rekonstruktion der Stirnhöhlenvorderwand, auch in mehreren Sitzungen *Neben der Leistung nach Nummer 1473 ist die Nummer 1485 nicht berechnungsfähig.*	2220	253,08 129,40	582,08 297,62	885,78 452,89	430,24 219,98	299,70 153,23	372,96 190,69
1478	Sondierung und/oder Bougierung der Stirnhöhle vom Naseninnern aus – gegebenenfalls einschließlich Spülung und/oder Instillation von Arzneimitteln –	178	20,29 10,38	46,67 23,86	71,02 36,31	34,49 17,64	24,03 12,29	29,90 15,29
1479	Ausspülung der Kiefer-, Keilbein-, Stirnhöhle von der natürlichen oder künstlichen Öffnung aus – auch Spülung mehrerer dieser Höhlen, auch einschließlich Instillation von Arzneimitteln –	59	6,73 3,44	15,47 7,91	23,54 12,04	11,44 5,85	7,97 4,07	9,91 5,07
1480	Absaugen der Nebenhöhlen	45	5,13 2,62	11,80 6,03	17,96 9,18	8,72 4,46	6,08 3,11	7,56 3,87
1485	Operative Eröffnung und Ausräumung der Stirnhöhle oder der Kieferhöhle oder der Siebbeinzellen von außen	924	105,34 53,86	242,27 123,87	368,68 188,50	179,08 91,56	124,74 63,78	155,23 79,37

		Punktzahl	1fach DM €	2,3fach DM €	3,5fach DM €	1,7fach DM €	UV Allg. DM €	UV Bes. DM €
1486	Radikaloperation der Kieferhöhle	1110	126,54 64,70	291,04 148,81	442,89 226,45	215,12 109,99	149,85 76,62	186,48 95,35
1487	Radikaloperation einer Stirnhöhle einschließlich der Siebbeinzellen von außen	1480	168,72 86,27	388,06 198,41	590,52 301,93	286,82 146,65	199,80 102,16	248,64 127,13
1488	Radikaloperation sämtlicher Nebenhöhlen einer Seite	1850	210,90 107,83	485,07 248,01	738,15 377,41	358,53 183,31	249,75 127,10	310,80 158,91
1492	Osteoplastische Operation zur Verengung der Nase bei Ozaena	1290	147,06 75,19	338,24 172,94	514,71 263,17	250,– 127,82	174,15 89,04	216,72 110,81
1493	Entfernung der vergrößerten Rachenmandel (Adenotomie)	296	33,74 17,25	77,61 39,68	118,10 60,39	57,36 29,33	39,96 20,43	49,73 25,43
1495	Entfernung eines Nasenrachenfibroms	1110	126,54 64,70	291,04 148,81	442,89 226,45	215,12 109,99	149,85 76,62	186,48 95,35
1496	Eröffnung des Türkensattels vom Naseninnern aus	2220	253,08 129,40	582,08 297,62	885,78 452,89	430,24 219,98	299,70 153,23	372,96 190,69
1497	Tränensackoperation vom Naseninnern aus	1110	126,54 64,70	291,04 148,81	442,89 226,45	215,12 109,99	149,85 76,62	186,48 95,35
1498	Konservative Behandlung der Gaumenmandeln (z. B. Schlitzung, Saugung)	44	5,02 2,57	11,54 5,90	17,56 8,98	8,53 4,36	5,94 3,04	7,39 3,78
1499	Ausschälung und Resektion einer Gaumenmandel mit der Kapsel (Tonsillektomie)	463	52,78 26,99	121,40 62,07	184,74 94,46	89,73 45,88	62,51 31,96	77,78 39,77
1500	Ausschälung und Resektion beider Gaumenmandeln mit den Kapseln (Tonsillektomie)	739	84,25 43,07	193,77 99,07	294,86 150,76	143,23 73,23	99,77 51,01	124,15 63,48
1501	Operative Behandlung einer konservativ unstillbaren Nachblutung nach Tonsillektomie	333	37,96 19,41	87,31 44,64	132,87 67,93	64,53 33,00	44,96 22,99	55,94 28,60
1505	Eröffnung eines peritonsillären Abszesses	148	16,87 8,63	38,81 19,84	59,05 30,19	28,68 14,67	19,98 10,22	24,86 12,71
1506	Eröffnung eines retropharyngealen Abszesses	185	21,09 10,78	48,51 24,80	73,82 37,74	35,85 18,33	24,98 12,77	31,08 15,89

		Punktzahl	1fach DM €	2,3fach DM €	3,5fach DM €	1,7fach DM €	UV Allg. DM €	UV Bes. DM €
1507	Wiedereröffnung eines peritonsillären Abszesses	56	6,38 3,26	14,68 7,51	22,34 11,42	10,85 5,55	7,56 3,87	9,41 4,81
1508	Entfernung von eingespießten Fremdkörpern aus dem Rachen oder Mund	93	10,60 5,42	24,39 12,47	37,11 18,97	18,02 9,22	12,56 6,42	15,62 7,99
1509	Operative Behandlung einer Mundbodenphlegmone	463	52,78 26,99	121,40 62,07	184,74 94,46	89,73 45,88	62,51 31,96	77,78 39,77
1510	Schlitzung des Parotis- oder Submandibularis-Ausführungsganges – gegebenenfalls einschließlich Entfernung von Stenosen –	190	21,66 11,08	49,82 25,47	75,81 38,76	36,82 18,83	25,65 13,12	31,92 16,32
1511	Eröffnung eines Zungenabszesses	185	21,09 10,78	48,51 24,80	73,82 37,74	35,85 18,33	24,98 12,77	31,08 15,89
1512	Teilweise Entfernung der Zunge – gegebenenfalls einschließlich Unterbindung der Arteria lingualis –	1110	126,54 64,70	291,04 148,81	442,89 226,45	215,12 109,99	149,85 76,62	186,48 95,35
1513	Keilexzision aus der Zunge	370	42,18 21,57	97,01 49,60	147,63 75,48	71,71 36,66	49,95 25,54	62,16 31,78
1514	Entfernung der Zunge mit Unterbindung der Arteriae linguales	2220	253,08 129,40	582,08 297,62	885,78 452,89	430,24 219,98	299,70 153,23	372,96 190,69
1518	Operation einer Speichelfistel	739	84,25 43,07	193,77 99,07	294,86 150,76	143,23 73,23	99,77 51,01	124,15 63,48
1519	Operative Entfernung von Speichelstein(en)	554	63,16 32,29	145,26 74,27	221,05 113,02	107,37 54,90	74,79 38,24	93,07 47,59
1520	Exstirpation der Unterkiefer- und/oder Unterzungenspeicheldrüse(n)	900	102,60 52,46	235,98 120,66	359,10 183,61	174,42 89,18	121,50 62,12	151,20 77,31
1521	Speicheldrüsentumorexstirpation einschließlich Ausräumung des regionären Lymphstromgebietes	1850	210,90 107,83	485,07 248,01	738,15 377,41	358,53 183,31	249,75 127,70	310,80 158,91
1522	Parotisexstirpation mit Präparation des Nervus facialis – gegebenenfalls einschließlich Ausräumung des regionären Lymphstromgebietes –	2000	228,– 116,58	524,40 268,12	798,– 408,01	387,60 198,18	270,00 138,05	336,00 171,79
1525	Einbringung von Arzneimitteln in den Kehlkopf unter Spiegelbeleuchtung	46	5,24 2,68	12,06 6,17	18,35 9,38	8,91 4,56	6,21 3,18	7,73 3,95
1526	Chemische Ätzung im Kehlkopf	76	8,66 4,43	19,93 10,19	30,32 15,50	14,72 7,53	10,26 5,25	12,77 6,53

		Punktzahl	1fach DM €	2,3fach DM €	3,5fach DM €	1,7fach DM €	UV Allg. DM €	UV Bes. DM €
1527	Galvanokaustik oder Elektrolyse oder Kürettement im Kehlkopf	370	42,18 21,57	97,01 49,60	147,63 75,48	71,71 36,66	49,95 25,54	62,16 31,78
1528	Fremdkörperentfernung aus dem Kehlkopf	554	63,16 32,29	145,26 74,27	221,05 113,02	107,37 54,90	74,79 38,24	93,07 47,59
1529	Intubation oder Einführung von Dehnungsinstrumenten in den Kehlkopf, als selbständige Leistung	152	17,33 8,86	39,85 20,38	60,65 31,01	29,46 15,06	20,52 10,49	25,54 13,06
1530	Untersuchung des Kehlkopfes mit dem Laryngoskop	182	20,75 10,61	47,72 24,40	72,62 37,13	35,28 18,03	24,57 12,56	30,58 15,63
1532	Endobronchiale Behandlung mit weichem Rohr	182	20,75 10,61	47,72 24,40	72,62 37,13	35,28 18,03	24,57 12,56	30,58 15,63
	Die Leistung nach Nummer 1532 ist im Zusammenhang mit einer Intubationsnarkose nicht berechnungsfähig.							
1533	Schwebe- oder Stützlaryngoskopie, jeweils als selbständige Leistung	500	57,– 29,14	131,10 67,03	199,50 102,00	96,90 49,54	67,50 34,51	84,00 42,95
1534	Probeexzision aus dem Kehlkopf	463	52,78 26,99	121,40 62,07	184,74 94,46	89,73 45,88	62,51 31,96	77,78 39,77
1535	Entfernung von Polypen oder anderen Geschwülsten aus dem Kehlkopf	647	73,76 37,71	169,64 86,74	258,15 131,99	125,39 64,11	87,35 44,66	108,70 55,58
1540	Endolaryngeale Resektion oder frontolaterale Teilresektion eines Stimmbandes	1850	210,90 107,83	485,07 248,01	738,15 377,41	358,53 183,31	249,75 127,70	310,80 158,91
1541	Operative Beseitigung einer Stenose im Glottisbereich	1390	158,46 81,02	364,46 186,35	554,61 283,57	269,38 137,73	187,65 95,94	233,52 119,40
1542	Kehlkopfplastik mit Stimmbandverlagerung	1850	210,90 107,83	485,07 248,01	738,15 377,41	358,53 183,31	249,75 127,70	310,80 158,91
1543	Teilweise Entfernung des Kehlkopfes	1650	188,10 96,17	432,63 221,20	658,35 336,61	319,77 163,50	222,75 113,89	277,20 141,73
1544	Teilweise Entfernung des Kehlkopfes – einschließlich Zungenbeinresektion und Pharynxplastik –	1850	210,90 107,83	485,07 248,01	738,15 377,41	358,53 183,31	249,75 127,70	310,80 158,91
1545	Totalexstirpation des Kehlkopfes	2220	253,08 129,40	582,08 297,62	885,78 452,89	430,24 219,98	299,70 153,23	372,96 190,69

		Punktzahl	1fach DM €	2,3fach DM €	3,5fach DM €	1,7fach DM €	UV Allg. DM €	UV Bes. DM €
1546	Totalexstirpation des Kehlkopfes – einschließlich Ausräumung des regionären Lymphstromgebietes und gegebenenfalls von benachbarten Organen –	3700	421,80 215,66	970,14 496,03	1476,30 754,82	717,06 366,63	499,50 255,39	621,60 317,82
1547	Kehlkopfstenosenoperation mit Thyreochondrotomie – einschließlich plastischer Versorgung und gegebenenfalls Verlagerung eines Aryknorpels –	2770	315,78 161,46	726,29 371,35	1105,23 565,10	536,83 274,48	373,95 191,20	465,36 237,93
1548	Einführung einer Silastikendoprothese im Larynxbereich	2060	234,84 120,07	540,13 276,17	821,94 420,25	399,23 204,12	278,10 142,19	346,08 176,95
1549	Fensterung des Schildknorpels zur Spickung mit Radionukliden	1200	136,80 69,95	314,64 160,87	478,80 244,81	232,56 118,91	162,00 82,83	201,60 103,08
1550	Spickung des Kehlkopfes mit Radionukliden bei vorhandener Fensterung des Schildknorpels	300	34,20 17,49	78,66 40,22	119,70 61,20	58,14 29,73	40,50 20,71	50,40 25,77
1551	Operative Versorgung einer Trümmerverletzung des Kehlkopfes und/oder der Trachea – gegebenenfalls mit Haut- und/oder Schleimhautplastik, auch mit Sternotomie –	3000	342,– 174,86	786,60 402,18	1197,– 612,02	581,40 297,27	405,00 207,07	504,00 257,69
1555	Untersuchung der Sprache nach standardisierten Verfahren (Prüfung der Sprachentwicklung, der Artikulation, der Satzstruktur, des Sprachverständnisses, der zentralen Sprachverarbeitung und des Redeflusses)	119	13,57 6,94	31,20 15,95	47,48 24,28	23,07 11,79	16,07 8,21	19,99 10,22
	Neben der Leistung nach Nummer 1555 sind die Leistungen nach den Nummern 715 und 717 nicht berechnungsfähig.							
1556	Untersuchung der Stimme nach standardisierten Verfahren (Prüfung der Atmung, des Stimmklanges, des Stimmeinsatzes, der Tonhaltedauer, des Stimmumfanges und der Sprachstimmlage, gegebenenfalls auch mit Prüfung der Stimme nach Belastung)	119	13,57 6,94	31,20 15,95	47,48 24,28	23,07 11,79	16,07 8,21	19,99 10,22
1557	Elektroglottographische Untersuchung	106	12,08 6,18	27,79 14,21	42,29 21,63	20,54 10,50	14,31 7,32	17,81 9,11

		Punktzahl	1fach DM €	2,3-/ 1,8fach DM €	3,5-/ 2,5fach DM €	1,7fach DM €	UV Allg. DM €	UV Bes. DM €
1558*	Stimmtherapie bei Kehlkopflosen (Speiseröhrenersatzstimme oder elektronische Ersatzstimme), je Sitzung . .	148	16,87 8,63	30,37 15,53	42,18 21,57	21,93** 11,22	19,98 10,22	24,86 12,71
1559*	Sprachübungsbehandlung – einschließlich aller dazu gehörender Maßnahmen (z. B. Artikulationsübung, Ausbildung fehlender Laute, Satzstrukturübung, Redeflußübung, gegebenenfalls auch mit Atemtherapie und physikalischen Maßnahmen) –, als Einzelbehandlung, Dauer mindestens 30 Minuten	207	23,60 12,07	42,48 21,72	59,– 30,16	30,68** 15,69	27,95 14,29	34,78 17,78
1560*	Stimmübungsbehandlung – einschließlich aller dazu gehörender Maßnahmen (z. B. Stimmeinsatz, Stimmhalteübungen und -entspannungsübungen, gegebenenfalls auch mit Atemtherapie und physikalischen Maßnahmen) –, als Einzelbehandlung, Dauer mindestens 30 Minuten .	207	23,60 12,07	42,48 21,72	59,– 30,16	30,68** 15,69	27,95 14,29	34,78 17,78
1565	Entfernung von obturierenden Ohrenschmalzpfröpfen, auch beidseitig	45	5,13 2,62	11,80 6,03	17,96 9,18	8,72 4,46	6,08 3,11	7,56 3,87
1566	Ausspülung des Kuppelraumes	45	5,13 2,62	11,80 6,03	17,96 9,18	8,72 4,46	6,08 3,11	7,56 3,87
1567	Spaltung von Furunkeln im äußeren Gehörgang	74	8,44 4,31	19,40 9,92	29,53 15,10	14,35 7,33	9,99 5,11	12,43 6,36
1568	Operation im äußeren Gehörgang (z. B. Entfernung gutartiger Hautneubildungen)	185	21,09 10,78	48,51 24,80	73,82 37,74	35,85 18,33	24,98 12,77	31,08 15,89
1569	Entfernung eines nicht festsitzenden Fremdkörpers aus dem Gehörgang oder der Paukenhöhle	74	8,44 4,31	19,40 9,92	29,53 15,10	14,35 7,33	9,99 5,11	12,43 6,36
1570	Entfernung eines festsitzenden Fremdkörpers aus dem Gehörgang oder der Paukenhöhle	148	16,87 8,63	38,81 19,84	59,05 30,19	28,68 14,67	19,98 10,22	24,86 12,71
1575	Inzision des Trommelfells (Parazentese)	130	14,82 7,58	34,09 17,43	51,87 26,52	25,19 12,88	17,55 8,97	21,84 11,17

* Reduzierter Gebührenrahmen
** 1,3fach

		Punktzahl	1fach DM €	2,3-/1,8fach DM €	3,5-/2,5fach DM €	1,7fach DM €	UV Allg. DM €	UV Bes. DM €
1576	Anlage einer Paukenhöhlendauerdrainage (Inzision des Trommelfells mit Entleerung der Paukenhöhle und Einlegen eines Verweilröhrchens)	320	36,48 18,65	83,90 42,90	127,68 65,28	62,02 31,71	43,20 22,09	53,76 27,49
1577	Einsetzen oder Auswechseln einer Trommelfellprothese oder Wiedereinlegen eines Verweilröhrchens	45	5,13 2,62	11,80 6,03	17,96 9,18	8,72 4,46	6,08 3,11	7,56 3,87
1578	Gezielte chemische Ätzung im Gehörgang unter Spiegelbeleuchtung, auch beidseitig	40	4,56 2,33	10,49 5,36	15,96 8,16	7,75 3,96	5,40 2,76	6,72 3,44
1579	Chemische Ätzung in der Paukenhöhle – gegebenenfalls einschließlich der Ätzung im Gehörgang –	70	7,98 4,08	18,35 9,38	27,93 14,28	13,57 6,94	9,45 4,83	11,76 6,01
1580	Galvanokaustik im Gehörgang oder in der Paukenhöhle	89	10,15 5,19	23,34 11,93	35,51 18,16	17,26 8,82	12,02 6,14	14,95 7,64
1585	Entfernung einzelner Granulationen vom Trommelfell und/oder aus der Paukenhöhle unter Anwendung des scharfen Löffels oder ähnliche kleinere Eingriffe	130	14,82 7,58	34,09 17,43	51,87 26,52	25,19 12,88	17,55 8,97	21,84 11,17

		Punktzahl	1fach DM €	2,3fach DM €	3,5fach DM €	1,7fach DM €	UV Allg. DM €	UV Bes. DM €
1586	Entfernung eines oder mehrerer größerer Polypen oder ähnlicher Gebilde aus dem Gehörgang oder der Paukenhöhle, auch in mehreren Sitzungen	296	33,74 17,25	77,61 39,68	118,10 60,39	57,36 29,33	39,96 20,43	49,73 25,43
1588	Hammer-Amboß-Extraktion oder ähnliche schwierige Eingriffe am Mittelohr vom Gehörgang aus (z. B. operative Deckung eines Trommelfelldefektes)	554	63,16 32,29	145,26 74,27	221,05 113,02	107,37 54,90	74,79 38,24	93,07 47,59
1589	Dosierte luftdruck-kontrollierte Insufflation der Eustachischen Röhre unter Verwendung eines manometerbestückten Druckkompressors	30	3,42 1,75	7,87 4,02	11,97 6,12	5,81 2,97	4,05 2,07	5,04 2,58

Nr.	Leistung	Punktzahl	1fach DM / €	2,3fach DM / €	3,5fach DM / €	1,7fach DM / €	UV Allg. DM / €	UV Bes. DM / €
1590	Katheterismus der Ohrtrompete – auch mit Bougierung und/oder Einbringung von Arzneimitteln und gegebenenfalls einschließlich Luftdusche –, auch beidseitig	74	8,44	19,40	29,53	14,35	9,99	12,43
			4,31	9,92	15,10	7,33	5,11	6,36
1591	Vibrationsmassage des Trommelfells oder Anwendung der Drucksonde, auch beidseitig	40	4,56	10,49	15,96	7,75	5,40	6,72
			2,33	5,36	8,16	3,96	2,76	3,44
1595	Operative Beseitigung einer Stenose im äußeren Gehörgang	1850	210,90	485,07	738,15	358,53	249,75	310,80
			107,83	248,01	377,41	183,31	127,70	158,91
1596	Plastische Herstellung des äußeren Gehörganges bei Atresie	1480	168,72	388,06	590,52	286,82	199,80	284,64
			86,27	198,41	301,93	146,65	102,16	127,13
1597	Operative Eröffnung des Warzenfortsatzes	1110	126,54	291,04	442,89	215,12	149,85	186,48
			64,70	148,81	226,45	109,99	76,62	95,35
1598	Aufmeißelung des Warzenfortsatzes mit Freilegung sämtlicher Mittelohrräume (Radikaloperation)	1660	189,24	435,25	662,34	321,71	224,10	278,88
			96,76	222,54	338,65	164,49	114,58	142,59
1600	Eröffnung der Schädelhöhle mit Operation einer Sinus- oder Bulbusthrombose, des Labyrinthes oder eines Hirnabszesses gegebenenfalls mit Aufmeißelung des Warzenfortsatzes und Freilegung sämtlicher Mittelohrräume	2770	315,78	726,29	1105,23	536,83	373,95	465,36
			161,46	371,35	565,10	274,48	191,20	237,93
1601	Operation eines gutartigen Mittelohrtumors, auch Cholesteatom – gegebenenfalls einschließlich der Leistungen nach Nummer 1597 oder Nummer 1598 –	1660	189,24	435,25	662,34	321,71	224,10	278,88
			96,76	222,54	338,65	164,49	114,58	142,59
1602	Operation eines destruktiv wachsenden Mittelohrtumors – gegebenenfalls einschließlich der Leistungen nach Nummer 1597, Nummer 1598 oder Nummer 1600 –	2770	315,78	726,29	1105,23	536,83	373,95	465,36
			161,46	371,35	565,10	274,48	191,20	237,93
1610	Tympanoplastik mit Interposition, zusätzlich zu den Leistungen nach den Nummern 1598, 1600 bis 1602	1480	168,72	388,06	590,52	286,82	199,80	248,64
			86,27	198,41	301,93	146,65	102,16	127,13

		Punktzahl	1fach DM €	2,3fach DM €	3,5fach DM €	1,7fach DM €	UV Allg. DM €	UV Bes. DM €
1611	Myringoplastik vom Gehörgang aus . .	1480	168,72 86,27	388,06 198,41	590,52 301,93	286,82 146,65	199,80 102,16	248,64 127,13
1612	Eröffnung der Paukenhöhle durch temporäre Trommelfellaufklappung, als selbständige Leistung	1110	126,54 64,70	291,04 148,81	442,89 226,45	215,12 109,99	149,85 76,62	186,48 95,35
1613	Tympanoplastik mit Interposition, als selbständige Leistung	2350	267,90 136,98	616,17 315,04	937,65 479,41	455,43 232,86	317,25 162,21	394,80 201,86
1614	Tympanoplastik – einschließlich Interposition und Aufbau der Gehörknöchelchenkette –	3140	357,96 183,02	823,31 420,95	1252,86 640,58	608,53 311,14	423,90 216,74	527,52 269,72
1620	Fensterungsoperation – einschließlich Eröffnung des Warzenfortsatzes – . . .	2350	267,90 136,98	616,17 315,04	937,65 479,41	455,43 232,86	317,25 162,21	394,80 201,86
1621	Plastische Rekonstruktion der hinteren Gehörgangswand, als selbständige Leistung	1110	126,54 64,70	291,04 148,81	442,89 226,45	215,12 109,99	149,85 76,62	186,48 95,35
1622	Plastische Rekonstruktion der hinteren Gehörgangswand im Zusammenhang mit anderen Operationen	700	79,80 40,80	183,54 93,84	279,30 142,80	135,66 69,36	94,50 48,32	117,60 60,13
1623	Otoskleroseoperation vom Gehörgang aus (Fußplattenresektion) – gegebenenfalls einschließlich Interposition –	2350	267,90 136,98	616,17 315,04	937,65 479,41	455,43 232,86	317,25 162,21	394,80 201,86
1624	Dekompression des Saccus endolymphaticus oder des Innenohres mit Eröffnung des Sacculus	2350	267,90 136,98	616,17 315,04	937,65 479,41	455,43 232,86	317,25 162,21	394,80 201,86
1625	Fazialisdekompression, als selbständige Leistung	2220	253,08 129,40	582,08 297,62	885,78 452,89	430,24 219,98	299,70 153,23	372,96 190,69
1626	Fazialisdekompression, im Zusammenhang mit anderen operativen Leistungen	1330	151,62 77,52	348,73 178,30	530,67 271,33	257,75 131,79	179,55 91,80	223,44 114,24
1628	Plastischer Verschluß einer retroaurikulären Öffnung oder einer Kieferhöhlenfistel	739	84,25 43,07	193,77 99,07	294,86 150,76	143,23 73,23	99,77 51,01	124,15 63,48
1629	Extraduraler oder transtympanaler operativer Eingriff im Bereich des inneren Gehörganges	3700	421,80 215,66	970,14 496,03	1476,30 754,82	717,06 366,63	499,50 255,39	621,60 317,82

		Punktzahl	1fach DM €	2,3fach DM €	3,5fach DM €	1,7fach DM €	UV Allg. DM €	UV Bes. DM €
1635	Operative Korrektur eines abstehenden Ohres (z. B. durch einfache Ohrmuschelanlegeplastik mit Knorpelexzision)	739	84,25 43,07	193,77 99,07	294,86 150,76	143,23 73,23	99,77 51,01	124,15 63,48
1636	Plastische Operation zur Korrektur der Ohrmuschelform	887	101,12 51,70	232,57 118,91	353,91 180,95	171,90 87,89	119,75 61,22	149,02 76,19
1637	Plastische Operation zur Korrektur von Form, Größe und Stellung der Ohrmuschel	1400	159,60 81,60	367,08 187,69	558,60 285,61	271,32 138,72	189,00 96,63	235,20 120,26
1638	Plastische Operation zum Aufbau einer Ohrmuschel bei Aplasie oder Ohrmuschelverlust, auch in mehreren Sitzungen	4500	513,– 262,29	1179,90 603,27	1795,50 918,03	872,10 445,90	607,50 310,61	756,00 386,54
1639	Unterbindung der Vena jugularis	554	63,16 32,29	145,26 74,27	221,05 113,02	107,37 54,90	74,79 38,24	93,07 47,59

K. Urologie (GOÄ/UV-GOÄ)

Allgemeine Bestimmungen

Werden mehrere Eingriffe in der Brust- oder Bauchhöhle in zeitlichem Zusammenhang durchgeführt, die jeweils in der Leistung die Eröffnung dieser Körperhöhlen enthalten, so darf diese nur einmal berechnet werden; die Vergütungssätze der weiteren Eingriffe sind deshalb um den Vergütungssatz nach Nummer 2990 oder 3135 zu kürzen.

		Punktzahl	1fach DM €	2,3fach DM €	3,5fach DM €	1,7fach DM €	UV Allg. DM €	UV Bes. DM €
1700	Spülung der männlichen Harnröhre und/oder Instillation von Arzneimitteln	45	5,13 2,62	11,80 6,03	17,96 9,18	8,72 4,46	6,08 3,11	7,56 3,87
1701	Dehnung der männlichen Harnröhre – auch einschließlich Spülung und/oder Instillation von Arzneimitteln –, je Sitzung	74	8,44 4,31	19,40 9,92	29,53 15,10	14,35 7,33	9,99 5,11	12,43 6,36
1702	Dehnung der männlichen Harnröhre mit filiformen Bougies und/oder Bougies mit Leitsonde – auch einschließlich Spülung und/oder Instillation von Arzneimitteln –, erste Sitzung	178	20,29 10,38	46,67 23,86	71,02 36,31	34,49 17,64	24,03 12,29	29,90 15,29
1703	Unblutige Fremdkörperentfernung aus der männlichen Harnröhre	148	16,87 8,63	38,81 19,84	59,05 30,19	28,68 14,67	19,98 10,22	24,86 12,71
1704	Operative Fremdkörperentfernung aus der männlichen Harnröhre	554	63,16 32,29	145,26 74,27	221,05 113,02	107,37 54,90	74,79 38,24	93,07 47,59
1708	Kalibrierung der männlichen Harnröhre	75	8,55 4,37	19,67 10,06	29,93 15,30	14,54 7,43	10,13 5,18	12,60 6,44
1709	Kalibrierung der weiblichen Harnröhre	60	6,84 3,50	15,73 8,04	23,94 12,24	11,63 5,95	8,10 4,14	10,08 5,15
1710	Dehnung der weiblichen Harnröhre – auch einschließlich Spülung und/oder Instillation von Arzneimitteln –, je Sitzung	59	6,73 3,44	15,47 7,91	23,54 12,04	11,44 5,85	7,97 4,07	9,91 5,07
1711	Unblutige Fremdkörperentfernung aus der weiblichen Harnröhre	74	8,44 4,31	19,40 9,92	29,53 15,10	14,35 7,33	9,99 5,11	12,43 6,36
1712	Endoskopie der Harnröhre (Urethroskopie)	119	13,57 6,94	31,20 15,95	47,48 24,28	23,07 11,79	16,07 8,21	19,99 10,22
1713	Endoskopie der Harnröhre (Urethroskopie) mit operativem Eingriff (z. B. Papillomkoagulation, Erstbougierung und/oder Spaltung einer Striktur)	296	33,74 17,25	77,61 39,68	118,10 60,39	57,36 29,33	39,96 20,43	49,73 25,43

		Punktzahl	1fach DM €	2,3fach DM €	3,5fach DM €	1,7fach DM €	UV Allg. DM €	UV Bes. DM €
1714	Entfernung einer oder mehrerer Geschwülste an der Harnröhrenmündung	230	26,22 13,41	60,31 30,83	91,77 46,92	44,57 22,79	31,05 15,88	38,64 19,76
1715	Spaltung einer Harnröhrenstriktur nach Otis	300	34,20 17,49	78,66 40,22	119,70 61,20	58,14 29,73	40,50 20,71	50,40 25,77
1720	Anlegen einer Harnröhrenfistel am Damm	554	63,16 32,29	145,26 74,27	221,05 113,02	107,37 54,90	74,79 38,24	93,07 47,59
1721	Verschluß einer Harnröhrenfistel durch Naht	554	63,16 32,29	145,26 74,27	221,05 113,02	107,37 54,90	74,79 38,24	93,07 47,59
1722	Verschluß einer Harnröhrenfistel durch plastische Operation	1110	126,54 64,70	291,04 148,81	442,89 226,45	215,12 109,99	149,85 76,62	186,48 95,35
1723	Operative Versorgung einer Harnröhren- und/oder Harnblasenverletzung	1660	189,24 96,76	435,25 222,54	662,34 338,65	321,71 164,49	224,10 114,58	278,88 142,59
1724	Plastische Operation zur Beseitigung einer Striktur der Harnröhre oder eines Harnröhrendivertikels, je Sitzung	1660	189,24 96,76	435,25 222,54	662,34 338,65	321,71 164,49	224,10 114,58	278,88 142,59
1728	Katheterisierung der Harnblase beim Mann	59	6,73 3,44	15,47 7,91	23,54 12,04	11,44 5,85	7,97 4,07	9,91 5,07
1729	Spülung der Harnblase beim Mann und/oder Instillation von Arzneimitteln – einschließlich Katheterisierung und gegebenenfalls auch Ausspülung von Blutkoagula –	104	11,86 6,06	27,27 13,94	41,50 21,22	20,16 10,31	14,04 7,18	17,47 8,93
1730	Katheterisierung der Harnblase bei der Frau *Wird eine Harnblasenkatheterisierung lediglich ausgeführt, um eine gynäkologische Untersuchung nach Nummer 7 zu erleichtern, so ist sie neben der Leistung nach Nummer 7 nicht berechnungsfähig.*	37	4,22 2,16	9,70 4,96	14,76 7,55	7,17 3,67		
1730	Katheterisierung der Harnblase bei der Frau						5,00 2,55	6,22 3,18
1731	Spülung der Harnblase bei der Frau und/oder Instillation von Medikamenten – einschließlich Katheterisierung und gegebenenfalls auch Ausspülung von Blutkoagula –	74	8,44 4,31	19,40 9,92	29,53 15,10	14,35 7,33	9,99 5,11	12,43 6,36

		Punktzahl	1fach DM €	2,3fach DM €	3,5fach DM €	1,7fach DM €	UV Allg. DM €	UV Bes. DM €
1732	Einlegung eines Verweilkatheters – gegebenenfalls einschließlich der Leistungen nach Nummer 1728 oder Nummer 1730 –	74	8,44 4,31	19,40 9,92	29,53 15,10	14,35 7,33	9,99 5,11	12,43 6,36
	Neben der Leistung nach Nummer 1732 ist die Leistung nach Nummer 1733 nicht berechnungsfähig.							
1733	Spülung der Harnblase und/oder Instillation bei liegendem Verweilkatheter	40	4,56 2,33	10,49 5,36	15,96 8,16	7,75 3,96	5,40 2,76	6,72 3,44
1737	Meatomie	74	8,44 4,31	19,40 9,92	29,53 15,10	14,35 7,33	9,99 5,11	12,43 6,36
1738	Plastische Versorgung einer Meatusstriktur	554	63,16 32,29	145,26 74,27	221,05 113,02	107,37 54,90	74,79 38,24	93,07 47,59
1739	Unblutige Beseitigung einer Paraphimose und/oder Lösung einer Vorhautverklebung	60	6,84 3,50	15,73 8,04	23,94 12,24	11,63 5,95	8,10 4,14	10,08 5,15
1740	Operative Beseitigung einer Paraphimose	296	33,74 17,25	77,61 39,68	118,10 60,39	57,36 29,33	39,96 20,43	49,73 25,43
1741	Phimoseoperation	370	42,18 21,57	97,01 49,60	147,63 75,48	71,71 36,66	49,95 25,54	62,16 31,78
1742	Operative Durchtrennung des Frenulum praeputii	85	9,69 4,95	22,29 11,40	33,92 17,34	16,47 8,42	11,48 5,87	14,28 7,30
1745	Operative Aufrichtung des Penis als Voroperation zu Nummer 1746	554	63,16 32,29	145,26 74,27	221,05 113,02	107,37 54,90	74,79 38,24	93,07 47,59
1746	Operation einer Epispadie oder Hypospadie	1110	126,54 64,70	291,04 148,81	442,89 226,45	215,12 109,99	149,85 76,62	186,48 95,35
1747	Penisamputation	554	63,16 32,29	145,26 74,27	221,05 113,02	107,37 54,90	74,79 38,24	93,07 47,59
1748	Penisamputation mit Skrotumentfernung und Ausräumung der Leistendrüsen – einschließlich Verlagerung der Harnröhre –	2220	253,08 129,40	582,08 297,62	885,78 452,89	430,24 219,98	299,70 153,23	372,96 190,69
1749	Anlage einer einseitigen Gefäßanastomose bei Priapismus	2500	285,– 145,72	655,50 335,15	997,50 510,01	484,50 247,72	337,50 172,56	420,00 214,74
1750	Anlage einer beidseitigen Gefäßanastomose bei Priapismus	3200	364,80 186,52	839,04 429,00	1276,80 652,82	620,16 317,08	432,00 220,88	537,60 274,87

		Punktzahl	1fach DM / €	2,3fach DM / €	3,5fach DM / €	1,7fach DM / €	UV Allg. DM / €	UV Bes. DM / €
1751	Transkutane Fistelbildung durch Punktionen und Stanzungen der Glans penis und Corpora cavernosa bei Priapismus	924	105,34 53,86	242,27 123,87	368,68 188,50	179,08 91,56	124,74 63,78	155,23 79,37
1752	Operative Implantation einer hydraulisch regulierbaren Penis-Stützprothese	2500	285,– 145,72	655,50 335,15	997,50 510,01	484,50 247,72	337,50 172,56	420,00 214,74
1753	Entfernen einer Penisprothese	550	62,70 32,06	144,21 73,73	219,45 112,20	106,59 54,50	74,25 37,96	92,40 47,24
1754	Direktionale Doppler-sonographische Untersuchung der Strömungsverhältnisse in den Penisgefäßen und/oder Skrotalfächern – einschließlich graphischer Registrierung –	180	20,52 10,49	47,20 24,13	71,82 36,72	34,88 17,84	24,30 12,42	30,24 15,46
1755	Unterbindung eines Samenleiters – auch mit Teilresektion –, als selbständige Leistung	463	52,78 26,99	121,40 62,07	184,74 94,46	89,73 45,88	62,51 31,96	77,78 39,77
1756	Unterbindung beider Samenleiter – auch mit Teilresektion(en) –, als selbständige Leistung	832	94,85 48,50	218,15 111,54	331,97 169,73	161,25 82,44	112,32 57,43	139,78 71,47
1757	Unterbindung beider Samenleiter, in Verbindung mit einer anderen Operation	554	63,16 32,29	145,26 74,27	221,05 113,02	107,37 54,90	74,79 38,24	93,07 47,59
1758	Operative Wiederherstellung der Durchgängigkeit eines Samenleiters	1110	126,54 64,70	291,04 148,81	442,89 226,45	215,12 109,99	149,85 76,62	186,48 95,35
1759	Transpenile oder transskrotale Venenembolisation	2800	319,20 163,20	734,16 375,37	1117,20 571,22	542,64 277,45	378,00 193,27	470,40 240,51
1760	Varikozelenoperation mit hoher Unterbindung der Vena spermatica (Bauchschnitt)	1480	168,72 86,27	388,06 198,41	590,52 301,93	286,82 146,65	199,80 102,16	248,64 127,13
1761	Operation eines Wasserbruchs	739	84,25 43,07	193,77 99,07	294,86 150,76	143,23 73,23	99,77 51,01	124,15 63,48
1762	Inguinale Lymphknotenausräumung, als selbständige Leistung	1200	136,80 69,95	314,64 160,87	478,80 244,81	232,56 118,91	162,00 82,83	201,60 103,08
1763	Einlegen einer Hodenprothese	740	84,36 43,13	194,03 99,21	295,26 150,96	143,41 73,33	99,90 51,08	124,32 63,56
1764	Entfernen einer Hodenprothese	460	52,44 26,81	120,61 61,67	183,54 93,84	89,15 45,58	62,10 31,75	77,28 39,51

		Punkt-zahl	1fach DM €	2,3fach DM €	3,5fach DM €	1,7fach DM €	UV Allg. DM €	UV Bes. DM €
1765	Hodenentfernung – gegebenenfalls einschließlich Nebenhodenentfernung derselben Seite –, einseitig	739	84,25 43,07	193,77 99,07	294,86 150,76	143,23 73,23	99,77 51,01	124,15 63,48
1766	Hodenentfernung – gegebenenfalls einschließlich Nebenhodenentfernung(en) –, beidseitig	1200	136,80 69,95	314,64 160,87	478,80 244,81	232,56 118,91	162,00 82,83	201,60 103,08
1767	Operative Freilegung eines Hodens mit Entnahme von Gewebematerial	463	52,78 26,99	121,40 62,07	184,74 94,46	89,73 45,88	62,51 31,96	77,78 39,77
1768	Operation eines Leistenhodens, einseitig	1200	136,80 69,95	314,64 160,87	478,80 244,81	232,56 118,91	162,00 82,83	201,60 103,08
1769	Operation eines Leistenhodens, beidseitig	1480	168,72 86,27	388,06 198,41	590,52 301,93	286,82 146,65	199,80 102,16	248,64 127,13
1771	Entfernung eines Nebenhodens, als selbständige Leistung	924	105,34 53,86	242,27 123,87	368,68 188,50	179,08 91,56	124,74 63,78	155,23 79,37
1772	Entfernung beider Nebenhoden, als selbständige Leistung	1480	168,72 86,27	388,06 198,41	590,52 301,93	286,82 146,65	199,80 102,16	248,64 127,13
1775	Behandlung der Prostata mittels physikalischer Heilmethoden (auch Massage) – gegebenenfalls mit Gewinnung von Prostata-Exprimat –	45	5,13 2,62	11,80 6,03	17,96 9,18	8,72 4,46	6,08 3,11	7,56 3,87
1776	Eröffnung eines Prostataabszesses vom Damm aus	370	42,18 21,57	97,01 49,60	147,63 75,48	71,71 36,66	49,95 25,54	62,16 31,78
1777	Elektro- oder Kryo-(Teil-)resektion der Prostata	924	105,34 53,86	242,27 123,87	368,68 188,50	179,08 91,56	124,74 63,78	155,23 79,37
1778	Operative Entfernung eines Prostataadenoms, auch transurethral	1850	210,90 107,83	485,07 248,01	738,15 377,41	358,53 183,31	249,75 127,70	310,80 158,91
1779	Totale Entfernung der Prostata einschließlich der Samenblasen	2590	295,26 150,96	679,10 347,22	1033,41 528,37	501,94 256,64	349,65 178,77	435,12 222,47
1780	Plastische Operation zur Behebung der Harninkontinenz	1850	210,90 107,83	485,07 248,01	738,15 377,41	358,53 183,31	249,75 127,70	310,80 158,91
1781	Operative Behandlung der Harninkontinenz mittels Implantation eines künstlichen Schließmuskels	2770	315,78 161,46	726,29 371,35	1105,23 565,10	536,83 274,48	373,95 191,20	465,36 237,93

Nr.	Leistung	Punktzahl	1fach DM / €	2,3fach DM / €	3,5fach DM / €	1,7fach DM / €	UV Allg. DM / €	UV Bes. DM / €
1782	Transurethrale Resektion des Harnblasenhalses bei der Frau	1110	126,54	291,04	442,89	215,12	149,85	186,48
			64,70	148,81	226,45	109,99	76,62	95,35
1783	Pelvine Lymphknotenausräumung, als selbständige Leistung	1850	210,90	485,07	738,15	358,53	249,75	310,80
			107,83	248,01	377,41	183,31	127,70	158,91
1784	Totale Entfernung der Prostata und der Samenblasen einschließlich pelviner Lymphknotenentfernung	3500	399,–	917,70	1396,50	678,30	472,50	588,00
			204,01	469,21	714,02	346,81	241,59	300,64
1785	Zystoskopie	207	23,60	54,28	82,59	40,12	27,95	34,78
			12,07	27,75	42,23	20,51	14,29	17,78
1786	Zystoskopie einschließlich Entnahme von Gewebematerial	355	40,47	93,08	141,65	68,80	47,93	59,64
			20,69	47,59	72,42	35,18	24,51	30,49
1787	Kombinierte Zystourethroskopie	252	28,73	66,07	100,55	48,84	34,02	42,34
			14,69	33,78	51,41	24,97	17,39	21,65
1788	Zystoskopie mit Harnleitersondierung	296	33,74	77,61	118,10	57,36	39,96	49,73
			17,25	39,68	60,39	29,33	20,43	25,43
1789	Chromozystoskopie – einschließlich intravenöser Injektion –	325	37,05	85,22	129,68	62,98	43,88	54,60
			18,94	43,57	66,30	32,20	22,43	27,92
1790	Zystoskopie mit Harnleitersondierung(en) – einschließlich Einbringung von Medikamenten und/oder Kontrastmitteln in das Nierenbecken –	370	42,18	97,01	147,63	71,71	49,95	62,16
			21,57	49,60	75,48	36,66	25,54	31,78
1791	Tonographische Untersuchung der Harnblase und/oder Funktionsprüfung des Schließmuskels einschließlich Katheterisierung	148	16,87	38,81	59,05	28,68	19,98	24,86
			8,63	19,84	30,19	14,67	10,22	12,71
1792	Uroflowmetrie einschließlich Registrierung	212	24,17	55,59	84,59	41,09	28,62	35,62
			12,36	28,42	43,25	21,01	14,63	18,21
1793	Manometrische Untersuchung der Harnblase mit fortlaufender Registrierung – einschließlich physikalischer Provokationstests –	400	45,60	104,88	159,60	77,52	54,00	67,20
			23,32	53,62	81,60	39,64	27,61	34,36

Die Injektion von pharmakodynamisch wirksamen Substanzen ist gesondert berechnungsfähig.

		Punktzahl	1fach DM €	2,3fach DM €	3,5fach DM €	1,7fach DM €	UV Allg. DM €	UV Bes. DM €
1794	Simultane, elektromanometrische Blasen- und Abdominaldruckmessung mit fortlaufender Registrierung – einschließlich physikalischer Provokationstests –	680	77,52 39,64	178,30 91,16	271,32 138,72	131,78 67,38	91,80 46,94	114,24 58,41
	Die Injektion von pharmakodynamisch wirksamen Substanzen ist gesondert berechnungsfähig. *Neben der Leistung nach Nummer 1794 ist die Leistung nach Nummer 1793 nicht berechnungsfähig.*							
1795	Anlegung einer perkutanen Harnblasenfistel durch Punktion einschließlich Kathetereinlegung	273	31,12 15,91	71,58 36,60	108,93 55,69	52,90 27,05	36,86 18,84	45,86 23,45
1796	Anlegung einer Harnblasenfistel durch Operation	739	84,25 43,07	193,77 99,07	294,86 150,76	143,23 73,23	99,77 51,01	124,15 63,48
1797	Ausräumung einer Bluttamponade der Harnblase, als selbständige Leistung	355	40,47 20,69	93,08 47,59	141,65 72,42	68,80 35,18	47,93 24,50	59,64 30,49
1798	Urethradruckprofilmessung mit fortlaufender Registrierung – einschließlich physikalischer Provokationstests –	550	62,70 32,06	144,21 73,73	219,45 112,20	106,59 54,50	74,25 37,96	92,40 47,24
	Neben den Leistungen nach den Nummern 1793, 1794 und 1798 sind die Leistungen nach den Nummern 1700, 1701, 1710, 1728, 1729, 1730, 1731, 1732 und 1733 nicht berechnungsfähig.							
1799	Nierenbeckendruckmessung	150	17,10 8,74	39,33 20,11	59,85 30,60	29,07 14,86	20,25 10,35	25,20 12,88
1800	Zertrümmerung und Entfernung von Blasensteinen unter endoskopischer Kontrolle, je Sitzung	1480	168,72 86,27	388,06 198,41	590,52 301,93	286,82 146,65	199,80 102,16	248,64 127,13
1801	Operative Eröffnung der Harnblase zur Entfernung von Steinen und/oder Fremdkörpern und/oder Koagulation von Geschwülsten – gegebenenfalls einschließlich Anlegung eines Fistelkatheters –	1480	168,72 86,27	388,06 198,41	590,52 301,93	286,82 146,65	199,80 102,16	248,64 127,13
1802	Transurethrale Eingriffe in der Harnblase (z. B. Koagulation kleiner Geschwülste und/oder Blutungsherde und/oder Fremdkörperentfernung) unter endoskopischer Kontrolle – auch einschließlich Probeexzision –	739	84,25 43,07	193,77 99,07	294,86 150,76	143,23 73,23	99,77 51,01	124,15 63,48

		Punktzahl	1fach DM €	2,3fach DM €	3,5fach DM €	1,7fach DM €	UV Allg. DM €	UV Bes. DM €
1803	Transurethrale Resektion von großen Harnblasengeschwülsten unter endoskopischer Kontrolle, je Sitzung	1110	126,54 64,70	291,04 148,81	442,89 226,45	215,12 109,99	149,85 76,62	186,48 95,35
	Neben der Leistung nach Nummer 1803 ist die Leistung nach Nummer 1802 nicht berechnungsfähig.							
1804	Operation von Harnblasendivertikel(n), als selbständige Leistung	1850	210,90 107,83	485,07 248,01	738,15 377,41	358,53 183,31	249,75 127,70	310,80 158,91
1805	Operation einer Harnblasengeschwulst mit Teilresektion	1850	210,90 107,83	485,07 248,01	738,15 377,41	358,53 183,31	249,75 127,70	310,80 158,91
1806	Operation einer Harnblasengeschwulst mit Teilresektion und Verpflanzung eines Harnleiters	2220	253,08 129,40	582,08 297,62	885,78 452,89	430,24 219,98	299,70 153,23	372,96 190,69
1807	Operative Bildung einer Harnblase aus Ileum oder Kolon	4070	463,98 237,23	1067,15 545,63	1623,93 830,30	788,77 403,29	549,45 280,93	683,76 349,60
1808	Totale Exstirpation der Harnblase mit Verpflanzung der Harnleiter – gegebenenfalls einschließlich Prostata-, Harnröhren- und/oder Samenblasenentfernung	4800	547,20 279,78	1258,56 643,49	1915,20 979,23	930,24 475,62	648,00 331,32	806,40 412,31
1809	Totale retroperitoneale Lymphadenektomie	4610	525,54 268,71	1208,74 618,02	1839,39 940,47	893,42 456,80	622,35 318,20	774,48 395,99
1812	Anlegen einer Ureterverweilschiene bzw. eines Ureterkatheters	340	38,76 19,82	89,15 45,58	135,66 69,36	65,89 33,69	45,90 23,47	57,12 29,20
	Die Kosten für die Schiene bzw. den Katheter sind gesondert berechnungsfähig.							
1814	Harnleiterbougierung	900	102,60 52,46	235,98 120,66	359,10 183,61	174,42 89,18	121,50 62,12	151,20 77,31
1815	Schlingenextraktion oder Versuch der Extraktion von Harnleitersteinen – gegebenenfalls einschließlich Schlitzung des Harnleiterostiums –	1110	126,54 64,70	291,04 148,81	442,89 226,45	215,12 109,99	149,85 76,62	186,48 95,35
	Die Kosten für die Schlinge sind nicht gesondert berechnungsfähig.							
1816	Schlitzung des Harnleiterostiums, als selbständige Leistung	481	54,83 28,04	126,12 64,48	191,92 98,13	93,21 47,66	64,94 33,20	80,81 41,32

		Punktzahl	1fach DM €	2,3fach DM €	3,5fach DM €	1,7fach DM €	UV Allg. DM €	UV Bes. DM €
1817	Operative Entfernung eines oder mehrerer Harnleitersteine(s)	2220	253,08 129,40	582,08 297,62	885,78 452,89	430,24 219,98	299,70 153,23	372,96 190,69
1818	Ureterektomie – gegebenenfalls einschließlich Blasenmanschette –	2770	315,78 161,46	726,29 371,35	1105,23 565,10	536,83 274,48	373,95 191,20	465,36 237,93
1819	Resektion eines Harnleitersegments mit End-zu-End-Anastomose	3750	427,50 218,58	983,25 502,73	1496,25 765,02	726,75 371,58	506,25 258,84	630,00 322,11
1823	Verpflanzung eines Harnleiters in Harnblase oder Darm oder Haut einschließlich Antirefluxplastik, einseitig	2590	295,26 150,96	679,10 347,22	1033,41 528,37	501,94 256,64	349,65 178,77	435,12 222,47
1824	Verpflanzung beider Harnleiter in Harnblase oder Darm oder Haut einschließlich Antirefluxplastik, beidseitig	3330	379,62 194,10	873,13 446,42	1328,67 679,34	645,35 329,96	449,55 229,85	559,44 286,04
1825	Harnleiterplastik (z. B. durch Harnblasenlappen) einschließlich Antirefluxplastik	2770	315,78 161,46	726,29 371,35	1105,23 565,10	536,83 274,48	373,95 191,20	465,36 237,93
1826	Eröffnung eines paranephritischen Abszesses	463	52,78 26,99	121,40 62,07	184,74 94,46	89,73 45,88	62,51 31,96	77,78 39,77
1827	Ureterorenoskopie mit Harnleiterbougierung – gegebenenfalls einschließlich Stein- und/oder Tumorentfernung –, zusätzlich zu den Leistungen nach den Nummern 1785, 1786 oder 1787	1500	171,– 87,43	393,30 201,09	598,50 306,01	290,70 148,63	202,50 103,54	252,00 128,85
1828	Ureterpyeloskopie – gegebenenfalls einschließlich Gewebeentnahme/Steinentfernung –	1500	171,– 87,43	393,30 201,09	598,50 306,01	290,70 148,63	202,50 103,54	252,00 128,85
1829	Harnleiterfreilegung (Ureterolyse bei retroperitonealer Fibrose und gegebenenfalls intraperitonealen Verwachsungen des Harnleiters)	2590	295,26 150,96	679,10 347,22	1033,41 528,37	501,94 256,64	349,65 178,77	435,12 222,47
1829 a	Ureterolyse, als selbständige Leistung	1110	126,54 64,70	291,04 148,81	442,89 226,45	215,12 109,99	149,85 76,62	186,48 95,35

Die Leistungen nach den Nummern 1829 und 1829 a sind nicht nebeneinander berechnungsfähig.

		Punktzahl	1fach DM €	2,3fach DM €	3,5fach DM €	1,7fach DM €	UV Allg. DM €	UV Bes. DM €
1830	Operative Freilegung einer Niere – gegebenenfalls mit Gewebeentnahme, Punktion und/oder Eröffnung eines paranephritischen Abszesses –	1110	126,54 64,70	291,04 148,81	442,89 226,45	215,12 109,99	149,85 76,62	186,48 95,35
1831	Dekapsulation einer Niere und/oder Senknierenoperation (Nephropexie), als selbständige Leistung	1480	168,72 86,27	388,06 198,41	590,52 301,93	286,82 146,65	199,80 102,16	248,64 127,13
1832	Anlage einer Nierenfistel, als selbständige operative Leistung	1660	189,24 96,76	435,25 222,54	662,34 338,65	321,71 164,49	224,10 114,58	278,88 142,59
1833	Wechsel eines Nierenfistelkatheters einschließlich Spülung und Verband	237	27,02 13,81	62,14 31,77	94,56 48,35	45,93 23,48	32,00 16,36	39,82 20,36
1834	Operation eines aberrierenden Nierengefäßes – ohne Eröffnung des Nierenbeckens –, als selbständige Leistung	1480	168,72 86,27	388,06 198,41	590,52 301,93	286,82 146,65	199,80 102,16	248,64 127,13
1835	Trennung der Hufeisenniere	3230	368,22 188,27	846,91 433,02	1288,77 658,94	625,97 320,06	436,05 222,95	542,64 277,45
1836	Nierenpolresektion, als selbständige Leistung	2770	315,78 161,46	726,29 371,35	1105,23 565,10	536,83 274,48	373,95 191,20	465,36 237,93
1837	Nierenpolresektion in Verbindung mit einer anderen Operation	1660	189,24 96,76	435,25 222,54	662,34 338,65	321,71 164,49	224,10 114,58	278,88 142,59
1838	Nierensteinentfernung durch Pyelotomie	2220	253,08 129,40	582,08 297,62	885,78 452,89	430,24 219,98	299,70 153,23	372,96 190,69
1839	Nierenausgußsteinentfernung durch Nephrotomie	2770	315,78 161,46	726,29 371,35	1105,23 565,10	536,83 274,48	373,95 191,20	465,36 237,93
1840	Nierenbeckenplastik	2770	315,78 161,46	726,29 371,35	1105,23 565,10	536,83 274,48	373,95 191,20	465,36 237,93
1841	Nephrektomie	2220	253,08 129,40	582,08 297,62	885,78 452,89	430,24 219,98	299,70 153,23	372,96 190,69
1842	Nephrektomie – einschließlich Entfernung eines infiltrativ wachsenden Tumors (auch transabdominal oder transthorakal) –	3230	368,22 188,27	846,91 433,02	1288,77 658,94	625,97 320,06	436,05 222,95	542,64 277,45

Nr.	Leistung	Punktzahl	1fach DM/€	2,3fach DM/€	3,5fach DM/€	1,7fach DM/€	UV Allg. DM/€	UV Bes. DM/€
1843	Nephrektomie – einschließlich Entfernung eines infiltrativ wachsenden Tumors mit Entfernung des regionären Lymphstromgebietes (auch transabdominal oder transthorakal)	4160	474,24	1090,75	1659,84	806,21	561,60	698,88
			242,48	557,69	848,66	412,21	287,14	357,33
1845	Implantation einer Niere	4990	568,86	1308,38	1991,01	967,06	673,65	838,32
			290,85	668,96	1017,99	494,45	344,43	428,63
1846	Doppelseitige Nephrektomie bei einem Lebenden	4160	474,24	1090,75	1659,84	806,21	561,60	698,88
			242,48	557,69	848,66	412,21	287,14	357,33
1847	Explantation einer Niere bei einem Lebenden zur Transplantation	3230	368,22	846,91	1288,77	625,97	436,05	542,64
			188,27	433,02	658,94	320,06	222,95	277,45
1848	Explantation einer Niere an einem Toten zur Transplantation	2220	253,08	582,08	885,78	430,24	299,70	372,96
			129,40	297,62	452,89	219,98	153,23	190,69
1849	Explantation beider Nieren an einem Toten zur Transplantation	3500	399,–	917,70	1396,50	678,30	472,50	588,00
			204,01	469,21	714,02	346,81	241,59	300,64
1850	Explantation, plastische Versorgung und Replantation einer Niere	6500	741,–	1704,30	2593,50	1259,70	877,50	1092,00
			378,87	871,40	1326,04	644,08	448,66	558,33
1851	Perkutane Anlage einer Nierenfistel – gegebenenfalls einschließlich Spülung, Katheterfixation und Verband –	1250	142,50	327,75	498,75	242,25	168,75	210,00
			72,86	167,58	255,01	123,86	86,28	107,37
1852	Transkutane Pyeloskopie – einschließlich Bougierung der Nierenfistel –	700	79,80	183,54	279,30	135,66	94,50	117,60
			40,80	93,84	142,80	69,36	48,32	60,13
1853	Transkutane pyeloskopische Stein- bzw. Tumorentfernung	1200	136,80	314,64	478,80	232,56	162,00	201,60
			69,95	160,87	244,81	118,91	82,83	103,08
	Neben der Leistung nach Nummer 1853 ist die Leistung nach Nummer 1852 nicht berechnungsfähig.							
1858	Operative Entfernung einer Nebenniere	3230	368,22	846,91	1288,77	625,97	436,05	542,64
			188,27	433,02	658,94	320,06	222,95	277,45
1859	Operative Entfernung beider Nebennieren	4160	474,24	1090,75	1659,84	806,21	561,60	698,88
			242,48	557,69	848,66	412,21	287,14	357,33

		Punktzahl	1fach DM €	2,3fach DM €	3,5fach DM €	1,7fach DM €	UV Allg. DM €	UV Bes. DM €
1860	Extrakorporale Stoßwellenlithotripsie – einschließlich Probeortung, Grob- und/oder Feineinstellung, Dokumentation und Röntgenkontrolle –, je Sitzung	6000	684,– 349,72	1573,20 804,37	2394,– 1224,03	1162,80 594,53	810,00 414,15	1008,00 515,38

L. Chirurgie, Orthopädie (GOÄ/UV-GOÄ)

Allgemeine Bestimmungen

Zur Erbringung der in Abschnitt L aufgeführten typischen operativen Leistungen sind in der Regel mehrere operative Einzelschritte erforderlich. Sind diese Einzelschritte methodisch notwendige Bestandteile der in der jeweiligen Leistungsbeschreibung genannten Zielleistung, so können sie nicht gesondert berechnet werden.

Werden mehrere Eingriffe in der Brust- oder Bauchhöhle in zeitlichem Zusammenhang durchgeführt, die jeweils in der Leistung die Eröffnung dieser Körperhöhlen enthalten, so darf diese nur einmal berechnet werden; die Vergütungssätze der weiteren Eingriffe sind deshalb um den Vergütungssatz nach Nummer 2990 oder Nummer 3135 zu kürzen.

I. Wundversorgung, Fremdkörperentfernung

		Punktzahl	1fach DM / €	2,3fach DM / €	3,5fach DM / €	1,7fach DM / €	UV Allg. DM / €	UV Bes. DM / €
2000	Erstversorgung einer kleinen Wunde	70	7,98 4,08	18,35 9,38	27,93 14,28	13,57 6,94	9,45 4,83	11,76 6,01
2001	Versorgung einer kleinen Wunde einschließlich Naht	130	14,82 7,58	34,09 17,43	51,87 26,52	25,19 12,88	17,55 8,97	21,84 11,17
2002	Versorgung einer kleinen Wunde einschließlich Umschneidung und Naht .	160	18,24 9,33	41,95 21,45	63,84 32,64	31,01 15,85	21,60 11,04	26,88 13,74
2003	Erstversorgung einer großen und/oder stark verunreinigten Wunde	130	14,82 7,58	34,09 17,43	51,87 26,52	25,19 12,88	17,55 8,97	21,84 11,17
2004	Versorgung einer großen Wunde einschließlich Naht	240	27,36 13,99	62,93 32,18	95,76 48,96	46,51 23,78	32,40 16,57	40,32 20,62
2005	Versorgung einer großen und/oder stark verunreinigten Wunde einschließlich Umschneidung und Naht . *Neben den Leistungen nach den Nummern 2000 bis 2005 ist die Leistung nach Nummer 2033 nicht berechnungsfähig, wenn die Extraktion des Nagels Bestandteil der Wundversorgung ist.*	400	45,60 23,32	104,88 53,62	159,60 81,60	77,52 39,64	54,00 27,61	67,20 34,36
2006	Behandlung einer Wunde, die nicht primär heilt oder Entzündungserscheinungen oder Eiterungen aufweist – auch Abtragung von Nekrosen an einer Wunde –	63	7,18 3,67	16,52 8,45	25,14 12,85	12,21 6,24	8,51 4,35	10,58 5,41
2007	Entfernung von Fäden oder Klammern	40	4,56 2,33	10,49 5,36	15,96 8,16	7,75 3,96	5,40 2,76	6,72 3,44
2008	Wund- oder Fistelspaltung	90	10,26 5,25	23,60 12,07	35,91 18,36	17,44 8,92	12,15 6,21	15,12 7,73

		Punktzahl	1fach DM €	2,3fach DM €	3,5fach DM €	1,7fach DM €	UV Allg. DM €	UV Bes. DM €
2009	Entfernung eines unter der Oberfläche der Haut oder der Schleimhaut gelegenen fühlbaren Fremdkörpers . .	100	11,40 5,83	26,22 13,41	39,90 20,40	19,38 9,91	13,50 6,90	16,80 8,59
2010	Entfernung eines tiefsitzenden Fremdkörpers auf operativem Wege aus Weichteilen und/oder Knochen	379	43,21 22,09	99,37 50,81	151,22 77,32	73,46 37,56	51,17 26,16	63,67 32,55
2015	Anlegen einer oder mehrerer Redondrainage(n) in Gelenke, Weichteile oder Knochen über einen gesonderten Zugang – gegebenenfalls einschließlich Spülung –	60	6,84 3,50	15,73 8,04	23,94 12,24	11,63 5,95	8,10 4,14	10,08 5,15

II. Extremitätenchirurgie

		Punktzahl	1fach DM €	2,3fach DM €	3,5fach DM €	1,7fach DM €	UV Allg. DM €	UV Bes. DM €
2029	Anlegen einer pneumatischen Blutleere oder Blutsperre an einer Extremität	50	5,70 2,91	13,11 6,70	19,95 10,20	9,69 4,95	6,75 3,45	8,40 4,29
2030	Eröffnung eines subkutanen Panaritiums oder der Paronychie – gegebenenfalls einschließlich Extraktion eines Finger- oder Zehennagels – . . .	130	14,82 7,58	34,09 17,43	51,87 26,52	25,19 12,88	17,55 8,97	21,84 11,17
2031	Eröffnung eines ossalen oder Sehnenscheidenpanaritiums einschließlich örtlicher Drainage	189	21,55 11,02	49,56 25,34	75,41 38,56	36,64 18,73	25,52 13,05	31,75 16,23
2032	Anlage einer proximal gelegenen Spül- und/oder Saugdrainage	250	28,50 14,57	65,55 33,52	99,75 51,00	48,45 24,77	33,75 17,26	42,00 21,47
2033	Extraktion eines Finger- oder Zehennagels	57	6,50 3,32	14,95 7,64	22,74 11,63	11,05 5,65	7,70 3,94	9,58 4,90
2034	Ausrottung eines Finger- oder Zehennagels mit Exzision der Nagelwurzel	114	13,– 6,65	29,89 15,28	45,49 23,26	22,10 11,30	15,39 7,87	19,15 9,79
2035	Plastische Operation am Nagelwall eines Fingers oder einer Zehe – auch mit Defektdeckung –	180	20,52 10,49	47,20 24,13	71,82 36,72	34,88 17,84	24,30 12,42	30,24 15,46
2036	Anlegen einer Finger- oder Zehennagelspange	45	5,13 2,62	11,80 6,03	17,96 9,18	8,72 4,46	6,08 3,11	7,56 3,87
2040	Exstirpation eines Tumors der Fingerweichteile (z. B. Hämangiom)	554	63,16 32,29	145,26 74,27	221,05 113,02	107,37 54,90	74,79 38,24	93,07 47,59

		Punktzahl	1fach DM €	2,3fach DM €	3,5fach DM €	1,7fach DM €	UV Allg. DM €	UV Bes. DM €
2041	Operative Beseitigung einer Schnürfurche an einem Finger mit Z-Plastik	700	79,80 40,80	183,54 93,84	279,30 142,80	135,66 69,36	94,50 48,32	117,60 60,13
2042	Kreuzlappenplastik an einem Finger einschließlich Trennung	1100	125,40 64,12	288,42 147,47	438,90 224,41	213,18 109,00	148,50 75,93	184,80 94,49
2043	Operation der Syndaktylie mit Vollhautdeckung ohne Osteotomie	1450	165,30 84,52	380,19 194,39	578,55 295,81	281,01 143,68	195,75 100,09	243,60 124,55
2044	Operation der Syndaktylie mit Vollhautdeckung einschließlich Osteotomie	1700	193,80 99,09	445,74 227,90	678,30 346,81	329,46 168,45	229,50 117,34	285,60 146,02
2045	Operation der Doppelbildung an einem Fingergelenk	600	68,40 34,97	157,32 80,44	239,40 122,40	116,28 59,45	81,00 41,41	100,80 51,54
2050	Fingerverlängerung mittels Knochentransplantation einschließlich Fernlappenplastik	1800	205,20 104,92	471,96 241,31	718,20 367,21	348,84 178,36	243,00 124,24	302,40 154,61
2051	Operation eines Ganglions (Hygroms) an einem Hand- oder Fußgelenk	600	68,40 34,97	157,32 80,44	239,40 122,40	116,28 59,45	81,00 41,41	100,80 51,54
2052	Operation eines Ganglions an einem Fingergelenk	554	63,16 32,29	145,26 74,27	221,05 113,02	107,37 54,90	74,79 38,24	93,07 47,59
2053	Replantation eines Fingers einschließlich Gefäß-, Muskel-, Sehnen- und Knochenversorgung	2400	273,60 139,89	629,28 321,75	957,60 489,61	465,12 237,81	324,00 165,66	403,20 206,15
2054	Plastischer Daumenersatz durch Fingertransplantation einschließlich aller Maßnahmen oder Daumen-Zeigefingerbildung bei Daumenhypoplasie	2400	273,60 139,89	629,28 321,75	957,60 489,61	465,12 237,81	324,00 165,66	403,20 206,15
2055	Replantation einer Hand im Mittelhandbereich, Handwurzelbereich oder Unterarmbereich	7000	798,– 408,01	1835,40 938,43	2793,– 1428,04	1356,60 693,62	945,00 483,17	1176,00 601,28
2056	Replantation eines Armes oder eines Beines	8000	912,– 466,30	2097,60 1072,49	3192,– 1632,04	1550,40 792,71	1080,00 552,20	1344,00 687,18
2060	Drahtstiftung zur Fixierung eines kleinen Gelenks (Finger-, Zehengelenk)	230	26,22 13,41	60,31 30,83	91,77 46,92	44,57 22,79	31,05 15,88	38,64 19,76

		Punktzahl	1fach DM €	2,3fach DM €	3,5fach DM €	1,7fach DM €	UV Allg. DM €	UV Bes. DM €
2061	Entfernung einer Drahtstiftung nach Nummer 2060	74	8,44 4,31	19,40 9,92	29,53 15,10	14,35 7,33	9,99 5,11	12,43 6,36
2062	Drahtstiftung zur Fixierung von mehreren kleinen Gelenken, Drahtstiftung an der Daumenbasis oder an der Mittelhand oder am Mittelfuß mittels gekreuzter Drähte	370	42,18 21,57	97,01 49,60	147,63 75,48	71,71 36,66	49,95 25,54	62,16 31,78
2063	Entfernung einer Drahtstiftung nach Nummer 2062	126	14,36 7,34	33,04 16,89	50,27 25,71	24,41 12,49	17,01 8,70	21,17 10,82
2064	Sehnen-, Faszien- oder Muskelverlängerung oder plastische Ausschneidung	924	105,34 53,86	242,27 123,87	368,68 188,50	179,08 91,56	124,74 63,78	155,23 79,37
2065	Abtragung ausgedehnter Nekrosen im Hand- oder Fußbereich, je Sitzung	250	28,50 14,57	65,55 33,52	99,75 51,00	48,45 24,77	33,75 17,26	42,00 21,47
2066	Eröffnung der Hohlhandphlegmone	450	51,30 26,23	117,99 60,33	179,55 91,80	87,21 44,59	60,75 31,06	75,60 38,65
2067	Operation einer Hand- oder Fußmißbildung (gleichzeitig an Knochen, Sehnen und/oder Bändern)	1660	189,24 96,76	435,25 222,54	662,34 338,65	321,71 164,49	224,10 114,58	278,88 142,59
2070	Muskelkanalbildung(en) oder Operation des Karpal- oder Tarsaltunnelsyndroms mit Dekompression von Nerven	1660	189,24 96,76	435,25 222,54	662,34 338,65	321,71 164,49	224,10 114,58	278,88 142,59
2071	Umbildung des Unterarmstumpfes zum Greifapparat	1850	210,90 107,83	485,07 248,01	738,15 377,41	358,53 183,31	249,75 127,70	310,80 158,91
2072	Offene Sehnen- oder Muskeldurchschneidung	463	52,78 26,99	121,40 62,07	184,74 94,46	89,73 45,88	62,51 31,96	77,78 39,77
2073	Sehnen-, Muskel- und/oder Fasziennaht – gegebenenfalls einschließlich Versorgung einer frischen Wunde –	650	74,10 37,89	170,43 87,14	259,35 132,60	125,97 64,41	87,75 44,87	109,20 55,83
2074	Verpflanzung einer Sehne oder eines Muskels	1100	125,40 64,12	288,42 147,47	438,90 224,41	213,18 109,00	148,50 75,93	184,80 94,49
2075	Sehnenverkürzung oder -raffung	924	105,34 53,86	242,27 123,87	368,68 188,50	179,08 91,56	124,74 63,78	155,23 79,37
2076	Operative Lösung von Verwachsungen um eine Sehne, als selbständige Leistung	950	108,30 55,37	249,09 127,36	379,05 193,81	184,11 94,13	128,25 65,57	159,60 81,60

		Punktzahl	1fach DM €	2,3fach DM €	3,5fach DM €	1,7fach DM €	UV Allg. DM €	UV Bes. DM €
2080	Stellungskorrektur der Hammerzehe mittels Sehnendurchschneidung	463	52,78 26,99	121,40 62,07	184,74 94,46	89,73 45,88	62,51 31,96	77,78 39,77
2081	Stellungskorrektur der Hammerzehe mit Sehnenverpflanzung und/oder plastischer Sehnenoperation – gegebenenfalls mit Osteotomie und/oder Resektion eines Knochenteils –	924	105,34 53,86	242,27 123,87	368,68 188,50	179,08 91,56	124,74 63,78	155,23 79,37
2082	Operative Herstellung eines Sehnenbettes – einschließlich einer alloplastischen Einlage an der Hand –	1650	188,10 96,17	432,63 221,20	658,35 336,61	319,77 163,50	222,75 113,89	277,20 141,73
2083	Freie Sehnentransplantation	1650	188,10 96,17	432,63 221,20	658,35 336,61	319,77 163,50	222,75 113,89	277,20 141,73
2084	Sehnenscheidenstenosenoperation – gegebenenfalls einschließlich Probeexzision –	407	46,40 23,72	106,72 54,56	162,39 83,03	78,88 40,33	54,95 28,09	63,38 34,96
2087	Operation einer Dupuytren'schen Kontraktur mit teilweiser Entfernung der Palmaraponeurose	924	105,34 53,86	242,27 123,87	368,68 188,50	179,08 91,56	124,74 63,78	155,23 79,37
2088	Operation einer Dupuytren'schen Kontraktur mit vollständiger Entfernung der Palmaraponeurose	1100	125,40 64,12	288,42 147,47	438,90 224,41	213,18 109,00	148,50 75,93	184,80 94,49
2089	Operation der Dupuytren'schen Kontraktur mit vollständiger Entfernung der Palmaraponeurose und mit Strangresektion an einzelnen Fingern – gegebenenfalls einschließlich Z- und/oder Zickzackplastiken –	1800	205,20 104,92	471,96 241,31	718,20 367,21	348,84 178,36	243,00 124,24	302,40 154,61
2090	Spülung bei eröffnetem Sehnenscheidenpanaritium, je Sitzung	63	7,18 3,67	16,52 8,45	25,14 12,85	12,21 6,24	8,51 4,35	10,58 5,41
2091	Sehnenscheidenradikaloperation (Tendosynovektomie) – gegebenenfalls mit Entfernung von vorspringenden Knochenteilen und Sehnenverlagerung –	924	105,34 53,86	242,27 123,87	368,68 188,50	179,08 91,56	124,74 63,78	155,23 79,37
2092	Operation der Tendosynovitis im Bereich eines Handgelenks oder der Anularsegmente eines Fingers	750	85,50 43,72	196,65 100,55	299,25 153,00	145,35 74,32	101,25 51,77	126,00 64,42
2093	Spülung bei liegender Drainage	50	5,70 2,91	13,11 6,70	19,95 10,20	9,69 4,95	6,75 3,45	8,40 4,29

III. Gelenkchirurgie

Allgemeine Bestimmungen

Werden Leistungen nach den Nummern 2102, 2104, 2112, 2113, 2117, 2119, 2136, 2189, 2190, 2191 und/oder 2193 an demselben Gelenk im Rahmen derselben Sitzung erbracht, so sind diese Leistungen nicht mehrfach und nicht nebeneinander berechnungsfähig.

Neben den Leistungen nach den Nummern 2189 bis 2196 sind die Leistungen nach den Nummern 300 bis 302 sowie 3300 nicht berechnungsfähig.

Die Leistungen nach den Nummern 2192, 2195 und/oder 2196 sind für operative Eingriffe an demselben Gelenk im Rahmen derselben Sitzung jeweils nur einmal berechnungsfähig.

		Punktzahl	1fach DM €	2,3fach DM €	3,5fach DM €	1,7fach DM €	UV Allg. DM €	UV Bes. DM €
2100	Naht der Gelenkkapsel eines Finger- oder Zehengelenks	278	31,69 16,20	72,89 37,27	110,92 56,71	53,87 27,55	37,53 19,19	46,70 23,88
2101	Naht der Gelenkkapsel eines Kiefer-, Hand- oder Fußgelenks	554	63,16 32,29	145,26 74,27	221,05 113,02	107,37 54,90	74,79 38,24	93,07 47,59
2102	Naht der Gelenkkapsel eines Schulter-, Ellenbogen-, Hüft- oder Kniegelenks oder eines Wirbelgelenks	1110	126,54 64,70	291,04 148,81	442,89 226,45	215,12 109,99	149,85 76,62	186,48 95,35
2103	Muskelentspannungsoperation am Hüftgelenk – gegebenenfalls einschließlich Abtragung oder Verpflanzung von Sehnenansatzstellen am Knochen –	1850	210,90 107,83	485,07 248,01	738,15 377,41	358,53 183,31	249,75 127,70	310,80 158,91
2104	Bandplastik des Kniegelenks (plastischer Ersatz von Kreuz- und/oder Seitenbändern)	2310	263,34 134,64	605,68 309,68	921,69 471,25	447,68 228,89	311,85 159,45	388,08 198,42
2105	Primäre Naht eines Bandes oder Bandplastik eines Finger- oder Zehengelenks	550	62,70 32,06	144,21 73,73	219,45 112,20	106,59 54,50	74,25 37,96	92,40 47,24
2106	Primäre Naht eines Bandes oder Bandplastik des Sprunggelenks oder Syndesmose	1110	126,54 64,70	291,04 148,81	442,89 226,45	215,12 109,99	149,85 76,62	186,48 95,35
2110	Synovektomie in einem Finger- oder Zehengelenk	750	85,50 43,72	196,65 100,55	299,25 153,00	145,35 74,32	101,25 51,77	126,00 64,42
2111	Synovektomie in einem Hand- oder Fußgelenk	1110	126,54 64,70	291,04 148,81	442,89 226,45	215,12 109,99	149,85 76,62	186,48 95,35
2112	Synovektomie in einem Schulter-, Ellenbogen- oder Kniegelenk	1480	168,72 86,27	388,06 198,41	590,52 301,93	286,82 146,65	199,80 102,16	248,64 127,13

		Punkt-zahl	1fach DM €	2,3fach DM €	3,5fach DM €	1,7fach DM €	UV Allg. DM €	UV Bes. DM €
2113	Synovektomie in einem Hüftgelenk ..	1850	210,90 107,83	485,07 248,01	738,15 377,41	358,53 183,31	249,75 127,70	310,80 158,91
2117	Meniskusoperation	1480	168,72 86,27	388,06 198,41	590,52 301,93	286,82 146,65	199,80 102,16	248,64 127,13
2118	Operative Fremdkörperentfernung aus einem Kiefer-, Finger-, Hand-, Zehen- oder Fußgelenk	463	52,78 26,99	121,40 62,07	184,74 94,46	89,73 45,88	62,51 31,96	77,78 39,77
2119	Operative Entfernung freier Gelenkkörper oder Fremdkörperentfernung aus dem Schulter-, Ellenbogen- oder Kniegelenk	1480	168,72 86,27	388,06 198,41	590,52 301,93	286,82 146,65	199,80 102,16	248,64 127,13
2120	Denervation eines Finger- oder Zehengelenks	650	74,10 37,89	170,43 87,14	259,35 132,60	125,97 64,41	87,75 44,87	109,20 55,83
2121	Denervation eines Hand-, Ellenbogen-, Fuß- oder Kniegelenks	1300	148,20 75,77	340,86 174,28	518,70 265,21	251,94 128,82	175,50 89,73	218,40 111,67
2122	Resektion eines Finger- oder Zehengelenks	407	46,40 23,72	106,72 54,56	162,39 83,03	78,88 40,33	54,95 28,09	68,38 34,96
2123	Resektion eines Kiefer-, Hand- oder Fußgelenks	1110	126,54 64,70	291,04 148,81	442,89 226,45	215,12 109,99	149,85 76,62	186,48 95,35
2124	Resektion eines Ellenbogen-, Schulter-, Hüft- oder Kniegelenks	1850	210,90 107,83	485,07 248,01	738,15 377,41	358,53 183,31	249,75 127,70	310,80 158,91
2125	Kopf-Halsresektion am Hüftgelenk ...	2220	253,08 129,40	582,08 297,62	885,78 452,89	430,24 219,98	299,70 153,23	372,96 190,69
2126	Kopf-Halsresektion am Hüftgelenk mit Osteotomie am koxalen Femurende – gegebenenfalls mit Osteosynthese –	2770	315,78 161,46	726,29 371,35	1105,23 565,10	536,83 274,48	373,95 191,20	465,36 237,93
2130	Operative Versteifung eines Finger- oder Zehengelenks	650	74,10 37,89	170,43 87,14	259,35 132,60	125,97 64,41	87,75 44,87	109,20 55,83
2131	Operative Versteifung eines Hand- oder Fußgelenks	1300	148,20 75,77	340,86 174,28	518,70 265,21	251,94 128,82	175,50 89,73	218,40 111,67
2132	Operative Versteifung eines Hüftgelenks – auch einschließlich Fixation durch Knochenspäne oder alloplastisches Material –	2770	315,78 161,46	726,29 371,35	1105,23 565,10	536,83 274,48	373,95 191,20	465,36 237,93

		Punktzahl	1fach DM €	2,3fach DM €	3,5fach DM €	1,7fach DM €	UV Allg. DM €	UV Bes. DM €
2133	Operative Versteifung eines Kniegelenks	2100	239,40 122,40	550,62 281,53	837,90 428,41	406,98 208,09	283,50 144,95	352,80 180,38
2134	Arthroplastik eines Finger- oder Zehengelenks	924	105,34 53,86	242,27 123,87	368,68 188,50	179,08 91,56	124,74 63,78	155,23 79,37
2135	Arthroplastik eines Kiefer-, Hand- oder Fußgelenks	1400	159,60 81,60	367,08 187,69	558,60 285,61	271,32 138,72	189,00 96,63	235,20 120,26
2136	Arthroplastik eines Ellenbogen- oder Kniegelenks	1660	189,24 96,76	435,25 222,54	662,34 338,65	321,71 164,49	224,10 114,58	278,88 142,59
2137	Arthroplastik eines Schultergelenks	2100	239,40 122,40	550,62 281,53	837,90 428,41	406,98 208,09	283,50 144,95	352,80 180,38
2140	Operativer Einbau eines künstlichen Finger- oder Zehengelenks oder einer Fingerprothese	1000	114,– 58,29	262,20 134,06	399,– 204,01	193,80 99,09	135,00 69,02	168,00 85,90
2141	Entfernung und erneuter operativer Einbau eines künstlichen Finger- oder Zehengelenks oder einer Fingerprothese	1800	205,20 104,92	471,96 241,31	718,20 367,21	348,84 178,36	243,00 124,24	302,40 154,61
2142	Operativer Einbau eines künstlichen Hand- oder Fußgelenks	2700	307,80 157,38	707,94 361,96	1077,30 550,82	523,26 267,54	364,50 186,37	453,60 231,92
2143	Entfernung und erneuter operativer Einbau eines künstlichen Hand- oder Fußgelenks	4860	554,04 283,28	1274,29 651,54	1939,14 991,47	941,87 481,57	656,10 335,46	816,48 417,46
2144	Operativer Einbau eines künstlichen Ellenbogen- oder Kniegelenks	3600	410,40 209,83	943,92 482,62	1436,40 734,42	697,68 356,72	486,00 248,49	604,80 309,23
2145	Entfernung und erneuter operativer Einbau eines künstlichen Ellenbogen- oder Kniegelenks	6480	738,72 377,70	1699,06 868,71	2585,52 1321,96	1255,82 642,09	874,80 447,28	1088,64 556,61
2146	Operativer Einbau eines künstlichen Schultergelenks	1800	205,20 104,92	471,96 241,31	718,20 367,21	348,84 178,36	243,00 124,24	302,40 154,62
2147	Entfernung und erneuter operativer Einbau eines künstlichen Schultergelenks	3240	369,36 188,85	849,53 434,36	1292,76 660,98	627,91 321,05	437,40 223,64	544,32 278,31
2148	Neubildung eines Hüftpfannendaches durch Beckenosteotomie – auch Pfannendachplastik –	2100	239,40 122,40	550,62 281,53	837,90 428,41	406,98 208,09	283,50 144,95	352,80 180,38

		Punktzahl	1fach DM €	2,3fach DM €	3,5fach DM €	1,7fach DM €	UV Allg. DM €	UV Bes. DM €
2149	Ersatz eines Hüftkopfes oder einer Hüftpfanne durch biologische oder alloplastische Transplantate	2770	315,78 161,46	726,29 371,35	1105,23 565,10	536,83 274,48	373,95 191,20	465,36 237,93
2150	Entfernung und erneuter operativer Einbau eines künstlichen Hüftkopfes oder einer künstlichen Hüftpfanne ...	4980	567,72 290,27	1305,76 667,62	1987,02 1015,95	965,12 493,46	672,30 343,74	836,64 427,77
2151	Endoprothetischer Totalersatz von Hüftpfanne und Hüftkopf (Alloarthroplastik)	3700	421,80 215,66	970,14 496,03	1476,30 754,82	717,06 366,63	499,50 255,39	621,60 317,82
2152	Entfernung und erneuter operativer Einbau eines endoprothetischen Totalersatzes von Hüftpfanne und Hüftkopf (Alloarthroplastik)	6660	759,24 388,19	1746,25 892,85	2657,34 1358,68	1290,71 659,93	899,10 459,70	1118,88 572,07
2153	Endoprothetischer Totalersatz eines Kniegelenks (Alloarthroplastik)	3700	421,80 215,66	970,14 496,03	1476,30 754,82	717,06 366,63	499,50 255,39	621,60 317,82
2154	Entfernung und erneuter operativer Einbau eines endoprothetischen Totalersatzes eines Kniegelenks (Alloarthroplastik)	6660	759,24 388,19	1746,25 892,85	2657,34 1358,68	1290,71 659,93	899,10 459,70	1118,88 572,07
2155	Eröffnung eines vereiterten Finger- oder Zehengelenks	148	16,87 8,63	38,81 19,84	59,05 30,19	28,68 14,67	19,98 10,22	24,86 12,71
2156	Eröffnung eines vereiterten Kiefer-, Hand- oder Fußgelenks	463	52,78 26,99	121,40 62,07	184,74 94,46	89,73 45,88	62,51 31,96	77,78 39,77
2157	Eröffnung eines vereiterten Schulter- oder Ellenbogen- oder Hüft- oder Kniegelenks oder von Gelenken benachbarter Wirbel	924	105,34 53,86	242,27 123,87	368,68 188,50	179,08 91,56	124,74 63,78	155,23 79,37
2158	Exartikulation eines Fingers oder einer Zehe	370	42,18 21,57	97,01 49,60	147,63 75,48	71,71 36,66	49,95 25,54	62,16 31,78
2159	Exartikulation einer Hand oder eines Fußes	924	105,34 53,86	242,27 123,87	368,68 188,50	179,08 91,56	124,74 63,78	155,23 79,37
2160	Exartikulation in einem Ellenbogen- oder Kniegelenk	1110	126,54 64,70	291,04 148,81	442,89 226,45	215,12 109,99	149,85 76,62	186,48 95,35
2161	Exartikulation in einem Schultergelenk	1290	147,06 75,19	338,24 172,94	514,71 263,17	250,– 127,82	174,15 89,04	216,72 110,81

		Punktzahl	1fach DM €	2,3fach DM €	3,5fach DM €	1,7fach DM €	UV Allg. DM €	UV Bes. DM €
2162	Exartikulation in einem Hüftgelenk ...	1480	168,72 86,27	388,06 198,41	590,52 301,93	286,82 146,65	199,80 102,16	248,64 127,13
2163	Operative Entfernung einer Schultergürtelhälfte	1850	210,90 107,83	485,07 248,01	738,15 377,41	358,53 183,31	249,75 127,70	310,80 158,91
2164	Operative Entfernung einer Beckenhälfte einschließlich plastischer Dekkung, auch in mehreren Sitzungen ..	3700	421,80 215,66	970,14 496,03	1476,30 754,82	717,06 366,63	499,50 255,39	621,60 317,82
2165	Beckenosteotomie einschließlich Osteosynthese und/oder Spanverpflanzung einschließlich Entnahme des Spanmaterials – gegebenenfalls auch mit Reposition einer Hüftluxation – ...	6000	684,– 349,72	1573,20 804,37	2394,– 1224,03	1162,80 594,53	810,00 414,15	1008,00 515,38
2167	Ersatzlose Entfernung eines künstlichen Hüftgelenkes mit Ausräumung von nekrotischem Gewebe und Knochenzement	3200	364,80 186,52	839,04 429,00	1276,80 652,82	620,16 317,08	432,00 220,88	537,60 274,87
2168	Operative Entfernung einer Kniegelenksendoprothese – einschließlich operativer Versteifung des Gelenks –	3200	364,80 186,52	839,04 429,00	1276,80 652,82	620,16 317,08	432,00 220,88	537,60 274,87
2170	Amputation eines Fingers oder einer Zehe oder eines Finger- oder Zehengliedteils – einschließlich plastischer Deckung –	463	52,78 26,99	121,40 62,07	184,74 94,46	89,73 45,88	62,51 31,96	77,78 39,77
2171	Amputation eines Fingerstrahles in der Mittelhand oder eines Zehenstrahles im Mittelfuß oder Amputation nach Pirogow oder Gritti – einschließlich plastischer Deckung –	1110	126,54 64,70	291,04 148,81	442,89 226,45	215,12 109,99	149,85 76,62	186,48 95,35
2172	Amputation eines Mittelhand- oder Mittelfußknochens – einschließlich plastischer Deckung –	924	105,34 53,86	242,27 123,87	368,68 188,50	179,08 91,56	124,74 63,78	155,23 79,37
2173	Amputation im Unterarm-, Unterschenkel- oder Oberarmbereich – einschließlich plastischer Deckung – ...	1110	126,54 64,70	291,04 148,81	442,89 226,45	215,12 109,99	149,85 76,62	186,48 95,35
2174	Amputation im Oberschenkelbereich – einschließlich plastischer Deckung –	1290	147,06 75,19	338,24 172,94	514,71 263,17	250,– 127,82	174,15 89,04	216,72 110,81

		Punktzahl	1fach DM €	2,3fach DM €	3,5fach DM €	1,7fach DM €	UV Allg. DM €	UV Bes. DM €
2181	Gewaltsame Lockerung oder Strekkung eines Kiefer-, Hand- oder Fußgelenks	227	25,88 13,23	59,52 30,43	90,57 46,31	44,– 22,49	30,65 15,67	38,14 19,50
2182	Gewaltsame Lockerung oder Strekkung eines Schulter-, Ellenbogen-, Hüft- oder Kniegelenks	379	43,21 22,09	99,37 50,81	151,22 77,32	73,46 37,56	51,17 26,16	63,67 32,55
2183	Operatives Anlegen einer Extension am Schädel bei Behandlung von Halswirbelverletzungen/-instabilitäten (z. B. Crutchfieldzange)	740	84,36 43,13	194,03 99,21	295,26 150,96	143,41 73,33	99,90 51,08	124,32 63,56
2184	Anlegen von Hals-Extensionen zur Vorbereitung der operativen Behandlung von Skoliosen und Kyphosen	1000	114,– 58,29	262,20 134,06	399,– 204,01	193,80 99,09	135,00 69,02	168,00 85,90
2189	Arthroskopische Operation mit Entfernung oder Teilresektion eines Meniskus im Kniegelenk – gegebenenfalls einschließlich Plicateilresektion, Teilresektion des Hoffa'schen Fettkörpers und/oder Entfernung freier Gelenkkörper –	1500	171,– 87,43	393,30 201,09	598,50 306,01	290,70 148,63	453,30 231,77	502,80 257,08
2190	Arthroskopische erhaltende Operation an einem Meniskus (z. B. Meniskusnaht, Refixation) in einem Kniegelenk	1800	205,20 104,92	471,96 241,31	718,20 367,21	348,84 178,36	493,80 252,48	553,20 282,85
2191	Arthroskopische Operation mit primärer Naht, Reinsertion, Rekonstruktion oder plastischem Ersatz eines Kreuz- oder Seitenbandes an einem Kniegelenk – einschließlich Kapselnaht –	2000	228,– 116,58	524,40 268,12	798,– 408,01	387,60 198,18	520,80 266,28	586,80 300,03
2192	Zuschlag zu der Leistung nach Nummer 2191 für die primäre Naht, Reinsertion, Rekonstruktion oder den plastischen Ersatz eines weiteren Bandes in demselben Kniegelenk im Rahmen derselben Sitzung	500	57,– 29,14	131,10 67,03	199,50 102,00	96,90 49,54	67,50 34,51	84,00 42,95
2193	Arthroskopische Operation mit Synovektomie an einem Knie- oder Hüftgelenk bei chronischer Gelenkentzündung – gegebenenfalls einschließlich Abtragung von Osteophyten –	1800	205,20 104,92	471,96 241,31	718,20 367,21	348,84 178,36	493,80 252,48	553,20 282,85

Nr.	Leistung	Punktzahl	1fach DM €	2,3fach DM €	3,5fach DM €	1,7fach DM €	UV Allg. DM €	UV Bes. DM €
2195	Zuschlag für weitere operative Eingriffe an demselben Gelenk – zusätzlich zu den Leistungen nach den Nummern 2102, 2104, 2112, 2117, 2119, 2136, 2189 bis 2191 oder 2193 – . . .	300	34,20 17,49	78,66 40,22	119,70 61,20	58,14 29,73	40,50 20,71	50,40 25,77
2196	Diagnostische Arthroskopie im direkten zeitlichen Zusammenhang mit arthroskopischen Operationen nach den Nummern 2189 bis 2191 sowie 2193	250	28,50 14,57	65,55 33,52	99,75 51,00	48,45 24,77	33,75 17,26	42,00 21,47

IV. Gelenkluxationen

Allgemeine Bestimmungen

Bei Einrenkung von Luxationen sind Verbände Bestandteil der Leistung.

Nr.	Leistung	Punktzahl	1fach DM €	2,3fach DM €	3,5fach DM €	1,7fach DM €	UV Allg. DM €	UV Bes. DM €
2203	Einrenkung der Luxationen von Wirbelgelenken im Durchhang	739	84,25 43,07	193,77 99,07	294,86 150,76	143,23 73,23	99,77 51,01	124,15 63,48
2204	Einrenkung alter Luxationen von Wirbelgelenken im Durchhang	1110	126,54 64,70	291,04 148,81	442,89 226,45	215,12 109,99	149,85 76,62	186,48 95,35
2205	Einrenkung der Luxation eines Finger- oder Zehengelenks	93	10,60 5,42	24,39 12,47	37,11 18,97	18,02 9,22	12,56 6,42	15,62 7,99
2206	Einrenkung der alten Luxation eines Finger- oder Zehengelenks	140	15,96 8,16	36,71 18,77	55,86 28,56	27,13 13,87	18,90 9,66	23,52 12,03
2207	Einrenkung der Luxation eines Daumengelenks	148	16,87 8,63	38,81 19,84	59,05 30,19	28,68 14,67	19,98 10,22	24,86 12,71
2208	Einrenkung der alten Luxation eines Daumengelenks	220	25,08 12,82	57,68 29,49	87,78 44,88	42,64 21,80	29,70 15,19	36,96 18,90
2209	Einrenkung der Luxation eines Daumengelenks mit Anlegen eines Drahtzuges	370	42,18 21,57	97,01 49,60	147,63 75,48	71,71 36,66	49,95 25,54	62,16 31,78
2210	Operative Einrenkung der Luxation eines Finger- oder Zehengelenks	407	46,40 23,72	106,72 54,56	162,39 83,03	78,88 40,33	54,95 28,09	68,38 34,96
2211	Einrenkung der Luxation eines Hand- oder Fußgelenks	278	31,69 16,20	72,89 37,27	110,92 56,71	53,87 27,55	37,53 19,19	46,70 23,88
2212	Einrenkung der alten Luxation eines Hand- oder Fußgelenks	420	47,88 24,48	110,12 56,31	167,58 85,68	81,40 41,62	56,70 28,99	70,56 36,08

		Punkt-zahl	1fach DM €	2,3fach DM €	3,5fach DM €	1,7fach DM €	UV Allg. DM €	UV Bes. DM €
2213	Operative Einrenkung der Luxation eines Hand- oder Fußgelenks	1110	126,54	291,04	442,89	215,12	149,85	186,48
			64,70	148,81	226,45	109,99	76,62	95,35
2214	Einrenkung der Luxation eines Ellenbogen- oder Kniegelenks	370	42,18	97,01	147,63	71,71	49,95	62,16
			21,57	49,60	75,48	36,66	25,54	31,78
2215	Einrenkung der alten Luxation eines Ellenbogen- oder Kniegelenks	540	61,56	141,59	215,46	104,65	72,90	90,72
			31,48	72,39	110,16	53,51	37,27	46,38
2216	Operative Einrenkung der Luxation eines Ellenbogen- oder Kniegelenks .	1850	210,90	485,07	738,15	358,53	249,75	310,80
			107,83	248,01	377,41	183,31	127,70	158,91
2217	Einrenkung der Luxation eines Schultergelenks	370	42,18	97,01	147,63	71,71	49,95	62,16
			21,57	49,60	75,48	36,66	25,54	31,78
2218	Einrenkung der alten Luxation eines Schultergelenks	540	61,56	141,59	215,46	104,65	72,90	90,72
			31,48	72,39	110,16	53,51	37,27	46,38
2219	Operative Einrenkung der Luxation eines Schultergelenks	1850	210,90	485,07	738,15	358,53	249,75	310,80
			107,83	248,01	377,41	183,31	127,70	158,91
2220	Operation der habituellen Luxation eines Schultergelenks mit Spanübertragung	2250	256,50	589,95	897,75	436,05	303,75	378,00
			131,15	301,64	459,01	222,95	155,30	193,27
2221	Einrenkung der Luxation eines Schlüsselbeingelenks oder einer Kniescheibe	111	12,65	29,10	44,29	21,51	14,99	18,65
			6,47	14,88	22,65	11,00	7,66	9,53
2222	Einrenkung der alten Luxation eines Schlüsselbeingelenks oder einer Kniescheibe	170	19,38	44,57	67,83	32,95	22,95	28,56
			9,91	22,79	34,68	16,85	11,73	14,60
2223	Operative Einrenkung eines luxierten Schlüsselbeingelenks	400	45,60	104,88	159,60	77,52	54,00	67,20
			23,32	53,62	81,60	39,64	27,61	34,36
2224	Operative Einrenkung eines luxierten Schlüsselbeingelenks mit Osteosynthese	800	91,20	209,76	319,20	155,04	108,00	134,40
			46,63	107,25	163,20	79,27	55,22	68,72
2225	Operative Einrenkung eines luxierten Schlüsselbeingelenks mit Osteosynthese und Rekonstruktion des Bandapparates	1000	114,–	262,20	399,–	193,80	135,00	168,00
			58,29	134,06	204,01	99,09	69,02	85,90

Nr.	Leistung	Punktzahl	1fach DM / €	2,3fach DM / €	3,5fach DM / €	1,7fach DM / €	UV Allg. DM / €	UV Bes. DM / €
2226	Einrenkung eines eingeklemmten Meniskus, der Subluxation eines Radiusköpfchens (Chassaignac) oder der Luxation eines Sternoklavikulargelenks	120	13,68 7,00	31,46 16,09	47,88 24,48	23,26 11,89	16,20 8,28	20,16 10,31
2230	Operation der Luxation einer Kniescheibe	900	102,60 52,46	235,98 120,66	359,10 183,61	174,42 89,18	121,50 62,12	151,20 77,31
2231	Einrenkung der Luxation eines Hüftgelenks	739	84,25 43,07	193,77 99,07	294,86 150,76	143,23 73,23	99,77 51,01	124,15 63,48
2232	Einrenkung der alten Luxation eines Hüftgelenks	1110	126,54 64,70	291,04 148,81	442,89 226,45	215,12 109,99	149,85 76,62	186,48 95,35
2233	Einrenkung der angeborenen Luxation eines Hüftgelenks	550	62,70 32,06	144,21 73,73	219,45 112,20	106,59 54,50	74,25 37,96	92,40 47,24
2234	Stellungsänderung oder zweite und folgende einrenkende Behandlung im Verlauf der Therapie nach Nummer 2233	473	53,92 27,57	124,02 63,41	188,73 96,50	91,66 46,87	63,86 32,65	79,46 40,63
2235	Operation der habituellen Luxation eines Kniegelenks	1660	189,24 96,76	435,25 222,54	662,34 338,65	321,71 164,49	224,10 114,58	278,88 142,59
2236	Operative Einrichtung einer traumatischen Hüftgelenksluxation – einschließlich Rekonstruktion des Kapselbandapparates –	1850	210,90 107,83	485,07 248,01	738,15 377,41	358,53 183,31	249,75 127,70	310,80 158,91
2237	Operative Einrichtung einer traumatischen Hüftgelenksluxation mit Rekonstruktion des Kopfes und/oder der Hüftpfanne – einschließlich Osteosynthese und Rekonstruktion des Kapselbandapparates –	2770	315,78 161,46	726,29 371,35	1105,23 565,10	536,83 274,48	373,95 191,20	465,36 237,93
2238	Operative Einrichtung einer traumatischen Hüftgelenksluxation nach Nummer 2237 – einschließlich Revision des Nervus ischiadicus und gegebenenfalls mit Naht desselben –	3230	368,22 188,27	846,91 433,02	1288,77 658,94	625,97 320,06	436,05 222,95	542,64 277,45
2239	Operative Einrichtung einer angeborenen Hüftgelenksluxation	1480	168,72 86,27	388,06 198,41	590,52 301,93	286,82 146,65	199,80 102,16	248,64 127,13

Nr.	Leistung	Punktzahl	1fach DM €	2,3fach DM €	3,5fach DM €	1,7fach DM €	UV Allg. DM €	UV Bes. DM €
2240	Operative Einrichtung einer angeborenen Hüftgelenksluxation mit Pfannendachplastik – auch mit Knocheneinpflanzung oder Beckenosteotomie – .	2770	315,78 161,46	726,29 371,35	1105,23 565,10	536,83 274,48	373,95 191,20	465,36 237,93
2241	Operative Einrichtung einer angeborenen Hüftgelenksluxation mit Pfannendachplastik oder Beckenosteotomie und/oder Umstellungsosteotomie einschließlich Osteosynthese	4500	513,– 262,29	1179,90 603,27	1795,50 918,03	872,10 445,90	607,50 310,61	756,00 386,54

V. Knochenchirurgie

Nr.	Leistung	Punktzahl	1fach DM €	2,3fach DM €	3,5fach DM €	1,7fach DM €	UV Allg. DM €	UV Bes. DM €
2250	Keilförmige oder lineare Osteotomie eines kleinen Knochens (Finger-, Zehen-, Mittelhand-, Mittelfußknochen) oder Probeausmeißelung aus einem Knochen	463	52,78 26,99	121,40 62,07	184,74 94,46	89,73 45,88	62,51 31,96	77,78 39,77
2251	Umstellungsosteotomie eines großen Knochens (Röhrenknochen des Oberarms, Unterarms, Oberschenkels, Unterschenkels) ohne Osteosynthese ..	1290	147,06 75,19	338,24 172,94	514,71 263,17	250,– 127,82	174,15 89,04	216,72 110,81
2252	Umstellungsosteotomie eines großen Knochens mit Osteosynthese	1850	210,90 107,83	485,07 248,01	738,15 377,41	358,53 183,31	249,75 127,70	310,80 158,91
2253	Knochenspanentnahme	647	73,76 37,71	169,64 86,74	258,15 131,99	125,39 64,11	87,35 44,66	108,70 55,58
2254	Implantation von Knochen	739	84,25 43,07	193,77 99,07	294,86 150,76	143,23 73,23	99,77 51,01	124,15 63,48
2255	Freie Verpflanzung eines Knochens oder von Knochenteilen (Knochenspäne)	1480	168,72 86,27	388,06 198,41	590,52 301,93	286,82 146,65	199,80 102,16	248,64 127,13
2256	Knochenaufmeißelung oder Nekrotomie bei kleinen Knochen	463	52,78 26,99	121,40 62,07	184,74 94,46	89,73 45,88	62,51 31,96	77,78 39,77
2257	Knochenaufmeißelung oder Nekrotomie an einem großen Röhrenknochen	800	91,20 46,63	209,76 107,25	319,20 163,20	155,04 79,27	108,00 55,22	134,40 68,72
2258	Knochenaufmeißelung oder Nekrotomie am Becken	1200	136,80 69,95	314,64 160,87	478,80 244,81	232,56 118,91	162,00 82,83	201,60 103,08
2259	Knochenaufmeißelung oder Nekrotomie am Schädeldach	1500	171,– 87,43	393,30 201,09	598,50 306,01	290,70 148,63	202,50 103,54	252,00 128,85

		Punkt-zahl	1fach DM €	2,3fach DM €	3,5fach DM €	1,7fach DM €	UV Allg. DM €	UV Bes. DM €
2260	Osteotomie eines kleinen Röhrenknochens – einschließlich Osteosynthese –	1850	210,90 107,83	485,07 248,01	738,15 377,41	358,53 183,31	249,75 127,70	310,80 158,91
2263	Resektion eines kleinen Knochens – auch einschließlich eines benachbarten Gelenkanteils – mit Knochen- oder Spanverpflanzung (z. B. bei Tumorexstirpation)	1660	189,24 96,76	435,25 222,54	662,34 338,65	321,71 164,49	224,10 114,58	278,88 142,59
2265	Resektion eines großen Knochens – auch einschließlich eines benachbarten Gelenks mit Knochen- oder Spanverpflanzung (z. B. bei Tumorexstirpation) –	2770	315,78 161,46	726,29 371,35	1105,23 565,10	536,83 274,48	373,95 191,20	465,36 237,93
2266	Resektion eines Darmbeinknochens .	1850	210,90 107,83	485,07 248,01	738,15 377,41	358,53 183,31	249,75 127,70	310,80 158,91
2267	Knochenzerbrechung	463	52,78 26,99	121,40 62,07	184,74 94,46	89,73 45,88	62,51 31,96	77,78 39,77
2268	Operativer Ersatz des Os lunatum durch Implantat	1800	205,20 104,92	471,96 241,31	718,20 367,21	348,84 178,36	243,00 124,24	302,40 154,61
2269	Operation der Pseudarthrose des Os naviculare mit Spanentnahme vom Beckenkamm oder Verschraubung . .	1800	205,20 104,92	471,96 241,31	718,20 367,21	348,84 178,36	243,00 124,24	302,40 154,61
2273	Osteotomie eines kleinen Röhrenknochens – einschließlich Anbringens eines Distraktors –	924	105,34 53,86	242,27 123,87	368,68 188,50	179,08 91,56	124,74 63,78	155,23 79,37
2274	Osteotomie eines großen Röhrenknochens – einschließlich Anbringens eines Distraktors –	1850	210,90 107,83	485,07 248,01	738,15 377,41	358,53 183,31	249,75 127,70	310,80 158,91
2275	Inter- oder subtrochantere Umstellungsosteotomie	2310	263,34 134,64	605,68 309,68	921,69 471,25	447,68 228,89	311,85 159,45	388,08 198,42
2276	Inter- oder subtrochantere Umstellungsosteotomie mit Osteosynthese . .	2770	315,78 161,46	726,29 371,35	1105,23 565,10	536,83 274,48	373,95 191,20	465,36 237,93
2277	Redressement einer Beinverkrümmung	567	64,64 33,05	148,67 76,01	226,23 115,67	109,89 56,18	76,55 39,14	95,26 48,70
2278	Autologe Tabula-externa-Osteoplastik mit Deckung eines Schädel- oder Stirnbeindefektes (Kranioplastik)	3500	399,– 204,01	917,70 469,21	1396,50 714,02	678,30 346,81	472,50 241,59	588,00 300,64

		Punktzahl	1fach DM €	2,3fach DM €	3,5fach DM €	1,7fach DM €	UV Allg. DM €	UV Bes. DM €
2279	Chemonukleolyse	600	68,40 34,97	157,32 80,44	239,40 122,40	116,28 59,45	81,00 41,41	100,80 51,54
2280	Redressement des Rumpfes bei schweren Wirbelsäulenverkrümmungen	1135	129,39 66,16	297,60 152,16	452,87 231,55	219,96 112,47	153,23 78,34	190,68 97,49
2281	Perkutane Nukleotomie (z. B. Absaugen des Bandscheibengewebes im Hochdruckverfahren)	1400	159,60 81,60	367,08 187,69	558,60 285,61	271,32 138,72	189,00 96,63	235,20 120,26
2282	Operative Behandlung des Bandscheibenvorfalles mit einseitiger Wirbelbogenresektion oder -fensterung in einem Segment, Nervenwurzellösung, Prolapsabtragung und Bandscheibenausräumung	1480	168,72 86,27	388,06 198,41	590,52 301,93	286,82 146,65	199,80 102,16	248,64 127,13
2283	Operative Behandlung des Bandscheibenvorfalles in zwei oder drei Segmenten, ein- oder beidseitig, auch mit Resektion des ganzen Bogens (totale Laminektomie)	1850	210,90 107,83	485,07 248,01	738,15 377,41	358,53 183,31	249,75 127,70	310,80 158,91
2284	Stabilisierende operative Maßnahmen (z. B. Knochenspaneinpflanzung, Einpflanzung alloplastischen Materials), zusätzlich zu Nummer 2282 oder Nummer 2283	554	63,16 32,29	145,26 74,27	221,05 113,02	107,37 54,90	74,79 38,24	93,07 47,59
2285	Operative Versteifung eines Wirbelsäulenabschnittes – einschließlich Einpflanzung von Knochen oder alloplastischem Material, als alleinige Leistung –	1480	168,72 86,27	388,06 198,41	590,52 301,93	286,82 146,65	199,80 102,16	248,64 127,13
2286	Operative Behandlung von Wirbelsäulenverkrümmungen durch Spondylodese – einschließlich Implantation von autologem oder alloplastischem Material –	2500	285,– 145,72	655,50 335,15	997,50 510,01	484,50 247,72	337,50 172,56	420,00 214,74
2287	Operative Behandlung von Wirbelsäulenverkrümmungen nach Nummer 2286 mit zusätzlicher Implantation einer metallischen Aufspreiz- und Abstützvorrichtung	3700	421,80 215,66	970,14 496,03	1476,30 754,82	717,06 366,63	499,50 255,39	621,60 317,82
2288	Osteotomien am Rippenbuckel, zusätzlich zu Nummer 2286 oder Nummer 2287	550	62,70 32,06	144,21 73,73	219,45 112,20	106,59 54,50	74,25 37,96	92,40 47,24

		Punktzahl	1fach DM €	2,3fach DM €	3,5fach DM €	1,7fach DM €	UV Allg. DM €	UV Bes. DM €
2289	Neueinpflanzung einer Aufspreiz- oder Abstützvorrichtung an der Wirbelsäule – einschließlich Entfernung der alten Vorrichtung –	4000	456,– 233,15	1048,80 536,24	1596,– 816,02	775,20 396,35	540,00 276,10	672,00 343,59
2290	Stellungskorrektur und Fusion eines oder mehrerer Wirbelsegmente an Brustwirbelsäule und/oder Lendenwirbelsäule bei ventralem Zugang – auch mit Knocheneinpflanzung –	2770	315,78 161,46	726,29 371,35	1105,23 565,10	536,83 274,48	373,95 191,20	465,36 237,93
2291	Implantation eines Elektrostimulators zur Behandlung der Skoliose oder einer Pseudarthrose	920	104,88 53,62	241,22 123,34	367,08 187,69	178,30 91,16	124,20 63,50	154,56 79,03
2292	Eröffnung von Brust- oder Bauchhöhle bei vorderem Zugang, nur im Zusammenhang mit Leistungen nach den Nummern 2285, 2286, 2287, 2332 und 2333	1110	126,54 64,70	291,04 148,81	442,89 226,45	215,12 109,99	149,85 76,62	186,48 95,35
2293	Operation einer Steißbeinfistel	370	42,18 21,57	97,01 49,60	147,63 75,48	71,71 36,66	49,95 25,54	62,16 31,78
2294	Steißbeinresektion	554	63,16 32,29	145,26 74,27	221,05 113,02	107,37 54,90	74,79 38,24	93,07 47,59
2295	Exostosenabmeißelung bei Hallux valgus	463	52,78 26,99	121,40 62,07	184,74 94,46	89,73 45,88	62,51 31,96	77,78 39,77
2296	Exostosenabmeißelung bei Hallux valgus einschließlich Sehnenverpflanzung	924	105,34 53,86	242,27 123,87	368,68 188,50	179,08 91,56	124,74 63,78	155,23 79,37
2297	Operation des Hallux valgus mit Gelenkkopfresektion und anschließender Gelenkplastik und/oder Mittelfußosteotomie einschließlich der Leistungen nach den Nummern 2295 und 2296	1180	134,52 68,78	309,40 158,19	470,82 240,73	228,68 116,92	159,30 81,45	198,24 101,36

VI. Frakturbehandlung

		Punktzahl	1fach DM €	2,3fach DM €	3,5fach DM €	1,7fach DM €	UV Allg. DM €	UV Bes. DM €
2320	Einrichtung der gebrochenen knöchernen Nase einschließlich Tamponade – gegebenenfalls einschließlich Wundverband –	189	21,55 11,02	49,56 25,34	75,41 38,56	36,64 18,73	25,52 13,05	31,75 16,23
2321	Einrichtung eines gebrochenen Gesichtsknochens – gegebenenfalls einschließlich Wundverband –	227	25,88 13,23	59,52 30,43	90,57 46,31	44,– 22,49	30,65 15,67	38,14 19,50

Nr.	Leistung	Punktzahl	1fach DM / €	2,3fach DM / €	3,5fach DM / €	1,7fach DM / €	UV Allg. DM / €	UV Bes. DM / €
2322	Aufrichtung gebrochener Wirbel im Durchhang	757	86,30 44,12	198,49 101,48	302,04 154,43	146,71 75,01	102,20 52,25	127,18 65,02
2323	Halswirbelbruchbehandlung durch Zugverband mit Klammer	757	86,30 44,12	198,49 101,48	302,04 154,43	146,71 75,01	102,20 52,25	127,18 65,02
2324	Einrichtung des gebrochenen Schlüsselbeins	152	17,33 8,86	39,85 20,38	60,65 31,01	29,46 15,06	20,52 10,49	25,54 13,06
2325	Einrichtung des gebrochenen Schlüsselbeins – einschließlich Nagelung und/oder Drahtung –	567	64,64 33,05	148,67 76,01	226,23 115,67	109,89 56,18	76,55 39,14	95,26 48,70
2326	Einrichtung eines gebrochenen Schulterblattes oder des Brustbeins	227	25,88 13,23	59,52 30,43	90,57 46,31	44,– 22,49	30,65 15,67	38,14 19,50
2327	Einrichtung eines gebrochenen Oberarmknochens	473	53,92 27,57	124,02 63,41	188,73 96,50	91,66 46,87	63,86 32,65	79,46 40,63
2328	Einrichtung gebrochener Unterarmknochen	341	38,87 19,88	89,41 45,72	136,06 69,57	66,08 33,79	46,04 23,54	57,29 29,29
2329	Einrichtung des gebrochenen Beckens	473	53,92 27,57	124,02 63,41	188,73 96,50	91,66 46,87	63,86 32,65	79,46 40,63
2330	Einrichtung eines gebrochenen Oberschenkelknochens	757	86,30 44,12	198,49 101,48	302,04 154,43	146,71 75,01	102,20 52,25	127,18 65,02
2331	Einrichtung gebrochener Knochen der Handwurzel oder der Mittelhand, der Fußwurzel oder des Mittelfußes	227	25,88 13,23	59,52 30,43	90,57 46,31	44,– 22,49	30,65 15,67	38,14 19,50
2332	Operative Aufrichtung eines gebrochenen Wirbelkörpers und/oder operative Einrenkung einer Luxation eines Wirbelgelenkes mit stabilisierenden Maßnahmen	2500	285,– 145,72	655,50 335,15	997,50 510,01	484,50 247,72	337,50 172,56	420,00 214,74
2333	Operative Aufrichtung von zwei oder mehr gebrochenen Wirbelkörpern und/oder operative Einrenkung von zwei oder mehr Luxationen von Wirbelgelenken mit stabilisierenden Maßnahmen	3700	421,80 215,66	970,14 496,03	1476,30 754,82	717,06 366,63	499,50 255,39	621,60 317,82

		Punkt-zahl	1fach DM €	2,3fach DM €	3,5fach DM €	1,7fach DM €	UV Allg. DM €	UV Bes. DM €
2334	Operative Stabilisierung einer Brustwandseite	2800	319,20 163,20	734,16 375,37	1117,20 571,22	542,64 277,45	378,00 193,27	470,40 240,51
2335	Einrichtung einer gebrochenen Kniescheibe oder gebrochener Unterschenkelknochen	473	53,92 27,57	124,02 63,41	188,73 96,50	91,66 46,87	63,86 32,65	79,46 40,63
2336	Operative Einrichtung der gebrochenen Kniescheibe – auch mit Fremdmaterial –	650	74,10 37,89	170,43 87,14	259,35 132,60	125,97 64,41	87,75 44,87	109,20 55,83
2337	Einrichtung gebrochener Endgliedknochen von Fingern oder von gebrochenen Zehenknochen	76	8,66 4,43	19,93 10,19	30,32 15,50	14,72 7,53	10,26 5,25	12,77 6,53
2338	Einrichtung des gebrochenen Großzehenknochens oder von Frakturen an Grund- oder Mittelgliedern der Fingerknochen	152	17,33 8,86	39,85 20,38	60,65 31,01	29,46 15,06	20,52 10,49	25,54 13,06
2338 a	Operative Einrichtung des gebrochenen Endgliedknochens eines Fingers – einschließlich Fixation durch Osteosynthese –	185	21,09 10,78	48,51 24,80	73,82 37,74	35,85 18,33	24,98 12,77	31,08 15,89
2339	Einrichtung des gebrochenen Großzehenknochens oder von Frakturen an Grund- oder Mittelgliedknochen der Finger mit Osteosynthese	379	43,21 22,09	99,37 50,81	151,22 77,32	73,46 37,56	51,17 26,16	63,67 32,55
2340	Olekranonverschraubung oder Verschraubung des Innen- oder Außenknöchelbruches	554	63,16 32,29	145,26 74,27	221,05 113,02	107,37 54,90	74,79 38,24	93,07 47,59
2344	Osteosynthese der gebrochenen Kniescheibe bzw. Exstirpation der Kniescheibe oder Teilexstirpation	1110	126,54 64,70	291,04 148,81	442,89 226,45	215,12 109,99	149,85 76,62	186,48 95,35
2345	Tibiakopfverschraubung oder Verschraubung des Fersenbeinbruches	924	105,34 53,86	242,27 123,87	368,68 188,50	179,08 91,56	124,74 63,78	155,23 79,37
2346	Beck'sche Bohrung	278	31,69 16,20	72,89 37,27	110,92 56,71	53,87 27,55	37,53 19,19	46,70 23,88
2347	Nagelung und/oder Drahtung eines gebrochenen kleinen Röhrenknochens (z. B. Mittelhand, Mittelfuß)	370	42,18 21,57	97,01 49,60	147,63 75,48	71,71 36,66	49,95 25,54	62,16 31,78

		Punktzahl	1fach DM €	2,3fach DM €	3,5fach DM €	1,7fach DM €	UV Allg. DM €	UV Bes. DM €
2348	Nagelung und/oder Drahtung eines kleinen Röhrenknochens (z. B. Mittelhand, Mittelfuß) bei offenem Knochenbruch	555	63,27 32,35	145,52 74,40	221,45 113,22	107,56 54,99	74,93 38,31	93,24 47,67
2349	Nagelung und/oder Drahtung und/oder Verschraubung (mit Metallplatten) eines gebrochenen großen Röhrenknochens	1110	126,54 64,70	291,04 148,81	442,89 226,45	215,12 109,99	149,85 76,62	186,48 95,35
2350	Nagelung und/oder Drahtung und/oder Verschraubung (mit Metallplatten) eines großen Röhrenknochens bei offenem Knochenbruch	1660	189,24 96,76	435,25 222,54	662,34 338,65	321,71 164,49	224,10 114,58	278,88 142,59
2351	Nagelung und/oder Verschraubung (mit Metallplatten) eines gebrochenen Schenkelhalses	1480	168,72 86,27	388,06 198,41	590,52 301,93	286,82 146,65	199,80 102,16	248,64 127,13
2352	Nagelung und/oder Verschraubung (mit Metallplatten) eines Schenkelhalses bei offenem Knochenbruch	2220	253,08 129,40	582,08 297,62	885,78 452,89	430,24 219,98	299,70 153,23	372,96 190,69
2353	Entfernung einer Nagelung und/oder Drahtung und/oder Verschraubung aus kleinen Röhrenknochen	185	21,09 10,78	48,51 24,80	73,82 37,74	35,85 18,33	24,98 12,77	31,08 15,89
2354	Entfernung einer Nagelung und/oder Drahtung und/oder Verschraubung (mit Metallplatten) aus großen Röhrenknochen	370	42,18 21,57	97,01 49,60	147,63 75,48	71,71 36,66	49,95 25,54	62,16 31,78
2355	Operative Stabilisierung einer Pseudarthrose oder operative Korrektur eines in Fehlstellung verheilten Knochenbruchs	1110	126,54 64,70	291,04 148,81	442,89 226,45	215,12 109,99	149,85 76,62	186,48 95,35
2356	Operative Stabilisierung einer Pseudarthrose oder operative Korrektur eines in Fehlstellung verheilten Knochenbruchs nach Osteotomie mittels Nagelung, Verschraubung und/oder Metallplatten und/oder äußerem Spanner – auch zusätzliches Einpflanzen von Knochenspan –	1480	168,72 86,27	388,06 198,41	590,52 301,93	286,82 146,65	199,80 102,16	248,64 127,13
2357	Operative Wiederherstellung einer gebrochenen Hüftpfanne einschließlich Fragmentfixation	2770	315,78 161,46	726,29 371,35	1105,23 565,10	536,83 274,48	373,95 191,20	465,36 237,93

		Punktzahl	1fach DM €	2,3fach DM €	3,5fach DM €	1,7fach DM €	UV Allg. DM €	UV Bes. DM €
2358	Osteosynthese gebrochener Beckenringknochen, der gesprengten Symphyse oder einer gesprengten Kreuzdarmbeinfuge	2100	239,40 122,40	550,62 281,53	837,90 428,41	406,98 208,09	283,50 144,95	352,80 180,38

VII. Chirurgie der Körperoberfläche

		Punktzahl	1fach DM €	2,3fach DM €	3,5fach DM €	1,7fach DM €	UV Allg. DM €	UV Bes. DM €
2380	Überpflanzung von Epidermisstücken	310	35,34 18,07	81,28 41,56	123,69 63,24	60,08 30,72	41,85 21,40	52,08 26,63
2381	Einfache Hautlappenplastik	370	42,18 21,57	97,01 49,60	147,63 75,48	71,71 36,66	49,95 25,54	62,16 31,78
2382	Schwierige Hautlappenplastik oder Spalthauttransplantation	739	84,25 43,07	193,77 99,07	294,86 150,76	143,23 73,23	99,77 51,01	124,15 63,48
2383	Vollhauttransplantation – auch einschließlich plastischer Versorgung der Entnahmestelle –	1000	114,– 58,29	262,20 134,06	399,– 204,01	193,80 99,09	135,00 69,02	168,00 85,90
2384	Knorpeltransplantation (z. B. aus einem Ohr oder aus einer Rippe)	739	84,25 43,07	193,78 99,07	294,88 150,76	143,23 73,23	99,77 51,01	124,15 63,48
2385	Anlage eines haartragenden Hautimplantates oder eines Dermafett-Transplantates – auch einschließlich plastischer Versorgung der Entnahmestelle –	1200	136,80 69,95	314,64 160,87	478,80 244,81	232,56 118,91	162,00 82,83	201,60 103,08
2386	Schleimhauttransplantation – einschließlich operativer Unterminierung der Entnahmestelle und plastischer Deckung –	688	78,43 40,10	180,39 92,23	274,51 140,36	133,33 68,17	92,88 47,49	115,58 59,10
2390	Deckung eines über handflächengroßen, zusammenhängenden Hautdefektes mit speziell aufbereiteten freien Hauttransplantaten	1330	151,62 77,52	348,73 178,30	530,67 271,33	257,75 131,79	179,55 91,80	223,44 114,24
2391	Freie Verpflanzung eines Hautlappens mittels zwischenzeitlicher Stielbildung, in mehreren Sitzungen	1500	171,– 87,43	393,30 201,09	598,50 306,01	290,70 148,63	202,50 103,54	252,00 128,85
2392	Anlage eines Rundstiellappens	900	102,60 52,46	235,98 120,66	359,10 183,61	174,42 89,18	121,50 62,12	151,20 77,31
2392 a	Exzision einer großen, kontrakten und funktionsbehindernden Narbe – einschließlich plastischer Deckung –	1000	114,– 58,29	262,20 134,06	399,– 204,01	193,80 99,09	135,00 69,02	168,00 85,90

		Punktzahl	1fach DM €	2,3fach DM €	3,5fach DM €	1,7fach DM €	UV Allg. DM €	UV Bes. DM €
2393	Interimistische Implantation eines Rundstiellappens (Zwischentransport)	739	84,25 43,07	193,77 99,07	294,86 150,76	143,23 73,23	99,77 51,01	124,15 63,48
2394	Implantation eines Rundstiellappens – einschließlich Modellierung am Ort –	2200	250,80 128,23	576,84 294,93	877,80 448,81	426,36 218,00	297,00 151,85	369,60 188,97
2395	Gekreuzte Beinlappenplastik	2500	285,– 145,72	655,50 335,15	997,50 510,01	484,50 247,72	337,50 172,56	420,00 214,74
2396	Implantation eines Hautexpanders ...	900	102,60 52,46	235,98 120,66	359,10 183,61	174,42 89,18	121,50 62,12	151,20 77,31
2397	Operative Ausräumung eines ausgedehnten Hämatoms, als selbständige Leistung	600	68,40 34,97	157,32 80,44	239,40 122,40	116,28 59,45	81,00 41,42	100,80 51,54
2400	Öffnung eines Körperkanalverschlusses an der Körperoberfläche	111	12,65 6,47	29,10 14,88	44,29 22,65	21,51 11,00	14,99 7,66	18,65 9,53
2401	Probeexzision aus oberflächlich gelegenem Körpergewebe (z. B. Haut, Schleimhaut, Lippe)	133	15,16 7,75	34,87 17,83	53,07 27,13	25,77 13,18	17,96 9,18	22,34 11,42
2402	Probeexzision aus tiefliegendem Körpergewebe (z. B. Fettgewebe, Faszie, Muskulatur) oder aus einem Organ ohne Eröffnung einer Körperhöhle (z. B. Zunge)	370	42,18 21,57	97,01 49,60	147,63 75,48	71,71 36,66	49,95 25,54	62,16 31,78
2403	Exzision einer in oder unter der Haut oder Schleimhaut liegenden kleinen Geschwulst	133	15,16 7,75	34,87 17,83	53,07 27,13	25,77 13,18	17,96 9,18	22,34 11,42
2404	Exzision einer größeren Geschwulst (z. B. Ganglion, Fasziengeschwulst, Fettgeschwulst, Lymphdrüse, Neurom)	554	63,16 32,29	145,26 74,27	221,05 113,02	107,37 54,90	74,79 38,24	93,07 47,59
2405	Entfernung eines Schleimbeutels	370	42,18 21,57	97,01 49,60	147,63 75,48	71,71 36,66	49,95 25,54	62,16 31,78
2407	Exzision einer ausgedehnten, auch blutreichen Geschwulst – gegebenenfalls einschließlich ganzer Muskeln – und Ausräumung des regionären Lymphstromgebietes	2310	263,34 134,64	605,68 309,68	921,69 471,25	447,68 228,89	311,85 159,45	388,08 198,42
2408	Ausräumung des Lymphstromgebiets einer Axilla	1100	125,40 64,12	288,42 147,47	438,90 224,41	213,18 109,00	148,50 75,93	184,80 94,49

		Punktzahl	1fach DM €	2,3fach DM €	3,5fach DM €	1,7fach DM €	UV Allg. DM €	UV Bes. DM €
2410	Operation eines Mammatumors	739	84,25 43,07	193,77 99,07	294,86 150,76	143,23 73,23	99,77 51,01	124,15 63,48
2411	Absetzen einer Brustdrüse	924	105,34 53,86	242,27 123,87	368,68 188,50	179,08 91,56	124,74 63,78	155,23 79,37
2412	Absetzen einer Brustdrüse einschließlich Brustmuskulatur	1400	159,60 81,60	367,08 187,69	558,60 285,61	271,32 138,72	189,00 96,63	235,20 120,26
2413	Absetzen einer Brustdrüse mit Ausräumung der regionären Lymphstromgebiete (Radikaloperation)	2310	263,34 134,64	605,68 309,68	921,69 471,25	447,68 228,89	311,85 159,45	388,08 198,42
2414	Reduktionsplastik der Mamma	2800	319,20 163,20	734,16 375,37	1117,20 571,22	542,64 277,45	378,00 193,27	470,40 240,51
2415	Aufbauplastik der Mamma einschließlich Verschiebeplastik – gegebenenfalls einschließlich Inkorporation einer Mammaprothese –	2000	228,– 116,58	524,40 268,12	798,– 408,01	387,60 198,18	270,00 138,05	336,00 171,79
2416	Aufbauplastik nach Mammaamputation – gegebenenfalls einschließlich Inkorporation einer Mammaprothese –	3000	342,– 174,86	786,60 402,18	1197,– 612,02	581,40 297,27	405,00 207,07	504,00 257,69
2417	Operative Entnahme einer Mamille und interimistische Implantation an anderer Körperstelle	800	91,20 46,63	209,76 107,25	319,20 163,20	155,04 79,27	108,00 55,22	134,40 68,72
2418	Replantation einer verpflanzten Mamille	800	91,20 46,63	209,76 107,25	319,20 163,20	155,04 79,27	108,00 55,22	134,40 68,72
2419	Rekonstruktion einer Mamille aus einer großen Labie oder aus der Mamma der gesunden Seite, auch zusätzlich zur Aufbauplastik	1200	136,80 69,95	314,64 160,87	478,80 244,81	232,56 118,91	162,00 82,83	201,60 103,08
2420	Implantation oder operativer Austausch einer Mammaprothese, als selbständige Leistung	1100	125,40 64,12	288,42 147,47	438,90 224,41	213,18 109,00	148,50 75,93	184,80 94,49
2421	Implantation eines subkutanen, auffüllbaren Medikamentenreservoirs ...	600	68,40 34,97	157,32 80,44	239,40 122,40	116,28 59,45	81,00 41,41	100,80 51,54
2427	Tiefreichende, die Faszie und die darunterliegenden Körperschichten durchtrennende Entlastungsinzision(en) – auch mit Drainage(n) – ...	400	45,60 23,32	104,88 53,62	159,60 81,60	77,52 39,64	54,00 27,61	67,20 34,36

		Punktzahl	1fach DM €	2,3fach DM €	3,5fach DM €	1,7fach DM €	UV Allg. DM €	UV Bes. DM €
2428	Eröffnung eines oberflächlich unter der Haut oder Schleimhaut liegenden Abszesses oder eines Furunkels	80	9,12	20,98	31,92	15,50	10,80	13,44
			4,66	10,73	16,32	7,93	5,52	6,87
2429	Eröffnungen disseminierter Abszeßbildungen der Haut (z. B. bei einem Säugling)	220	25,08	57,68	87,78	42,64	29,70	36,96
			12,82	29,49	44,88	21,80	15,19	18,90
2430	Eröffnung eines tiefliegenden Abszesses	303	34,54	79,45	120,90	58,72	40,91	50,90
			17,66	40,62	61,81	30,02	20,91	26,03
2431	Eröffnung eines Karbunkels – auch mit Exzision –	379	43,21	99,37	151,22	73,46	51,17	63,67
			22,09	50,81	77,32	37,56	26,16	32,55
2432	Eröffnung einer Phlegmone	473	53,92	124,02	188,73	91,66	63,86	79,46
			27,57	63,41	96,50	46,87	32,65	40,63
2440	Operative Entfernung eines Naevus flammeus, je Sitzung	800	91,20	209,76	319,20	155,04	108,00	134,40
			46,63	107,25	163,20	79,27	55,22	68,72
2441	Operative Korrektur einer entstellenden Gesichtsnarbe	400	45,60	104,88	159,60	77,52	54,00	67,20
			23,32	53,62	81,60	39,64	27,61	34,36
2442	Implantation alloplastischen Materials zur Weichteilunterfütterung, als selbständige Leistung	900	102,60	235,98	359,10	174,42	121,50	151,20
			52,46	120,66	183,61	89,18	62,12	77,31
2443	Totale Entfernung des Narbengewebes im ehemaligen Augenlidgebiet als vorbereitende operative Maßnahme zur Rekonstruktion eines Augenlides	800	91,20	209,76	319,20	155,04	108,00	134,40
			46,63	107,25	163,20	79,27	55,22	68,72
2444	Implantation eines Magnetkörpers in ein Augenlid	300	34,20	78,66	119,70	58,14	40,50	50,40
			17,49	40,22	61,20	29,73	20,71	25,77
2450	Operation des Rhinophyms	600	68,40	157,32	239,40	116,28	81,00	100,80
			34,97	80,44	122,40	59,45	41,42	51,54
2451	Wiederherstellungsoperation bei Fazialislähmung – einschließlich Muskelplastiken und/oder Aufhängung mittels Faszie –	2500	285,–	655,50	997,50	484,50	337,50	420,00
			145,72	335,15	510,01	247,72	172,56	214,74
2452	Exstirpation einer Fettschürze – einschließlich plastischer Deckung des Grundes –	1400	159,60	367,08	558,60	271,32	189,00	235,20
			81,60	187,69	285,61	138,72	96,63	120,26

		Punkt-zahl	1fach DM €	2,3fach DM €	3,5fach DM €	1,7fach DM €	UV Allg. DM €	UV Bes. DM €
2453	Operation des Lymphödems einer Extremität	2000	228,– 116,58	524,40 268,12	798,– 408,01	387,60 198,18	270,00 138,05	336,00 171,79
2454	Operative Entfernung von überstehendem Fettgewebe an einer Extremität	924	105,34 53,86	242,27 123,87	368,68 188,50	179,08 91,56	124,74 63,78	155,23 79,37

VIII. Neurochirurgie

		Punkt-zahl	1fach DM €	2,3fach DM €	3,5fach DM €	1,7fach DM €	UV Allg. DM €	UV Bes. DM €
2500	Hebung einer gedeckten Impressionsfraktur des Schädels	1850	210,90 107,83	485,07 248,01	738,15 377,41	358,53 183,31	249,75 127,70	310,80 158,91
2501	Operation einer offenen Impressions- oder Splitterfraktur des Schädels – einschließlich Reimplantation von Knochenstücken –	3100	353,40 180,69	812,82 415,59	1236,90 632,42	600,78 307,17	418,50 213,98	520,80 266,28
2502	Operation eines epiduralen Hämatoms	2750	313,50 160,29	721,05 368,67	1097,25 561,02	532,95 272,49	371,25 189,82	462,00 236,22
2503	Operation einer frischen Hirnverletzung mit akutem subduralem und/oder intrazerebralem Hämatom	5250	598,50 306,01	1376,55 703,82	2094,75 1071,03	1017,45 520,21	708,75 362,38	882,00 450,96
2504	Operation einer offenen Hirnverletzung mit Dura- und/oder Kopfschwartenplastik	4500	513,– 262,29	1179,90 603,27	1795,50 918,03	872,10 445,90	607,50 310,61	756,00 386,54
2505	Operation des akuten subduralen Hygroms oder Hämatoms beim Säugling oder Kleinkind	3000	342,– 174,86	786,60 402,18	1197,– 612,02	581,40 297,27	405,00 207,07	504,00 257,69
2506	Exstirpation eines chronischen subduralen Hämatoms einschließlich Kapselentfernung	3750	427,50 218,58	983,25 502,73	1496,25 765,02	726,75 371,58	506,25 258,84	630,00 322,11
2507	Entleerung eines chronischen subduralen Hämatoms mittels Bohrlochtrepanation(en) – gegebenenfalls einschließlich Drainage –	1800	205,20 104,92	471,96 241,31	718,20 367,21	348,84 178,36	243,00 124,24	302,40 154,61
2508	Operative Versorgung einer frischen frontobasalen Schädelhirnverletzung	4500	513,– 262,29	1179,90 603,27	1795,50 918,03	872,10 445,90	607,50 310,61	756,00 386,54
2509	Totalexstirpation eines Hirnabszesses	3750	427,50 218,58	983,25 502,73	1496,25 765,02	726,75 371,58	506,25 258,84	630,00 322,11

		Punktzahl	1fach DM €	2,3fach DM €	3,5fach DM €	1,7fach DM €	UV Allg. DM €	UV Bes. DM €
2510	Operation eines intrazerebralen, nicht traumatisch bedingten Hämatoms ...	4000	456,– 233,15	1048,80 536,24	1596,– 816,02	775,20 396,35	540,00 276,10	672,00 343,59
2515	Bohrlochtrepanation des Schädels ...	1000	114,– 58,29	262,20 134,06	399,– 204,01	193,80 99,09	135,00 69,02	168,00 85,90
2516	Osteoklastische Trepanation des Schädels über dem Großhirn	1500	171,– 87,43	393,30 201,09	598,50 306,01	290,70 148,63	202,50 103,54	252,00 128,85
2517	Osteoklastische Trepanation des Schädels über dem Großhirn – einschließlich Wiedereinpassung des Knochendeckels –	2250	256,50 131,15	589,95 301,64	897,75 459,01	436,05 222,95	303,75 155,30	378,00 193,27
2518	Eröffnung der hinteren Schädelgrube	2700	307,80 157,38	707,94 361,96	1077,30 550,82	523,26 267,54	364,50 186,37	453,60 231,92
2519	Trepanation bei Kraniostenose	2250	256,50 131,15	589,95 301,64	897,75 459,01	436,05 222,95	303,75 155,30	378,00 193,27
2525	Operation der prämaturen Schädelnahtsynostose (Kraniostenose) mit Einfassung der Knochenränder oder mit Duraschichtresektion beim Säugling oder Kleinkind	4000	456,– 233,15	1048,80 536,24	1596,– 816,02	775,20 396,35	540,00 276,10	672,00 343,59
2526	Exstirpation eines Konvexitätstumors des Großhirns	3750	427,50 218,58	983,25 502,73	1496,25 765,02	726,75 371,58	506,25 258,84	630,00 322,11
2527	Exstirpation eines Großhirntumors mit Hirnlappenresektion	5250	598,50 306,01	1376,55 703,82	2094,75 1071,03	1017,45 520,21	708,75 362,38	882,00 450,96
2528	Exstirpation eines Tumors der Mittellinie (Kraniopharyngeom, intraventrikulärer Tumor, Hypophysentumor) oder eines Schädelbasistumors	7500	855,– 437,16	1966,50 1005,46	2992,50 1530,04	1453,50 743,16	1012,50 517,68	1260,00 644,23
2529	Operation einer intrakranialen Gefäßmißbildung (Aneurysma oder arteriovenöses Angiom)	8000	912,– 466,30	2097,60 1072,49	3192,– 1632,04	1550,40 792,71	1080,00 552,20	1344,00 687,18
2530	Intrakraniale Embolektomie	7500	855,– 437,16	1966,50 1005,46	2992,50 1530,04	1453,50 743,16	1012,50 517,68	1260,00 644,23
2531	Intrakraniale Gefäßanastomose oder Gefäßtransplantation	7500	855,– 437,16	1966,50 1005,46	2992,50 1530,04	1453,50 743,16	1012,50 517,68	1260,00 644,23
2535	Resektion einer Gehirnhemisphäre ..	6000	684,– 349,72	1573,20 804,37	2394,– 1224,03	1162,80 594,53	810,00 414,15	1008,00 515,38
2536	Resektion eines Gehirnlappens	4500	513,– 262,29	1179,90 603,27	1795,50 918,03	872,10 445,90	607,50 310,61	756,00 386,54

		Punktzahl	1fach DM €	2,3fach DM €	3,5fach DM €	1,7fach DM €	UV Allg. DM €	UV Bes. DM €
2537	Durchschneidung von Nervenbahnen im Gehirn oder in der Medulla oblongata	6250	712,50	1638,75	2493,75	1211,25	843,75	1050,00
			364,30	837,88	1275,04	619,30	431,40	536,86
2538	Operation einer Enzephalozele der Konvexität	3750	427,50	983,25	1496,25	726,75	506,25	630,00
			218,58	502,73	765,02	371,58	258,84	322,11
2539	Operation einer frontobasal gelegenen Enzephalozele	6250	712,50	1638,75	2493,75	1211,25	843,75	1050,00
			364,30	837,88	1275,04	619,30	431,40	536,86
2540	Ventrikuläre intrakorporale Liquorableitung mittels Ventilsystem	4500	513,–	1179,90	1795,50	872,10	607,50	756,00
			262,29	603,27	918,03	445,90	310,61	386,54
2541	Ventrikulozisternostomie	4500	513,–	1179,90	1795,50	872,10	607,50	756,00
			262,29	603,27	918,03	445,90	310,61	386,54
2542	Ventrikuläre extrakorporale Liquorableitung	1800	205,20	471,96	718,20	348,84	243,00	302,40
			104,92	241,31	367,21	178,36	124,24	154,61
2550	Exstirpation eines Kleinhirntumors	5000	570,–	1311,–	1995,–	969,–	675,00	840,00
			291,44	670,30	1020,03	495,44	345,12	429,49
2551	Exstirpation eines Kleinhirnbrückenwinkel- oder Stammhirntumors	7500	855,–	1966,50	2992,50	1453,50	1012,50	1260,00
			437,16	1005,46	1530,04	743,16	517,68	644,23
2552	Exstirpation eines retrobulbären Tumors auf transfrontal-transorbitalem Zugangsweg	6250	712,50	1638,75	2493,75	1211,25	843,75	1050,00
			364,30	837,88	1275,04	619,30	431,40	536,86
2553	Intrakraniale Operation einer basalen Liquorfistel mit plastischem Verschluß	6000	684,–	1573,20	2394,–	1162,80	810,00	1008,00
			349,72	804,37	1224,03	594,53	414,15	515,38
2554	Plastischer Verschluß eines Knochendefekts im Bereich des Hirnschädels, als selbständige Leistung	1800	205,20	471,96	718,20	348,84	243,00	302,40
			104,92	241,31	367,21	178,36	124,24	154,61
2555	Eröffnung des Spinalkanals durch einseitige Hemilaminektomie eines Wirbels/mehrerer Wirbel	1480	168,72	388,06	590,52	286,82	199,80	248,64
			86,27	198,41	301,93	146,65	102,16	127,13
2556	Eröffnung des Spinalkanals durch Laminektomie eines Wirbels/mehrerer Wirbel	1850	210,90	485,07	738,15	358,53	249,75	310,80
			107,83	248,01	377,41	183,31	127,70	158,91
2557	Eröffnung des Spinalkanals durch Laminektomie eines Wirbels/mehrerer Wirbel – einschließlich Wiedereinpflanzung von Knochenteilen –	2400	273,60	629,28	957,60	465,12	324,00	403,20
			139,89	321,75	489,61	237,81	165,66	206,15

		Punktzahl	1fach DM €	2,3fach DM €	3,5fach DM €	1,7fach DM €	UV Allg. DM €	UV Bes. DM €
2560	Stereotaktische Ausschaltung(en) am Zentralnervensystem	3750	427,50 218,58	983,25 502,73	1496,25 765,02	726,75 371,58	506,25 258,84	630,00 322,11
2561	Stereotaktische Ausschaltung(en) am Zentralnervensystem oder Implantation von Reizelektroden zur Dauerstimulation im Zentralnervensystem mit Trepanation	4620	526,68 269,29	1211,36 619,36	1843,38 942,51	895,36 457,79	623,70 318,89	776,16 396,84
2562	Anatomische Vorausberechnungen (Zielpunktbestimmungen) zu den Leistungen nach den Nummern 2560 und 2561 – gegebenenfalls einschließlich erforderlicher Ultraschallmessungen im Schädelinnern –	2250	256,50 131,15	589,95 301,64	897,75 459,01	436,05 222,95	303,75 155,30	378,00 193,27
2563	Durchschneidung und/oder Zerstörung eines Nerven an der Schädelbasis	2310	263,34 134,64	605,68 309,68	921,69 471,25	447,68 228,89	311,85 159,45	388,08 198,42
2564	Offene Durchtrennung eines oder mehrerer Nerven am Rückenmark	4800	547,20 279,78	1258,56 643,49	1915,20 979,23	930,24 475,62	648,00 331,32	806,40 412,31
2565	Operativer Eingriff zur Dekompression einer oder mehrerer Nervenwurzel(n) im Zervikalbereich – einschließlich Foraminotomie – gegebenenfalls einschließlich der Leistungen nach Nummer 2282 oder Nummer 2283 –	4100	467,40 238,98	1075,02 549,65	1635,90 836,42	794,58 406,26	553,50 283,00	688,80 352,18
2566	Operativer Eingriff zur Dekompression einer oder mehrerer Nervenwurzel(n) im thorakalen oder lumbalen Bereich – gegebenenfalls einschließlich Foraminotomie und/oder der Leistungen nach Nummer 2282 oder Nummer 2283 –	3000	342,– 174,86	786,60 402,18	1197,– 612,02	581,40 297,27	405,00 207,07	504,00 257,69
2570	Implantation von Reizelektroden zur Dauerstimulation des Rückenmarks – gegebenenfalls einschließlich Implantation des Empfangsgerätes –	4500	513,– 262,29	1179,90 603,27	1795,50 918,03	872,10 445,90	607,50 310,61	756,00 386,54
2571	Operation einer Mißbildung am Rükkenmark oder an der Cauda equina oder Verschluß einer Myelomeningozele beim Neugeborenen oder Operation einer Meningozele	2650	302,10 154,46	694,83 355,26	1057,35 540,62	513,57 262,58	357,75 182,91	445,20 227,63

		Punktzahl	1fach DM €	2,3fach DM €	3,5fach DM €	1,7fach DM €	UV Allg. DM €	UV Bes. DM €
2572	Operation einer Mißbildung am Rückenmark oder an der Cauda equina mit plastischer Rekonstruktion des Wirbelkanals und/oder Faszienplastik	3230	368,22	846,91	1288,77	625,97	436,05	542,64
			188,27	433,02	658,94	320,06	222,95	277,45
2573	Verschiebeplastik, zusätzlich zu den Leistungen nach den Nummern 2571, 2572 und 2584	500	57,–	131,10	199,50	96,90	67,50	84,00
			29,14	67,03	102,00	49,54	34,51	42,95
2574	Entfernung eines raumbeengenden extraduralen Prozesses im Wirbelkanal	2750	313,50	721,05	1097,25	532,95	371,25	462,00
			160,29	368,67	561,02	272,49	189,82	236,22
2575	Entfernung eines raumbeengenden intraduralen Prozesses im Wirbelkanal	3500	399,–	917,70	1396,50	678,30	472,50	588,00
			204,01	469,21	714,02	346,81	241,59	300,64
2576	Mikrochirurgische Entfernung einer spinalen Gefäßmißbildung oder eines Tumors	4500	513,–	1179,90	1795,50	872,10	607,50	756,00
			262,29	603,27	918,03	445,90	310,61	386,54
2577	Entfernung eines raumbeengenden intra- oder extraspinalen Prozesses	4000	456,–	1048,80	1596,–	775,20	540,00	672,00
			233,15	536,24	816,02	396,35	276,10	343,59
2580	Freilegung und Durchtrennung oder Exhairese eines Nerven	554	63,16	145,26	221,05	107,37	74,79	93,07
			32,29	74,27	113,02	54,90	38,24	47,59
2581	Freilegung und Exhairese eines peripheren Trigeminusastes	924	105,34	242,27	368,68	179,08	124,74	155,23
			53,86	123,87	188,50	91,56	63,78	79,37
2582	Freilegung und Entnahme eines autologen peripheren Nerven zwecks Transplantation einschließlich Aufbereitung	1800	205,20	471,96	718,20	348,84	243,00	302,40
			104,92	241,31	367,21	178,36	124,24	154,61
2583	Neurolyse, als selbständige Leistung	924	105,34	242,27	368,68	179,08	124,74	155,23
			53,86	123,87	188,50	91,56	63,78	79,37
2584	Neurolyse mit Nervenverlagerung und Neueinbettung	1480	168,72	388,06	590,52	286,82	199,80	248,64
			86,27	198,41	301,93	146,65	102,16	127,13
2585	Nervenersatzplastik durch Implantation eines peripheren Nerven im Hand-/Armbereich	2600	296,40	681,72	1037,40	503,88	351,00	436,80
			151,55	348,56	530,41	257,63	179,46	223,33

		Punktzahl	1fach DM €	2,3fach DM €	3,5fach DM €	1,7fach DM €	UV Allg. DM €	UV Bes. DM €
2586	End-zu-End-Naht eines Nerven im Zusammenhang mit einer frischen Verletzung – einschließlich Wundversorgung –	1350	153,90 78,69	353,97 180,98	538,65 275,41	261,63 133,77	182,25 93,18	226,80 115,96
2587	Frühe Sekundärnaht eines peripheren Nerven	1850	210,90 107,83	485,07 248,01	738,15 377,41	358,53 183,31	249,75 127,70	310,80 158,91
2588	Interfaszikuläre mikrochirurgische Nervennaht ohne Verwendung eines autologen Transplantats	2100	239,40 122,40	550,62 281,53	837,90 428,41	406,98 208,09	283,50 144,95	352,80 180,38
2589	Interfaszikuläre mikrochirurgische Nervennaht mit Defektüberbrückung durch autologes Transplantat (ohne die Leistung nach Nummer 2582)	2400	273,60 139,89	629,28 321,75	957,60 489,61	465,12 237,81	324,00 165,66	403,20 206,15
2590	Naht eines Nervenplexus nach vollständiger Präparation und Neurolyse – auch einschließlich der etwa erforderlichen Foraminotomie oder Hemilaminektomie –	3000	342,– 174,86	786,60 402,18	1197,– 612,02	581,40 297,27	405,00 207,07	504,00 257,69
2591	Interfaszikuläre Defektüberbrückung eines Nervenplexus nach vollständiger Präparation desselben mit autologen Transplantaten und perineuraler mikrochirurgischer Naht	6000	684,– 349,72	1573,20 804,37	2394,– 1224,03	1162,80 594,53	810,00 414,15	1008,00 515,38
2592	Mikrochirurgische interfaszikuläre Neurolyse, als selbständige Leistung	1800	205,20 104,92	471,96 241,31	718,20 367,21	348,84 178,36	243,00 124,24	302,40 154,61
2593	Mikrochirurgische interfaszikuläre Neurolyse mit Nervenverlagerung und Neueinbettung, als selbständige Leistung	2770	315,78 161,46	726,29 371,35	1105,23 565,10	536,83 274,48	373,95 191,20	465,36 237,93
2594	Transposition eines Nerven mit interfaszikulärer mikrochirurgischer Nervennaht	3000	342,– 174,86	786,60 402,18	1197,– 612,02	581,40 297,27	405,00 207,07	504,00 257,69
2595	Nervenpfropfung	1600	182,40 93,26	419,52 214,50	638,40 326,41	310,08 158,54	216,00 110,44	268,80 137,44
2596	Hirnnervenersatzplastik durch Implantation eines autologen peripheren Nerven	2400	273,60 139,89	629,28 321,75	957,60 489,61	465,12 237,81	324,00 165,66	403,20 206,15

		Punktzahl	1fach DM / €	2,3fach DM / €	3,5fach DM / €	1,7fach DM / €	UV Allg. DM / €	UV Bes. DM / €
2597	Verödung oder Verkochung des Ganglion Gasseri	700	79,80	183,54	279,30	135,66	94,50	117,60
			40,80	93,84	142,80	69,36	48,32	60,13
2598	Stereotaktische Thermokoagulation des Ganglion Gasseri	1400	159,60	367,08	558,60	271,32	189,00	235,20
			81,60	187,69	285,61	138,72	96,63	120,26
2599	Blockade eines Nerven im Bereich der Schädelbasis	225	25,65	59,–	89,78	43,61	30,38	37,80
			13,12	30,16	45,90	22,30	15,53	19,33
2600	Exstirpation eines Ganglions im Bereich der Schädelbasis	1500	171,–	393,30	598,50	290,70	202,50	252,00
			87,43	201,09	306,01	148,63	103,54	128,85
2601	Grenzstrangresektion im zervikalen Bereich	1000	114,–	262,20	399,–	193,80	135,00	168,00
			58,29	134,06	204,01	99,09	69,02	85,90
2602	Abdomino-retroperitoneale lumbale Grenzstrangresektion	1480	168,72	388,06	590,52	286,82	199,80	248,64
			86,27	198,41	301,93	146,65	102,16	127,13
2603	Kombinierte thorakolumbale Grenzstrangresektion	3000	342,–	786,60	1197,–	581,40	405,00	504,00
			174,86	402,18	612,02	297,27	207,07	257,69
2604	Splanchnikusdurchtrennung, peritoneal oder retroperitoneal	1480	168,72	388,06	590,52	286,82	199,80	248,64
			86,27	198,41	301,93	146,65	102,16	127,13

IX. Mund-, Kiefer- und Gesichtschirurgie

		Punktzahl	1fach DM / €	2,3fach DM / €	3,5fach DM / €	1,7fach DM / €	UV Allg. DM / €	UV Bes. DM / €
2620	Operation der isolierten Lippenspalte	750	85,50	196,65	299,25	145,35	101,25	126,00
			43,72	100,55	153,00	74,32	51,77	64,42
2621	Operation der breiten Lippen-Kieferspalte mit Naseneingangsplastik	1500	171,–	393,30	598,50	290,70	202,50	252,00
			87,43	201,09	306,01	148,63	103,54	128,85
2622	Plastisch-chirurgische Behandlung einer kompletten Gesichtsspalte – einschließlich Osteotomien und Osteoplastiken –	9000	1026,–	2359,80	3591,–	1744,20	1215,00	1512,00
			524,59	1206,55	1836,05	891,80	621,22	773,07
2625	Verschluß des weichen oder harten Gaumens oder Verschluß von perforierenden Defekten im Bereich von Gaumen oder Vestibulum	1250	142,50	327,75	498,75	242,25	168,75	210,00
			72,86	167,58	255,01	123,86	86,28	107,37
2626	Velopharyngoplastik	2500	285,–	655,50	997,50	484,50	337,50	420,00
			145,72	335,15	510,01	247,72	172,56	214,74
2627	Verschluß des harten und weichen Gaumens	2000	228,–	524,40	798,–	387,60	270,00	336,00
			116,58	268,12	408,01	198,18	138,05	171,79

		Punktzahl	1fach DM €	2,3fach DM €	3,5fach DM €	1,7fach DM €	UV Allg. DM €	UV Bes. DM €
2630	Operative Rekonstruktion eines Mittelgesichts – einschließlich Osteotomie und/oder Osteoplastik –	6000	684,– 349,72	1573,20 804,37	2394,– 1224,03	1162,80 594,53	810,00 414,15	1008,00 515,38
2640	Operative Verlagerung des Oberkiefers bei Dysgnathie, je Kieferhälfte . .	1200	136,80 69,95	314,64 160,87	478,80 244,81	232,56 118,91	162,00 82,83	201,60 103,08
2642	Operative Verlagerung des Unterkiefers bei Dysgnathie, je Kieferhälfte . .	1850	210,90 107,83	485,07 248,01	738,15 377,41	358,53 183,31	249,75 127,70	310,80 158,91
2650	Entfernung eines extrem verlagerten oder retinierten Zahnes durch umfangreiche Osteotomie bei gefährdeten anatomischen Nachbarstrukturen	740	84,36 43,13	194,03 99,21	295,26 150,96	143,41 73,33	99,90 51,08	124,32 63,56
2651	Entfernung tiefliegender Fremdkörper oder Sequestrotomie durch Osteotomie aus dem Kiefer	550	62,70 32,06	144,21 73,73	219,45 112,20	106,59 54,50	74,25 37,96	92,40 47,24
2655	Operation einer ausgedehnten Kieferzyste – über mehr als drei Zähne oder vergleichbarer Größe im unbezahnten Bereich – durch Zystektomie	950	108,30 55,37	249,09 127,36	379,05 193,81	184,11 94,13	128,25 65,57	159,60 81,60
2656	Operation einer ausgedehnten Kieferzyste – über mehr als drei Zähne oder vergleichbarer Größe im unbezahnten Bereich – durch Zystektomie in Verbindung mit der Entfernung retinierter oder verlagerter Zähne und/oder Wurzelspitzenresektion	620	70,68 36,14	162,56 83,12	247,38 126,48	120,16 61,44	83,70 42,80	104,16 53,26
2657	Operation einer ausgedehnten Kieferzyste – über mehr als drei Zähne oder vergleichbarer Größe im unbezahnten Bereich – durch Zystostomie	760	86,64 44,30	199,27 101,89	303,24 155,04	147,29 75,31	102,60 52,46	127,68 65,28
2658	Operation einer ausgedehnten Kieferzyste – über mehr als drei Zähne oder vergleichbarer Größe im unbezahnten Bereich – durch Zystostomie in Verbindung mit der Entfernung retinierter oder verlagerter Zähne und/oder Wurzelspitzenresektion	500	57,– 29,14	131,10 67,03	199,50 102,00	96,90 49,54	67,50 34,51	84,00 42,95

Nr.	Leistung	Punktzahl	1fach DM / €	2,3fach DM / €	3,5fach DM / €	1,7fach DM / €	UV Allg. DM / €	UV Bes. DM / €
2660	Operative Behandlung einer konservativ unstillbaren Blutung im Mund-Kieferbereich durch Freilegung und Abbinden oder Umstechung des Gefäßes oder durch Knochenbolzung, als selbständige Leistung	400	45,60 23,32	104,88 53,62	159,60 81,60	77,52 39,64	54,00 27,61	67,20 34,36
2670	Operative Entfernung eines Schlotterkammes oder einer Fibromatose, je Kieferhälfte oder Frontzahnbereich, als selbständige Leistung	500	57,– 29,14	131,10 67,03	199,50 102,00	96,90 49,54	67,50 34,51	84,00 42,95
2671	Operative Entfernung eines Schlotterkammes oder einer Fibromatose, je Kieferhälfte oder Frontzahnbereich, in Verbindung mit den Leistungen nach den Nummern 2675 oder 2676	300	34,20 17,49	78,66 40,22	119,70 61,20	58,14 29,73	40,50 20,71	50,40 25,77
2675	Partielle Vestibulum- oder Mundbodenplastik oder große Tuberplastik, je Kieferhälfte oder Frontzahnbereich	850	96,90 49,54	222,87 113,95	339,15 173,41	164,73 84,23	114,75 58,67	142,80 73,01
2676	Totale Mundboden- oder Vestibulumplastik zur Formung des Prothesenlagers mit partieller Ablösung der Mundbodenmuskulatur, je Kiefer	2200	250,80 128,23	576,84 294,93	877,80 448,81	426,36 218,00	297,00 151,85	369,60 188,97
2677	Submuköse Vestibulumplastik, je Kieferhälfte oder Frontzahnbereich, als selbständige Leistung	700	79,80 40,80	183,54 93,84	279,30 142,80	135,66 69,36	94,50 48,32	117,60 60,13
2680	Einrenkung der Luxation des Unterkiefers	100	11,40 5,83	26,22 13,41	39,90 20,40	19,38 9,91	13,50 6,90	16,80 8,59
2681	Einrenkung der alten Luxation des Unterkiefers	400	45,60 23,32	104,88 53,62	159,60 81,60	77,52 39,64	54,00 27,61	67,20 34,36
2682	Operative Einrenkung der Luxation eines Kiefergelenks	1400	159,60 81,60	367,08 187,69	558,60 285,61	271,32 138,72	189,00 96,63	235,20 120,26
2685	Reposition eines Zahnes	200	22,80 11,66	52,44 26,81	79,80 40,80	38,76 19,82	27,00 13,80	33,60 17,18
2686	Reposition eines zahntragenden Bruchstücks des Alveolarfortsatzes	300	34,20 17,49	78,66 40,22	119,70 61,20	58,14 29,73	40,50 20,71	50,40 25,77

		Punktzahl	1fach DM €	2,3fach DM €	3,5fach DM €	1,7fach DM €	UV Allg. DM €	UV Bes. DM €
2687	Allmähliche Reposition des gebrochenen Ober- oder Unterkiefers oder eines schwer einstellbaren oder verkeilten Bruchstücks des Alveolarfortsatzes	1300	148,20 75,77	340,86 174,28	518,70 265,21	251,94 128,82	175,50 89,73	218,40 111,67
2688	Fixation bei nicht dislozierter Kieferfraktur durch Osteosynthese oder Aufhängung	750	85,50 43,72	196,65 100,55	299,25 153,00	145,35 74,32	101,25 51,77	126,00 64,42
2690	Operative Reposition und Fixation durch Osteosynthese bei Unterkieferbruch, je Kieferhälfte	1000	114,– 58,29	262,20 134,06	399,– 204,01	193,80 99,09	135,00 69,02	168,00 85,90
2691	Operative Reposition und Fixation durch Osteosynthese bei Aussprengung des Oberkiefers an der Schädelbasis	3600	410,40 209,83	943,92 482,62	1436,40 734,42	697,68 356,72	486,00 248,49	604,80 309,23
2692	Operative Reposition und Fixation durch Osteosynthese bei Kieferbruch im Mittelgesichtsbereich – gegebenenfalls einschließlich Jochbeinbruch und/oder Nasenbeinbruch –, je Kieferhälfte	1500	171,– 87,43	393,30 201,09	598,50 306,01	290,70 148,63	202,50 103,54	252,00 128,85
2693	Operative Reposition und Fixation einer isolierten Orbitaboden-, Jochbein- oder Jochbogenfraktur	1200	136,80 69,95	314,64 160,87	478,80 244,81	232,56 118,91	162,00 82,83	201,60 103,08
2694	Operative Entfernung von Osteosynthesematerial aus einem Kiefer- oder Gesichtsknochen, je Fraktur	450	51,30 26,23	117,99 60,33	179,55 91,80	87,21 44,59	60,75 31,06	75,60 38,65
2695	Einrichtung und Fixation eines gebrochenen Kiefers außerhalb der Zahnreihen durch intra- und extraorale Schienenverbände und Stützapparate	2700	307,80 157,38	707,94 361,96	1077,30 550,82	523,26 267,54	364,50 186,37	453,60 231,92
2696	Drahtumschlingung des Unterkiefers oder orofaziale Drahtaufhängung, auch beidseitig	500	57,– 29,14	131,10 67,03	199,50 102,00	96,90 49,54	67,50 34,51	84,00 42,95
2697	Anlegen von Drahtligaturen, Drahthäkchen oder dergleichen, je Kieferhälfte oder Frontzahnbereich, als selbständige Leistung	350	39,90 20,40	91,77 46,92	139,65 71,40	67,83 34,68	47,25 24,16	58,80 30,06

		Punktzahl	1fach DM €	2,3fach DM €	3,5fach DM €	1,7fach DM €	UV Allg. DM €	UV Bes. DM €
2698	Anlegen und Fixation einer Schiene am unverletzten Ober- oder Unterkiefer	1500	171,– 87,43	393,30 201,09	598,50 306,01	290,70 148,63	202,50 103,54	252,00 128,85
2699	Anlegen und Fixation einer Schiene am gebrochenen Ober- oder Unterkiefer	2200	250,80 128,23	576,84 294,93	877,80 448,81	426,36 218,00	297,00 151,85	369,60 188,97
2700	Anlegen von Stütz-, Halte- oder Hilfsvorrichtungen (z. B. Verbandsplatte, Pelotte) am Ober- oder Unterkiefer oder bei Kieferklemme	350	39,90 20,40	91,77 46,92	139,65 71,40	67,83 34,68	47,25 24,16	58,80 30,06
2701	Anlegen von extraoralen Stütz-, Halte- oder Hilfsvorrichtungen, einer Verbands- oder Verschlußplatte, Pelotte oder dergleichen – im Zusammenhang mit plastischen Operationen oder zur Verhütung oder Behandlung von Narbenkontrakturen –	1800	205,20 104,92	471,96 241,31	718,20 367,21	348,84 178,36	243,00 124,24	302,40 154,61
2702	Wiederanbringung einer gelösten Apparatur oder kleine Änderungen, teilweise Erneuerung von Schienen oder Stützapparaten – auch Entfernung von Schienen oder Stützapparaten –, je Kiefer	300	34,20 17,49	78,66 40,22	119,70 61,20	58,14 29,73	40,50 20,71	50,40 25,77
2705	Osteotomie nach disloziert verheilter Fraktur im Mittelgesicht – einschließlich Osteosynthese –	1700	193,80 99,09	445,74 227,90	678,30 346,81	329,46 168,45	229,50 117,34	285,60 146,02
2706	Osteotomie nach disloziert verheilter Fraktur im Unterkiefer – einschließlich Osteosynthese –	1300	148,20 75,77	340,86 174,28	518,70 265,21	251,94 128,82	175,50 89,73	218,40 111,67
2710	Partielle Resektion des Ober- oder Unterkiefers – auch Segmentosteotomie –, als selbständige Leistung	1100	125,40 64,12	288,42 147,47	438,90 224,41	213,18 109,00	148,50 75,93	184,80 94,49
2711	Partielle Resektion des Ober- oder Unterkiefers – auch Segmentosteotomie –, in Verbindung mit den Leistungen nach den Nummern 2640 oder 2642	750	85,50 43,72	196,65 100,55	299,25 153,00	145,35 74,32	101,25 51,77	126,00 64,42
2712	Halbseitenresektion des Ober- oder Unterkiefers	3000	342,– 174,86	786,60 402,18	1197,– 612,02	581,40 297,27	405,00 207,07	504,00 257,69

		Punktzahl	1fach DM €	2,3fach DM €	3,5fach DM €	1,7fach DM €	UV Allg. DM €	UV Bes. DM €
2715	Suprahyoidale Lymphknotenausräumung einer Seite – einschließlich Darstellung und gegebenenfalls Entfernung von Muskeln, Nerven und Gefäßen –	2000	228,– 116,58	524,40 268,12	798,– 408,01	387,60 198,18	270,00 138,05	336,00 171,79
2716	Radikale Halslymphknotenausräumung einer Seite – einschließlich Darstellung und gegebenenfalls Entfernung von Muskeln, Nerven und Gefäßen –	5000	570,– 291,44	1311,– 670,30	1995,– 1020,03	969,– 495,44	675,00 345,12	840,00 429,49
2720	Osteotomie im Zusammenhang mit operativen Eingriffen am Mundboden – einschließlich Osteosynthese –	800	91,20 46,63	209,76 107,25	319,20 163,20	155,04 79,27	108,00 55,22	134,40 68,72
2730	Operative Maßnahmen zur Lagerbildung beim Aufbau des Alveolarfortsatzes, je Kieferhälfte oder Frontzahnbereich	500	57,– 29,14	131,10 67,03	199,50 102,00	96,90 49,54	67,50 34,51	84,00 42,95
2732	Operation zur Lagerbildung für Knochen oder Knorpel bei ausgedehnten Kieferdefekten	2000	228,– 116,58	524,40 268,12	798,– 408,01	387,60 198,18	270,00 138,05	336,00 171,79

X. Halschirurgie

		Punktzahl	1fach DM €	2,3fach DM €	3,5fach DM €	1,7fach DM €	UV Allg. DM €	UV Bes. DM €
2750	Eröffnung des Schlundes durch Schnitt	1110	126,54 64,70	291,04 148,81	442,89 226,45	215,12 109,99	149,85 76,62	186,48 95,35
2751	Tracheotomie	554	63,16 32,29	145,26 74,27	221,05 113,02	107,37 54,90	74,79 38,24	93,07 47,59
2752	Exstirpation eines Ductus thyreoglossus oder einer medialen Halszyste – gegebenenfalls einschließlich Teilresektion des Zungenbeins –	1350	153,90 78,69	353,97 180,98	538,65 275,41	261,63 133,77	182,25 93,18	226,80 115,96
2753	Divertikelresektion im Halsbereich	1660	189,24 96,76	435,25 222,54	662,34 338,65	321,71 164,49	224,10 114,58	278,88 142,59
2754	Operation einer Kiemengangfistel	1660	189,24 96,76	435,25 222,54	662,34 338,65	321,71 164,49	224,10 114,58	278,88 142,59
2755	Entfernung der Kropfgeschwulst oder Teilresektion der Schilddrüse	1850	210,90 107,83	485,07 248,01	738,15 377,41	358,53 183,31	249,75 127,70	310,80 158,91
2756	Ausschälung der Nebenschilddrüse (Parathyreoektomie)	2200	250,80 128,23	576,84 294,93	877,80 448,81	426,36 218,00	297,00 151,85	369,60 188,97

		Punktzahl	1fach DM €	2,3fach DM €	3,5fach DM €	1,7fach DM €	UV Allg. DM €	UV Bes. DM €
2757	Radikaloperation der bösartigen Schilddrüsengeschwulst – einschließlich Ausräumung der regionären Lymphstromgebiete und gegebenenfalls der Nachbarorgane –	3700	421,80 215,66	970,14 496,03	1476,30 754,82	717,06 366,63	499,50 255,39	621,60 317,82
2760	Ausräumung des regionären Lymphstromgebietes einer Halsseite, als selbständige Leistung	1200	136,80 69,95	314,64 160,87	478,80 244,81	232,56 118,91	162,00 82,83	201,60 103,08

XI. Gefäßchirurgie

1. Allgemeine Verrichtungen

		Punktzahl	1fach DM €	2,3fach DM €	3,5fach DM €	1,7fach DM €	UV Allg. DM €	UV Bes. DM €
2800	Venaesectio	275	31,35 16,03	72,11 36,87	109,73 56,10	53,30 27,25	37,13 18,98	46,20 23,62
2801	Freilegung und/oder Unterbindung eines Blutgefäßes an den Gliedmaßen, als selbständige Leistung	463	52,78 26,99	121,40 62,07	184,74 94,46	89,73 45,88	62,51 31,96	77,78 39,77
2802	Freilegung und/oder Unterbindung eines Blutgefäßes in der Brust- oder Bauchhöhle, als selbständige Leistung	2220	253,08 129,40	582,08 297,62	885,78 452,89	430,24 219,98	299,70 153,23	372,96 190,69
2803	Freilegung und/oder Unterbindung eines Blutgefäßes am Hals, als selbständige Leistung	1480	168,72 86,27	388,06 198,41	590,52 301,93	286,82 146,65	199,80 102,16	248,64 127,13
2804	Druckmessung(en) am freigelegten Blutgefäß	253	28,84 14,75	66,34 33,92	100,95 51,61	49,03 25,07	34,16 17,46	42,50 21,73
2805	Flußmessung(en) am freigelegten Blutgefäß	350	39,90 20,40	91,77 46,92	139,65 71,40	67,83 34,68	47,25 24,16	58,80 30,06
2807	Operative Entnahme einer Arterie zum Gefäßersatz	739	84,25 43,07	193,77 99,07	294,86 150,76	143,23 73,23	99,77 51,01	124,15 63,48
2808	Operative Entnahme einer Vene zum Gefäßersatz	400	45,60 23,32	104,88 53,62	159,60 81,60	77,52 39,64	54,00 27,61	67,20 34,36
2809	Naht eines verletzten Blutgefäßes (traumatisch) an den Gliedmaßen – einschließlich Wundversorgung –	740	84,36 43,13	194,03 99,21	295,26 150,96	143,41 73,33	99,90 51,08	124,32 63,56

		Punktzahl	1fach DM €	2,3fach DM €	3,5fach DM €	1,7fach DM €	UV Allg. DM €	UV Bes. DM €
2810	Rekonstruktiver Eingriff an der Vena cava superior oder inferior (z. B. bei erweiterter Tumorchirurgie mit Cavaresektion und Ersatz durch eine Venenprothese) – gegebenenfalls einschließlich Anlegen einer temporären arterio-venösen Fistel –	5000	570,– 291,44	1311,– 670,30	1995,– 1020,03	969,– 495,44	675,00 345,12	840,00 429,49

2. Arterienchirurgie

		Punktzahl	1fach DM €	2,3fach DM €	3,5fach DM €	1,7fach DM €	UV Allg. DM €	UV Bes. DM €
2820	Rekonstruktive Operation einer extrakranialen Hirnarterie	3140	357,96 183,02	823,31 420,95	1252,86 640,58	608,53 311,14	423,90 216,74	527,52 269,72
2821	Rekonstruktive Operation einer extrakranialen Hirnarterie mit Anlegen eines Shunts	4200	478,80 244,81	1101,24 563,06	1675,80 856,82	813,96 416,17	567,00 289,90	705,60 360,77
2822	Rekonstruktive Operation einer Armarterie	2300	262,20 134,06	603,06 308,34	917,70 469,21	445,74 227,90	310,50 158,76	386,40 197,56
2823	Rekonstruktive Operation einer Finger- oder Zehenarterie	1850	210,90 107,83	485,07 248,01	738,15 377,41	358,53 183,31	249,75 127,70	310,80 158,91
2824	Operation des offenen Ductus Botalli oder einer anderen abnormen Gefäßmißbildung im Thorax durch Verschluß	3000	342,– 174,86	786,60 402,18	1197,– 612,02	581,40 297,27	405,00 207,07	504,00 257,69
2825	Operation einer abnormen Gefäßmißbildung im Thorax durch Rekonstruktion	6500	741,– 378,87	1704,30 871,40	2593,50 1326,04	1259,70 644,08	877,50 448,66	1092,00 558,33
2826	Operative Beseitigung einer erworbenen Stenose oder eines Verschlusses an den großen Gefäßen im Thorax durch Rekonstruktion	6500	741,– 378,87	1704,30 871,40	2593,50 1326,04	1259,70 644,08	877,50 448,66	1092,00 558,33
2827	Operation eines Aneurysmas an einem großen Gefäß im Thorax	7500	855,– 437,16	1966,50 1005,46	2992,50 1530,04	1453,50 743,16	1012,50 517,68	1260,00 644,23
2828	Operative Versorgung einer intrathorakalen Gefäßverletzung durch direkte Naht	3000	342,– 174,86	786,60 402,18	1197,– 612,02	581,40 297,27	405,00 207,07	504,00 257,69
2829	Operative Versorgung einer intrathorakalen Gefäßverletzung durch Gefäßersatz	5200	592,80 303,09	1363,44 697,12	2074,80 1060,83	1007,76 515,26	702,00 358,93	873,60 446,66

Nr.	Leistung	Punktzahl	1fach DM / €	2,3fach DM / €	3,5fach DM / €	1,7fach DM / €	UV Allg. DM / €	UV Bes. DM / €
2834	Operative(r) Eingriff(e) an einem oder mehreren Gefäß(en) der Nieren, als selbständige Leistung	1480	168,72	388,06	590,52	286,82	199,80	248,64
			86,27	198,41	301,93	146,65	102,16	127,13
2835	Rekonstruktive Operation an der Aorta abdominalis bei Stenose oder Verschluß	4500	513,–	1179,90	1795,50	872,10	607,50	756,00
			262,29	603,27	918,03	445,90	310,61	386,54
2836	Rekonstruktive Operation an der Aorta abdominalis bei Aneurysma	5000	570,–	1311,–	1995,–	969,–	675,00	840,00
			291,44	670,30	1020,03	495,44	345,12	429,49
2837	Rekonstruktive Operation an einem Viszeralgefäß	5000	570,–	1311,–	1995,–	969,–	675,00	840,00
			291,44	670,30	1020,03	495,44	345,12	429,49
2838	Rekonstruktive Operation einer Nierenarterie	4300	490,20	1127,46	1715,70	833,34	580,50	722,40
			250,64	576,46	877,22	426,08	296,80	369,36
2839	Rekonstruktive Operation an den Beckenarterien, einseitig	3000	342,–	786,60	1197,–	581,40	405,00	504,00
			174,86	402,18	612,02	297,27	207,07	257,69
2840	Rekonstruktive Operation an den Arterien eines Oberschenkels – auch Anlegung einer Gefäßprothese oder axillo-femorale Umleitung oder femoro-femorale Umleitung –	3000	342,–	786,60	1197,–	581,40	405,00	504,00
			174,86	402,18	612,02	297,27	207,07	257,69
2841	Rekonstruktive Operation einer Kniekehlenarterie	2000	228,–	524,40	798,–	387,60	270,00	336,00
			116,58	268,12	408,01	198,18	138,05	171,79
2842	Rekonstruktive Operation der Arterien des Unterschenkels	3700	421,80	970,14	1476,30	717,06	499,50	621,60
			215,66	496,03	754,82	366,63	255,39	317,82
2843	Rekonstruktive Operation einer arteriovenösen Fistel an den Extremitäten oder im Halsbereich	3700	421,80	970,14	1476,30	717,06	499,50	621,60
			215,66	496,03	754,82	366,63	255,39	317,82
2844	Rekonstruktive Operation einer arteriovenösen Fistel im Brust- oder Bauchraum	5500	627,–	1442,10	2194,50	1065,90	742,50	924,00
			320,58	737,33	1122,03	544,99	379,63	472,43

3. Venenchirurgie

Nr.	Leistung	Punktzahl	1fach DM / €	2,3fach DM / €	3,5fach DM / €	1,7fach DM / €	UV Allg. DM / €	UV Bes. DM / €
2880	Inzision eines Varixknotens	148	16,87	38,81	59,05	28,68	19,98	24,86
			8,63	19,84	30,19	14,67	10,22	12,71
2881	Varizenexhairese, einseitig	1110	126,54	291,04	442,89	215,12	149,85	186,48
			64,70	148,81	226,45	109,99	76,62	95,35

		Punktzahl	1fach DM €	2,3fach DM €	3,5fach DM €	1,7fach DM €	UV Allg. DM €	UV Bes. DM €
2882	Varizenexhairese mit Unterbrechung der Vv. perforantes, einseitig	1850	210,90 107,83	485,07 248,01	738,15 377,41	358,53 183,31	249,75 127,70	310,80 158,91
2883	Crossektomie der Vena saphena magna oder parva und Exstirpation mehrerer Seitenäste	1200	136,80 69,95	314,64 160,87	478,80 244,81	232,56 118,91	162,00 82,83	201,60 103,08
2885	Entfernung einer kleinen Blutadergeschwulst	1110	126,54 64,70	291,04 148,81	442,89 226,45	215,12 109,99	149,85 76,62	186,48 95,35
2886	Entfernung einer großen Blutadergeschwulst	2770	315,78 161,46	726,29 371,35	1105,23 565,10	536,83 274,48	373,95 191,20	465,36 237,93
2887	Thrombektomie	2000	228,– 116,58	524,40 268,12	798,– 408,01	387,60 198,18	270,00 138,05	336,00 171,79
2888	Veno-venöse Umleitung (z. B. nach Palma) ohne Anlage eines arteriovenösen Shunts	3140	357,96 183,02	823,31 420,95	1252,86 640,58	608,53 311,14	423,90 216,74	527,52 269,72
2889	Veno-venöse Umleitung (z. B. nach Palma) mit Anlage eines arteriovenösen Shunts	3700	421,80 215,66	970,14 496,03	1476,30 754,82	717,06 366,63	499,50 255,39	621,60 317,82
2890	Isolierte Seitenastexstirpation und/oder Perforansdissektion und/oder Perforansligatur	350	39,90 20,40	91,77 46,92	139,65 71,40	67,83 34,68	47,25 24,16	58,80 30,06
2891	Rekonstruktive Operation an den Körpervenen unter Ausschluß der Hohlvenen (Thrombektomie, Transplantatersatz, Bypassoperation) – gegebenenfalls einschließlich Anlegen einer temporären arterio-venösen Fistel – .	3000	342,– 174,86	786,60 402,18	1197,– 612,02	581,40 297,27	405,00 207,07	504,00 257,69
2895	Anlage eines arteriovenösen Shunts zur Hämodialyse	1480	168,72 86,27	388,06 198,41	590,52 301,93	286,82 146,65	199,80 102,16	248,64 127,13
2896	Anlage eines arteriovenösen Shunts zur Hämodialyse mit freiem Transplantat	2100	239,40 122,40	550,62 281,53	837,90 428,41	406,98 208,09	283,50 144,95	352,80 180,38
2897	Beseitigung eines arteriovenösen Shunts	1200	136,80 69,95	314,64 160,87	478,80 244,81	232,56 118,91	162,00 82,83	201,60 103,08
2898	Unterbrechung der Vena cava caudalis durch Filterimplantation	1500	171,– 87,43	393,30 201,09	598,50 306,01	290,70 148,63	202,50 103,54	252,00 128,85

		Punktzahl	1fach DM €	2,3fach DM €	3,5fach DM €	1,7fach DM €	UV Allg. DM €	UV Bes. DM €
2899	Unterbrechung der Vena cava caudalis nach Freilegung	2220	253,08 129,40	582,08 297,62	885,78 452,89	430,24 219,98	299,70 153,23	372,96 190,69
2900	Operation bei portalem Hochdruck durch Dissektion	3140	357,96 183,02	823,31 420,95	1252,86 640,58	608,53 311,14	423,90 216,74	527,52 269,72
2901	Operation bei portalem Hochdruck durch venöse Anastomose	3700	421,80 215,66	970,14 496,03	1476,30 754,82	717,06 366,63	499,50 255,39	621,60 317,82
2902	Operation bei portalem Hochdruck durch venöse Anastomose und Arterialisation	4620	526,68 269,29	1211,36 619,36	1843,38 942,51	895,36 457,79	623,70 318,89	776,16 396,84

4. Sympathikuschirurgie

2920	Thorakale Sympathektomie	2000	228,– 116,58	524,40 268,12	798,– 408,01	387,60 198,18	270,00 138,05	336,00 171,79
2921	Lumbale Sympathektomie	1480	168,72 86,27	388,06 198,41	590,52 301,93	286,82 146,65	199,80 102,16	248,64 127,13

XII. Thoraxchirurgie

2950	Resektion einer Rippe, als selbständige Leistung	739	84,25 43,07	193,77 99,07	294,86 150,76	143,23 73,23	99,77 51,01	124,15 63,48
2951	Resektion mehrerer benachbarter Rippen, als selbständige Leistung	1110	126,54 64,70	291,04 148,81	442,89 226,45	215,12 109,99	149,85 76,62	186,48 95,35
2952	Resektion einer Halsrippe oder der 1. Rippe	1110	126,54 64,70	291,04 148,81	442,89 226,45	215,12 109,99	149,85 76,62	186,48 95,35
2953	Thorakoplastik	3140	357,96 183,02	823,31 420,95	1252,86 640,58	608,53 311,14	423,90 216,74	527,52 269,72
2954	Thorakoplastik mit Höhleneröffnung – auch Jalousieplastik –	4620	526,68 269,29	1211,36 619,36	1843,38 942,51	895,36 457,79	623,70 318,89	776,16 396,84
2955	Thorakoplastik mit Entschwartung – gegebenenfalls einschließlich Muskelimplantation und Entnahme des Implantates –	5000	570,– 291,44	1311,– 670,30	1995,– 1020,03	969,– 495,44	675,00 345,12	840,00 429,49
2956	Brustwandteilresektion	2100	239,40 122,40	550,62 281,53	837,90 428,41	406,98 208,09	283,50 144,95	352,80 180,38
2957	Brustwandteilresektion mit plastischer Deckung	3000	342,– 174,86	786,60 402,18	1197,– 612,02	581,40 297,27	405,00 207,07	504,00 257,69

Nr.	Leistung	Punktzahl	1fach DM / €	2,3fach DM / €	3,5fach DM / €	1,7fach DM / €	UV Allg. DM / €	UV Bes. DM / €
2959	Korrekturthorakoplastik mit Entschwartung – gegebenenfalls einschließlich Muskelimplantation und Entnahme des Implantates –	5100	581,40 297,27	1337,22 683,71	2034,90 1040,43	988,38 505,35	688,50 352,02	856,80 438,07
2960	Operation einer Brustkorbdeformität (z. B. Trichterbrust)	3000	342,– 174,86	786,60 402,18	1197,– 612,02	581,40 297,27	405,00 207,07	504,00 257,69
2970	Anlage einer Pleuradrainage (z. B. Bülausche Heberdrainage)	554	63,16 32,29	145,26 74,27	221,05 113,02	107,37 54,90	74,79 38,24	93,07 47,59
2971	Spülung des Pleuraraumes bei liegender Drainage – gegebenenfalls einschließlich Einbringung von Arzneimitteln –	148	16,87 8,63	38,81 19,84	59,05 30,19	28,68 14,67	19,98 10,22	24,86 12,71
2972	Entnahme von Pleuragewebe nach operativer Freilegung der Pleura, als selbständige Leistung	666	75,92 38,82	174,63 89,29	265,73 135,87	129,06 65,99	89,91 45,97	111,89 57,21
2973	Pleurektomie, einseitig, als selbständige Leistung	2220	253,08 129,40	582,08 297,62	885,78 452,89	430,24 219,98	299,70 153,23	372,96 190,69
2974	Pleurektomie mit Resektion(en) am Perikard und/oder Zwerchfell	3140	357,96 183,02	823,31 420,95	1252,86 640,58	608,53 311,14	423,90 216,74	527,52 269,72
2975	Dekortikation der Lunge	4800	547,20 279,78	1258,56 643,49	1915,20 979,23	930,24 475,62	648,00 331,32	806,40 412,31
2976	Ausräumung eines Hämatothorax	2000	228,– 116,58	524,40 268,12	798,– 408,01	387,60 198,18	270,00 138,05	336,00 171,79
2977	Thorakokaustik bei Spontanpneumothorax	739	84,25 43,07	193,77 99,07	294,86 150,76	143,23 73,23	99,77 51,01	124,15 63,48
2979	Operative Entfernung eines Pleuraempyems – gegebenenfalls einschließlich Rippenresektion(en) –	1110	126,54 64,70	291,04 148,81	442,89 226,45	215,12 109,99	149,85 76,62	186,48 95,35
2985	Thorakaler Eingriff am Zwerchfell	2220	253,08 129,40	582,08 297,62	885,78 452,89	430,24 219,98	299,70 153,23	372,96 190,69
2990	Thorakotomie zu diagnostischen Zwecken	1110	126,54 64,70	291,04 148,81	442,89 226,45	215,12 109,99	149,85 76,62	186,48 95,35
2991	Thorakotomie mit Herzmassage	1480	168,72 86,27	388,06 198,41	590,52 301,93	286,82 146,65	199,80 102,16	248,64 127,13

		Punktzahl	1fach DM €	2,3fach DM €	3,5fach DM €	1,7fach DM €	UV Allg. DM €	UV Bes. DM €
2992	Thorakotomie mit Entnahme von Pleura- und/oder Lungengewebe für die histologische und/oder bakteriologische Untersuchung, als selbständige Leistung	1290	147,06 75,19	338,24 172,94	514,71 263,17	250,– 127,82	174,15 89,04	216,72 110,81
2993	Thorakotomie mit Gewebsentnahme und intrathorakalen Präparationen	1480	168,72 86,27	388,06 198,41	590,52 301,93	286,82 146,65	199,80 102,16	248,64 127,13
2994	Operative Eingriffe an der Lunge (z. B. Keilexzision, Herdenukleation, Ausschälung von Zysten)	2770	315,78 161,46	726,29 371,35	1105,23 565,10	536,83 274,48	373,95 191,20	465,36 237,93
2995	Lob- oder Pneumonektomie	3140	357,96 183,02	823,31 420,95	1252,86 640,58	608,53 311,14	423,90 216,74	527,52 269,72
2996	Lungensegmentresektion(en)	4000	456,– 233,15	1048,80 536,24	1596,– 816,02	775,20 396,35	540,00 276,10	672,00 343,59
2997	Lobektomie und Lungensegmentresektion(en)	5100	581,40 297,27	1337,22 683,71	2034,90 1040,43	988,38 505,35	688,50 352,02	856,80 438,07
2998	Bilobektomie	4800	547,20 279,78	1258,56 643,49	1915,20 979,23	930,24 475,62	648,00 331,32	806,40 412,31
2999	Pneumonektomie mit intraperikardialer Gefäßversorgung und/oder Ausräumung mediastinaler Lymphknoten	5600	638,40 326,41	1468,32 750,74	2234,40 1142,43	1085,28 554,90	756,00 386,54	940,80 481,02
3000	Bronchotomie zur Entfernung von Fremdkörpern oder Tumoren	2770	315,78 161,46	726,29 371,35	1105,23 565,10	536,83 274,48	373,95 191,20	465,36 237,93
3001	Thorakale Eingriffe am Tracheobronchialsystem wie Resektion und/oder Anastomose und/oder Versteifung und/oder plastischer Ersatz	5800	661,20 338,07	1520,76 777,55	2314,20 1183,23	1124,04 574,71	783,00 400,34	974,40 498,20
3002	Operative Kavernen- oder Lungenabszeßeröffnung	4800	547,20 279,78	1258,56 643,49	1915,20 979,23	930,24 475,62	648,00 331,32	806,40 412,31
3010	Sternotomie, als selbständige Leistung	1110	126,54 64,70	291,04 148,81	442,89 226,45	215,12 109,99	149,85 76,62	186,48 95,35
3011	Entfernung eines Mediastinaltumors, transpleural oder transsternal	4000	456,– 233,15	1048,80 536,24	1596,– 816,02	775,20 396,35	540,00 276,10	672,00 343,59
3012	Drainage des Mediastinums	554	63,16 32,29	145,26 74,27	221,05 113,02	107,37 54,90	74,79 38,24	93,07 47,59

		Punktzahl	1fach DM €	2,3fach DM €	3,5fach DM €	1,7fach DM €	UV Allg. DM €	UV Bes. DM €
3013	Intrathorakaler Eingriff am Lymphgefäßsystem	4000	456,– 233,15	1048,80 536,24	1596,– 816,02	775,20 396,35	540,00 276,10	672,00 343,59

XIII. Herzchirurgie

		Punktzahl	1fach DM €	2,3fach DM €	3,5fach DM €	1,7fach DM €	UV Allg. DM €	UV Bes. DM €
3050	Operative Maßnahmen in Verbindung mit der Herz-Lungen-Maschine zur Herstellung einer extrakorporalen Zirkulation	1850	210,90 107,83	485,07 248,01	738,15 377,41	358,53 183,31	249,75 127,70	310,80 158,91
3051	Perfusion der Hirnarterien, zusätzlich zur Leistung nach Nummer 3050	1290	147,06 75,19	338,24 172,94	514,71 263,17	250,– 127,82	174,15 89,04	216,72 110,81
3052	Perfusion der Koronararterien, zusätzlich zur Leistung nach Nummer 3050	1110	126,54 64,70	291,04 148,81	442,89 226,45	215,12 109,99	149,85 76,62	186,48 95,35
3053	Perfusion von Arterien eines anderen Organs, zusätzlich zur Leistung nach Nummer 3050	1110	126,54 64,70	291,04 148,81	442,89 226,45	215,12 109,99	149,85 76,62	186,48 95,35
3054	Operative extrathorakale Anlage einer assistierenden Zirkulation	1850	210,90 107,83	485,07 248,01	738,15 377,41	358,53 183,31	249,75 127,70	310,80 158,91
3055	Überwachung einer assistierenden Zirkulation, je angefangene Stunde *Die Leistung nach Nummer 3055 ist nur während einer Operation berechnungsfähig.*	554	63,16 32,29	145,26 74,27	221,05 113,02	107,37 54,90	74,79 38,24	93,07 47,59
3060	Intraoperative Funktionsmessungen am und/oder im Herzen	554	63,16 32,29	145,26 74,27	221,05 113,02	107,37 54,90	74,79 38,24	93,07 47,59
3065	Operation am Perikard, als selbständige Leistung	2000	228,– 116,58	524,40 268,12	798,– 408,01	387,60 198,18	270,00 138,05	336,00 171,79
3066	Operation der Pericarditis constrictiva	3140	357,96 183,02	823,31 420,95	1252,86 640,58	608,53 311,14	423,90 216,74	527,52 269,72
3067	Myokardbiopsie unter Freilegung des Herzens, als selbständige Leistung	1480	168,72 86,27	388,06 198,41	590,52 301,93	286,82 146,65	199,80 102,16	248,64 127,13
3068	Anlage einer künstlichen Pulmonalisstammstenose	3140	357,96 183,02	823,31 420,95	1252,86 640,58	608,53 311,14	423,90 216,74	527,52 269,72
3069	Shuntoperation an herznahen Gefäßen	3000	342,– 174,86	786,60 402,18	1197,– 612,02	581,40 297,27	405,00 207,07	504,00 257,69

		Punkt-zahl	1fach DM €	2,3fach DM €	3,5fach DM €	1,7fach DM €	UV Allg. DM €	UV Bes. DM €
3070	Operative Anlage eines Vorhofseptumdefektes	3000	342,– 174,86	786,60 402,18	1197,– 612,02	581,40 297,27	405,00 207,07	504,00 257,69
3071	Naht einer Myokardverletzung	3000	342,– 174,86	786,60 402,18	1197,– 612,02	581,40 297,27	405,00 207,07	504,00 257,69
3072	Operativer Verschluß des Vorhofseptumdefektes vom Sekundum-Typ	3000	342,– 174,86	786,60 402,18	1197,– 612,02	581,40 297,27	405,00 207,07	504,00 257,69
3073	Operativer Verschluß von Vorhofseptumdefekten anderen Typs (z. B. Sinus venosus) – auch Korrektur einer isolierten Lungenvenenfehlmündung –	4000	456,– 233,15	1048,80 536,24	1596,– 816,02	775,20 396,35	540,00 276,10	672,00 343,59
3074	Komplette intraatriale Blutumleitung (totale Lungenvenenfehlmündung oder unkomplizierte Transposition der großen Arterien)	6500	741,– 378,87	1704,30 871,40	2593,50 1326,04	1259,70 644,08	877,50 448,66	1092,00 558,33
3075	Entfernung eines Fremdkörpers aus dem Herzen oder aus einem herznahen Gefäß – auch Thromb- oder Embolektomie –	3000	342,– 174,86	786,60 402,18	1197,– 612,02	581,40 297,27	405,00 207,07	504,00 257,69
3076	Operative Entfernung eines Herztumors oder eines Herzwandaneurysmas oder eines Herzdivertikels	4800	547,20 279,78	1258,56 643,49	1915,20 979,23	930,24 475,62	648,00 331,32	806,40 412,31
3077	Operativer Verschluß eines Herzkammerscheidewanddefektes mittels direkter Naht	3000	342,– 174,86	786,60 402,18	1197,– 612,02	581,40 297,27	405,00 207,07	504,00 257,69
3078	Operativer Verschluß eines Herzkammerscheidewanddefektes mittels Prothese	4000	456,– 233,15	1048,80 536,24	1596,– 816,02	775,20 396,35	540,00 276,10	672,00 343,59
3079	Resektion intrakardial stenosierender Muskulatur	3000	342,– 174,86	786,60 402,18	1197,– 612,02	581,40 297,27	405,00 207,07	504,00 257,69
3084	Valvuloplastik einer Herzklappe	3300	376,20 192,35	865,26 442,40	1316,70 673,22	639,54 326,99	445,50 227,78	554,40 283,46
3085	Operative Korrektur einer Herzklappe	3140	357,96 183,02	823,31 420,95	1252,86 640,58	608,53 311,14	423,90 216,74	527,52 269,72
3086	Operativer Ersatz einer Herzklappe	5600	638,40 326,41	1468,32 750,74	2234,40 1142,43	1085,28 554,90	756,00 386,54	940,80 481,02

		Punktzahl	1fach DM €	2,3fach DM €	3,5fach DM €	1,7fach DM €	UV Allg. DM €	UV Bes. DM €
3087	Operative Korrektur und/oder Ersatz mehrerer Herzklappen	7500	855,– 437,16	1966,50 1005,46	2992,50 1530,04	1453,50 743,16	1012,50 517,68	1260,00 644,23
3088	Operation zur direkten myokardialen Revaskularisation eines Versorgungsabschnittes	5600	638,40 326,41	1468,32 750,74	2234,40 1142,43	1085,28 554,90	756,00 386,54	940,80 481,02
3089	Operation zur direkten myokardialen Revaskularisation mehrerer Versorgungsabschnitte	7500	855,– 437,16	1966,50 1005,46	2992,50 1530,04	1453,50 743,16	1012,50 517,68	1260,00 644,23
3090	Operation von Anomalien der Koronararterien	4000	456,– 233,15	1048,80 536,24	1596,– 816,02	775,20 396,35	540,00 276,10	672,00 343,59
3091	Operation am Reizleitungssystem (Korrektur von Rhythmusstörungen – ausschließlich der Schrittmacherbehandlung –)	4500	513,– 262,29	1179,90 603,27	1795,50 918,03	872,10 445,90	607,50 310,61	756,00 386,54
3095	Schrittmacher-Erstimplantation	2770	315,78 161,46	726,29 371,35	1105,23 565,10	536,83 274,48	373,95 191,20	465,36 237,93
3096	Schrittmacher-Aggregatwechsel	1110	126,54 64,70	291,04 148,81	442,89 226,45	215,12 109,99	149,85 76,62	186,48 95,35
3097	Schrittmacher-Korrektureingriff – auch Implantation von myokardialen Elektroden –	2770	315,78 161,46	726,29 371,35	1105,23 565,10	536,83 274,48	373,95 191,20	465,36 237,93

XIV. Ösophaguschirurgie, Abdominalchirurgie

		Punktzahl	1fach DM €	2,3fach DM €	3,5fach DM €	1,7fach DM €	UV Allg. DM €	UV Bes. DM €
3120	Diagnostische Peritonealspülung, als selbständige Leistung	300	34,20 17,49	78,66 40,22	119,70 61,20	58,14 29,73	40,50 20,71	50,40 25,77
3121	Choledochoskopie während einer intraabdominalen Operation	500	57,– 29,14	131,10 67,03	199,50 102,00	96,90 49,54	67,50 34,51	84,00 42,95
3122	Intraoperative Manometrie an den Gallenwegen (Prüfung des Papillenwiderstandes)	375	42,75 21,86	98,33 50,27	149,63 76,50	72,68 37,16	50,63 25,88	63,00 32,21
3125	Eröffnung des Ösophagus vom Halsgebiet aus	1110	126,54 64,70	291,04 148,81	442,89 226,45	215,12 109,99	149,85 76,62	186,48 95,35
3126	Intrathorakaler Eingriff am Ösophagus	4000	456,– 233,15	1048,80 536,24	1596,– 816,02	775,20 396,35	540,00 276,10	672,00 343,59
3127	Extrapleurale Operation der Ösophagusatresie beim Kleinkind	5000	570,– 291,44	1311,– 670,30	1995,– 1020,03	969,– 495,44	675,00 345,12	840,00 429,49

		Punktzahl	1fach DM €	2,3fach DM €	3,5fach DM €	1,7fach DM €	UV Allg. DM €	UV Bes. DM €
3128	Operative Beseitigung einer angeborenen ösophagotrachealen Fistel	3000	342,– 174,86	786,60 402,18	1197,– 612,02	581,40 297,27	405,00 207,07	504,00 257,69
3129	Operativer Eingriff am terminalen Ösophagus bei abdominalem Zugang	3000	342,– 174,86	786,60 402,18	1197,– 612,02	581,40 297,27	405,00 207,07	504,00 257,69
3130	Operativer Eingriff am Ösophagus bei abdominalthorakalem Zugang	5000	570,– 291,44	1311,– 670,30	1995,– 1020,03	969,– 495,44	675,00 345,12	840,00 429,49
3135	Eröffnung der Bauchhöhle zu diagnostischen Zwecken – gegebenenfalls einschließlich Gewebeentnahme – ...	1110	126,54 64,70	291,04 148,81	442,89 226,45	215,12 109,99	149,85 76,62	186,48 95,35
3136	Eröffnung eines subphrenischen Abszesses	1110	126,54 64,70	291,04 148,81	442,89 226,45	215,12 109,99	149,85 76,62	186,48 95,35
3137	Eröffnung von Abszessen im Bauchraum	1110	126,54 64,70	291,04 148,81	442,89 226,45	215,12 109,99	149,85 76,62	186,48 95,35
3138	Anlage einer Magenfistel mit oder ohne Schrägkanalbildung	1600	182,40 93,26	419,52 214,50	638,40 326,41	310,08 158,54	216,00 110,44	268,80 137,44
3139	Eröffnung des Bauchraumes bei Peritonitis mit ausgedehnter Revision, Spülung und Drainage	2770	315,78 161,46	726,29 371,35	1105,23 565,10	536,83 274,48	373,95 191,20	465,36 237,93
3144	Naht der Magen- und/oder Darmwand nach Perforation oder nach Verletzung – einschließlich Spülung des Bauchraumes –	1900	216,60 110,75	498,18 254,72	758,10 387,61	368,22 188,27	256,50 131,15	319,20 163,20
3145	Teilresektion des Magens	2770	315,78 161,46	726,29 371,35	1105,23 565,10	536,83 274,48	373,95 191,20	465,36 237,93
3146	Kardiaresektion	4000	456,– 233,15	1048,80 536,24	1596,– 816,02	775,20 396,35	540,00 276,10	672,00 343,59
3147	Totale Magenentfernung	4800	547,20 279,78	1258,56 643,49	1915,20 979,23	930,24 475,62	648,00 331,32	806,40 412,31
3148	Resektion des Ulcus pepticum	4000	456,– 233,15	1048,80 536,24	1596,– 816,02	775,20 396,35	540,00 276,10	672,00 343,59
3149	Umwandlungsoperation am Magen (z. B. Billroth II in Billroth I, Interposition)	5250	598,50 306,01	1376,55 703,82	2094,75 1071,03	1017,45 520,21	708,75 362,38	882,00 450,96
3150	Gastrotomie	1600	182,40 93,26	419,52 214,50	638,40 326,41	310,08 158,54	216,00 110,44	268,80 137,44

		Punktzahl	1fach DM €	2,3fach DM €	3,5fach DM €	1,7fach DM €	UV Allg. DM €	UV Bes. DM €
3151	Operative Einbringung eines Tubus in Ösophagus und/oder Magen als Notoperation	2700	307,80 157,38	707,94 361,96	1077,30 550,82	523,26 267,54	364,50 186,37	453,60 231,92
3152	Spaltung des Pylorus (z. B. bei Pylorospasmus)	1900	216,60 110,75	498,18 254,72	758,10 387,61	368,22 188,27	256,50 131,15	319,20 163,20
3153	Pyloroplastik	3000	342,– 174,86	786,60 402,18	1197,– 612,02	581,40 297,27	405,00 207,07	504,00 257,69
3154	Vagotomie am Magen	3000	342,– 174,86	786,60 402,18	1197,– 612,02	581,40 297,27	405,00 207,00	504,00 257,69
3155	Vagotomie am Magen mit zusätzlichen Drainageverfahren (z. B. Anastomose, Pyloruserweiterung einschließlich Plastik)	4500	513,– 262,29	1179,90 603,27	1795,50 918,03	872,10 445,90	607,50 310,61	756,00 386,54
3156	Endoskopische Entfernung von Fäden nach Magenoperation oder von Fremdkörpern, zusätzlich zur Gastroskopie	450	51,30 26,23	117,99 60,33	179,55 91,80	87,21 44,59	60,75 31,06	75,60 38,65
3157	Magenteilresektion mit Dickdarmteilresektion	4620	526,68 269,29	1211,36 619,36	1843,38 942,51	895,36 457,79	623,70 318,89	776,16 396,84
3158	Gastroenterostomie	2220	253,08 129,40	582,08 297,62	885,78 452,89	430,24 219,98	299,70 153,23	372,96 190,69
3165	Operative Beseitigung von Atresien, Stenosen (Septen) und/oder Divertikeln des Duodenums	4000	456,– 233,15	1048,80 536,24	1596,– 816,02	775,20 396,35	540,00 276,10	672,00 343,59
3166	Operative Beseitigung der Atresien, Stenosen (Septen) und/oder Divertikeln des Jejunums oder des Ileums	3000	342,– 174,86	786,60 402,18	1197,– 612,02	581,40 297,27	405,00 207,07	504,00 257,69
3167	Anastomose im Dünndarmgebiet – auch mit Teilresektion –	2220	253,08 129,40	582,08 297,62	885,78 452,89	430,24 219,98	299,70 153,23	372,96 190,69
3168	Jejuno-Zökostomie	2600	296,40 151,55	681,72 348,56	1037,40 530,41	503,88 257,63	351,00 179,46	436,80 223,33
3169	Teilresektion des Kolons – auch mit Anastomose –	3750	427,50 218,58	983,25 502,73	1496,25 765,02	726,75 371,58	506,25 258,84	630,00 322,11
3170	Kolektomie, auch subtotal – mit Ileostomie –	5250	598,50 306,01	1376,55 703,82	2094,75 1071,03	1017,45 520,21	708,75 362,38	882,00 450,96

Nr.	Leistung	Punktzahl	1fach DM / €	2,3fach DM / €	3,5fach DM / €	1,7fach DM / €	UV Allg. DM / €	UV Bes. DM / €
3171	Operative Beseitigung von Lageanomalien innerhalb des Magen-Darmtraktes oder des Volvulus (auch im Säuglings- und Kleinkindalter) oder der Darminvagination	2500	285,– 145,72	655,50 335,15	997,50 510,01	484,50 247,72	337,50 172,56	420,00 214,74
3172	Operative Darmmobilisation bei Verwachsungen, als selbständige Leistung	1600	182,40 93,26	419,52 214,50	638,40 326,41	310,08 158,54	216,00 110,44	268,80 137,44
3173	Operative Entfernung des Meckel'schen Divertikels	1480	168,72 86,27	388,06 198,41	590,52 301,93	286,82 146,65	199,80 102,16	248,64 127,13
3174	Operative Beseitigung einer Darmduplikatur	2700	307,80 157,38	707,94 361,96	1077,30 550,82	523,26 267,54	364,50 186,37	453,60 231,92
3175	Operation des Mekoniumileus	2700	307,80 157,38	707,94 361,96	1077,30 550,82	523,26 267,54	364,50 186,37	453,60 231,92
3176	Transposition eines Darmteils innerhalb des Abdomens	3500	399,– 204,01	917,70 469,21	1396,50 714,02	678,30 346,81	472,50 241,59	588,00 300,64
3177	Transposition eines Darmteils und/oder des Magens aus dem Abdomen heraus	5000	570,– 291,44	1311,– 670,30	1995,– 1020,03	969,– 495,44	675,00 345,12	840,00 429,49
3179	Faltung sämtlicher Dünndarmschlingen bei rezidivierendem Ileus	4000	456,– 233,15	1048,80 536,24	1596,– 816,02	775,20 396,35	540,00 276,10	672,00 343,59
3181	Langstreckige Resektion, auch ganzer Konvolute, vom Dünndarm – gegebenenfalls einschließlich vom Dickdarm – mit Anastomose	3500	399,– 204,01	917,70 469,21	1396,50 714,02	678,30 346,81	472,50 241,59	588,00 300,64
3183	Kombinierte Entfernung des gesamten Dick- und Mastdarmes mit Ileostoma	6500	741,– 378,87	1704,30 871,40	2593,50 1326,04	1259,70 644,08	877,50 448,66	1092,00 558,33
3184	Lebertransplantation	7500	855,– 437,16	1966,50 1005,46	2992,50 1530,04	1453,50 743,16	1012,50 517,68	1260,00 644,23
3185	Operation an der Leber (z. B. Teilresektion oder Exzision eines Tumors)	3000	342,– 174,86	786,60 402,18	1197,– 612,02	581,40 297,27	405,00 207,07	504,00 257,69
3186	Exstirpation der Gallenblase	2500	285,– 145,72	655,50 335,15	997,50 510,01	484,50 247,72	337,50 172,56	420,00 214,74
3187	Operation an den Gallengängen – gegebenenfalls einschließlich Exstirpation der Gallenblase	3250	370,50 189,43	852,15 435,70	1296,75 663,02	629,85 322,04	438,75 224,33	546,00 279,17

		Punktzahl	1fach DM €	2,3fach DM €	3,5fach DM €	1,7fach DM €	UV Allg. DM €	UV Bes. DM €
3188	Biliodigestive Anastomose mit Interposition eines Darmabschnittes	4200	478,80 244,81	1101,24 563,06	1675,80 856,82	813,96 416,17	567,00 289,90	705,60 360,77
3189	Operative Beseitigung von Atresien und/oder Stenosen der Gallengänge beim Säugling oder Kleinkind	4000	456,– 233,15	1048,80 536,24	1596,– 816,02	775,20 396,35	540,00 276,10	672,00 343,59
3190	Papillenexstirpation oder -spaltung mit Eröffnung des Duodenums	2700	307,80 157,38	707,94 361,96	1077,30 550,82	523,26 267,54	364,50 186,37	453,60 231,92
3192	Milzrevision, als selbständige Leistung	2000	228,– 116,58	524,40 268,12	798,– 408,01	387,60 198,18	270,00 138,05	336,00 171,79
3194	Präparation einer Pankreaszyste und Drainage derselben durch Interposition eines Darmabschnittes	3700	421,80 215,66	970,14 496,03	1476,30 754,82	717,06 366,63	499,50 255,39	621,60 317,82
3195	Resektion des Kopfteils vom Pankreas	4620	526,68 269,29	1211,36 619,36	1843,38 942,51	895,36 457,79	623,70 318,89	776,16 396,84
3196	Resektion des Schwanzteils vom Pankreas	2220	253,08 129,40	582,08 297,62	885,78 452,89	430,24 219,98	299,70 153,23	372,96 190,69
3197	Resektion des ganzen Pankreas	4620	526,68 269,29	1211,36 619,36	1843,38 942,51	895,36 457,79	623,70 318,89	776,16 396,84
3198	Pankreoduodenektomie (z. B. nach Whipple)	5000	570,– 291,44	1311,– 670,30	1995,– 1020,03	969,– 495,44	675,00 345,12	840,00 429,49
3199	Milzexstirpation	2220	253,08 129,40	582,08 297,62	885,78 452,89	430,24 219,98	299,70 153,23	372,96 190,69
3200	Appendektomie	1480	168,72 86,27	388,06 198,41	590,52 301,93	286,82 146,65	199,80 102,16	248,64 127,13
3202	Operation einer persistierenden Fistel am Magen-Darmtrakt – gegebenenfalls einschließlich Resektion und Anastomose –	3000	342,– 174,86	786,60 402,18	1197,– 612,02	581,40 297,27	405,00 207,07	504,00 257,69
3205	Anlage einer Endodrainage (z. B. Duodenum-Dünndarm-Leberpforte-Bauchhaut), zusätzlich zu anderen intraabdominalen Operationen	2250	256,50 131,15	589,95 301,64	897,75 459,01	436,05 222,95	303,75 155,30	378,00 193,27
3206	Enterostomie – auch einschließlich Katheterfistelung (Kolostomie, Transversumfistel) –	2250	256,50 131,15	589,95 301,64	897,75 459,01	436,05 222,95	303,75 155,30	378,00 193,27

		Punktzahl	1fach DM €	2,3fach DM €	3,5fach DM €	1.7fach DM €	UV Allg. DM €	UV Bes. DM €
3207	Anlegen eines Anus praeter	1480	168,72 86,27	388,06 198,41	590,52 301,93	286,82 146,65	199,80 102,16	248,64 127,13
3208	Verschlußoperation für einen Anus praeter mit Darmnaht	1250	142,50 72,86	327,75 167,58	498,75 255,01	242,25 123,86	168,75 86,28	210,00 107,37
3209	Verschlußoperation für einen Anus praeter mit Darmresektion	1750	199,50 102,00	458,85 234,61	698,25 357,01	339,15 173,41	236,25 120,79	294,00 150,32
3210	Anlegen eines Anus praeter duplex transversalis	2000	228,– 116,58	524,40 268,12	798,– 408,01	 198,18	270,00 138,05	336,00 171,79
3211	Unterweisung eines Anus-praeter-Patienten in der Irrigator-Methode zur Darmentleerung	120	13,68 7,00	31,46 16,09	47,88 24,48	23,26 11,89	16,20 8,28	20,16 10,31
3215	Eröffnung eines kongenitalen oberflächlichen Afterverschlusses	150	17,10 8,74	39,33 20,11	59,85 30,60	29,07 14,86	20,25 10,35	25,20 12,88
3216	Operation eines kongenitalen tiefreichenden Mastdarmverschlusses vom Damm aus oder der Analatresie	1200	136,80 69,95	314,64 160,87	478,80 244,81	232,56 118,91	162,00 82,83	201,60 103,08
3217	Operation der Anal- und Rektumatresie einschließlich Kolondurchzugsoperation	3750	427,50 218,58	983,25 502,73	1496,25 765,02	726,75 371,58	506,25 258,84	630,00 322,11
3218	Radikaloperation eines tiefreichenden Mastdarmverschlusses mit Eröffnung der Bauchhöhle	2700	307,80 157,38	707,94 361,96	1077,30 550,82	523,26 267,54	364,50 186,37	453,60 231,92
3219	Operation eines Afterrisses oder Mastdarmrisses	278	31,69 16,20	72,89 37,27	110,92 56,71	53,87 27,55	37,53 19,19	46,70 23,88
3220	Operation submuköser Mastdarmfisteln	300	34,20 17,49	78,66 40,22	119,70 61,20	58,14 29,73	40,50 20,71	50,40 25,77
3221	Operation intramuskulärer Mastdarmfisteln	370	42,18 21,57	97,01 49,60	147,63 75,48	71,71 36,66	49,95 25,54	62,16 31,78
3222	Operation einer transsphinkterischen Mastdarmfistel – auch ihres verzweigten Gangsystems –	700	79,80 40,80	183,54 93,84	279,30 142,80	135,66 69,36	94,50 48,32	117,60 60,13

Nr.	Leistung	Punktzahl	1fach DM / €	2,3fach DM / €	3,5fach DM / €	1,7fach DM / €	UV Allg. DM / €	UV Bes. DM / €
3223	Operation einer extrasphinkterischen Fistel oder Rundbogenfistel – auch jeweils ihres verzweigten Gangsystems –	850	96,90	222,87	339,15	164,73	114,75	142,80
			49,54	113,95	173,41	84,23	58,67	73,01
3224	Peranale operative Entfernung von Mastdarmpolypen oder Mastdarmgeschwülsten – einschließlich Schleimhautnaht –	1150	131,10	301,53	458,85	222,87	155,25	193,20
			67,03	154,17	234,61	113,95	79,38	98,78
3226	Peranale operative Entfernung einer Mastdarmgeschwulst mit Durchtrennung der Schließmuskulatur (Rectostomia** posterior) – einschließlich Naht –	3500	399,–	917,70	1396,50	678,30	472,50	588,00
			204,01	469,21	714,02	346,81	241,59	300,64
3230	Manuelles Zurückbringen des Mastdarmvorfalles	120	13,68	31,46	47,88	23,26	16,20	20,16
			7,00	16,09	24,48	11,89	8,28	10,31
3231	Operation des Mastdarmvorfalles bei Zugang vom After aus oder perineal	1150	131,10	301,53	458,85	222,87	155,25	193,20
			67,03	154,17	234,61	113,95	79,38	98,78
3232	Operation des Mastdarmvorfalles mit Eröffnung der Bauchhöhle	2220	253,08	582,08	885,78	430,24	299,70	372,96
			129,40	297,62	452,89	219,98	153,23	190,69
3233	Rektumexstirpation bei Zugang vom After aus – auch mit Kreuzbeinschnitt –	2800	319,20	734,16	1117,20	542,64	378,00	470,40
			163,20	375,37	571,22	277,45	193,27	240,51
3234	Rektale Myektomie (z. B. bei Megacolon congenitum) – auch mit Kolostomie –	3500	399,–	917,70	1396,50	678,30	472,50	588,00
			204,01	469,21	714,02	346,81	241,59	300,64
3235	Kombinierte Rektumexstirpation mit Laparotomie	5000	570,–	1311,–	1995,–	969,–	675,00	840,00
			291,44	670,30	1020,03	495,44	345,12	429,49
3236	Unblutige Erweiterung des Mastdarmschließmuskels	111	12,65	29,10	44,29	21,51	14,99	18,65
			6,47	14,88	22,65	11,00	7,66	9,53
3237	Blutige Erweiterung des Mastdarmschließmuskels, als selbständige Leistung	370	42,18	97,01	147,63	71,71	49,95	62,16
			21,57	49,60	75,48	36,66	25,54	31,78

** Redaktioneller Fehler des Verordnungsgebers: eigentlich „Rectotomia".

		Punktzahl	1fach DM €	2,3fach DM €	3,5fach DM €	1,7fach DM €	UV Allg. DM €	UV Bes. DM €
3238	Entfernung von Fremdkörpern aus dem Mastdarm	185	21,09 10,78	48,51 24,80	73,82 37,74	35,85 18,33	24,98 12,77	31,08 15,89
	Eine neben der Leistung nach Nummer 3238 erforderliche Rektoskopie ist nach Nummer 690 zusätzlich berechnungsfähig.							
3239	Muskelplastik bei Insuffizienz des Mastdarmschließmuskels	1800	205,20 104,92	471,96 241,31	718,20 367,21	348,84 178,36	243,00 124,24	302,40 154,61
3240	Operation der Hämorrhoidalknoten	554	63,16 32,29	145,26 74,27	221,05 113,02	107,37 54,90	74,79 38,24	93,07 47,59
3241	Hohe intraanale Exzision von Hämorrhoidalknoten (z. B. nach Miligan/Morgan) – auch mit Analplastik –	924	105,34 53,86	242,27 123,87	368,68 188,50	179,08 91,56	124,74 63,78	155,23 79,37

XV. Hernienchirurgie

		Punktzahl	1fach DM €	2,3fach DM €	3,5fach DM €	1,7fach DM €	UV Allg. DM €	UV Bes. DM €
3280	Operation einer Diaphragmahernie	2770	315,78 161,46	726,29 371,35	1105,23 565,10	536,83 274,48	373,95 191,20	465,36 237,93
3281	Operation der Zwerchfellrelaxation	2250	256,50 131,15	589,95 301,64	897,75 459,01	436,05 222,95	303,75 155,30	378,00 193,27
3282	Zurückbringen oder Versuch des Zurückbringens eines eingeklemmten Bruches	222	25,31 12,94	58,21 29,76	88,58 45,29	43,03 22,00	29,97 15,32	37,30 19,07
3283	Operation eines Nabel- oder Mittellinien- oder Bauchnarbenbruches	1110	126,54 64,70	291,04 148,81	442,89 226,45	215,12 109,99	149,85 76,62	186,48 95,35
3284	Operation eines Nabel- oder Mittellinien- oder Bauchnarbenbruches mit Muskel- und Faszienverschiebeplastik – auch mit Darmresektion –	2500	285,– 145,72	655,50 335,15	997,50 510,01	484,50 247,72	337,50 172,56	420,00 214,74
3285	Operation eines Leisten- oder Schenkelbruches	1290	147,06 75,19	338,24 172,94	514,71 263,17	250,– 127,82	174,15 89,04	216,72 110,81
3286	Operation eines eingeklemmten Leisten- oder Schenkelbruches – gegebenenfalls mit Darmresektion –	2000	228,– 116,58	524,40 268,12	798,– 408,01	387,60 198,18	270,00 138,05	336,00 171,79
3287	Operation der Omphalozele (Nabelschnurhernie) oder der Gastroschisis beim Neugeborenen oder Kleinkind	2500	285,– 145,72	655,50 335,15	997,50 510,01	484,50 247,72	337,50 172,56	420,00 214,74

		Punkt-zahl	1fach DM €	2,3fach DM €	3,5fach DM €	1,7fach DM €	UV Allg. DM €	UV Bes. DM €
3288	Operative Beseitigung eines Ductus omphaloentericus persistens oder einer Urachusfistel	2250	256,50 131,15	589,95 301,64	897,75 459,01	436,05 222,95	303,75 155,30	378,00 193,27

XVI. Orthopädisch-chirurgische konservative Leistungen

		Punkt-zahl	1fach DM €	2,3fach DM €	3,5fach DM €	1,7fach DM €	UV Allg. DM €	UV Bes. DM €
3300	Arthroskopie – gegebenenfalls mit Probeexzision –	500	57,– 29,14	131,10 67,03	199,50 102,00	96,90 49,54		
3300	Arthroskopie – gegebenenfalls mit Probeexzision – als diagnostische Maßnahme						67,50 34,51	84,00 42,95
3301	Modellierendes Redressement einer schweren Hand- oder Fußverbildung	473	53,92 27,57	124,02 63,41	188,73 96,50	91,66 46,87	63,86 32,65	79,46 40,63
3302	Stellungsänderung oder zweites und folgendes Redressement im Verlaufe der Behandlung nach Nummer 3301	227	25,88 13,23	59,52 30,43	90,57 46,31	44,– 22,49	30,65 15,67	38,14 19,50
3305	Chiropraktische Wirbelsäulenmobilisierung	37	4,22 2,16	9,70 4,96	14,76 7,55	7,17 3,67	5,00 2,56	6,22 3,18
3306	Chirotherapeutischer Eingriff an der Wirbelsäule	148	16,87 8,63	38,81 19,84	59,05 30,19	28,68 14,67		
3306	Chirotherapeutischer Eingriff an der Wirbelsäule und an den Extremitäten						19,98 10,22	24,86 12,71
3310	Abdrücke oder Modellherstellung durch Gips oder andere Werkstoffe für eine Hand oder für einen Fuß mit oder ohne Positiv	76	8,66 4,43	19,93 10,19	30,32 15,50	14,72 7,53	10,26 5,25	12,77 6,53
3311	Abdrücke oder Modellherstellung durch Gips oder andere Werkstoffe für einen Unterarm einschließlich Hand oder für einen Unterschenkel einschließlich Fuß oder für Ober- oder Unterarm oder Unterschenkelstumpf	152	17,33 8,86	39,85 20,38	60,65 31,01	29,46 15,06	20,52 10,49	25,54 13,06
3312	Abdrücke oder Modellherstellung durch Gips oder andere Werkstoffe für einen Oberschenkelstumpf mit Tubersitzausarbeitung	189	21,55 11,02	49,56 25,34	75,41 38,56	36,64 18,73	25,52 13,05	31,75 16,23

		Punkt-zahl	1fach DM €	2,3fach DM €	3,5fach DM €	1,7fach DM €	UV Allg. DM €	UV Bes. DM €
3313	Abdrücke oder Modellherstellung durch Gips oder andere Werkstoffe für den ganzen Arm oder für das ganze Bein	303	34,54 17,66	79,45 40,62	120,90 61,81	58,72 30,02	40,91 20,91	50,90 26,03
3314	Abdrücke oder Modellherstellung durch Gips oder andere Werkstoffe für den Arm mit Schulter	379	43,21 22,09	99,37 50,81	151,22 77,32	73,46 37,56	51,17 26,16	63,67 32,55
3315	Abdrücke oder Modellherstellung durch Gips oder andere Werkstoffe für das Bein mit Becken	473	53,92 27,57	124,02 63,41	188,73 96,50	91,66 46,87	63,86 32,65	79,46 40,63
3316	Abdrücke oder Modellherstellung durch Gips oder andere Werkstoffe für den Rumpf	757	86,30 44,12	198,49 101,48	302,04 154,43	146,71 75,01	102,20 52,25	127,18 65,03
3317	Abdrücke oder Modellherstellung durch Gips oder andere Werkstoffe für Rumpf und Kopf oder Rumpf und Arm oder Rumpf, Kopf und Arm	946	107,84 55,14	248,04 126,82	377,45 192,99	183,33 93,74	127,71 65,30	158,93 81,26
3320	Anpassen von Kunstgliedern oder eines großes orthopädischen Hilfsmittels	95	10,83 5,54	24,91 12,74	37,91 19,38	18,41 9,41	12,83 6,56	15,96 8,16
	Unter „Große orthopädische Hilfsmittel" sind solche orthopädischen Hilfsmittel zu verstehen, deren Anpassen dem von Kunstgliedern vergleichbar ist. Unter „Anpassen" ist die durch den Arzt bewirkte Korrektur von bereits vorhandenen, anderweitig angefertigten Kunstgliedern oder großen orthopädischen Hilfsmitteln zu verstehen.							
3321	Erstellen eines Konstruktionsplanes für ein großes orthopädisches Hilfsmittel (z. B. Kunstglied)	152	17,33 8,86	39,85 20,38	60,65 31,01	29,46 15,06	20,52 10,49	25,54 13,06

M. Laboratoriumsuntersuchungen (GOÄ/UV-GOÄ)

Allgemeine Bestimmungen (GOÄ/UV-GOÄ)

1. *Die Gebühren für Laboratoriumsuntersuchungen des Abschnitts M umfassen die Eingangsbegutachtung des Probenmaterials, die Probenvorbereitung, die Durchführung der Untersuchung (einschließlich der erforderlichen Qualitätssicherungsmaßnahmen) sowie die Erstellung des daraus resultierenden ärztlichen Befunds.*
   Mit den Gebühren für die berechnungsfähigen Leistungen sind außer den Kosten – mit Ausnahme der Versand- und Portokosten sowie der Kosten für Pharmaka im Zusammenhang mit Funktionstesten – auch die Beurteilung, die obligatorische Befunddokumentation, die Befundmitteilung sowie der einfache Befundbericht abgegolten. Die Verwendung radioaktiven Materials kann nicht gesondert berechnet werden.
   Kosten für den Versand des Untersuchungsmaterials und die Übermittlung des Untersuchungsergebnisses innerhalb einer Laborgemeinschaft sind nicht berechnungsfähig.
2. *Stehen dem Arzt für die Erbringung bestimmter Laboruntersuchungen mehrere in ihrer klinischen Aussagefähigkeit und analytischen Qualität gleichwertige Verfahren zur Verfügung, so kann er nur das niedriger bewertete Verfahren abrechnen.*
3. *Bei Weiterversand von Untersuchungsmaterial durch einen Arzt an einen anderen Arzt wegen der Durchführung von Laboruntersuchungen der Abschnitte M III und/oder M IV hat die Rechnungsstellung durch den Arzt zu erfolgen, der die Laborleistung selbst erbracht hat.*
4. *Mehrmalige Blutentnahmen an einem Kalendertag (z. B. im Zusammenhang mit Funktionsprüfungen) sind entsprechend mehrfach berechnungsfähig. Anstelle der Blutentnahme kann die intravenöse Einbringung von Testsubstanzen berechnet werden, wenn beide Leistungen bei liegender Kanüle nacheinander erbracht werden.*
   Entnahmen aus liegender Kanüle oder liegendem Katheter sind nicht gesondert berechnungsfähig.
5. *Die rechnerische Ermittlung von Ergebnissen aus einzelnen Meßgrößen ist nicht berechnungsfähig (z. B. Clearance-Berechnungen, mittlerer korpuskulärer Hämoglobingehalt).*
6. *Die in Abschnitt M enthaltenen Höchstwerte umfassen alle Untersuchungen aus einer Art von Körpermaterial (z. B. Blut einschließlich seiner Bestandteile Serum, Plasma und Blutzellen), das an einem Kalendertag gewonnen wurde, auch wenn dieses an mehreren Tagen untersucht wurde.*
   Sind aus medizinischen Gründen an einem Kalendertag mehrere Untersuchungen einer Meßgröße aus einer Materialart zu verschiedenen Tageszeiten erforderlich, so können diese entsprechend mehrfach berechnet werden. Bestehen für diese Bestimmungen Höchstwerte, so gehen sie in den Höchstwert mit ein.
   Die unter Höchstwerte fallenden Untersuchungen sind in der 5. und 6. Stelle der Gebührennummer durch H1 bis H4 gekennzeichnet. Diese Kennzeichnung ist Bestandteil der Gebührennummer und muß in der Rechnung angegeben werden.
   Die erbrachten Einzelleistungen sind auch dann in der Rechnung aufzuführen, wenn für diese ein Höchstwert berechnet wird.
7. *Werden Untersuchungen, die Bestandteil eines Leistungskomplexes sind (z. B. Spermiogramm), als selbständige Einzelleistungen durchgeführt, so darf die Summe der Vergütungen für diese Einzelleistungen die für den Leistungskomplex festgelegte Vergütung nicht überschreiten.*
8. *Für die analoge Abrechnung einer nicht aufgeführten selbständigen Laboruntersuchung ist die nach Art, Kosten- und Zeitaufwand zutreffendste Gebührennummer aus den Abschnitten M II bis M IV zu verwenden. In der Rechnung ist diese Gebührennummer durch Voranstellen des Buchstabens „A“ als Analogabrechnung zu kennzeichnen.*

9. *Sofern erforderlich, sind in den Katalogen zu den Meßgrößen die zur Untersuchung verwendeten Methoden in Kurzbezeichnung aufgeführt. In den folgenden Fällen werden verschiedene Methoden unter einem gemeinsamen Oberbegriff zusammengefaßt:*
Agglutination: Agglutinationsreaktionen (z. B. Hämagglutination, Hämagglutinationshemmung, Latex-Agglutination, Bakterienagglutination);
Immundiffusion: Immundiffusions- (radiale), Elektroimmundiffusions-, nephelometrische oder turbidimetrische Untersuchungen;
Immunfluoreszenz oder ähnliche Untersuchungsmethoden: Lichtmikroskopische Untersuchungen mit Fluoreszenz-, Enzym- oder anderer Markierung zum Nachweis von Antigenen oder Antikörpern;
Ligandenassay: Enzym-, Chemolumineszenz-, Fluoreszenz-, Radioimmunoassay und ihre Varianten.
Die Gebühren für Untersuchungen mittels Ligandenassay beinhalten grundsätzlich eine Durchführung in Doppelbestimmung einschließlich aktueller Bezugskurve. Bei der Formulierung „– gegebenenfalls einschließlich Doppelbestimmung und aktueller Bezugskurve –" ist die Durchführung fakultativ, bei der Formulierung „– einschließlich Doppelbestimmung und aktueller Bezugskurve –" ist die Durchführung obligatorisch zur Berechnung der Gebühr. Wird eine Untersuchung mittels Ligandenassay, die obligatorisch eine Doppelbestimmung beinhaltet, als Einfachbestimmung durchgeführt, so dürfen nur zwei Drittel der Gebühr berechnet werden.
10. *Sofern nicht gesondert gekennzeichnet, handelt es sich bei den aufgeführten Untersuchungen um quantitative oder semiquantitative Bestimmungen.*
11. *Laboratoriumsuntersuchungen der Abschnitte M I, M II und M III (mit Ausnahme der Leistungen nach den Nummern 3980 bis 4014) im Rahmen einer Intensivbehandlung nach Nummer 435 sind nur nach Nummer 437 berechnungsfähig.*[1]

I. Vorhalteleistungen in der eigenen, niedergelassenen Praxis

Allgemeine Bestimmungen

Leistungen nach den Nummern 3500 bis 3532 sind nur berechnungsfähig, wenn die Laboruntersuchung direkt beim Patienten (z. B. auch bei Hausbesuch) oder in den eigenen Praxisräumen innerhalb von vier Stunden nach der Probennahme bzw. Probenübergabe an den Arzt erfolgt.

Die Leistungen nach den Nummern 3500 bis 3532 sind nicht berechnungsfähig, wenn sie in einem Krankenhaus, einer krankenhausähnlichen Einrichtung, einer Laborgemeinschaft oder in einer laborärztlichen Praxis erbracht werden.

		Punktzahl	1fach DM €	1,15fach DM €	1,3fach DM €	1,1fach DM €	UV Allg. DM €	UV Bes. DM €
3500*	Blut im Stuhl, dreimalige Untersuchung	90	10,26 5,25	11,80 6,03	13,34 6,82	11,29 5,77	12,15 6,21	12,15 6,21
	Die Kosten für ausgegebenes Testmaterial sind anstelle der Leistung nach Nummer 3500 berechnungsfähig, wenn die Auswertung aus Gründen unterbleibt, die der Arzt nicht zu vertreten hat.							
3501*	Blutkörperschensenkungsgeschwindigkeit (BKS, BSG)	60	6,84 3,50	7,87 4,02	8,89 4,55	7,52 3,85	8,10 4,14	8,10 4,14

[1] Punkt 11 der Allgemeinen Bestimmungen gilt nur für GOÄ
* Reduzierter Gebührenrahmen

		Punktzahl	1fach DM €	1,15fach DM €	1,3fach DM €	1,1fach DM €	UV Allg. DM €	UV Bes. DM €
3502*	Differenzierung des Blutausstrichs, mikroskopisch	120	13,68 7,00	15,73 8,04	17,78 9,09	15,05 7,69	16,20 8,28	16,20 8,28
3503*	Hämatokrit	70	7,98 4,08	9,18 4,69	10,37 5,30	8,78 4,49	9,45 4,83	9,45 4,83
	Mikroskopische Einzelbestimmung, je Meßgröße	60	6,84 3,50	7,87 4,02	8,89 4,55	7,52 3,85	8,10 4,14	8,10 4,14
	Katalog							
3504*	Erythrozyten							
3505*	Leukozyten							
3506*	Thrombozyten							
3508*	Mikroskopische Untersuchung eines Nativpräparats, gegebenenfalls nach einfacher Aufbereitung (z. B. Zentrifugation) im Durchlicht- oder Phasenkontrastverfahren, je Material (z. B. Punktate, Sekrete, Stuhl)	80	9,12 4,66	10,49 5,36	11,86 6,06	10,03 5,13	10,80 5,52	10,80 5,52
3509*	Mikroskopische Untersuchung nach einfacher Färbung (z. B. Methylenblau, Lugol), je Material	100	11,40 5,83	13,11 6,70	14,82 7,58	12,54 6,41	13,50 6,90	13,50 6,90
3510*	Mikroskopische Untersuchung nach differenzierender Färbung (z. B. Gramfärbung), je Präparat	120	13,68 7,00	15,73 8,04	17,78 9,09	15,05 7,69	16,20 8,28	16,20 8,28
3511*	Untersuchung eines Körpermaterials mit vorgefertigten Reagenzträgern oder Reagenzzubereitungen und visueller Auswertung (z. B. Glukose, Harnstoff, Urinteststreifen), qualitativ oder semiquantitativ, auch bei Verwendung eines Mehrfachreagenzträgers, je Untersuchung	50	5,70 2,91	6,56 3,35	7,41 3,79	6,27 3,21	6,75 3,45	6,75 3,45

Können mehrere Meßgrößen durch Verwendung eines Mehrfachreagenzträgers erfaßt werden, so ist die Leistung nach Nummer 3511 auch dann nur einmal berechnungsfähig, wenn mehrere Einfachreagenzträger verwandt wurden.
Bei mehrfacher Berechnung der Leistung nach Nummer 3511 ist die Art der Untersuchung in der Rechnung anzugeben.

* Reduzierter Gebührenrahmen

	Punktzahl	1fach DM €	1,15fach DM €	1,3fach DM €	1,1fach DM €	UV Allg. DM €	UV Bes. DM €
Untersuchung folgender Meßgrößen unabhängig vom Meßverfahren, je Meßgröße	70	7,98 4,08	9,18 4,69	10,37 5,30	8,78 4,49	9,45 4,83	9,45 4,83
Katalog							
3512* Alpha-Amylase							
3513* Gamma-Glutamyltranspeptidase (Gamma-Glutamyltransferase, Gamma-GT)							
3514* Glukose							
3515* Glutamatoxalazetattransaminase (GOT, Aspartataminotransferase, ASAT, AST)							
3516* Glutamatpyruvattransaminase (GPT, Alaninaminotransferase, ALAT, ALT)							
3517* Hämoglobin							
3518* Harnsäure							
3519* Kalium							
3520* Kreatinin							
3521* Lipase							
Untersuchung folgender Meßgrößen unabhängig vom Meßverfahren, je Meßgröße	100	11,40 5,83	13,11 6,70	14,82 7,58	12,54 6,41	13,50 6,90	13,50 6,90
Katalog							
3523* Antistreptolysin (ASL)							
3524* C-reaktives Protein (CRP)							
3525* Mononukleosetest							
3526* Rheumafaktor (RF)							
3528* Schwangerschaftstest (Nachweisgrenze des Tests kleiner als 500 U/l)	130	14,82 7,58	17,04 8,71	19,27 9,85	16,30 8,34	17,55 8,97	17,55 8,97
3529* Schwangerschaftstest (Nachweisgrenze des Tests kleiner als 50 U/l)	150	17,10 8,74	19,67 10,06	22,23 11,37	18,81 9,62	20,25 10,35	20,25 10,35
3530* Thromboplastinzeit (TPZ, Quickwert)	120	13,68 7,00	15,73 8,04	17,78 9,09	15,05 7,69	16,20 8,28	16,20 8,28
3531* Urinsediment	70	7,98 4,08	9,18 4,69	10,37 5,30	8,78 4,49	9,45 4,83	9,45 4,83
3532* Phasenkontrastmikroskopische Untersuchung des Urinsediments – einschließlich morphologischer Beurteilung der Erythrozyten –	90	10,26 5,25	11,80 6,03	13,34 6,82	11,29 5,77	12,15 6,21	12,15 6,21

* Reduzierter Gebührenrahmen

II. Basislabor

Allgemeine Bestimmungen

Die aufgeführten Laborleistungen dürfen auch dann als eigene Leistungen berechnet werden, wenn diese nach fachlicher Weisung unter der Aufsicht eines anderen Arztes in Laborgemeinschaften oder in von Ärzten ohne eigene Liquidationsberechtigung geleiteten Krankenhauslabors erbracht werden.

Für die mit H1 gekennzeichneten Untersuchungen ist der Höchstwert nach Nummer 3541.H zu beachten.

		Punktzahl	1fach DM €	1,15fach DM €	1,3fach DM €	1,1fach DM €	UV Allg. DM €	UV Bes. DM €
Höchstwerte								
3541.H*	Höchstwert für die mit H1 gekennzeichneten Untersuchungen des Abschnitts M II	480	54,72 27,98	62,93 32,18	71,14 36,37	60,19 30,78	64,80 33,13	64,80 33,13
1. Körperzellen und deren Bestandteile, Zellfunktionsuntersuchungen								
3550*	Blutbild und Blutbildbestandteile	60	6,84 3,50	7,87 4,02	8,89 4,55	7,52 3,85	8,10 4,14	8,10 4,14
	Die Leistung nach Nummer 3550 beinhaltet die Erbringung mindestens eines der folgenden Parameter, darf jedoch unabhängig von der Zahl der erbrachten Parameter aus demselben Probenmaterial nur einmal berechnet werden: Erythrozytenzahl und/oder Hämatokrit und/oder Hämoglobin und/oder mittleres Zellvolumen (MCV) und die errechneten Kenngrößen (z. B. MCH, MCHC) und die Erythrozytenverteilungskurve und/oder Leukozytenzahl und/oder Thrombozytenzahl.							
3551*	Differenzierung der Leukozyten, elektronisch-zytometrisch, zytochemisch-zytometrisch oder mittels mechanisierter Mustererkennung (Bildanalyse), zusätzlich zu der Leistung nach Nummer 3550	20	2,28 1,17	2,62 1,34	2,96 1,52	2,51 1,28	2,70 1,38	2,70 1,38
3552*	Retikulozytenzahl	70	7,98 4,08	9,18 4,69	10,37 5,30	8,78 4,49	9,45 4,83	9,45 4,83
2. Elektrolyte, Wasserhaushalt								
3555*	Calcium	40	4,56 2,33	5,24 2,68	5,93 3,03	5,02 2,57	5,40 2,76	5,40 2,76
3556*	Chlorid	30	3,42 1,75	3,93 2,01	4,45 2,27	3,76 1,92	4,05 2,07	4,05 2,07

* Reduzierter Gebührenrahmen

		Punkt- zahl	1fach DM €	1,15fach DM €	1,3fach DM €	1,1fach DM €	UV Allg. DM €	UV Bes. DM €
3557*	Kalium	30	3,42 1,75	3,93 2,01	4,45 2,27	3,76 1,92	4,05 2,07	4,05 2,07
3558*	Natrium	30	3,42 1,75	3,93 2,01	4,45 2,27	3,76 1,92	4,05 2,07	4,05 2,07

3. Kohlehydrat- und Lipidstoffwechsel

Allgemeine Bestimmung

Für die mit H1 gekennzeichneten Untersuchungen ist der Höchstwert nach Nummer 3541.H zu beachten.

		Punkt- zahl	1fach DM €	1,15fach DM €	1,3fach DM €	1,1fach DM €	UV Allg. DM €	UV Bes. DM €
3560*	Glukose	40	4,56 2,33	5,24 2,68	5,93 3,03	5,02 2,57	5,40 2,76	5,40 2,76
3561*	Glykierte Hämoglobine (HbA_1, HbA_{1c})	200	22,80 11,66	26,22 13,41	29,64 15,16	25,08 12,82	27,00 13,80	27,00 13,80
3562.H1*	Cholesterin	40	4,56 2,33	5,24 2,68	5,93 3,03	5,02 2,57	5,40 2,76	5,40 2,76
3563.H1*	HDL-Cholesterin	40	4,56 2,33	5,24 2,68	5,93 3,03	5,02 2,57	5,40 2,76	5,40 2,76
3564.H1*	LDL-Cholesterin	40	4,56 2,33	5,24 2,68	5,93 3,03	5,02 2,57	5,40 2,76	5,40 2,76
3565.H1*	Triglyzeride	40	4,56 2,33	5,24 2,68	5,93 3,03	5,02 2,57	5,40 2,76	5,40 2,76

4. Proteine, Elektrophoreseverfahren

Allgemeine Bestimmung

Für die mit H1 gekennzeichneten Untersuchungen ist der Höchstwert nach Nummer 3541.H zu beachten.

		Punkt- zahl	1fach DM €	1,15fach DM €	1,3fach DM €	1,1fach DM €	UV Allg. DM €	UV Bes. DM €
3570.H1*	Albumin, photometrisch	30	3,42 1,75	3,93 2,01	4,45 2,27	3,76 1,92	4,05 2,07	4,05 2,07
3571*	Immunglobulin (IgA, IgG, IgM), Ligandenassay – gegebenenfalls einschließlich Doppelbestimmung und aktueller Bezugskurve –, Immundiffusion oder ähnliche Untersuchungsmethoden, je Immunglobulin	150	17,10 8,74	19,67 10,06	22,23 11,37	18,81 9,62	20,25 10,35	20,25 10,35
3572*	Immunglobulin E (IgE), Ligandenassay – gegebenenfalls einschließlich Doppelbestimmung und aktueller Bezugskurve –, Immundiffusion oder ähnliche Untersuchungsmethoden ...	250	28,50 14,57	32,78 16,76	37,05 18,94	31,35 16,03	33,75 17,26	33,75 17,26
3573.H1*	Gesamt-Protein im Serum oder Plasma	30	3,42 1,75	3,93 2,01	4,45 2,27	3,76 1,92	4,05 2,07	4,05 2,07

* Reduzierter Gebührenrahmen

		Punktzahl	1fach DM €	1,15fach DM €	1,3fach DM €	1,1fach DM €	UV Allg. DM €	UV Bes. DM €
3574*	Proteinelektrophorese im Serum	200	22,80 11,66	26,22 13,41	29,64 15,16	25,08 12,82	27,00 13,80	27,00 13,80
3575*	Transferrin, Immundiffusion oder ähnliche Untersuchungsmethoden	100	11,40 5,83	13,11 6,70	14,82 7,58	12,54 6,41	13,50 6,90	13,50 6,90

5. Substrate, Metabolite, Enzyme

Allgemeine Bestimmung

Für die mit H1 gekennzeichneten Untersuchungen ist der Höchstwert nach Nummer 3541.H zu beachten.

		Punktzahl	1fach DM €	1,15fach DM €	1,3fach DM €	1,1fach DM €	UV Allg. DM €	UV Bes. DM €
3580.H1*	Anorganisches Phosphat	40	4,56 2,33	5,24 2,68	5,93 3,03	5,02 2,57	5,40 2,76	5,40 2,76
3581.H1*	Bilirubin, gesamt	40	4,56 2,33	5,24 2,68	5,93 3,03	5,02 2,57	5,40 2,76	5,40 2,76
3582*	Bilirubin, direkt	70	7,98 4,08	9,18 4,69	10,37 5,30	8,78 4,49	9,45 4,83	9,45 4,83
3583.H1*	Harnsäure	40	4,56 2,33	5,24 2,68	5,93 3,03	5,02 2,57	5,40 2,76	5,40 2,76
3584.H1*	Harnstoff (Harnstoff-N, BUN)	40	4,56 2,33	5,24 2,68	5,93 3,03	5,02 2,57	5,40 2,76	5,40 2,76
3585.H1*	Kreatinin	40	4,56 2,33	5,24 2,68	5,93 3,03	5,02 2,57	5,40 2,76	5,40 2,76
3587.H1*	Alkalische Phosphatase	40	4,56 2,33	5,24 2,68	5,93 3,03	5,02 2,57	5,40 2,76	5,40 2,76
3588.H1*	Alpha-Amylase (auch immuninhibitorische Bestimmung der Pankreas-Amylase)	50	5,70 2,91	6,56 3,35	7,41 3,79	6,27 3,21	6,75 3,45	6,75 3,45
3589.H1*	Cholinesterase (Pseudocholinesterase, CHE, PCHE)	40	4,56 2,33	5,24 2,68	5,93 3,03	5,02 2,57	5,40 2,76	5,40 2,76
3590.H1*	Creatinkinase (CK)	40	4,56 2,33	5,24 2,68	5,93 3,03	5,02 2,57	5,40 2,76	5,40 2,76
3591.H1*	Creatinkinase MB (CK-MB), Immuninhibitionsmethode	50	5,70 2,91	6,56 3,35	7,41 3,79	6,27 3,21	6,75 3,45	6,75 3,45
3592.H1*	Gamma-Glutamyltranspeptidase (Gamma-Glutamyltransferase, Gamma-GT)	40	4,56 2,33	5,24 2,68	5,93 3,03	5,02 2,57	5,40 2,76	5,40 2,76
3593.H1*	Glutamatdehydrogenase (GLDH)	50	5,70 2,91	6,56 3,35	7,41 3,79	6,27 3,21	6,75 3,45	6,75 3,45

* Reduzierter Gebührenrahmen

		Punktzahl	1fach DM €	1,15fach DM €	1,3fach DM €	1,1fach DM €	UV Allg. DM €	UV Bes. DM €
3594.H1*	Glutamatoxalazetattransaminase (GOT, Aspartataminotransferase, ASAT, AST)	40	4,56 2,33	5,24 2,68	5,93 3,03	5,02 2,57	5,40 2,76	5,40 2,76
3595.H1*	Glutamatpyruvattransaminase (GPT, Alaninaminotransferase, ALAT, ALT)	40	4,56 2,33	5,24 2,68	5,93 3,03	5,02 2,57	5,40 2,76	5,40 2,76
3596.H1*	Hydroxybutyratdehydrogenase (HBDH)	40	4,56 2,33	5,24 2,68	5,93 3,03	5,02 2,57	5,40 2,76	5,40 2,76
3597.H1*	Laktatdehydrogenase (LDH)	40	4,56 2,33	5,24 2,68	5,93 3,03	5,02 2,57	5,40 2,76	5,40 2,76
3598.H1*	Lipase	50	5,70 2,91	6,56 3,35	7,41 3,79	6,27 3,21	6,75 3,45	6,75 3,45
3599*	Saure Phosphatase (sP), photometrisch	70	7,98 4,08	9,18 4,69	10,37 5,30	8,78 4,49	9,45 4,83	9,45 4,83

6. Gerinnungssystem

		Punktzahl	1fach DM €	1,15fach DM €	1,3fach DM €	1,1fach DM €	UV Allg. DM €	UV Bes. DM €
3605*	Partielle Thromboplastinzeit (PTT, aPTT), Einfachbestimmung	50	5,70 2,91	6,56 3,35	7,41 3,79	6,27 3,21	6,75 3,45	6,75 3,45
3606*	Plasmathrombinzeit (PTZ, TZ), Doppelbestimmung	70	7,98 4,08	9,18 4,69	10,37 5,30	8,78 4,49	9,45 4,83	9,45 4,83
3607*	Thromboplastinzeit (Prothrombinzeit, TPZ, Quickwert), Einfachbestimmung	50	5,70 2,91	6,56 3,35	7,41 3,79	6,27 3,21	6,75 3,45	6,75 3,45

7. Funktionsteste

Allgemeine Bestimmungen

Wird eine vom jeweils genannten Leistungsumfang abweichende geringere Anzahl von Bestimmungen durchgeführt, so ist nur die Zahl der tatsächlich durchgeführten Einzelleistungen berechnungsfähig.

Sind aus medizinischen Gründen über den jeweils genannten Leistungsumfang hinaus weitere Bestimmungen einzelner Meßgrößen erforderlich, so können diese mit entsprechender Begründung als Einzelleistungen gesondert berechnet werden.

		Punktzahl	1fach DM €	1,15fach DM €	1,3fach DM €	1,1fach DM €	UV Allg. DM €	UV Bes. DM €
3610*	Amylase-Clearance (Zweimalige Bestimmung von Amylase)	100	11,40 5,83	13,11 6,70	14,82 7,58	12,54 6,41	13,50 6,90	13,50 6,90
3611*	Blutzuckertagesprofil (Viermalige Bestimmung von Glukose)	160	18,24 9,33	20,98 10,73	23,71 12,12	20,06 10,26	21,60 11,04	21,60 11,04

* Reduzierter Gebührenrahmen

		Punktzahl	1fach DM €	1,15fach DM €	1,3fach DM €	1,1fach DM €	UV Allg. DM €	UV Bes. DM €
3612*	Glukosetoleranztest, intravenös (Siebenmalige Bestimmung von Glukose)	280	31,92 16,32	36,71 18,77	41,50 21,22	35,11 17,95	37,80 19,33	37,80 19,33
3613*	Glukosetoleranztest, oral (Viermalige Bestimmung von Glukose)	160	18,24 9,33	20,98 10,73	23,71 12,12	20,06 10,26	21,60 11,04	21,60 11,04
3615*	Kreatinin-Clearance (Zweimalige Bestimmung von Kreatinin)	60	6,84 3,50	7,87 4,02	8,89 4,55	7,52 3,85	8,10 4,14	8,10 4,14
	8. Spurenelemente							
3620*	Eisen im Serum oder Plasma	40	4,56 2,33	5,24 2,68	5,93 3,03	5,02 2,57	5,40 2,76	5,40 2,76
3621*	Magnesium	40	4,56 2,33	5,24 2,68	5,93 3,03	5,02 2,57	5,40 2,76	5,40 2,76

III. Untersuchungen von körpereigenen oder körperfremden Substanzen und körpereigenen Zellen

Allgemeine Bestimmung

Für die mit H2, H3 und H4 gekennzeichneten Untersuchungen sind die Höchstwerte nach den Nummern 3630.H, 3631.H und 3633.H zu beachten.

Höchstwerte

		Punktzahl	1fach DM €	1,15fach DM €	1,3fach DM €	1,1fach DM €	UV Allg. DM €	UV Bes. DM €
3630.H*	Höchstwert für die mit H2 gekennzeichneten Untersuchungen aus Abschnitt M III 8	870	99,18 50,71	114,06 58,32	128,93 65,92	109,10 55,78	117,45 60,05	117,45 60,05
3631.H*	Höchstwert für die mit H3 gekennzeichneten Untersuchungen aus Abschnitt M III 10	1400	159,60 81,60	183,54 93,84	207,48 106,08	175,56 89,76	189,00 96,63	189,00 96,63
3633.H*	Höchstwert für die mit H4 gekennzeichneten Untersuchungen aus Abschnitt M III 14	550	62,70 32,06	72,11 36,87	81,51 41,68	68,97 35,26	74,25 37,96	74,25 37,96

* Reduzierter Gebührenrahmen

		Punktzahl	1fach DM €	1,15fach DM €	1,3fach DM €	1,1fach DM €	UV Allg. DM €	UV Bes. DM €

1. Ausscheidungen (Urin, Stuhl)

3650*	Blut im Stuhl, dreimalige Untersuchung	60	6,84 3,50	7,87 4,02	8,89 4,55	7,52 3,85	8,10 4,14	8,10 4,14
	Die Kosten für ausgegebenes Testmaterial sind anstelle der Leistung nach Nummer 3650 berechnungsfähig, wenn die Auswertung aus Gründen unterbleibt, die der Arzt nicht zu vertreten hat.							
3651*	Phasenkontrastmikroskopische Untersuchung des Urinsediments – einschließlich morphologischer Beurteilung der Erythrozyten –	70	7,98 4,08	9,18 4,69	10,37 5,30	8,78 4,49	9,45 4,83	9,45 4,83
3652*	Streifentest im Urin, auch bei Verwendung eines Mehrfachreagenzträgers, je Untersuchung	35	3,99 2,04	4,59 2,35	5,19 2,65	4,39 2,24	4,73 2,42	4,73 2,42
3653*	Urinsediment, mikroskopisch	50	5,70 2,91	6,56 3,35	7,41 3,79	6,27 3,21	6,75 3,45	6,75 3,45
3654*	Zellzählung im Urin (Addis-Count), mikroskopisch	80	9,12 4,66	10,49 5,36	11,86 6,06	10,03 5,13	10,80 5,52	10,80 5,52

2. Sekrete, Liquor, Konkremente

3660*	Sekret (Magen, Duodenum, Cervix uteri), mikroskopische Beurteilung	40	4,56 2,33	5,24 2,68	5,93 3,03	5,02 2,57	5,40 2,76	5,40 2,76
3661*	Gallensediment, mikroskopisch	40	4,56 2,33	5,24 2,68	5,93 3,03	5,02 2,57	5,40 2,76	5,40 2,76
3662*	HCl, titrimetrisch	70	7,98 4,08	9,18 4,69	10,37 5,30	8,78 4,49	9,45 4,83	9,45 4,83
3663*	Morphologische Differenzierung des Spermas, mikroskopisch	160	18,24 9,33	20,98 10,73	23,71 12,12	20,06 10,26	21,60 11,04	21,60 11,04
3664*	Spermienagglutination, mikroskopisch	120	13,68 7,00	15,73 8,04	17,78 9,09	15,05 7,69	16,20 8,28	16,20 8,28
3665*	Spermien-Mucus-Penetrationstest, je Ansatz	150	17,10 8,74	19,67 10,06	22,23 11,37	18,81 9,62	20,25 10,35	20,25 10,35
3667*	Spermienzahl und Motilitätsbeurteilung, mikroskopisch	70	7,98 4,08	9,18 4,69	10,37 5,30	8,78 4,49	9,45 4,83	9,45 4,83

* Reduzierter Gebührenrahmen

		Punktzahl	1fach DM €	1,15fach DM €	1,3fach DM €	1,1fach DM €	UV Allg. DM €	UV Bes. DM €
3668*	Physikalisch-morphologische Untersuchung des Spermas (Menge, Viskosität, pH-Wert, Nativpräparat[e], Differenzierung der Beweglichkeit, Bestimmung der Spermienzahl, Vitalitätsprüfung, morphologische Differenzierung nach Ausstrichfärbung)	400	45,60 23,32	52,44 26,81	59,28 30,31	50,16 25,65	54,00 27,61	54,00 27,61
	Neben der Leistung nach Nummer 3668 sind die Leistungen nach den Nummern 3663, 3664 und/oder 3667 nicht berechnungsfähig.							
3669*	Erythrozytenzahl (Liquor), mikroskopisch	60	6,84 3,50	7,87 4,02	8,89 4,55	7,52 3,85	8,10 4,14	8,10 4,14
3670*	Leukozytenzahl (Liquor), mikroskopisch	60	6,84 3,50	7,87 4,02	8,89 4,55	7,52 3,85	8,10 4,14	8,10 4,14
3671*	Morphologische Differenzierung des Liquorzellausstrichs, mikroskopisch	160	18,24 9,33	20,98 10,73	23,71 12,12	20,06 10,26	21,60 11,04	21,60 11,04
3672*	Steinanalyse (Gallensteine, Harnsteine), mittels Infrarotspektrometrie oder mikroskopisch – einschließlich chemischer Reaktionen –	250	28,50 14,57	32,78 16,76	37,05 18,94	31,35 16,03	33,75 17,26	33,75 17,26
3673*	Steinanalyse (Gallensteine, Harnsteine), Röntgendiffraktion	570	64,98 33,22	74,73 38,21	84,47 43,19	71,48 36,55	76,95 39,34	76,95 39,34

3. Körperzellen und deren Bestandteile, Zellfunktionsuntersuchungen

		Punktzahl	1fach DM €	1,15fach DM €	1,3fach DM €	1,1fach DM €	UV Allg. DM €	UV Bes. DM €
3680*	Differenzierung des Blutausstrichs, mikroskopisch	90	10,26 5,25	11,80 6,03	13,34 6,82	11,29 5,77	12,15 6,21	12,15 6,21
3681*	Morphologische Differenzierung des Knochenmarkausstrichs, mikroskopisch	570	64,98 33,22	74,73 38,21	84,47 43,19	71,48 36,55	76,95 39,34	76,95 39,34
3682*	Eisenfärbung eines Blut- oder Knochenmarkausstrichs	120	13,68 7,00	15,73 8,04	17,78 9,09	15,05 7,69	16,20 8,28	16,20 8,28
3683*	Färbung eines Blut- oder Knochenmarkausstrichs (z. B. Nachweis der alkalischen Leukozytenphosphatase, Leukozytenesterase, Leukozytenperoxidase oder PAS), je Färbung	250	28,50 14,57	32,78 16,76	37,05 18,94	31,35 16,03	33,75 17,26	33,75 17,26

* Reduzierter Gebührenrahmen

		Punktzahl	1fach DM €	1,15fach DM €	1,3fach DM €	1,1fach DM €	UV Allg. DM €	UV Bes. DM €
3686*	Eosinophile, segmentkernige Granulozyten (absolute Eosinophilenzahl), mikroskopisch	70	7,98 4,08	9,18 4,69	10,37 5,30	8,78 4,49	9,45 4,83	9,45 4,83
3688*	Osmotische Resistenz der Erythrozyten	90	10,26 5,25	11,80 6,03	13,34 6,82	11,29 5,77	12,15 6,21	12,15 6,21
3689*	Fetales Hämoglobin (HbF), mikroskopisch	160	18,24 9,33	20,98 10,73	23,71 12,12	20,06 10,26	21,60 11,04	21,60 11,04
3690*	Freies Hämoglobin, spektralphotometrisch	180	20,52 10,49	23,60 12,07	26,68 13,64	22,57 11,54	24,30 12,42	24,30 12,42
3691*	Hämoglobinelektrophorese	570	64,98 33,22	74,73 38,21	84,47 43,19	71,48 36,55	76,95 39,34	76,95 39,34
3692*	Methämoglobin und/oder Carboxyhämoglobin und/oder Sauerstoffsättigung, cooxymetrisch	60	6,84 3,50	7,87 4,02	8,89 4,55	7,52 3,85	8,10 4,14	8,10 4,14
3693*	Granulozytenfunktionstest (Adhäsivität, Chemotaxis [bis zu drei Stimulatoren], Sauerstoffaufnahme [bis zu drei Stimulatoren], Luminiszenz [O_2-Radikale], Degranulierung), je Funktionstest	570	64,98 33,22	74,73 38,21	84,47 43,19	71,48 36,55	76,95 39,34	76,95 39,34
3694*	Lymphozytentransformationstest	570	64,98 33,22	74,73 38,21	84,47 43,19	71,48 36,55	76,95 39,34	76,95 39,34
3695*	Phagozytäre Funktion neutrophiler Granulozyten (Nitrotetrazolblautest, NBT-Test)	120	13,68 7,00	15,73 8,04	17,78 9,09	15,05 7,69	16,20 8,28	16,20 8,28
3696*	Phänotypisierung von Zellen oder Rezeptornachweis auf Zellen mit bis zu drei verschiedenen, primären Antiseren (Einfach- oder Mehrfachmarkierung), Durchflußzytometrie, je Antiserum	570	64,98 33,22	74,73 38,21	84,47 43,19	71,48 36,55	76,95 39,34	76,95 39,34
3697*	Phänotypisierung von Zellen oder Rezeptornachweis auf Zellen mit weiteren Antiseren (Einfach- oder Mehrfachmarkierung), Durchflußzytometrie, je Antiserum	250	28,50 14,57	32,78 16,76	37,05 18,94	31,35 16,03	33,75 17,26	33,75 17,26

Die Leistung nach Nummer 3697 kann nur im Zusammenhang mit der Leistung nach Nummer 3696 berechnet werden.

* Reduzierter Gebührenrahmen

		Punktzahl	1fach DM €	1,15fach DM €	1,3fach DM €	1,1fach DM €	UV Allg. DM €	UV Bes. DM €
3698*	Phänotypisierung von Zellen oder Rezeptornachweis auf Zellen mit dem ersten, primären Antiserum, Immunfluoreszenz oder ähnliche Untersuchungsmethoden	450	51,30 26,23	59,– 30,16	66,69 34,10	56,43 28,85	60,75 31,06	60,75 31,06
3699*	Phänotypisierung von Zellen oder Rezeptornachweis auf Zellen mit weiteren Antiseren, Immunfluoreszenz oder ähnliche Untersuchungsmethoden, je Antiserum 360 . . . . *Die Leistung nach Nummer 3699 kann nur im Zusammenhang mit der Leistung nach Nummer 3698 berechnet werden.*	360	41,04 20,98	47,20 24,13	53,35 27,28	45,14 23,08	48,60 24,85	48,60 24,85
3700*	Tumorstammzellenassay – gegebenenfalls auch von Zellanteilen – zur Prüfung der Zytostatikasensibilität . . .	2000	228,– 116,58	262,20 134,06	296,40 151,55	250,80 128,23	270,00 138,05	270,00 138,05

4. Elektrolyte, Wasserhaushalt, physikalische Eigenschaften von Körperflüssigkeiten

		Punktzahl	1fach DM €	1,15fach DM €	1,3fach DM €	1,1fach DM €	UV Allg. DM €	UV Bes. DM €
3710*	Blutgasanalyse (pH und/oder PCO_2 und/oder PO_2 und/oder Hb)	90	10,26 5,25	11,80 6,03	13,34 6,82	11,29 5,77	12,15 6,21	12,15 6,21
3711*	Blutkörperchensenkungsgeschwindigkeit (BKS, BSG)	40	4,56 2,33	5,24 2,68	5,93 3,03	5,02 2,57	5,40 2,76	5,40 2,76
3712*	Viskosität (z. B. Blut, Serum, Plasma), viskosimetrisch	250	28,50 14,57	32,78 16,76	37,05 18,94	31,35 16,03	33,75 17,26	33,75 17,26
3714*	Wasserstoffionenkonzentration (pH), potentiometrisch, jedoch nicht aus Blut oder Urin	40	4,56 2,33	5,24 2,68	5,93 3,03	5,02 2,57	5,40 2,76	5,40 2,76
3715*	Bikarbonat	60	6,84 3,50	7,87 4,02	8,89 4,55	7,52 3,85	8,10 4,14	8,10 4,14
3716*	Osmolalität	50	5,70 2,91	6,56 3,35	7,41 3,79	6,27 3,21	6,75 3,45	6,75 3,45

5. Kohlehydrat- und Lipidstoffwechsel

		Punktzahl	1fach DM €	1,15fach DM €	1,3fach DM €	1,1fach DM €	UV Allg. DM €	UV Bes. DM €
3721*	Glykierte Proteine	250	28,50 14,57	32,78 16,76	37,05 18,94	31,35 16,03	33,75 17,26	33,75 17,26
3722*	Fructosamin, photometrisch	70	7,98 4,08	9,18 4,69	10,37 5,30	8,78 4,49	9,45 4,83	9,45 4,83

* Reduzierter Gebührenrahmen

		Punkt-zahl	1fach DM €	1,15fach DM €	1,3fach DM €	1,1fach DM €	UV Allg. DM €	UV Bes. DM €
3723*	Fruktose, photometrisch	200	22,80 11,66	26,22 13,41	29,64 15,16	25,08 12,82	27,00 13,80	27,00 13,80
3724*	D-Xylose, photometrisch	200	22,80 11,66	26,22 13,41	29,64 15,16	25,08 12,82	27,00 13,80	27,00 13,80
3725*	Apolipoprotein (A1, A2, B), Ligandenassay – gegebenenfalls einschließlich Doppelbestimmung und aktueller Bezugskurve –, Immundiffusion oder ähnliche Untersuchungsmethoden, je Bestimmung	200	22,80 11,66	26,22 13,41	29,64 15,16	25,08 12,82	27,00 13,80	27,00 13,80
3726*	Fettsäuren, Gaschromatographie	410	46,74 23,90	53,75 27,48	60,76 31,07	51,41 26,29	55,35 28,30	55,35 28,30
3727*	Fraktionierung der Lipoproteine, Ultrazentrifugation	680	77,52 39,64	89,15 45,58	100,78 51,53	85,27 43,60	91,80 46,94	91,80 46,94
3728*	Lipidelektrophorese, qualitativ	180	20,52 10,49	23,60 12,07	26,68 13,64	22,57 11,54	24,30 12,42	24,30 12,42
3729*	Lipidelektrophorese, quantitativ	300	34,20 17,49	39,33 20,11	44,46 22,73	37,62 19,24	40,50 20,71	40,50 20,71
3730*	Lipoprotein (a) (Lp[a]), Ligandenassay – gegebenenfalls einschließlich Doppelbestimmung und aktueller Bezugskurve –, Elektroimmundiffusion	300	34,20 17,49	39,33 20,11	44,46 22,73	37,62 19,24	40,50 20,71	40,50 20,71

6. Proteine, Aminosäuren, Elektrophoreseverfahren

Allgemeine Bestimmung

Für die mit H4 gekennzeichnete Untersuchung ist der Höchstwert nach Nummer 3633.H zu beachten.

		Punkt-zahl	1fach DM €	1,15fach DM €	1,3fach DM €	1,1fach DM €	UV Allg. DM €	UV Bes. DM €
3733▾	Trockenchemische Bestimmung von Theophyllin						16,20 8,28	16,20 8,28
3735*	Albumin, Ligandenassay – gegebenenfalls einschließlich Doppelbestimmung und aktueller Bezugskurve –, Immundiffusion oder ähnliche Untersuchungsmethoden	150	17,10 8,74	19,67 10,06	22,23 11,37	18,81 9,62	20,25 10,35	20,25 10,35
3736*	Albumin mit vorgefertigten Reagenzträgern, zur Diagnose einer Mikroalbuminurie	120	13,68 7,00	15,73 8,04	17,78 9,09	15,05 7,69	16,20 8,28	16,20 8,28

* Reduzierter Gebührenrahmen
▾ Leistung nur nach UV-GOÄ berechnungsfähig.

		Punktzahl	1fach DM €	1,15fach DM €	1,3fach DM €	1,1fach DM €	UV Allg. DM €	UV Bes. DM €
3737*	Aminosäuren, Hochdruckflüssigkeitschromatographie	570	64,98 33,22	74,73 38,21	84,47 43,19	71,48 36,55	76,95 39,34	76,95 39,34
3738*	Aminosäuren, qualitativ, Dünnschichtchromatographie	250	28,50 14,57	32,78 16,76	37,05 18,94	31,35 16,03	33,75 17,26	33,75 17,26
3739*	Alpha$_1$-Antitrypsin, Immundiffusion oder ähnliche Untersuchungsmethoden	180	20,52 10,49	23,60 12,07	26,68 13,64	22,57 11,54	24,30 12,42	24,30 12,42
3740*	Coeruloplasmin, Immundiffusion oder ähnliche Untersuchungsmethoden	180	20,52 10,49	23,60 12,07	26,68 13,64	22,57 11,54	24,30 12,42	24,30 12,42
3741*	C-reaktives Protein (CRP), Ligandenassay – gegebenenfalls einschließlich Doppelbestimmung und aktueller Bezugskurve –, Immundiffusion oder ähnliche Untersuchungsmethoden	200	22,80 11,66	26,22 13,41	29,64 15,16	25,08 12,82	27,00 13,80	27,00 13,80
3742*	Ferritin, Ligandenassay – gegebenenfalls einschließlich Doppelbestimmung und aktueller Bezugskurve –	250	28,50 14,57	32,78 16,76	37,05 18,94	31,35 16,03	33,75 17,26	33,75 17,26
3743*	Alpha-Fetoprotein (AFP), Ligandenassay – gegebenenfalls einschließlich Doppelbestimmung und aktueller Bezugskurve –	250	28,50 14,57	32,78 16,76	37,05 18,94	31,35 16,03	33,75 17,26	33,75 17,26
3744*	Fibronectin, Ligandenassay – einschließlich Doppelbestimmung und aktueller Bezugskurve –	450	51,30 26,23	59,– 30,16	66,69 34,10	56,43 28,85	60,75 31,06	60,75 31,06
3745*	Beta$_2$-Glykoprotein II (C3-Proaktivator), Immundiffusion oder ähnliche Untersuchungsmethoden	180	20,52 10,49	23,60 12,07	26,68 13,64	22,57 11,54	24,30 12,42	24,30 12,42
3746*	Hämopexin, Immundiffusion oder ähnliche Untersuchungsmethoden	180	20,52 10,49	23,60 12,07	26,68 13,64	22,57 11,54	24,30 12,42	24,30 12,42
3747*	Haptoglobin, Immundiffusion oder ähnliche Untersuchungsmethoden	180	20,52 10,49	23,60 12,07	26,68 13,64	22,57 11,54	24,30 12,42	24,30 12,42
3748*	Immunelektrophorese, bis zu sieben Ansätze, je Ansatz	200	22,80 11,66	26,22 13,41	29,64 15,16	25,08 12,82	27,00 13,80	27,00 13,80

* Reduzierter Gebührenrahmen

		Punktzahl	1fach DM €	1,15fach DM €	1,3fach DM €	1,1fach DM €	UV Allg. DM €	UV Bes. DM €
3749*	Immunfixation, bis zu fünf Antiseren, je Antiserum	200	22,80 11,66	26,22 13,41	29,64 15,16	25,08 12,82	27,00 13,80	27,00 13,80
3750*	Isoelektrische Fokussierung (z. B. Oligoklonale Banden)	570	64,98 33,22	74,73 38,21	84,47 43,19	71,48 36,55	76,95 39,34	76,95 39,34
3751*	Kryoglobuline, qualitativ, visuell	40	4,56 2,33	5,24 2,68	5,93 3,03	5,02 2,57	5,40 2,76	5,40 2,76
3752*	Kryoglobuline (Bestimmung von je zweimal IgA, IgG und IgM), Immundiffusion oder ähnliche Untersuchungsmethoden, je Globulinbestimmung	120	13,68 7,00	15,73 8,04	17,78 9,09	15,05 7,69	16,20 8,28	16,20 8,28
3753*	Alpha$_2$-Makroglobulin, Immundiffusion oder ähnliche Untersuchungsmethoden	180	20,52 10,49	23,60 12,07	26,68 13,64	22,57 11,54	24,30 12,42	24,30 12,42
3754*	Mikroglobuline (Alpha$_1$, Beta$_2$), Ligandenassay – gegebenenfalls einschließlich Doppelbestimmung und aktueller Bezugskurve –, Immundiffusion oder ähnliche Untersuchungsmethoden, je Mikroglobulinbestimmung	200	22,80 11,66	26,22 13,41	29,64 15,16	25,08 12,82	27,00 13,80	27,00 13,80
3755*	Myoglobin, Agglutination, qualitativ	60	6,84 3,50	7,87 4,02	8,89 4,55	7,52 3,85	8,10 4,14	8,10 4,14
3756*	Myoglobin, Ligandenassay – gegebenenfalls einschließlich Doppelbestimmung und aktueller Bezugskurve –, Immundiffusion oder ähnliche Untersuchungsmethoden	200	22,80 11,66	26,22 13,41	29,64 15,16	25,08 12,82	27,00 13,80	27,00 13,80
3757▼	Eiweißuntersuchung aus einweißarmen Flüssigkeiten (z. B. Liquor-, Gelenk- oder Pleurapunktat)						9,45 4,83	9,45 4,83
3758*	Phenylalanin (Guthrie-Test), Bakterienwachstumstest	60	6,84 3,50	7,87 4,02	8,89 4,55	7,52 3,85	8,10 4,14	8,10 4,14
3759*	Präalbumin, Immundiffusion oder ähnliche Untersuchungsmethoden	180	20,52 10,49	23,60 12,07	26,68 13,64	22,57 11,54	24,30 12,42	24,30 12,42
3760*	Protein im Urin, photometrisch	70	7,98 4,08	9,18 4,69	10,37 5,30	8,78 4,49	9,45 4,83	9,45 4,83

* Reduzierter Gebührenrahmen
▼ Leistung nur nach UV-GOÄ berechnungsfähig.

		Punktzahl	1fach DM €	1,15fach DM €	1,3fach DM €	1,1fach DM €	UV Allg. DM €	UV Bes. DM €
3761*	Proteinelektrophorese im Urin	250	28,50 14,57	32,78 16,76	37,05 18,94	31,35 16,03	33,75 17,26	33,75 17,26
3762*	Schwefelhaltige Aminosäuren (Cystin, Cystein, Homocystin), Farbreaktion und visuell, qualitativ, je Aminosäurenbestimmung	40	4,56 2,33	5,24 2,68	5,93 3,03	5,02 2,57	5,40 2,76	5,40 2,76
3763*	SDS-Elektrophorese mit anschließender Immunreaktion (z. B. Westernblot)	570	64,98 33,22	74,73 38,21	84,47 43,19	71,48 36,55	76,95 39,34	76,95 39,34
3764*	SDS-Polyacrylamidgel-Elektrophorese	250	28,50 14,57	32,78 16,76	37,05 18,94	31,35 16,03	33,75 17,26	33,75 17,26
3765*	Sexualhormonbindendes Globulin (SHBG), Ligandenassay – einschließlich Doppelbestimmung und aktueller Bezugskurve –	450	51,30 26,23	59,– 30,16	66,69 34,10	56,43 28,85	60,75 31,06	60,75 31,06
3766.H4*	Thyroxin-bindendes Globulin (TBG), Ligandenassay – gegebenenfalls einschließlich Doppelbestimmung und aktueller Bezugskurve –	250	28,50 14,57	32,78 16,76	37,05 18,94	31,35 16,03	33,75 17,26	33,75 17,26
3767*	Tumornekrosefaktor (TNF), Ligandenassay – einschließlich Doppelbestimmung und aktueller Bezugskurve –	450	51,30 26,23	59,– 30,16	66,69 34,10	56,43 28,85	60,75 31,06	60,75 31,06
3768*	Isolierung von Immunglobulin M mit chromatographischen Untersuchungsverfahren	360	41,04 20,98	47,20 24,13	53,35 27,28	45,14 23,08	48,60 24,85	48,60 24,85

7. Substrate, Metabolite, Enzyme

		Punktzahl	1fach DM €	1,15fach DM €	1,3fach DM €	1,1fach DM €	UV Allg. DM €	UV Bes. DM €
3774*	Ammoniak (NH_4)	220	25,08 12,82	28,84 14,75	32,60 16,67	27,59 14,11	29,70 15,19	29,70 15,19
3775*	Bilirubin im Fruchtwasser (E 450), spektralphotometrisch	180	20,52 10,49	23,60 12,07	26,68 13,64	22,57 11,54	24,30 12,42	24,30 12,42
3776*	Citrat, photometrisch	300	34,20 17,49	39,33 20,11	44,46 22,73	37,62 19,24	40,50 20,71	40,50 20,71
3777*	Gallensäuren, Ligandenassay – einschließlich Doppelbestimmung und aktueller Bezugskurve –	290	33,06 16,90	38,02 19,44	42,98 21,97	36,37 18,59	39,15 20,02	39,15 20,02

* Reduzierter Gebührenrahmen

		Punkt-zahl	1fach DM €	1,15fach DM €	1,3fach DM €	1,1fach DM €	UV Allg. DM €	UV Bes. DM €
3778*	Glutamatdehydrogenase (GLDH), manuell, photometrisch	120	13,68 7,00	15,73 8,04	17,78 9,09	15,05 7,69	16,20 8,28	16,20 8,28
3779*	Homogentisinsäure, Farbreaktion und visuell, qualitativ	40	4,56 2,33	5,24 2,68	5,93 3,03	5,02 2,57	5,40 2,76	5,40 2,76
3780*	Kreatin	120	13,68 7,00	15,73 8,04	17,78 9,09	15,05 7,69	16,20 8,28	16,20 8,28
3781*	Laktat, photometrisch	220	25,08 12,82	28,84 14,75	32,60 16,67	27,59 14,11	29,70 15,19	29,70 15,19
3782*	Lecithin/Sphingomyelin-Quotient (L/S-Quotient)	200	22,80 11,66	26,22 13,41	29,64 15,16	25,08 12,82	27,00 13,80	27,00 13,80
3783*	Organisches Säureprofil, Gaschromatographie oder Gaschromatographie-Massenspektromie	570	64,98 33,22	74,73 38,21	84,47 43,19	71,48 36,55	76,95 39,34	76,95 39,34
3784*	Isoenzyme (z. B. Alkalische Phosphatase, Alpha-Amylase), chemische oder thermische Hemmung oder Fällung, je Ansatz	150	17,10 8,74	19,67 10,06	22,23 11,37	18,81 9,62	20,25 10,35	20,25 10,35
3785*	Isoenzyme (z. B. Alkalische Phosphatase, Alpha-Amylase, Creatinkinase, LDH), Elektrophorese oder Immunpräzipitation, je Ansatz	300	34,20 17,49	39,33 20,11	44,46 22,73	37,62 19,24	40,50 20,71	40,50 20,71
3786*	Angiotensin I Converting Enzyme (Angiotensin I-Convertase, ACE)	220	25,08 12,82	28,84 14,75	32,60 16,67	27,59 14,11	29,70 15,19	29,70 15,19
3787*	Chymotrypsin (Stuhl)	120	13,68 7,00	15,73 8,04	17,78 9,09	15,05 7,69	16,20 8,28	16,20 8,28
3788*	Creatinkinase-MB-Konzentration (CK-MB), Ligandenassay – gegebenenfalls einschließlich Doppelbestimmung und aktueller Bezugskurve –	200	22,80 11,66	26,22 13,41	29,64 15,16	25,08 12,82	27,00 13,80	27,00 13,80
3789*	Enzyme der Hämsynthese (Delta-Aminolaevulinsäure-Dehydratase, Uroporphyrinsynthase und ähnliche), je Enzym	120	13,68 7,00	15,73 8,04	17,78 9,09	15,05 7,69	16,20 8,28	16,20 8,28

* Reduzierter Gebührenrahmen

		Punktzahl	1fach DM €	1,15fach DM €	1,3fach DM €	1,1fach DM €	UV Allg. DM €	UV Bes. DM €
3790*	Erythrozytenenzyme (Glukose-6-Phosphat-Dehydrogenase, Pyruvatkinase und ähnliche), je Enzym	120	13,68 7,00	15,73 8,04	17,78 9,09	15,05 7,69	16,20 8,28	16,20 8,28
3791*	Granulozyten-Elastase, Ligandenassay – einschließlich Doppelbestimmung und aktueller Bezugskurve – ..	290	33,06 16,90	38,02 19,44	42,98 21,97	36,37 18,59	39,15 20,02	39,15 20,02
3792*	Granulozyten-Elastase, Immundiffusion oder ähnliche Untersuchungsmethoden	180	20,52 10,49	23,60 12,07	26,68 13,64	22,57 11,54	24,30 12,42	24,30 12,42
3793*	Lysozym	120	13,68 7,00	15,73 8,04	17,78 9,09	15,05 7,69	16,20 8,28	16,20 8,28
3794*	Prostataspezifische saure Phosphatase (PAP), Ligandenassay – gegebenenfalls einschließlich Doppelbestimmung und aktueller Bezugskurve – ..	200	22,80 11,66	26,22 13,41	29,64 15,16	25,08 12,82	27,00 13,80	27,00 13,80
3795*	Tatrathemmbare saure Phosphatase (PSP)	110	12,54 6,41	14,42 7,37	16,30 8,34	13,79 7,05	14,85 7,59	14,85 7,59
3796*	Trypsin, Ligandenassay – gegebenenfalls einschließlich Doppelbestimmung und aktueller Bezugskurve	200	22,80 11,66	26,22 13,41	29,64 15,16	25,08 12,82	27,00 13,80	27,00 13,80

* Reduzierter Gebührenrahmen

8. Antikörper gegen körpereigene Antigene oder Haptene

Allgemeine Bestimmungen

Die Berechnung einer Gebühr für die qualitative Immunfluoreszenzuntersuchung (bis zu zwei Titerstufen) neben einer Gebühr für die quantitative Immunfluoreszenzuntersuchung (mehr als zwei Titerstufen) oder eine ähnliche Untersuchungsmethode ist nicht zulässig.

Für die mit H2 gekennzeichneten Untersuchungen ist der Höchstwert nach Nummer 3630.H zu beachten.

	Punktzahl	1fach DM €	1,15fach DM €	1,3fach DM €	1,1fach DM €	UV Allg. DM €	UV Bes. DM €
Untersuchung auf Antikörper mittels qualitativer Immunfluoreszenzuntersuchung (bis zu zwei Titerstufen) oder ähnlicher Untersuchungsmethoden	290	33,06 16,90	38,02 19,44	42,98 21,97	36,37 18,59	39,15 20,02	39,15 20,02

Katalog

Antikörper gegen

3805.H2* Basalmembran (GBM)
3806.H2* Centromerregion
3807.H2* Endomysium
3808.H2* Extrahierbare, nukleäre Antigene (ENA)
3809.H2* Glatte Muskulatur (SMA)
3811.H2* Haut (AHA, BMA, und ICS)
3812.H2* Herzmuskulatur (HMA)
3813.H2* Kerne (ANA)
3814.H2* Kollagen
3815.H2* Langerhans-Inseln (ICA)
3816.H2* Mikrosomen (Thyroperoxidase)
3817.H2* Mikrosomen (Leber, Niere)
3818.H2* Mitochondrien (AMA)
3819.H2* nDNA
3820.H2* Nebenniere
3821.H2* Parietalzellen (PCA)
3822.H2* Skelettmuskulatur
3823.H2* Speichelgangepithel
3824.H2* Spermien
3825.H2* Thyreoglobulin
3826.H2* zytoplasmatische Antigene in neutrophilen Granulozyten (P-ANCA, C-ANCA)
3827.H2* Untersuchungen mit ähnlichem methodischem Aufwand

Die untersuchten Parameter sind in der Rechnung anzugeben.

* Reduzierter Gebührenrahmen

	Punktzahl	1fach DM €	1,15fach DM €	1,3fach DM €	1,1fach DM €	UV Allg. DM €	UV Bes. DM €
Untersuchung auf Antikörper mittels quantitativer Immunfluoreszenzuntersuchung (mehr als zwei Titerstufen) oder ähnlicher Untersuchungsmethoden	510	58,14 29,73	66,86 34,19	75,58 38,65	63,95 32,70	68,85 35,20	68,85 35,20

Katalog

Antikörper gegen

3832* Basalmembran (GBM)
3833* Centromerregion
3834* Endomysium
3835* Extrahierbare, nukleäre Antigene (ENA)
3836* Glatte Muskulatur (SMA)
3838* Haut (AHA, BMA, und ICS)
3839* Herzmuskulatur
3840* Kerne (ANA)
3841* Kollagen
3842* Langerhans-Inseln (ICA)
3843* Mikrosomen (Thyroperoxidase)
3844* Mikrosomen (Leber, Niere)
3845* Mitochondrien (AMA)
3846* nDNA
3847* Parietalzellen (PCA)
3848* Skelettmuskulatur (SkMA)
3849* Speichelgangepithel
3850* Spermien
3852* Thyreoglobulin
3853* zytoplasmatische Antigene in neutrophilen Granulozyten (P-ANCA, C-ANCA)
3854* Untersuchungen mit ähnlichem methodischem Aufwand

Die untersuchten Parameter sind in der Rechnung anzugeben.

	Punktzahl	1fach DM €	1,15fach DM €	1,3fach DM €	1,1fach DM €	UV Allg. DM €	UV Bes. DM €
Untersuchung auf Subformen antinukleärer und zytoplasmatischer Antikörper mittels Ligandenassay – gegebenenfalls einschließlich Doppelbestimmung und aktueller Bezugskurve –, Immunoblot oder Überwanderungselektrophorese	300	34,20 17,49	39,33 20,11	44,46 22,73	37,62 19,24	40,50 20,71	40,50 20,71

Katalog

Antikörper gegen

3857* dDNS
3858* Histone
3859* Ribonukleoprotein (RNP)
3860* Sm-Antigen
3861* SS-A-Antigen
3862* SS-B-Antigen
3863* Scl-70-Antigen
3864* Untersuchungen mit ähnlichem methodischem Aufwand

Die untersuchten Parameter sind in der Rechnung anzugeben.

* Reduzierter Gebührenrahmen

	Punktzahl	1fach DM €	1,15fach DM €	1,3fach DM €	1,1fach DM €	UV Allg. DM €	UV Bes. DM €
Untersuchung auf Antikörper mittels Ligandenassay – gegebenenfalls einschließlich Doppelbestimmung und aktueller Bezugskurve –	450	51,30 26,23	59,– 30,16	66,69 34,10	56,43 28,85	60,75 31,06	60,75 31,06
Katalog							
Antikörper gegen							
3868* Azetylcholinrezeptoren							
3869* Cardiolipin (IgG- oder IgM-Fraktion), je Fraktion							
3870* Interferon alpha							
3871* Mikrosomen (Thyroperoxydase)							
3872* Mitochondriale Subformen (AMA-Subformen)							
3873* Myeloperoxydase (P-ANCA)							
3874* Proteinase 3 (C-ANCA)							
3875* Spermien							
3876* Thyreoglobulin							
3877* Untersuchungen mit ähnlichem methodischem Aufwand							
Die untersuchten Parameter sind in der Rechnung anzugeben.							
3879* Untersuchung auf Antikörper gegen TSH-Rezeptor (TRAK) mittels Ligandenassay – einschließlich Doppelbestimmung und aktueller Bezugskurve –	550	62,70 32,06	72,11 36,87	81,51 41,68	68,97 35,26	74,25 37,96	74,25 37,96
3881* Zirkulierende Immunkomplexe, Ligandenassay – einschließlich Doppelbestimmung und aktueller Bezugskurve –	290	33,06 16,90	38,02 19,44	42,98 21,97	36,37 18,59	39,15 20,02	39,15 20,02
Qualitativer Nachweis von Antikörpern mittels Agglutination	90	10,26 5,25	11,80 6,03	13,34 6,82	11,29 5,77	12,15 6,21	12,15 6,21
Katalog							
Antikörper gegen							
3884* Fc von IgM (Rheumafaktor)							
3885 Thyreoglobulin (Boydentest)							
Quantitative Behandlung von Antikörpern mittels Immundiffusion oder ähnlicher Untersuchungsmethoden	180	20,52 10,49	23,60 12,07	26,68 13,64	22,57 11,54	24,30 12,42	24,30 12,42
Katalog							
Antikörper gegen							
3886* Fc von IgM (Rheumafaktor)							
3889* Mixed-Antiglobulin-Reaction (MAR-Test) zum Nachweis von Spermien-Antikörpern	200	22,80 11,66	26,22 13,41	29,64 15,16	25,08 12,82	27,00 13,80	27,00 13,80

* Reduzierter Gebührenrahmen

9. Antikörper gegen körperfremde Antigene

Allgemeine Bestimmung

Neben den Leistungen nach den Nummern 3892, 3893 und/oder 3894 sind die Leistungen nach den Nummern 3572, 3890 und/oder 3891 nicht berechnungsfähig.

		Punktzahl	1fach DM €	1,15fach DM €	1,3fach DM €	1,1fach DM €	UV Allg. DM €	UV Bes. DM €
3890*	Allergenspezifisches Immunglobulin (z. B. IgE), Mischallergentest (z. B. RAST), im Einzelansatz, Ligandenassay – gegebenenfalls einschließlich Doppelbestimmung und aktueller Bezugskurve –, qualitativ, bis zu vier Mischallergenen, je Mischallergen . . .	250	28,50 14,57	32,78 16,76	37,05 18,94	31,35 16,03	33,75 17,26	33,75 17,26
3891*	Allergenspezifisches Immunglobulin (z. B. IgE), Einzelallergentest (z. B. RAST), im Einzelansatz, Ligandenassay – gegebenenfalls einschließlich Doppelbestimmung und aktueller Bezugskurve –, bis zu zehn Einzelallergenen, je Allergen	250	28,50 14,57	32,78 16,76	37,05 18,94	31,35 16,03	33,75 17,26	33,75 17,26
3892*	Bestimmung von allergenspezifischem Immunglobulin (z. B. IgE), Einzel- oder Mischallergentest mit mindestens vier deklarierten Allergenen oder Mischallergenen auf einem Träger, je Träger	200	22,80 11,66	26,22 13,41	29,64 15,16	25,08 12,82	27,00 13,80	27,00 13,80
3893*	Bestimmung von allergenspezifischem Immunglobulin (z. B. IgE), Einzelallergentest mit mindestens neun deklarierten Allergenen auf einem Träger und Differenzierung nach Einzelallergenen – gegebenenfalls einschließlich semiquantitativer Bestimmung des Gesamt IgE –, insgesamt .	500	57,– 29,14	65,55 33,52	74,10 37,89	62,70 32,06	67,50 34,51	67,50 34,51
3894*	Bestimmung von allergenspezifischem Immunglobulin (z. B. IgE), Einzelallergentest mit mindestens zwanzig deklarierten Allergenen auf einem Träger und Differenzierung nach Einzelallergenen – gegebenenfalls einschließlich semiquantitativer Bestimmung des Gesamt-IgE –, insgesamt .	900	102,60 52,46	117,99 60,33	133,38 68,20	112,86 57,70	121,50 62,12	121,50 62,12

* Reduzierter Gebührenrahmen

		Punktzahl	1fach DM €	1,15fach DM €	1,3fach DM €	1,1fach DM €	UV Allg. DM €	UV Bes. DM €
3895*	Heterophile Antikörper (IgG- oder IgM-Fraktion), Ligandenassay – einschließlich Doppelbestimmung und aktueller Bezugskurve –, je Fraktion .	1100	125,40 64,12	144,21 73,73	163,02 83,35	137,94 70,53	148,50 75,93	148,50 75,93
3896*	Untersuchung auf Antikörper gegen Gliadin mittels qualitativer Immunfluoreszenzuntersuchung (bis zu zwei Titerstufen) oder ähnlicher Untersuchungsmethoden	290	33,06 16,90	38,02 19,44	42,98 21,97	36,37 18,59	39,15 20,02	39,15 20,02
3897*	Untersuchung auf Antikörper gegen Gliadin mittels quantitativer Immunfluoreszenzuntersuchung (mehr als zwei Titerstufen) oder ähnlicher Untersuchungsmethoden	510	58,14 29,73	66,86 34,19	75,58 38,65	63,95 32,70	68,85 35,20	68,85 35,20
3898*	Antikörper gegen Insulin, Ligandenassay – einschließlich Doppelbestimmung und aktueller Bezugskurve – ..	450	51,30 26,23	59,– 30,16	66,69 34,10	56,43 28,85	60,75 31,06	60,75 31,06

10. Tumormarker

Allgemeine Bestimmung

Für die mit H3 gekennzeichneten Untersuchungen ist der Höchstwert nach Nummer 3631.H zu beachten.

3900.H3*	Ca 125, Ligandenassay – gegebenenfalls einschließlich Doppelbestimmung und aktueller Bezugskurve – ..	300	34,20 17,49	39,33 20,11	44,46 22,73	37,62 19,24	40,50 20,71	40,50 20,71
3901.H3*	Ca 15-3, Ligandenassay – gegebenenfalls einschließlich Doppelbestimmung und aktueller Bezugskurve – ..	450	51,30 26,23	59,– 30,16	66,69 34,10	56,43 28,85	60,75 31,06	60,75 31,06
3903.H3*	Ca 50, Ligandenassay – gegebenenfalls einschließlich Doppelbestimmung und aktueller Bezugskurve –	450	51,30 26,23	59,– 30,16	66,69 34,10	56,43 28,85	60,75 31,06	60,75 31,06
3904.H3*	Ca 72-4, Ligandenassay – gegebenenfalls einschließlich Doppelbestimmung und aktueller Bezugskurve – ..	450	51,30 26,23	59,– 30,16	66,69 34,10	56,43 28,85	60,75 31,06	60,75 31,06

* Reduzierter Gebührenrahmen

	Punktzahl	1fach DM €	1,15fach DM €	1,3fach DM €	1,1fach DM €	UV Allg. DM €	UV Bes. DM €
3905.H3* Carcinoembryonales Antigen (CEA), Ligandenassay – gegebenenfalls einschließlich Doppelbestimmung und aktueller Bezugskurve –	250	28,50 14,57	32,78 16,76	37,05 18,94	31,35 16,03	33,75 17,26	33,75 17,26
3906.H3* Cyfra 21-1, Ligandenassay – gegebenenfalls einschließlich Doppelbestimmung und aktueller Bezugskurve –	450	51,30 26,23	59,– 30,16	66,69 34,10	56,43 28,85	60,75 31,06	60,75 31,06
3907.H3* Neuronenspezifische Enolase (NSE), Ligandenassay – einschließlich Doppelbestimmung und aktueller Bezugskurve –	450	51,30 26,23	59,– 30,16	66,69 34,10	56,43 28,85	60,75 31,06	60,75 31,06
3908.H3* Prostataspezifisches Antigen (PSA), Ligandenassay – gegebenenfalls einschließlich Doppelbestimmung und aktueller Bezugskurve –	300	34,20 17,49	39,33 20,11	44,46 22,73	37,62 19,24	40,50 20,71	40,50 20,71
3909.H3* Squamous cell carcinoma-Antigen (SCC), Ligandenassay – gegebenenfalls einschließlich Doppelbestimmung und aktueller Bezugskurve –	450	51,30 26,23	59,– 30,16	66,69 34,10	56,43 28,85	60,75 31,06	60,75 31,06
3910.H3* Thymidinkinase, Ligandenassay – einschließlich Doppelbestimmung und aktueller Bezugskurve –	450	51,30 26,23	59,– 30,16	66,69 34,10	56,43 28,85	60,75 31,06	60,75 31,06
3911.H3* Tissue-polypeptide-Antigen (TPA), Ligandenassay – egebenenfalls einschließlich Doppelbestimmung und aktueller Bezugskurve –	450	51,30 26,23	59,– 30,16	66,69 34,10	56,43 28,85	60,75 31,06	60,75 31,06

* Reduzierter Gebührenrahmen

		Punktzahl	1fach DM €	1,15fach DM €	1,3fach DM €	1,1fach DM €	UV Allg. DM €	UV Bes. DM €

11. Nukleinsäuren und ihre Metabolite

		Punktzahl	1fach DM €	1,15fach DM €	1,3fach DM €	1,1fach DM €	UV Allg. DM €	UV Bes. DM €
3920*	Isolierung von humanen Nukleinsäuren aus Untersuchungsmaterial	900	102,60 52,46	117,99 60,33	133,38 68,20	112,86 57,70	121,50 62,12	121,50 62,12
3921*	Verdau (Spaltung) isolierter humaner Nukleinsäuren mit Restriktionsenzymen, je Enzym	150	17,10 8,74	19,67 10,06	22,23 11,37	18,81 9,62	20,25 10,35	20,25 10,35
3922*	Amplifikation von humanen Nukleinsäuren oder Nukleinsäurefragmenten mit Polymerasekettenreaktion (PCR)	500	57,– 29,14	65,55 33,52	74,10 37,89	62,70 32,06	67,50 34,51	67,50 34,51
3923*	Amplifikation von humanen Nukleinsäuren oder Nukleinsäurefragmenten mit geschachtelter Polymerasekettenreaktion (nested PCR)	1000	114,– 58,29	131,10 67,03	148,20 75,77	125,40 64,12	135,00 69,02	135,00 69,02
3924*	Identifizierung von humanen Nukleinsäurefragmenten durch Hybridisierung mit radioaktiv oder nichtradioaktiv markierten Sonden und nachfolgender Detektion, je Sonde	300	34,20 17,49	39,33 20,11	44,46 22,73	37,62 19,24	40,50 20,71	40,50 20,71
3925*	Trennung von humanen Nukleinsäurefragmenten mittels elektrophoretischer Methoden und anschließendem Transfer auf Trägermaterialien (z. B. Dot-Blot, Slot-Blot)	600	68,40 34,97	78,66 40,22	88,92 45,46	75,24 38,47	81,00 41,41	81,00 41,41
3926*	Identifizierung von humanen Nukleinsäurefragmenten durch Sequenzermittlung	2000	228,– 116,58	262,20 134,06	296,40 151,55	250,80 128,23	270,00 138,05	270,00 138,05

* Reduzierter Gebührenrahmen

		Punktzahl	1fach DM €	1,15fach DM €	1,3fach DM €	1,1fach DM €	UV Allg. DM €	UV Bes. DM €

12. Gerinnungs-, Fibrinolyse-, Komplementsystem

		Punktzahl	1fach DM €	1,15fach DM €	1,3fach DM €	1,1fach DM €	UV Allg. DM €	UV Bes. DM €
3930*	Antithrombin III, chromogenes Substrat	110	12,54 6,41	14,42 7,37	16,30 8,34	13,79 7,05	14,85 7,59	14,85 7,59
3931*	Antithrombin III, Immundiffusion oder ähnliche Untersuchungsmethoden	180	20,52 10,49	23,60 12,07	26,68 13,64	22,57 11,54	24,30 12,42	24,30 12,42
3932*	Blutungszeit	60	6,84 3,50	7,87 4,02	8,89 4,55	7,52 3,85	8,10 4,14	8,10 4,14
3933*	Fibrinogen nach Clauss, koagulometrisch	100	11,40 5,83	13,11 6,70	14,82 7,58	12,54 6,41	13,50 6,90	13,50 6,90
3934*	Fibrinogen, Immundiffusion oder ähnliche Untersuchungsmethoden	180	20,52 10,49	23,60 12,07	26,68 13,64	22,57 11,54	24,30 12,42	24,30 12,42
3935*	Fibrinogenspaltprodukte, qualitativ	120	13,68 7,00	15,73 8,04	17,78 9,09	15,05 7,69	16,20 8,28	16,20 8,28
3936*	Fibrinogenspaltprodukte, quantitativ	250	28,50 14,57	32,78 16,76	37,05 18,94	31,35 16,03	33,75 17,26	33,75 17,26
3937*	Fibrinspaltprodukte, quervernetzt (Dimertest), qualitativ	180	20,52 10,49	23,60 12,07	26,68 13,64	22,57 11,54	24,30 12,42	24,30 12,42
3938*	Fibrinspaltprodukte, quervernetzt (Dimertest), quantitativ	360	41,04 20,98	47,20 24,13	53,35 27,28	45,14 23,08	48,60 24,85	48,60 24,85
3939*	Gerinnungsfaktor (II, V, VIII, IX, X), je Faktor	460	52,44 26,81	60,31 30,83	68,17 34,86	57,68 29,49	62,10 31,75	62,10 31,75
3940*	Gerinnungsfaktor (VII, XI, XII), je Faktor	720	82,08 41,97	94,39 48,26	106,70 54,56	90,29 46,16	97,20 49,70	97,20 49,70
3941*	Gerinnungsfaktor VIII Ag, Immundiffusion oder ähnliche Untersuchungsmethoden	250	28,50 14,57	32,78 16,76	37,05 18,94	31,35 16,03	33,75 17,26	33,75 17,26
3942*	Gerinnungsfaktor XIII, Untersuchung mittels Monochloressigsäure oder ähnliche Untersuchungsmethoden	180	20,52 10,49	23,60 12,07	26,68 13,64	22,57 11,54	24,30 12,42	24,30 12,42
3943*	Gerinnungsfaktor XIII, Immundiffusion oder ähnliche Untersuchungsmethoden	250	28,50 14,57	32,78 16,76	37,05 18,94	31,35 16,03	33,75 17,26	33,75 17,26

* Reduzierter Gebührenrahmen

		Punktzahl	1fach DM €	1,15fach DM €	1,3fach DM €	1,1fach DM €	UV Allg. DM €	UV Bes. DM €
3944*	Gewebsplasminogenaktivator (t-PA), chromogenes Substrat	300	34,20 17,49	39,33 20,11	44,46 22,73	37,62 19,24	40,50 20,71	40,50 20,71
3945*	Heparin, chromogenes Substrat	140	15,96 8,16	18,35 9,38	20,75 10,61	17,56 8,98	18,90 9,66	18,90 9,66
3946*	Partielle Thromboplastinzeit (PTT, aPTT), Doppelbestimmung	70	7,98 4,08	9,18 4,69	10,37 5,30	8,78 4,49	9,45 4,83	9,45 4,83
3947*	Plasmatauschversuch	460	52,44 26,81	60,31 30,83	68,17 34,86	57,68 29,49	62,10 31,75	62,10 31,75
3948*	Plasminogen, chromogenes Substrat	140	15,96 8,16	18,35 9,38	20,75 10,61	17,56 8,98	18,90 9,66	18,90 9,66
3949*	Plasminogenaktivatorinhibitor (PAI), chromogenes Substrat	410	46,74 23,90	53,75 27,48	60,76 31,07	51,41 26,29	55,35 28,30	55,35 28,30
3950*	Plättchenfaktor (3, 4), Ligandenassay – einschließlich Doppelbestimmung und aktueller Bezugskurve –, je Faktor	480	54,72 27,98	62,93 32,18	71,14 36,37	60,19 30,78	64,80 33,13	64,80 33,13
3951*	Protein C-Aktivität	450	51,30 26,23	59,– 30,16	66,69 34,10	56,43 28,85	60,75 31,06	60,75 31,06
3952*	Protein C-Konzentration, Ligandenassay – einschließlich Doppelbestimmung und aktueller Bezugskurve –	450	51,30 26,23	59,– 30,16	66,69 34,10	56,43 28,85	60,75 31,06	60,75 31,06
3953*	Protein S-Aktivität	450	51,30 26,23	59,– 30,16	66,69 34,10	56,43 28,85	60,75 31,06	60,75 31,06
3954*	Protein S-Konzentration, Ligandenassay – einschließlich Doppelbestimmung und aktueller Bezugskurve –	450	51,30 26,23	59,– 30,16	66,69 34,10	56,43 28,85	60,75 31,06	60,75 31,06
3955*	Reptilasezeit	100	11,40 5,83	13,11 6,70	14,82 7,58	12,54 6,41	13,50 6,90	13,50 6,90
3956*	Ristocetin-Cofaktor (F VIII Rcof), Agglutination	200	22,80 11,66	26,22 13,41	29,64 15,16	25,08 12,82	27,00 13,80	27,00 13,80
3957*	Thrombelastogramm oder Resonanzthrombogramm	180	20,52 10,49	23,60 12,07	26,68 13,64	22,57 11,54	24,30 12,42	24,30 12,42

* Reduzierter Gebührenrahmen

Nr.	Leistung	Punkt-zahl	1fach DM €	1,15fach DM €	1,3fach DM €	1,1fach DM €	UV Allg. DM €	UV Bes. DM €
3958*	Thrombin-Antithrombin-Komplex (TAT-Komplex), Ligandenassay – einschließlich Doppelbestimmung und aktueller Bezugskurve –	480	54,72 27,98	62,93 32,18	71,14 36,37	60,19 30,78	64,80 33,13	64,80 33,13
3959*	Thrombinkoagulasezeit	100	11,40 5,83	13,11 6,70	14,82 7,58	12,54 6,41	13,50 6,90	13,50 6,90
3960*	Thromboplastinzeit (Prothrombinzeit, TPZ, Quickwert), Doppelbestimmung	70	7,98 4,08	9,18 4,69	10,37 5,30	8,78 4,49	9,45 4,83	9,45 4,83
3961*	Thrombozytenaggregationstest mit mindestens drei Stimulatoren	900	102,60 52,46	117,99 60,33	133,38 68,20	112,86 57,70	121,50 62,12	121,50 62,12
3962*	Thrombozytenausbreitung, mikroskopisch	60	6,84 3,50	7,87 4,02	8,89 4,55	7,52 3,85	8,10 4,14	8,10 4,14
3963*	Von Willebrand-Faktor (vWF), Ligandenassay – einschließlich Doppelbestimmung und aktueller Bezugskurve –	480	54,72 27,98	62,93 32,18	71,14 36,37	60,19 30,78	64,80 33,13	64,80 33,13
3964*	C1-Esteraseinhibitor-Aktivität, chromogenes Substrat	360	41,04 20,98	47,20 24,13	53,35 27,28	45,14 23,08	48,60 24,85	48,60 24,85
3965*	C1-Esteraseinhibitor-Konzentration, Immundiffusion oder ähnliche Untersuchungsmethoden	260	29,64 15,16	34,09 17,43	38,53 19,70	32,60 16,67	35,10 17,95	35,10 17,95
3966*	Gesamtkomplement AH 50	600	68,40 34,97	78,66 40,22	88,92 45,46	75,24 38,47	81,00 41,41	81,00 41,41
3967*	Gesamtkomplement CH 50	500	57,– 29,14	65,55 33,52	74,10 37,89	62,70 32,06	67,50 34,51	67,50 34,51
	Untersuchungen von Einzelfaktoren des Komplementsystems	250	28,50 14,57	32,78 16,76	37,05 18,94	31,35 16,03	33,75 17,26	33,75 17,26

Katalog

3968* Komplementfaktor C3-Aktivität, Lysis
3969* Komplementfaktor C3, Immundiffusion oder ähnliche Untersuchungsmethoden
3970* Komplementfaktor C4-Aktivität, Lysis
3971* Komplementfaktor C4, Immundiffusion oder ähnliche Untersuchungsmethoden

* Reduzierter Gebührenrahmen

		Punkt-zahl	1fach DM €	1,15fach DM €	1,3fach DM €	1,1fach DM €	UV Allg. DM €	UV Bes. DM €

13. Blutgruppenmerkmale, HLA-System

		Punkt-zahl	1fach DM €	1,15fach DM €	1,3fach DM €	1,1fach DM €	UV Allg. DM €	UV Bes. DM €
3980*	AB0-Merkmale	100	11,40 5,83	13,11 6,70	14,82 7,58	12,54 6,41	13,50 6,90	13,50 6,90
3981*	AB0-Merkmale und Isoagglutine	180	20,52 10,49	23,60 12,07	26,68 13,64	22,57 11,54	24,30 12,42	24,30 12,42
3982*	AB0-Merkmale, Isoagglutinine und Rhesusfaktor D (D und CDE)	300	34,20 17,49	39,33 20,11	44,46 22,73	37,62 19,24	40,50 20,71	40,50 20,71
3983*	AB0-Merkmale, Isoagglutinine und Rhesusformel (C, c, D, E und e)	500	57,– 29,14	65,55 33,52	74,10 37,89	62,70 32,06	67,50 34,51	67,50 34,51
	Bestimmung weiterer Blutgruppenmerkmale							
	Katalog							
3984*	im NaCl- oder Albumin-Milieu (z. B. P, Lewis, MNS), je Merkmal	120	13,68 7,00	15,73 8,04	17,78 9,09	15,05 7,69	16,20 8,28	16,20 8,28
3985*	im indirekten Anti-Humanglobulin-Test (indirekter Coombstest) (z. B. C^w, Kell, D^u, Duffy), je Merkmal	200	22,80 11,66	26,22 13,41	29,64 15,16	25,08 12,82	27,00 13,80	27,00 13,80
3986*	im indirekten Anti-Humanglobulin-Test (indirekter Coombstest) (z. B. Kidd, Lutheran), je Merkmal *Bei den Leistungen nach den Nummern 3984 bis 3986 sind die jeweils untersuchten Merkmale in der Rechnung anzugeben.*	360	41,04 20,98	47,20 24,13	53,35 27,28	45,14 23,08	48,60 24,85	48,60 24,85
3987*	Antikörpersuchtest (Antikörper gegen Erythrozytenantigene) mit zwei verschiedenen Test-Erythrozyten-Präparationen im indirekten Anti-Humanglobulin-Test (indirekter Coombstest)	140	15,96 8,16	18,35 9,38	20,75 10,61	17,56 8,98	18,90 9,66	18,90 9,66
3988*	Antikörpersuchtest (Antikörper gegen Erythrozytenantigene) mit drei und mehr verschiedenen Test-Erythrozyten-Präparationen im indirekten Anti-Humanglobulin-Test (indirekter Coombstest)	200	22,80 11,66	26,22 13,41	29,64 15,16	25,08 12,82	27,00 13,80	27,00 13,80

* Reduzierter Gebührenrahmen

		Punktzahl	1fach DM €	1,15fach DM €	1,3fach DM €	1,1fach DM €	UV Allg. DM €	UV Bes. DM €
3989*	Antikörperdifferenzierung (Antikörper gegen Erythrozytenantigene) mit mindestens acht, jedoch nicht mehr als zwölf verschiedenen Test-Erythrozyten-Präparationen im indirekten Anti-Humanglobulin-Test (indirekter Coombstest) im Anschluß an die Leistung nach Nummer 3987 oder 3988, je Test-Erythrozyten-Präparation	60	6,84 3,50	7,87 4,02	8,89 4,55	7,52 3,85	8,10 4,14	8,10 4,14
3990*	Antikörpersuchtest (Antikörper gegen Erythrozytenantigene) mit zwei verschiedenen Test-Erythrozyten-Präparationen im NaCl- oder Enzymmilieu .	70	7,98 4,08	9,18 4,69	10,37 5,30	8,78 4,49	9,45 4,83	9,45 4,83
3991*	Antikörpersuchtest (Antikörper gegen Erythrozytenantigene) mit drei und mehr verschiedenen Test-Erythrozyten-Präparationen im NaCl- oder Enzymmilieu	100	11,40 5,83	13,11 6,70	14,82 7,58	12,54 6,41	13,50 6,90	13,50 6,90
3992*	Antikörperdifferenzierung (Antikörper gegen Erythrozytenantigene) mit mindestens acht, jedoch höchstens zwölf verschiedenen Test-Erythrozyten-Präparationen im NaCl- oder Enzymmilieu im Anschluß an die Leistung nach Nummer 3990 oder 3991, je Test-Erythrozyten-Präparation	30	3,42 1,75	3,93 2,01	4,45 2,27	3,76 1,92	4,05 2,07	4,05 2,07
3993*	Bestimmung des Antikörpertiters bei positivem Ausfall eines Antikörpersuchtests (Antikörper gegen Erythrozytenantigene) im Anschluß an eine der Leistungen nach den Nummern 3989 oder 3992	400	45,60 23,32	52,44 26,81	59,28 30,31	50,16 25,65	54,00 27,61	54,00 27,61
3994*	Quantitative Bestimmung (Titration) von Antikörpern gegen Erythrozytenantigene (z. B. Kälteagglutinine, Hämolysine) mittels Agglutination, Präzipitation oder Lyse (mit jeweils mindestens vier Titerstufen)	140	15,96 8,16	18,35 9,38	20,75 10,61	17,56 8,98	18,90 9,66	18,90 9,66
3995*	Qualitativer Nachweis von Antikörpern gegen Leukozyten- oder Thrombozytenantigene mittels Fluoreszenzimmunoassay (bis zu zwei Titerstufen) oder ähnlicher Untersuchungsmethoden ..	350	39,90 20,40	45,89 23,46	51,87 26,52	43,89 22,44	47,25 24,16	47,25 24,16

* Reduzierter Gebührenrahmen

		Punktzahl	1fach DM €	1,15fach DM €	1,3fach DM €	1,1fach DM €	UV Allg. DM €	UV Bes. DM €
3996*	Quantitative Bestimmung von Antikörpern gegen Leukozyten- oder Thrombozytenantigene mittels Fluoreszenzimmunoassay (mehr als zwei Titerstufen) oder ähnlicher Untersuchungsmethoden	600	68,40 34,97	78,66 40,22	88,92 45,46	75,24 38,47	81,00 41,41	81,00 41,41
3997*	Direkter Anti-Humanglobulin-Test (direkter Coombstest), mit mindestens zwei Antiseren	120	13,68 7,00	15,73 8,04	17,78 9,09	15,05 7,69	16,20 8,28	16,20 8,28
3998*	Anti-Humanglobulin-Test zur Ermittlung der Antikörperklasse mit monovalenten Antiseren im Anschluß an die Leistung nach Nummer 3989 oder 3997, je Antiserum	90	10,26 5,25	11,80 6,03	13,34 6,82	11,29 5,77	12,15 6,21	12,15 6,21
3999*	Antikörper-Elution, Antikörper-Absorption, Untersuchung auf biphasische Kältehämolysine, Säure-Serum-Test oder ähnlich aufwendige Untersuchungen, je Untersuchung *Die Art der Untersuchung ist in der Rechnung anzugeben.*	360	41,04 20,98	47,20 24,13	53,35 27,28	45,14 23,08	48,60 24,85	48,60 24,85
4000*	Serologische Verträglichkeitsprobe (Kreuzprobe) im NaCl-Milieu und im Anti-Humanglobulintest	200	22,80 11,66	26,22 13,41	29,64 15,16	25,08 12,82	27,00 13,80	27,00 13,80
4001*	Serologische Verträglichkeitsprobe (Kreuzprobe) im NaCl-Milieu und im Anti-Humanglobulintest sowie laborinterne Identitätssicherung im AB0-System *Die Leistung nach Nummer 4001 ist für die Identitätssicherung im AB0-System am Krankenbett (bedside-test) nicht berechnungsfähig.*	300	34,20 17,49	39,33 20,11	44,46 22,73	37,62 19,24	40,50 20,71	40,50 20,71
4002*	Serologische Verträglichkeitsprobe (Kreuzprobe) im NaCl- oder Enzym-Milieu als Kälteansatz unter Einschluß einer Eigenkontrolle	100	11,40 5,83	13,11 6,70	14,82 7,58	12,54 6,41	13,50 6,90	13,50 6,90
4003*	Dichtegradientenisolierung von Zellen, Organellen oder Proteinen, je Isolierung	400	45,60 23,32	52,44 26,81	59,28 30,31	50,16 25,65	54,00 27,61	54,00 27,61

* Reduzierter Gebührenrahmen

		Punktzahl	1fach DM €	1,15fach DM €	1,3fach DM €	1,1fach DM €	UV Allg. DM €	UV Bes. DM €
4004*	Nachweis eines HLA-Antigens der Klasse I mittels Lymphozytotoxizitätstest nach Isolierung der Zellen	750	85,50 43,72	98,33 50,27	111,15 56,83	94,05 48,09	101,25 51,77	101,25 51,77
4005*	Höchstwert für die Leistung nach Nummer 4004	3000	342,– 174,86	393,30 201,09	444,60 227,32	376,20 192,35	405,00 207,07	405,00 207,07
4006*	Gesamttypisierung der HLA-Antigene der Klasse I mittels Lymphozytotoxizitätstest mit mindestens 60 Antiseren nach Isolierung der Zellen, je Antiserum	30	3,42 1,75	3,93 2,01	4,45 2,27	3,76 1,92	4,05 2,07	4,05 2,07
4007*	Höchstwert für die Leistung nach Nummer 4006	3600	410,40 209,83	471,96 241,31	533,52 272,79	451,44 230,82	486,00 248,49	486,00 248,49
4008*	Gesamttypisierung der HLA-Antigene der Klasse II mittels molekularbiologischer Methoden (bis zu 15 Sonden), insgesamt	2500	285,– 145,72	327,75 167,58	370,50 189,43	313,50 160,29	337,50 172,56	337,50 172,56
4009*	Subtypisierung der HLA-Antigene der Klasse II mittels molekularbiologischer Methoden (bis zu 40 Sonden), insgesamt	2700	307,80 157,38	353,97 180,98	400,14 204,59	338,58 173,11	364,50 186,37	364,50 186,37
4010*	HLA-Isoantikörpernachweis	800	91,20 46,63	104,88 53,62	118,56 60,62	100,32 51,29	108,00 55,22	108,00 55,22
4011*	Spezifizierung der HLA-Isoantikörper, insgesamt	1600	182,40 93,26	209,76 107,25	237,12 121,24	200,64 102,59	216,00 110,44	216,00 110,44
4012*	Serologische Verträglichkeitsprobe im Gewebe-HLA-System nach Isolierung von Zellen und Organellen	750	85,50 43,72	98,33 50,27	111,15 56,83	94,05 48,09	101,25 51,77	101,25 51,77
4013*	Lymphozytenmischkultur (MLC) bei Empfänger und Spender – einschließlich Kontrollen –	4600	524,40 268,12	603,06 308,34	681,72 348,56	576,84 294,93	621,00 317,51	621,00 317,51
4014*	Lymphozytenmischkultur (MLC) für jede weitere getestete Person	2300	262,20 134,06	301,53 154,17	340,86 174,28	288,42 147,47	310,50 158,76	310,50 158,76

* Reduzierter Gebührenrahmen

14. Hormone und ihre Metabolite, biogene Amine, Rezeptoren

Allgemeine Bestimmung

Für die mit H4 gekennzeichneten Untersuchungen ist der Höchstwert nach Nummer 3633.H zu beachten.

	Punktzahl	1fach DM €	1,15fach DM €	1,3fach DM €	1,1fach DM €	UV Allg. DM €	UV Bes. DM €
Hormonbestimmung mittels Ligandenassay – gegebenenfalls einschließlich Doppelbestimmung und aktueller Bezugskurve –	250	28,50 14,57	32,78 16,76	37,05 18,94	31,35 16,03	33,75 17,26	33,75 17,26
Katalog							
4020* Cortisol							
4021* Follitropin (FSH, follikelstimulierendes Hormon)							
4022.H4* Freies Trijodthyronin (fT3)							
4023.H4* Freies Thyroxin (fT4)							
4024* Humanes Choriongonadotropin (HCG)							
4025* Insulin							
4026* Luteotropin (LH, luteinisierendes Hormon)							
4027* Östriol							
4028* Plazentalaktogen (HPL)							
4029.H4* T3-Uptake-Test (TBI, TBK)							
4030* Thyreoidea stimulierendes Hormon (TSH)							
4031.H4* Thyroxin							
4032.H4* Trijodthyronin							
4033* Untersuchungen mit ähnlichem methodischem Aufwand							
Die untersuchten Parameter sind in der Rechnung anzugeben.							
Hormonbestimmung mittels Ligandenassay – einschließlich Doppelbestimmung und aktueller Bezugskurve –	350	39,90 20,40	45,89 23,46	51,87 26,52	43,89 22,44	47,25 24,16	47,25 24,16
Katalog							
4035* 17-Alpha-Hydroxyprogesteron							
4036* Androstendion							
4037* Dehydroepiandrosteron (DHEA)							
4038* Dehydroepiandrosteronsulfat (DHEAS)							
4039* Östradiol							
4040* Progesteron							
4041* Prolaktin							
4042* Testosteron							
4043* Wachstumshormon (HGH)							
4044* Untersuchungen mit ähnlichem methodischem Aufwand							
Die untersuchten Parameter sind in der Rechnung anzugeben.							
Hormonbestimmung mittels Ligandenassay – einschließlich Doppelbestimmung und aktueller Bezugskurve –	480	54,72 27,98	62,93 32,18	71,14 36,37	60,19 30,78	64,80 33,13	64,80 33,13

* Reduzierter Gebührenrahmen

	Punktzahl	1fach DM €	1,15fach DM €	1,3fach DM €	1,1fach DM €	UV Allg. DM €	UV Bes. DM €
Katalog							
4045* Aldosteron							
4046* C-Peptid							
4047* Calcitonin							
4048* cAMP							
4049* Corticotropin (ACTH)							
4050* Erythropoetin							
4051* Gastrin							
4052* Glukagon							
4053* Humanes Choriongonadotropin (HCG), zum Ausschluß einer Extrauteringravidität							
4054* Osteocalcin							
4055* Oxytocin							
4056* Parathormon							
4057* Reninaktivität (PRA), kinetische Bestimmung mit mindestens drei Meßpunkten							
4058* Reninkonzentration							
4060* Somatomedin							
4061* Vasopressin (Adiuretin, ADH)							
4062* Untersuchungen mit ähnlichem methodischem Aufwand							
Die untersuchten Parameter sind in der Rechnung anzugeben.							
Hormonbestimmung mittels Ligandenassay – einschließlich Doppelbestimmung und aktueller Bezugskurve –	750	85,50 43,72	98,33 50,27	111,15 56,83	94,05 48,09	101,25 51,77	101,25 51,77
Katalog							
4064* Gastric inhibitory Polypeptid (GIP)							
4065* Gonadotropin-releasing-Hormon (GnRH)							
4066* Pankreatisches Polypeptid (PP)							
4067* Parathyroid hormone related peptide							
4068* Vasoaktives intestinales Polypeptid (VIP)							
4069* Untersuchungen mit ähnlichem methodischem Aufwand							
Die untersuchten Parameter sind in der Rechnung anzugeben.							
4070* Thyreoglobulin, Ligandenassay – einschließlich Doppelbestimmung und aktueller Bezugskurve sowie Kontrollansatz für Anti-Thyreoglobulin-Antikörper –	900	102,60 52,46	117,99 60,33	133,38 68,20	112,86 57,70	121,50 62,12	121,50 62,12

* Reduzierter Gebührenrahmen

	Punktzahl	1fach DM €	1,15fach DM €	1,3fach DM €	1,1fach DM €	UV Allg. DM €	UV Bes. DM €
Hormonbestimmung mittels Hochdruckflüssigkeitschromatographie, Gaschromatographie oder Säulenchromatographie und Photometrie .	570	64,98 33,22	74,73 38,21	84,47 43,19	71,48 36,55	76,95 39,34	76,95 39,34
Katalog							
4071* 5-Hydroxyindolessigsäure (5-HIES)							
4072* Adrenalin und/oder Noradrenalin und/oder Dopamin im Plasma oder Urin							
4073* Homovanillinsäure im Urin (HVA)							
4074* Metanephrine							
4075* Serotonin							
4076* Steroidprofil							
4077* Vanillinmandelsäure (VMA)							
4078* Untersuchungen mit ähnlichem methodischem Aufwand							
Die untersuchten Parameter sind in der Rechnung anzugeben.							
4079* Zuschlag zu den Leistungen nach den Nummern 4071 bis 4078 bei Anwendung der Gaschromatographie-Massenspektromie	350	39,90 20,40	45,89 23,46	51,87 26,52	43,89 22,44	47,25 24,16	47,25 24,16
4080* 5-Hydroxyindolessigsäure (5-HIES), Farbreaktion und visuell, qualitativ ...	120	13,68 7,00	15,73 8,04	17,78 9,09	15,05 7,69	16,20 8,28	16,20 8,28
4081* Humanes Choriongonadotropin im Urin, Schwangerschaftstest (Nachweisgrenze des Tests kleiner als 500 U/l)	120	13,68 7,00	15,73 8,04	17,78 9,09	15,05 7,69	16,20 8,28	16,20 8,28
4082* Humanes Choriongonadotropin im Urin (HCG), Schwangerschaftstest (Nachweisgrenze des Tests kleiner als 50 U/l), Ligandenassay – gegebenenfalls einschließlich Doppelbestimmung und aktueller Bezugskurve – ..	140	15,96 8,16	18,35 9,38	20,75 10,61	17,56 8,98	18,90 9,66	18,90 9,66
4083* Luteotropin (LH) im Urin, Ligandenassay – gegebenenfalls einschließlich Doppelbestimmung und Bezugskurve – oder Agglutination, im Rahmen einer künstlichen Befruchtung, je Bestimmung	570	64,98 33,22	74,73 38,21	84,47 43,19	71,48 36,55	76,95 39,34	76,95 39,34
4084* Gesamt-Östrogene im Urin, photometrisch	570	64,98 33,22	74,73 38,21	84,47 43,19	71,48 36,55	76,95 39,34	76,95 39,34

* Reduzierter Gebührenrahmen

		Punktzahl	1fach DM €	1,15fach DM €	1,3fach DM €	1,1fach DM €	UV Allg. DM €	UV Bes. DM €
4085*	Vanillinmandelsäure im Urin (VMA), Dünnschichtchromatographie, semiquantitativ	250	28,50 14,57	32,78 16,76	37,05 18,94	31,35 16,03	33,75 17,26	33,75 17,26
4086*	Östrogenrezeptoren – einschließlich Aufbereitung –	1200	136,80 69,95	157,32 80,44	177,84 90,93	150,48 76,94	162,00 82,83	162,00 82,83
4087*	Progesteronrezeptoren – einschließlich Aufbereitung –	1200	136,80 69,95	157,32 80,44	177,84 90,93	150,48 76,94	162,00 82,83	162,00 82,83
4088*	Andere Hormonrezeptoren (z. B. Androgenrezeptoren) – einschließlich Aufbereitung –	1200	136,80 69,95	157,32 80,44	177,84 90,93	150,48 76,94	162,00 82,83	162,00 82,83
4089*	Tumornekrosefaktorrezeptor (p55), Ligandenassay – einschließlich Doppelbestimmung und aktueller Bezugskurve –	450	51,30 26,23	59,– 30,16	66,69 34,10	56,43 28,85	60,75 31,06	60,75 31,06

15. Funktionsteste

Allgemeine Bestimmungen

Wird eine vom jeweils genannten Leistungsumfang abweichende geringere Anzahl von Bestimmungen durchgeführt, so ist nur die Zahl der tatsächlich durchgeführten Einzelleistungen berechnungsfähig.

Sind aus medizinischen Gründen über den jeweils genannten Leistungsumfang hinaus weitere Bestimmungen einzelner Meßgrößen erforderlich, so können diese mit entsprechender Begründung als Einzelleistungen gesondert berechnet werden.

		Punktzahl	1fach DM €	1,15fach DM €	1,3fach DM €	1,1fach DM €	UV Allg. DM €	UV Bes. DM €
4090*	ACTH-Infusionstest (Zweimalige Bestimmung von Cortisol)	500	57,– 29,14	65,55 33,52	74,10 37,89	62,70 32,06	67,50 34,51	67,50 34,51
4091*	ACTH-Kurztest (Zweimalige Bestimmung von Cortisol)	500	57,– 29,14	65,55 33,52	74,10 37,89	62,70 32,06	67,50 34,51	67,50 34,51
4092*	Clonidintest (Zweimalige Bestimmung von Adrenalin/Noradrenalin im Plasma)	1140	129,96 66,45	149,45 76,42	168,95 86,38	142,96 73,09	153,90 78,69	153,90 78,69
4093*	Cortisoltagesprofil (Viermalige Bestimmung von Cortisol)	1000	114,– 58,29	131,10 67,03	148,20 75,77	125,40 64,12	135,00 69,02	135,00 69,02
4094*	CRF-Test (Dreimalige Bestimmung von Corticotropin und Cortisol)	2190	249,66 127,65	287,11 146,80	324,56 165,94	274,63 140,41	295,65 151,16	295,65 151,16
4095*	D-Xylosetest (Einmalige Bestimmung von Xylose)	200	22,80 11,66	26,22 13,41	29,64 15,16	25,08 12,82	27,00 13,80	27,00 13,80

* Reduzierter Gebührenrahmen

		Punktzahl	1fach DM €	1,15fach DM €	1,3fach DM €	1,1fach DM €	UV Allg. DM €	UV Bes. DM €
4096*	Desferioxamintest (Einmalige Bestimmung von Eisen im Urin)	120	13,68 7,00	15,73 8,04	17,78 9,09	15,05 7,69	16,20 8,28	16,20 8,28
4097*	Dexamethasonhemmtest, Kurztest (Zweimalige Bestimmung von Cortisol)	500	57,– 29,14	65,55 33,52	74,10 37,89	62,70 32,06	67,50 34,51	67,50 34,51
4098*	Dexamethasonhemmtest, Verabreichung von jeweils 3 mg Dexamethason an drei aufeinander folgenden Tagen (Zweimalige Bestimmung von Cortisol)	500	57,– 29,14	65,55 33,52	74,10 37,89	62,70 32,06	67,50 34,51	67,50 34,51
4099*	Dexamethasonhemmtest, Verabreichung von jeweils 9 mg Dexamethason an drei aufeinander folgenden Tagen (Zweimalige Bestimmung von Cortisol)	500	57,– 29,14	65,55 33,52	74,10 37,89	62,70 32,06	67,50 34,51	67,50 34,51
4100*	Fraktionierte Magensekretionsanalyse mit Pentagastrinstimulation (Viermalige Titration von HCl)	280	31,92 16,32	36,71 18,77	41,50 21,22	35,11 17,95	37,80 19,33	37,80 19,33
4101*	Glukosesuppressionstest (Sechsmalige Bestimmung von Glukose, Wachstumshormon und Insulin)	3840	437,76 223,82	503,42 257,40	569,09 290,97	481,54 246,21	518,40 265,05	518,40 265,05
4102*	GHRH-Test (Sechsmalige Bestimmung von Wachstumshormon)	2100	239,40 122,40	275,31 140,76	311,22 159,12	263,34 134,64	283,50 144,95	283,50 144,95
4103*	HCG-Test (Zweimalige Bestimmung von Testosteron)	700	79,80 40,80	91,77 46,92	103,74 53,04	87,78 44,88	94,50 48,32	94,50 48,32
4104*	Hungerversuch (Zweimalige Bestimmung von C-Peptid)	960	109,44 55,96	125,86 64,35	142,27 72,74	120,38 61,55	129,60 66,26	129,60 66,26
4105*	Hungerversuch (Zweimalige Bestimmung von Insulin)	500	57,– 29,14	65,55 33,52	74,10 37,89	62,70 32,06	67,50 34,51	67,50 34,51
4106*	Insulinhypoglykämietest (Sechsmalige Bestimmung von Glukose, Wachstumshormon und Cortisol)	3840	437,76 223,82	503,42 257,40	569,09 290,97	481,54 246,21	518,40 265,05	518,40 265,05
4107*	Laktat-Ischämietest (Fünfmalige Bestimmung von Laktat)	900	102,60 52,46	117,99 60,33	133,38 68,20	112,86 57,70	121,50 62,12	121,50 62,12

* Reduzierter Gebührenrahmen

		Punktzahl	1fach DM €	1,15fach DM €	1,3fach DM €	1,1fach DM €	UV Allg. DM €	UV Bes. DM €
4108*	Laktose-Toleranztest (Fünfmalige Bestimmung von Glukose)	200	22,80 11,66	26,22 13,41	29,64 15,16	25,08 12,82	27,00 13,80	27,00 13,80
4109*	LH-RH-Test (Zweimalige Bestimmung von LH und FSH)	1000	114,– 58,29	131,10 67,03	148,20 75,77	125,40 64,12	135,00 69,02	135,00 69,02
4110*	MEGX-Test (Monoethylglycinxylidid) (Zweimalige Bestimmung von MEGX)	500	57,– 29,14	65,55 33,52	74,10 37,89	62,70 32,06	67,50 34,51	67,50 34,51
4111*	Metoclopramidtest (Zweimalige Bestimmung von Prolaktin)	700	79,80 40,80	91,77 46,92	103,74 53,04	87,78 44,88	94,50 48,32	94,50 48,32
4112*	Pentagastrintest (Sechsmalige Bestimmung von Calcitonin)	2880	328,32 167,87	377,57 193,05	426,82 218,23	361,15 184,65	388,80 198,79	388,80 198,79
4113*	Renin-Aldosteron-Stimulationstest (Zweimalige Bestimmung von Renin und Aldosteron)	1920	218,88 111,91	251,71 128,70	284,54 145,49	240,77 123,10	259,20 132,53	259,20 132,53
4114*	Renin-Aldosteron-Suppressionstest (Zweimalige Bestimmung von Renin und Aldosteron)	1920	218,88 111,91	251,71 128,70	284,54 145,49	240,77 123,10	259,20 132,53	259,20 132,53
4115*	Seitengetrennte Reninbestimmung (Viermalige Bestimmung von Renin)	1920	218,88 111,91	251,71 128,70	284,54 145,49	240,77 123,10	259,20 132,53	259,20 132,53
4116*	Sekretin-Pankreozymin-Evokationstest (Dreimalige Bestimmung von Amylase, Lipase, Trypsin und Bikarbonat)	1080	123,12 62,95	141,59 72,39	160,06 81,84	135,43 69,25	145,80 74,55	145,80 74,55
4117*	TRH-Test (Zweimalige Bestimmung von TSH)	500	57,– 29,14	65,55 33,52	74,10 37,89	62,70 32,06	67,50 34,51	67,50 34,51
4118*	Vitamin A-Resorptionstest (Zweimalige Bestimmung von Vitamin A)	720	82,08 41,97	94,39 48,26	106,70 54,56	90,29 46,16	97,20 49,70	97,20 49,70

16. Porphyrine und ihre Vorläufer

		Punktzahl	1fach DM €	1,15fach DM €	1,3fach DM €	1,1fach DM €	UV Allg. DM €	UV Bes. DM €
4120*	Delta-Aminolaevulinsäure (Delta-ALS, Delta-ALA), photometrisch und säulenchromatographisch	570	64,98 33,22	74,73 38,21	84,47 43,19	71,48 36,55	76,95 39,34	76,95 39,34
4121*	Gesamt-Porphyrine, photometrisch	250	28,50 14,57	32,78 16,76	37,05 18,94	31,35 16,03	33,75 17,26	33,75 17,26

* Reduzierter Gebührenrahmen

		Punktzahl	1fach DM €	1,15fach DM €	1,3fach DM €	1,1fach DM €	UV Allg. DM €	UV Bes. DM €
4122*	Gesamt-Porphyrine, qualitativ	120	13,68 7,00	15,73 8,04	17,78 9,09	15,05 7,69	16,20 8,28	16,20 8,28
4123*	Porphobilinogen (PBG, Hösch-Test, Schwarz-Watson-Test) mit Rückextraktion, Farbreaktion und visuell, qualitativ	60	6,84 3,50	7,87 4,02	8,89 4,55	7,52 3,85	8,10 4,14	8,10 4,14
4124*	Porphobilinogen (PBG), photometrisch und säulenchromatographisch	570	64,98 33,22	74,73 38,21	84,47 43,19	71,48 36,55	76,95 39,34	76,95 39,34
4125*	Porphyrinprofil (Urin, Stuhl, Erythrozyten), Hochdruckflüssigkeitschromatographie, je Material	570	64,98 33,22	74,73 38,21	84,47 43,19	71,48 36,55	76,95 39,34	76,95 39,34
4126*	Porphyrinprofil (Urin, Stuhl, Erythrozyten, Dünnschichtchromatographie, je Material	460	52,44 26,81	60,31 30,83	68,17 34,86	57,68 29,49	62,10 31,75	62,10 31,75

17. Spurenelemente, Vitamine

		Punktzahl	1fach DM €	1,15fach DM €	1,3fach DM €	1,1fach DM €	UV Allg. DM €	UV Bes. DM €
4130*	Eisen im Urin, Atomabsorption	120	13,68 7,00	15,73 8,04	17,78 9,09	15,05 7,69	16,20 8,28	16,20 8,28
4131*	Kupfer im Serum oder Plasma	40	4,56 2,33	5,24 2,68	5,93 3,03	5,02 2,57	5,40 2,76	5,40 2,76
4132*	Kupfer im Urin, Atomabsorption	410	46,74 23,90	53,75 27,48	60,76 31,07	51,41 26,29	55,35 28,30	55,35 28,30
4133*	Mangan, Atomabsorption, flammenlos	410	46,74 23,90	53,75 27,48	60,76 31,07	51,41 26,29	55,35 28,30	55,35 28,30
4134*	Selen, Atomabsorption, flammenlos	410	46,74 23,90	53,75 27,48	60,76 31,07	51,41 26,29	55,35 28,30	55,35 28,30
4135*	Zink, Atomabsorption	90	10,26 5,25	11,80 6,03	13,34 6,82	11,29 5,77	12,15 6,21	12,15 6,21
4138*	25-Hydroxy-Vitamin D (25-OH-D, D2), Ligandenassay – einschließlich Doppelbestimmung und aktueller Bezugskurve –	480	54,72 27,98	62,93 32,18	71,14 36,37	60,19 30,78	64,80 33,13	64,80 33,13
4139*	1,25-Dihydroxy-Vitamin D (1,25-$[OH]_2D_3$, Calcitriol), Ligandenassay – einschließlich Doppelbestimmung und aktueller Bezugskurve –	750	85,50 43,72	98,33 50,27	111,15 56,83	94,05 48,09	101,25 51,77	101,25 51,77

* Reduzierter Gebührenrahmen

	Punktzahl	1fach DM €	1,15fach DM €	1,3fach DM €	1,1fach DM €	UV Allg. DM €	UV Bes. DM €
4140* Folsäure und/oder Vitamin B12, Ligandenassay – gegebenenfalls einschließlich Doppelbestimmung und aktueller Bezugskurve –	250	28,50 14,57	32,78 16,76	37,05 18,94	31,35 16,03	33,75 17,26	33,75 17,26
Untersuchung von Vitaminen mittels Hochdruckflüssigkeitschromatographie	360	41,04 20,98	47,20 24,13	42,98 27,28	45,14 23,08	48,60 24,85	48,60 24,85

Katalog

4141* Vitamin A
4142* Vitamin E

	Punktzahl	1fach DM €	1,15fach DM €	1,3fach DM €	1,1fach DM €	UV Allg. DM €	UV Bes. DM €
Untersuchung von Vitaminen mittels Hochdruckflüssigkeitschromatographie	570	64,98 33,22	74,73 38,21	84,47 43,19	71,48 36,55	76,95 39,34	76,95 39,34

Katalog

4144* 25-Hydroxy-Vitamin D (25-OH-D, D2)
4145* Vitamin B1
4146* Vitamin B6
4147* Vitamin K

18. Arzneimittelkonzentrationen, exogene Gifte, Drogen

	Punktzahl	1fach DM €	1,15fach DM €	1,3fach DM €	1,1fach DM €	UV Allg. DM €	UV Bes. DM €
Untersuchung mittels Ligandenassay – gegebenenfalls einschließlich Doppelbestimmung und aktueller Bezugskurve –	250	28,50 14,57	32,78 16,76	37,05 18,94	31,35 16,03	33,75 17,26	33,75 17,26

Katalog

4150* Amikacin
4151* Amphetamin
4152* Azetaminophen
4153* Barbiturate
4154* Benzodiazepine
4155* Cannabinoide
4156* Carbamazepin
4157* Chinidin
4158* Cocainmetabolite
4160* Desipramin
4161* Digitoxin
4162* Digoxin
4163* Disopyramid
4164* Ethosuximid
4165* Flecainid
4166* Gentamicin
4167* Lidocain
4168* Methadon
4169* Methotrexat
4170* N-Azetylprocainamid
4171* Netilmicin
4172* Opiate
4173* Phenobarbital

* Reduzierter Gebührenrahmen

	Punktzahl	1fach DM €	1,15fach DM €	1,3fach DM €	1,1fach DM €	UV Allg. DM €	UV Bes. DM €
4174* Phenytoin 4175* Primidon 4176* Propaphenon 4177* Salizylat 4178* Streptomycin 4179* Theophyllin 4180* Tobramicin 4181* Valproinsäure 4182* Untersuchungen mit ähnlichem methodischem Aufwand *Die untersuchten Parameter sind in der Rechnung anzugeben.*							
4185* Cyclosporin (mono- oder polyspezifisch), Ligandenassay – gegebenenfalls einschließlich Doppelbestimmung und aktueller Bezugskurve –	300	34,20 17,49	39,33 20,11	44,46 22,73	37,62 19,24	40,50 20,71	40,50 20,71
Untersuchung mittels Ligandenassay – einschließlich vorhergehender Säulentrennung, gegebenenfalls einschließlich Doppelbestimmung und aktueller Bezugskurve –	700	79,80 40,80	91,77 46,92	103,74 53,04	87,78 44,88	94,50 48,32	94,50 48,32
Katalog 4186* Amitryptilin 4187* Imipramin 4188* Nortriptylin							
Untersuchung mittels Atomabsorption, flammenlos	410	46,74 23,90	53,75 27,48	60,76 31,07	51,41 26,29	55,35 28,30	55,35 28,30
Katalog 4190* Aluminium 4191* Arsen 4192* Blei 4193* Cadmium 4194* Chrom 4195* Gold 4196* Quecksilber 4197* Thallium 4198* Untersuchungen mit ähnlichem methodischem Aufwand *Die untersuchten Parameter sind in der Rechnung anzugeben.*							
Untersuchung mittels Hochdruckflüssigkeitschromatographie, je Untersuchung	360	41,04 20,98	47,20 24,13	53,35 27,28	45,14 23,08	48,60 24,85	48,60 24,85

* Reduzierter Gebührenrahmen

	Punktzahl	1fach DM €	1,15fach DM €	1,3fach DM €	1,1fach DM €	UV Allg. DM €	UV Bes. DM €
Katalog							
4199* Amiodarone							
4200* Antiepileptika (Ethosuximid und/oder Phenobarbital und/oder Phenytoin und/oder Primidon)							
4201* Chinidin							
4202* Untersuchungen mit ähnlichem methodischem Aufwand							
Die untersuchten Parameter sind in der Rechnung anzugeben.							
Untersuchung mittels Hochdruckflüssigkeitschromatographie, je Untersuchung	450	51,30 26,23	59,– 30,16	66,69 34,10	56,43 28,85	60,75 31,06	60,75 31,06
Katalog							
4203* Antibiotika							
4204* Antimykotika							
Untersuchung mittels Gaschromatographie, je Untersuchung	410	46,74 23,90	53,75 27,48	60,76 31,07	51,41 26,29	55,35 28,30	55,35 28,30
Katalog							
4206* Valproinsäure							
4207* Ethanol							
4208* Untersuchungen mit ähnlichem methodischem Aufwand							
Die untersuchten Parameter sind in der Rechnung anzugeben.							
4209* Untersuchung mittels Gaschromatographie nach Säulenextraktion und Derivatisierung zum Nachweis von exogenen Giften, je Untersuchung	480	54,72 27,98	62,93 32,18	71,14 36,37	60,19 30,78	64,80 33,13	64,80 33,13
4210* Untersuchung von exogenen Giften mittels Gaschromatographie-Massenspektrometrie, Bestätigungsanalyse, je Untersuchung	900	102,60 52,46	117,99 60,33	133,38 68,20	112,86 57,70	121,50 62,12	121,50 62,12
4211* Ethanol, photometrisch	150	17,10 8,74	19,67 10,06	22,23 11,37	18,81 9,62	20,25 10,35	20,25 10,35
4212* Exogene Gifte, dünnschichtchromatographisches Screening, qualitativ oder semiquantitativ	250	28,50 14,57	32,78 16,76	37,05 18,94	31,35 16,03	33,75 17,26	33,75 17,26
4213* Identifikation von exogenen Giften mittels aufwendiger Dünnschichtchromatographie mit standardkorrigierten R_f-Werten, je Untersuchung	360	41,04 20,98	47,20 24,13	53,35 27,28	45,14 23,08	48,60 24,85	48,60 24,85
4214* Lithium	60	6,84 3,50	7,87 4,02	8,89 4,55	7,52 3,85	8,10 4,14	8,10 4,14

* Reduzierter Gebührenrahmen

19. Antikörper gegen Bakterienantigene

Allgemeine Bestimmung

Die Berechnung einer Gebühr für eine qualitative Untersuchung mittels Agglutinations- oder Fällungsreaktion bzw. Immunfluoreszenzuntersuchung (bis zu zwei Titerstufen) neben einer Gebühr für eine quantitative Untersuchung mittels Agglutinations- oder Fällungsreaktion bzw. Immunfluoreszenzuntersuchung (mehr als zwei Titerstufen) oder einer ähnlichen Untersuchungsmethode ist nicht zulässig.

	Punktzahl	1fach DM €	1,15fach DM €	1,3fach DM €	1,1fach DM €	UV Allg. DM €	UV Bes. DM €
Qualitativer Nachweis von Antikörpern mittels Agglutinations- oder Fällungsreaktion (z. B. Hämagglutination, Hämagglutinationshemmung, Latex-Agglutination)	90	10,26 5,25	11,80 6,03	13,34 6,82	11,29 5,77	12,15 6,21	12,15 6,21

Katalog

Antikörper gegen

4220* Borrelia burgdorferi
4221* Brucellen
4222* Campylobacter
4223* Francisellen
4224* Legionella pneumophila bis zu fünf Typen, je Typ
4225* Leptospiren
4226* Listerien, je Typ
4227* Rickettsien (Weil-Felix-Reaktion)
4228* Salmonellen-H-Antigene
4229* Salmonellen-O-Antigene
4230* Staphylolysin
4231* Streptolysin
4232* Treponema pallidum (TPHA, Cardiolipinmikroflockungstest, VDRL-Test)
4233* Yersinien bis zu zwei Typen, je Typ
4234* Untersuchungen mit ähnlichem methodischem Aufwand

Die untersuchten Parameter sind in der Rechnung anzugeben.

* Reduzierter Gebührenrahmen

	Punktzahl	1fach DM €	1,15fach DM €	1,3fach DM €	1,1fach DM €	UV Allg. DM €	UV Bes. DM €
Quantitative Bestimmung von Antikörpern mittels Agglutinations- oder Fällungsreaktion (z. B. Hämagglutination, Hämagglutinationshemmung, Latex-Agglutination)	230	26,22 13,41	30,15 15,42	34,09 17,43	28,84 14,75	31,05 15,88	31,05 15,88

Katalog

Antikörper gegen

4235* Agglutinierende Antikörper (WIDAL-Reaktion)
4236* Borrelia burgdorferi
4237* Brucellen
4238* Campylobacter
4239* Francisellen
4240* Legionellen bis zu zwei Typen, je Typ
4241* Leptospiren
4242* Listerien, je Typ
4243* Rickettsien
4244* Salmonellen-H-Antigene, bis zu zwei Antigenen, je Antigen
4245* Salmonellen-O-Antigene, bis zu vier Antigenen, je Antigen
4246* Staphylolysin
4247* Streptolysin
4248* Treponema pallidum (TPHA, Cardiolipinmikroflockungstest, VDRL-Test)
4249* Yersinien, bis zu zwei Typen, je Typ
4250* Untersuchungen mit ähnlichem methodischem Aufwand

Die untersuchten Parameter sind in der Rechnung anzugeben.

	Punktzahl	1fach DM €	1,15fach DM €	1,3fach DM €	1,1fach DM €	UV Allg. DM €	UV Bes. DM €
Qualitativer Nachweis von Antikörpern mittels Immunfluoreszenz oder ähnlicher Untersuchungsmethoden	290	33,06 16,90	38,02 19,44	42,98 21,97	36,37 18,59	39,15 20,02	39,15 20,02

Katalog

Antikörper gegen

4251* Bordetella pertussis
4252* Borrelia burgdorferi
4253* Chlamydia trachomatis
4254* Coxiella burneti
4255* Legionella pneumophila
4256* Leptospiren (IgA, IgG, oder IgM)
4257* Mycoplasma pneumoniae
4258* Rickettsien
4259* Treponema pallidum (IgG, und IgM) (FTA-ABS-Test)
4260* Treponema pallidum (IgM) (IgM-FTA-ABS-Test)
4261* Untersuchungen mit ähnlichem methodischem Aufwand

Die untersuchten Parameter sind in der Rechnung anzugeben.

* Reduzierter Gebührenrahmen

	Punktzahl	1fach DM €	1,15fach DM €	1,3fach DM €	1,1fach DM €	UV Allg. DM €	UV Bes. DM €
Quantitative Bestimmung von Antikörpern mittels Immunfluoreszenz oder ähnlicher Untersuchungsmethoden	510	58,14 29,73	66,86 34,19	75,58 38,65	63,95 32,70	68,85 35,20	68,85 35,20

Katalog

Antikörper gegen
4263* Bordetella pertussis
4264* Borrelia burgdorferi
4265* Chlamydia trachomatis
4266* Coxiella burneti
4267* Legionella pneumophila
4268* Mycoplasma pneumoniae
4269* Rickettsien
4270* Treponema pallidum (IgG, und IgM) (FTA-ABS-Test)
4271* Treponema pallidum (IgM) (IgM-FTA-ABS-Test)
4272* Untersuchungen mit ähnlichem methodischem Aufwand

Die untersuchten Parameter sind in der Rechnung anzugeben.

	Punktzahl	1fach DM €	1,15fach DM €	1,3fach DM €	1,1fach DM €	UV Allg. DM €	UV Bes. DM €
Quantitative Bestimmung von Antikörpern mittels Immunfluoreszenz oder ähnlicher Untersuchungsmethoden	800	91,20 46,63	104,88 53,62	118,56 60,62	100,32 51,29	108,00 55,22	108,00 55,22

Katalog

Antikörper gegen
4273* Treponema pallidum (IgM) (19S-IgM-FTA-ABS-Test)

	Punktzahl	1fach DM €	1,15fach DM €	1,3fach DM €	1,1fach DM €	UV Allg. DM €	UV Bes. DM €
Quantitative Bestimmung von Antikörpern mittels Komplementbindungsreaktion (KBR)	250	28,50 14,57	32,78 16,76	37,05 18,94	31,35 16,03	33,75 17,26	33,75 17,26

Katalog

Antikörper gegen
4275* Campylobacter
4276* Chlamydia psittaci (Ornithosegruppe)
4277* Chlamydia trachomatis
4278* Coxiella burneti
4279* Gonokokken
4280* Leptospiren
4281* Listerien
4282* Mycoplasma pneumoniae
4283* Treponema pallidum (Cardiolipinreaktion)
4284* Yersinien
4285* Untersuchungen mit ähnlichem methodischem Aufwand

Die untersuchten Parameter sind in der Rechnung anzugeben.

* Reduzierter Gebührenrahmen

	Punktzahl	1fach DM €	1,15fach DM €	1,3fach DM €	1,1fach DM €	UV Allg. DM €	UV Bes. DM €
Bestimmung von Antikörpern mittels Ligandenassay – gegebenenfalls einschließlich Doppelbestimmung und aktueller Bezugskurve –	350	39,90 20,40	45,89 23,46	51,87 26,52	43,89 22,44	47,25 24,16	47,25 24,16

Katalog

Antikörper gegen
4286* Borrelia burgdorferi
4287* Campylobacter
4288* Coxiella burneti
4289* Leptospiren (IgA, IgG oder IgM)
4290* Mycoplasma pneumoniae
4291* Untersuchungen mit ähnlichem methodischem Aufwand

Die untersuchten Parameter sind in der Rechnung anzugeben.

Bestimmung von Antikörpern mit sonstigen Methoden

Katalog

	Punktzahl	1fach DM €	1,15fach DM €	1,3fach DM €	1,1fach DM €	UV Allg. DM €	UV Bes. DM €
4293* Streptolysin, Immundiffusion oder ähnliche Untersuchungsmethoden ...	180	20,52 10,49	23,60 12,07	26,68 13,64	22,57 11,54	24,30 12,42	24,30 12,42
4294* Streptolysin, Hämolysehemmung	230	26,22 13,41	30,15 15,42	34,09 17,43	28,84 14,75	31,05 15,88	31,05 15,88
4295* Streptokokken-Desoxyribonuklease (Antistreptodornase, ADNAse B), Immundiffusion oder ähnliche Untersuchungsmethoden	180	20,52 10,49	23,60 12,07	26,68 13,64	22,57 11,54	24,30 12,42	24,30 12,42
4296* Streptokokken-Desoxyribonuklease (Antistreptodornase, ADNAse B), Farbreaktion und visuell	120	13,68 7,00	15,73 8,04	17,78 9,09	15,05 7,69	16,20 8,28	16,20 8,28
4297* Hyaluronidase, Farbreaktion und visuell, qualitativ	120	13,68 7,00	15,73 8,04	17,78 9,09	15,05 7,69	16,20 8,28	16,20 8,28

* Reduzierter Gebührenrahmen

20. Antikörper gegen Virusantigene

Allgemeine Bestimmung

Die Berechnung einer Gebühr für eine qualitative Untersuchung mittels Agglutinations- oder Fällungsreaktion bzw. Immunfluoreszenzuntersuchung (bis zu zwei Titerstufen) neben einer Gebühr für eine quantitative Untersuchung mittels Agglutinations- oder Fällungsreaktion bzw. Immunfluoreszenzuntersuchung (mehr als zwei Titerstufen) oder einer ähnlichen Untersuchungsmethode ist nicht zulässig.

	Punktzahl	1fach DM €	1,15fach DM €	1,3fach DM €	1,1fach DM €	UV Allg. DM €	UV Bes. DM €
Qualitativer Nachweis von Antikörpern mittels Agglutinationsreaktion (z. B. Hämagglutination, Hämagglutinationshemmung, Latex-Agglutination)	90	10,25 5,25	11,80 6,03	13,84 6,82	11,29 5,77	12,15 6,21	12,15 6,21

Katalog

Antikörper gegen

4300* Epstein-Barr-Virus, heterophile Antikörper (Paul-Bunnel-Test)

4301* Röteln-Virus

4302* Untersuchungen mit ähnlichem methodischem Aufwand

Die untersuchten Viren sind in der Rechnung anzugeben.

	Punktzahl	1fach DM €	1,15fach DM €	1,3fach DM €	1,1fach DM €	UV Allg. DM €	UV Bes. DM €
Quantitative Bestimmung von Antikörpern mittels Agglutinationsreaktion (z. B. Hämagglutination, Hämagglutinationshemmung, Latex-Agglutination)	240	27,36 13,99	31,46 16,09	35,57 18,19	30,10 15,39	32,40 16,57	32,40 16,57

Katalog

Antikörper gegen

4305* Epstein-Barr-Virus, heterophile Antikörper (Paul-Bunnel-Test)

4306* Röteln-Virus

4307* Untersuchungen mit ähnlichem methodischem Aufwand

Die untersuchten Viren sind in der Rechnung anzugeben.

* Reduzierter Gebührenrahmen

	Punktzahl	1fach DM €	1,15fach DM €	1,3fach DM €	1,1fach DM €	UV Allg. DM €	UV Bes. DM €
Qualitativer Nachweis von Antikörpern mittels Immunfluoreszenz oder ähnlicher Untersuchungsmethoden	290	33,06 16,90	38,02 19,44	42,98 21,97	36,37 18,59	39,15 20,02	39,15 20,02

Katalog

Antikörper gegen

4310* Adenoviren
4311* Epstein-Barr-Virus Capsid (IgA)
4312* Epstein-Barr-Virus Capsid (IgG)
4313* Epstein-Barr-Virus Capsid (IgM)
4314* Epstein-Barr-Virus Early Antigen diffus
4315* Epstein-Barr-Virus Early Antigen restricted
4316* Epstein-Barr-Virus Nukleäres Antigen (EBNA)
4317* FSME-Virus
4318* Herpes simplex-Virus 1 (IgG)
4319* Herpes simplex-Virus 1 (IgM)
4320* Herpes simplex-Virus 2 (IgG)
4321* Herpes simplex-Virus 2 (IgM)
4322* HIV 1
4323* HIV 2
4324* Influenza A-Virus
4325* Influenza B-Virus
4327* Masern-Virus
4328* Mumps-Virus
4329* Parainfluenza-Virus 1
4330* Parainfluenza-Virus 2
4331* Parainfluenza-Virus 3
4332* Respiratory syncytial virus
4333* Tollwut-Virus
4334* Varizella-Zoster-Virus
4335* Untersuchungen mit ähnlichem methodischem Aufwand

Die untersuchten Parameter sind in der Rechnung anzugeben.

* Reduzierter Gebührenrahmen

	Punktzahl	1fach DM €	1,15fach DM €	1,3fach DM €	1,1fach DM €	UV Allg. DM €	UV Bes. DM €
Quantitative Bestimmung von Antikörpern mittels Immunfluoreszenz oder ähnlicher Untersuchungsmethoden	510	58,14 29,73	66,86 34,19	75,58 38,65	63,95 32,70	68,85 35,20	68,85 35,20

Katalog

Antikörper gegen

4337* Adenoviren
4338* Epstein-Barr-Virus Capsid (IgA)
4339* Epstein-Barr-Virus Capsid (IgG)
4340* Epstein-Barr-Virus Capsid (IgM)
4341* Epstein-Barr-Virus Early Antigen diffus
4342* Epstein-Barr-Virus Early Antigen restricted
4343* Epstein-Barr-Virus Nukleäres Antigen (EBNA)
4344* FSME-Virus
4345* Herpes simplex-Virus 1 (IgG)
4346* Herpes simplex-Virus 1 (IgM)
4347* Herpes simplex-Virus 2 (IgG)
4348* Herpes simplex-Virus 2 (IgM)
4349* HIV 1
4350* HIV 2
4351* Influenza A-Virus
4352* Influenza B-Virus
4353* Lymphozytäres Choriomeningitis-Virus
4354* Masern-Virus
4355* Mumps-Virus
4356* Parainfluenza-Virus 1
4357* Parainfluenza-Virus 2
4358* Parainfluenza-Virus 3
4359* Respiratory syncytial virus
4360* Röteln-Virus
4361* Tollwut-Virus
4362* Varizella-Zoster-Virus
4363* Untersuchungen mit ähnlichem methodischem Aufwand

Die untersuchten Parameter sind in der Rechnung anzugeben.

* Reduzierter Gebührenrahmen

	Punktzahl	1fach DM €	1,15fach DM €	1,3fach DM €	1,1fach DM €	UV Allg. DM €	UV Bes. DM €
Quantitative Bestimmung von Antikörpern mittels Komplementbindungsreaktion (KBR)	250	28,50 14,57	32,78 16,76	37,05 18,94	31,35 16,03	33,75 17,26	33,75 17,26

Katalog

Antikörper gegen

4365* Adenoviren
4366* Coronaviren
4367* Influenza A-Virus
4368* Influenza B-Virus
4369* Influenza C-Virus
4370* Lymphozytäres Choriomeningitis-Virus
4371* Parainfluenza-Virus 1
4371a* Parainfluenza-Virus 2
4372* Parainfluenza-Virus 3
4373* Polyomaviren
4374* Reoviren
4375* Respiratory syncytial virus
4376* Untersuchungen mit ähnlichem methodischem Aufwand

Die untersuchten Parameter sind in der Rechnung anzugeben.

	Punktzahl	1fach DM €	1,15fach DM €	1,3fach DM €	1,1fach DM €	UV Allg. DM €	UV Bes. DM €
Bestimmung von Antikörpern mittels Ligandenassay – gegebenenfalls einschließlich Doppelbestimmung und aktueller Bezugskurve –	240	27,36 13,99	31,46 16,09	35,57 18,19	30,10 15,39	32,40 16,57	32,40 16,57

Katalog

Antikörper gegen

4378* Cytomegalie-Virus (IgG und IgM)
4379* FSME-Virus (IgG und IgM)
4380* HBe-Antigen (IgG und IgM)
4381* HBs-Antigen
4382* Hepatitis A-Virus (IgG und IgM)
4383* Hepatitis A-Virus (IgM)
4384* Herpes simplex-Virus (IgG und IgM)
4385* Masern-Virus (IgG und IgM)
4386* Mumps-Virus (IgG und IgM)
4387* Röteln-Virus (IgG und IgM)
4388* Varizella-Zoster-Virus (IgG und IgM)
4389* Untersuchungen mit ähnlichem methodischem Aufwand

Die untersuchten Parameter sind in der Rechnung anzugeben.

* Reduzierter Gebührenrahmen

	Punktzahl	1fach DM €	1,15fach DM €	1,3fach DM €	1,1fach DM €	UV Allg. DM €	UV Bes. DM €
Bestimmung von Antikörpern mittels Ligandenassay – gegebenenfalls einschließlich Doppelbestimmung und aktueller Bezugskurve –	300	34,20	39,33	44,46	37,62	40,50	40,50
		17,49	20,11	22,73	19,24	20,71	20,71
Katalog							
Antikörper gegen							
4390* Cytomegalie-Virus (IgM)							
4391* Epstein-Barr-Virus (IgG und IgM)							
4392* FSME-Virus (IgM)							
4393* HBc-Antigen (IgG und IgM)							
4394* Herpes simplex-Virus (IgM)							
4395* HIV							
4396* Masern-Virus (IgM)							
4397* Mumps-Virus (IgM)							
4398* Röteln-Virus (IgM)							
4399* Varizella-Zoster-Virus (IgM)							
4400* Untersuchungen mit ähnlichem methodischem Aufwand							
Die untersuchten Parameter sind in der Rechnung anzugeben.							
Bestimmung von Antikörpern mittels Ligandenassay – gegebenenfalls einschließlich Doppelbestimmung und aktueller Bezugskurve –	350	39,90	45,89	51,87	43,89	47,25	47,25
		20,40	23,46	26,52	22,44	24,16	24,16
Katalog							
Antikörper gegen							
4402* HBc-Antigen (IgM)							
4403* HBe-Antigen (IgM)							
4404* Untersuchungen mit ähnlichem methodischem Aufwand							
Die untersuchten Parameter sind in der Rechnung anzugeben.							
Bestimmung von Antikörpern mittels Ligandenassay – gegebenenfalls einschließlich Doppelbestimmung und aktueller Bezugskurve –							
Katalog							
Antikörper gegen							
4405* Delta-Antigen	800	91,20	104,88	118,56	100,32	108,00	108,00
		46,63	53,62	60,62	51,29	55,22	55,22
4406* Hepatitis C-Virus	400	45,60	52,44	59,28	50,16	54,00	54,00
		23,32	26,81	30,31	25,65	27,61	27,61
Bestimmung von Antikörpern mittels anderer Methoden	800	91,20	104,88	118,56	100,32	108,00	108,00
		46,63	53,62	60,62	51,29	55,22	55,22
Katalog							
Antikörper gegen							
4408* Hepatitis C-Virus, Immunoblot							
4409* HIV, Immunoblot							

* Reduzierter Gebührenrahmen

21. Antikörper gegen Pilzantigene

Allgemeine Bestimmung

Die Berechnung einer Gebühr für eine qualitative Untersuchung mittels Agglutinations- oder Fällungsreaktion bzw. Immunfluoreszenzuntersuchung (bis zu zwei Titerstufen) neben einer Gebühr für eine quantitative Untersuchung mittels Agglutinations- oder Fällungsreaktion bzw. Immunfluoreszenzuntersuchung (mehr als zwei Titerstufen) oder einer ähnlichen Untersuchungsmethode ist nicht zulässig.

	Punktzahl	1fach DM €	1,15fach DM €	1,3fach DM €	1,1fach DM €	UV Allg. DM €	UV Bes. DM €
Qualitativer Nachweis von Antikörpern mittels Immunfluoreszenz oder ähnlicher Untersuchungsmethoden	290	33,06 16,90	38,02 19,44	42,98 21,97	36,37 18,59	39,15 20,02	39,15 20,02
Katalog Antikörper gegen 4415* Candida albicans 4416* Untersuchungen mit ähnlichem methodischem Aufwand *Die untersuchten Parameter sind in der Rechnung anzugeben.*							
Quantitative Bestimmung von Antikörpern mittels Immunfluoreszenz oder ähnlicher Untersuchungsmethoden	510	58,14 29,73	66,86 34,19	75,58 38,65	63,95 32,70	68,85 35,20	68,85 35,20
Katalog Antikörper gegen 4418* Candida albicans 4419* Untersuchungen mit ähnlichem methodischem Aufwand *Die untersuchten Parameter sind in der Rechnung anzugeben.*							
Qualitativer Nachweis von Antikörpern mittels Agglutinations- oder Fällungsreaktion (z. B. Hämagglutination, Hämagglutinationshemmung, Latex-Agglutination)	90	10,26 5,25	11,80 6,03	13,34 6,82	11,29 5,77	12,15 6,21	12,15 6,21
Katalog Antikörper gegen 4421* Aspergillus 4422* Candida albicans 4423* Untersuchungen mit ähnlichem methodischem Aufwand *Die untersuchten Parameter sind in der Rechnung anzugeben.*							

* Reduzierter Gebührenrahmen

	Punkt-zahl	1fach DM €	1,15fach DM €	1,3fach DM €	1,1fach DM €	UV Allg. DM €	UV Bes. DM €
Quantitative Bestimmung von Antikörpern mittels Agglutinations- oder Fällungsreaktion (z. B. Hämagglutination, Hämagglutinationshemmung, Latex-Agglutination)	240	27,36 13,99	31,46 16,09	35,57 18,19	30,10 15,39	32,40 16,57	32,40 16,57

Katalog

Antikörper gegen
4425* Aspergillus
4426* Candida albicans
4427* Untersuchungen mit ähnlichem methodischem Aufwand

Die untersuchten Parameter sind in der Rechnung anzugeben.

22. Antikörper gegen Parasitenantigene

Allgemeine Bestimmung

Die Berechnung einer Gebühr für eine qualitative Untersuchung mittels Agglutinations- oder Fällungsreaktion bzw. Immunfluoreszenzuntersuchung (bis zu zwei Titerstufen) neben einer Gebühr für eine quantitative Untersuchung mittels Agglutinations- oder Fällungsreaktion bzw. Immunfluoreszenzuntersuchung (mehr als zwei Titerstufen) oder einer ähnlichen Untersuchungsmethode ist nicht zulässig.

	Punkt-zahl	1fach DM €	1,15fach DM €	1,3fach DM €	1,1fach DM €	UV Allg. DM €	UV Bes. DM €
Qualitativer Nachweis von Antikörpern mittels Agglutinations- oder Fällungsreaktion (z. B. Hämagglutination, Hämagglutinationshemmung, Latex-Agglutination)	90	10,26 5,25	11,80 6,03	13,34 6,82	11,29 5,77	12,15 6,21	12,15 6,21

Katalog

Antikörper gegen
4430* Echinokokken
4431* Schistosomen
4432* Untersuchungen mit ähnlichem methodischem Aufwand

Die untersuchten Parameter sind in der Rechnung anzugeben.

	Punkt-zahl	1fach DM €	1,15fach DM €	1,3fach DM €	1,1fach DM €	UV Allg. DM €	UV Bes. DM €
Quantitative Bestimmung von Antikörpern mittels Agglutinations- oder Fällungsreaktion (z. B. Hämagglutination, Hämagglutinationshemmung, Latex-Agglutination)	240	27,36 13,99	31,46 16,09	35,57 18,19	30,10 15,39	32,40 16,57	32,40 16,57

Katalog

Antikörper gegen
4435* Echinokokken
4436* Schistosomen
4437* Untersuchungen mit ähnlichem methodischem Aufwand

Die untersuchten Parameter sind in der Rechnung anzugeben.

* Reduzierter Gebührenrahmen

	Punktzahl	1fach DM / €	1,15fach DM / €	1,3fach DM / €	1,1fach DM / €	UV Allg. DM / €	UV Bes. DM / €
Qualitativer Nachweis von Antikörpern mittels Immunfluoreszenz oder ähnlicher Untersuchungsmethoden	290	33,06 16,90	38,02 19,44	42,98 21,97	36,37 18,59	39,15 20,02	39,15 20,02

Katalog

Antikörper gegen
4440* Entamoeba histolytica
4441* Leishmanien
4442* Plasmodien
4443* Pneumocystis carinii
4444* Schistosomen
4445* Toxoplasma gondii
4446* Trypanosoma cruzi
4447* Untersuchungen mit ähnlichem methodischem Aufwand

Die untersuchten Parameter sind in der Rechnung anzugeben.

	Punktzahl	1fach DM / €	1,15fach DM / €	1,3fach DM / €	1,1fach DM / €	UV Allg. DM / €	UV Bes. DM / €
Quantitative Bestimmung von Antikörpern mittels Immunfluoreszenz oder ähnlicher Untersuchungsmethoden	510	58,14 29,73	66,86 34,19	75,58 38,65	63,95 32,70	68,85 35,20	68,85 35,20

Katalog

Antikörper gegen
4448* Entamoeba histolytica
4449* Leishmanien
4450* Pneumocystis carinii
4451* Plasmodien
4452* Schistosomen
4453* Toxoplasma gondii
4454* Trypanosoma cruzi
4455* Untersuchungen mit ähnlichem methodischem Aufwand

Die untersuchten Parameter sind in der Rechnung anzugeben.

	Punktzahl	1fach DM / €	1,15fach DM / €	1,3fach DM / €	1,1fach DM / €	UV Allg. DM / €	UV Bes. DM / €
Quantitative Bestimmung von Antikörpern mittels Komplementbindungsreaktion (KBR)	250	28,50 14,57	32,78 16,76	37,05 18,94	31,35 16,03	33,75 17,26	33,75 17,26

Katalog

Antikörper gegen
4456* Echinokokken
4457* Entamoeba histolytica
4458* Leishmanien
4459* Toxoplasma gondii
4460* Untersuchungen mit ähnlichem methodischem Aufwand

Die untersuchten Parameter sind in der Rechnung anzugeben.

* Reduzierter Gebührenrahmen

	Punktzahl	1fach DM €	1,15fach DM €	1,3fach DM €	1,1fach DM €	UV Allg. DM €	UV Bes. DM €
Quantitative Bestimmung** von Antikörpern mittels Ligandenassay – gegebenenfalls einschließlich Doppelbestimmung und aktueller Bezugskurve –	230	26,22 13,41	30,15 15,42	34,09 17,43	28,84 14,75	31,05 15,88	31,05 15,88

Katalog

Antikörper gegen

4461* Toxoplasma gondii

4462* Untersuchungen mit ähnlichem methodischem Aufwand

Die untersuchten Parameter sind in der Rechnung anzugeben.

	Punktzahl	1fach DM €	1,15fach DM €	1,3fach DM €	1,1fach DM €	UV Allg. DM €	UV Bes. DM €
Quantitative Bestimmung von Antikörpern mittels Ligandenassay – gegebenenfalls einschließlich Doppelbestimmung und aktueller Bezugskurve –	350	39,90 20,40	45,89 23,46	51,87 26,52	43,89 22,44	47,25 24,16	47,25 24,16

Katalog

Antikörper gegen

4465* Entamoeba histolytica

4466* Leishmanien

4467* Schistosomen

4468* Toxoplasma gondii

4469* Untersuchungen mit ähnlichem methodischem Aufwand

Die untersuchten Parameter sind in der Rechnung anzugeben.

* Reduzierter Gebührenrahmen

** Redaktioneller Fehler des Verordnungsgebers; gemeint ist wohl: „Qualitativer Nachweis ...“.

IV. Untersuchungen zum Nachweis und zur Charakterisierung von Krankheitserregern

Allgemeine Bestimmung

Werden Untersuchungen berechnet, die im methodischen Aufwand mit im Leistungstext konkret benannten Untersuchungen vergleichbar sind, so muß die Art der berechneten Untersuchungen genau bezeichnet werden.

	Punktzahl	1fach DM €	1,15fach DM €	1,3fach DM €	1,1fach DM €	UV Allg. DM €	UV Bes. DM €
1. Untersuchungen zum Nachweis und zur Charakterisierung von Bakterien							
a. Untersuchungen im Nativmaterial							
Untersuchung zum Nachweis von Bakterien im Nativmaterial mittels Agglutination, je Antiserum	130	14,82 7,58	17,04 8,71	19,27 9,85	16,30 8,34	17,55 8,97	17,55 8,97
Katalog 4500* Betahämolysierende Streptokokken Typ B 4501* Hämophilus influenzae Kapseltyp b 4502* Neisseria meningitidis Typen A und B 4503* Streptococcus pneumoniae 4504* Untersuchungen mit ähnlichem methodischem Aufwand *Die untersuchten Parameter sind in der Rechnung anzugeben.*							
Lichtmikroskopische Untersuchung des Nativmaterials zum Nachweis von Bakterien – einschließlich einfacher Anfärbung –, qualitativ, je Untersuchung	90	10,26 5,25	11,80 6,03	13,34 6,82	11,29 5,77	12,15 6,21	12,15 6,21
Katalog 4506* Methylenblaufärbung 4508* Untersuchungen mit ähnlichem methodischem Aufwand *Die untersuchten Parameter sind in der Rechnung anzugeben.*							
Lichtmikroskopische Untersuchung des Nativmaterials zum Nachweis von Bakterien – einschließlich aufwendigerer Anfärbung –, qualitativ, je Untersuchung	110	12,54 6,41	14,42 7,37	16,30 8,34	13,79 7,05	14,85 7,59	14,85 7,59
Katalog 4510* Giemsafärbung (Punktate) 4511* Gramfärbung (Liquor-, Blut-, Punktat-, Sputum-, Eiter- oder Urinausstrich, Nasenabstrich) 4512* Ziehl-Neelsen-Färbung 4513* Untersuchungen mit ähnlichem methodischem Aufwand *Die untersuchten Parameter sind in der Rechnung anzugeben.*							

* Reduzierter Gebührenrahmen

	Punktzahl	1fach DM €	1,15fach DM €	1,3fach DM €	1,1fach DM €	UV Allg. DM €	UV Bes. DM €
Lichtmikroskopische Untersuchung des Nativmaterials zum Nachweis von Bakterien – einschließlich Anfärbung mit Fluorochromen –, qualitativ, je Untersuchung	160	18,24 9,33	20,98 10,73	23,71 12,12	20,06 10,26	21,60 11,04	21,60 11,04
Katalog							
4515* Auraminfärbung							
4516* Untersuchungen mit ähnlichem methodischem Aufwand							
Die untersuchten Parameter sind in der Rechnung anzugeben.							
4518* Lichtmikroskopische, immunologische Untersuchung des Nativmaterials zum Nachweis von Bakterien – einschließlich Fluoreszenz-, Enzym- oder anderer Markierung –, je Antiserum	250	28,50 14,57	32,78 16,76	37,05 18,94	31,35 16,03	33,75 17,26	33,75 17,26
Eine mehr als fünfmalige Berechnung der Leistung nach Nummer 4518 bei Untersuchungen aus demselben Untersuchungsmaterial ist nicht zulässig.							
Qualitative Untersuchung des Nativmaterials zum Nachweis von Bakterienantigenen mittels Ligandenassay (z. B. Enzym- oder Radioimmunoassay) – gegebenenfalls einschließlich Doppelbestimmung und aktueller Bezugskurve –, je Untersuchung	250	28,50 14,57	32,78 16,76	37,05 18,94	31,35 16,03	33,75 17,26	33,75 17,26
Katalog							
4520* Beta-hämolysierende Streptokokken der Gruppe B							
4521* Enteropathogene Escherichia coli-Stämme							
4522* Legionellen							
4523* Neisseria meningitidis							
4524* Neisseria gonorrhoeae							
4525* Untersuchungen mit ähnlichem methodischem Aufwand							
Die untersuchten Parameter sind in der Rechnung anzugeben.							

* Reduzierter Gebührenrahmen

		Punktzahl	1fach DM €	1,15fach DM €	1,3fach DM €	1,1fach DM €	UV Allg. DM €	UV Bes. DM €

b. Züchtung/Gewebekultur

		Punktzahl	1fach DM €	1,15fach DM €	1,3fach DM €	1,1fach DM €	UV Allg. DM €	UV Bes. DM €
4530*	Untersuchung zum Nachweis von Bakterien durch einfache Anzüchtung oder Weiterzüchtung auf Nährböden, aerob (z. B. Blut-, Endo-, McConkey-Agar, Nährbouillon), je Nährmedium .	80	9,12 4,66	10,49 5,36	11,86 6,06	10,03 5,13	10,80 5,52	10,80 5,52
	Eine mehr als viermalige Berechnung der Leistung nach Nummer 4530 bei Untersuchungen aus demselben Untersuchungsmaterial ist nicht zulässig.							
4531*	Untersuchung zum Nachweis von Bakterien durch Anzüchtung oder Weiterzüchtung bei besonderer Temperatur, je Nährmedium	100	11,40 5,83	13,11 6,70	14,82 7,58	12,54 6,41	13,50 6,90	13,50 6,90
	Eine mehr als dreimalige Berechnung der Leistung nach Nummer 4531 bei Untersuchungen aus demselben Untersuchungsmaterial ist nicht zulässig.							
4532*	Untersuchung zum Nachweis von Bakterien durch Anzüchtung oder Weiterzüchtung in CO_2-Atmosphäre, je Nährmedium	100	11,40 5,83	13,11 6,70	14,82 7,58	12,54 6,41	13,50 6,90	13,50 6,90
4533*	Untersuchung zum Nachweis von Bakterien durch Anzüchtung oder Weiterzüchtung in anaerober oder mikroaerophiler Atmosphäre, je Nährmedium	250	28,50 14,57	32,78 16,76	37,05 18,94	31,35 16,03	33,75 17,26	33,75 17,26
	Eine mehr als viermalige Berechnung der Leistung nach Nummer 4533 bei Untersuchungen aus demselben Untersuchungsmaterial ist nicht zulässig.							
4538*	Untersuchung zum Nachweis von Bakterien durch Anzüchtung oder Weiterzüchtung auf Selektiv- oder Anreicherungsmedien, aerob (z. B. Blutagar mit Antibiotikazusätzen, Schokoladen-, Yersinien-, Columbia-, Kochsalz-Mannit-Agar, Thayer-Martin-Medium), je Nährmedium	120	13,68 7,00	15,73 8,04	17,78 9,09	15,05 7,69	16,20 8,28	16,20 8,28
	Eine mehr als viermalige Berechnung der Leistung nach Nummer 4538 bei Untersuchungen aus demselben Untersuchungsmaterial ist nicht zulässig.							

* Reduzierter Gebührenrahmen

		Punkt-zahl	1fach DM €	1,15fach DM €	1,3fach DM €	1,1fach DM €	UV Allg. DM €	UV Bes. DM €
4539*	Untersuchung zum Nachweis von Bakterien durch besonders aufwendige Anzüchtung oder Weiterzüchtung auf Selektiv- oder Anreicherungsmedien (z. B. Campylobacter-, Legionellen-, Mycoplasmen-, Clostridium difficile-Agar), je Nährmedium	250	28,50 14,57	32,78 16,76	37,05 18,94	31,35 16,03	33,75 17,26	33,75 17,26
	Eine mehr als viermalige Berechnung der Leistung nach Nummer 4539 bei Untersuchungen aus demselben Untersuchungsmaterial ist nicht zulässig.							
4540*	Anzüchtung von Mykobakterien mit mindestens zwei festen und einem flüssigen Nährmedium, je Untersuchungsmaterial	400	45,60 23,32	52,44 26,81	59,28 30,31	50,16 25,65	54,00 27,61	54,00 27,61
4541*	Untersuchung zum Nachweis von Chlamydien durch Anzüchtung auf Gewebekultur, je Ansatz	350	39,90 20,40	45,89 23,46	51,87 26,52	43,89 22,44	47,25 24,16	47,25 24,16
4542*	Untersuchung zum Nachweis von bakteriellen Toxinen durch Anzüchtung auf Gewebekultur, je Untersuchung	250	28,50 14,57	32,78 16,76	37,05 18,94	31,35 16,03	33,75 17,26	33,75 17,26
4543*	Untersuchung zum Nachweis von bakteriellen Toxinen durch Anzüchtung auf Gewebekultur mit Spezifitätsprüfung durch Neutralisationstest, je Untersuchung	500	57,– 29,14	65,55 33,52	74,10 37,89	62,70 32,06	67,50 34,51	67,50 34,51

c. Identifizierung/Typisierung

4545*	Orientierende Identifizierung, Untersuchung von angezüchteten Bakterien mit einfachen Verfahren (z. B. Katalase-, Optochin-, Oxidase-, Galle-, Klumpungstest), je Test und Keim ...	60	6,84 3,50	7,87 4,02	8,89 4,55	7,52 3,85	8,10 4,14	8,10 4,14
4546*	Identifizierung, Untersuchung von angezüchteten Bakterien mit aufwendigeren Verfahren (z. B. Äskulinspaltung, Methylenblau-, Nitratreduktion, Harnstoffspaltung, Koagulase-, cAMP-, O-F-, Ammen-, DNAase-Test), je Test und Keim	120	13,68 7,00	15,73 8,04	17,78 9,09	15,05 7,69	16,20 8,28	16,20 8,28

* Reduzierter Gebührenrahmen

		Punktzahl	1fach DM €	1,15fach DM €	1,3fach DM €	1,1fach DM €	UV Allg. DM €	UV Bes. DM €
4547*	Identifizierung, Untersuchung von angezüchteten Bakterien mit Mehrtestverfahren (z. B. Kombination von Zitrat-, Kligler-, SIM, Agar), je Keim ...	120	13,68 7,00	15,73 8,04	17,78 9,09	15,05 7,69	16,20 8,28	16,20 8,28
4548*	Identifizierung, Untersuchung von aerob angezüchteten Bakterien mittels bunter Reihe (bis zu acht Reaktionen), je Keim	160	18,24 9,33	20,98 10,73	23,71 12,12	20,06 10,26	21,60 11,04	21,60 11,04
4549*	Identifizierung, Untersuchung von aerob angezüchteten Bakterien mittels erweiterter bunter Reihe – mindestens zwanzig Reaktionen –, je Keim	240	27,36 13,99	31,46 16,09	35,57 18,19	30,10 15,39	32,40 16,57	32,40 16,57
4550*	Identifizierung, Untersuchung anaerob angezüchteter Bakterien mittels erweiterter bunter Reihe in anaerober oder mikroaerophiler Atmosphäre, je Keim	330	37,62 19,24	43,26 22,12	48,91 25,01	41,38 21,16	44,55 22,78	44,55 22,78
4551*	Identifizierung, Untersuchung von Mykobakterium tuberkulosis-Komplex mittels biochemischer Reaktionen ...	300	34,20 17,49	39,33 20,11	44,46 22,73	37,62 19,24	40,50 20,71	40,50 20,71
	Eine mehr als viermalige Berechnung der Leistung nach Nummer 4551 bei Untersuchungen aus demselben Untersuchungsmaterial ist nicht zulässig.							
	Lichtmikroskopische Untersuchung angezüchteter Bakterien – einschließlich Anfärbung –, qualitativ, je Untersuchung	60	6,84 3,50	7,87 4,02	8,89 4,55	7,52 3,85	8,10 4,14	8,10 4,14
	Katalog							
4553*	Gramfärbung (Bakterienkulturausstrich)							
4554*	Neisser-Färbung (Bakterienkulturausstrich)							
4555*	Ziehl-Neelsen-Färbung (Bakterienkulturausstrich)							
4556*	Untersuchungen mit ähnlichem methodischem Aufwand							
	Die durchgeführten Färbungen sind in der Rechnung anzugeben.							
4560*	Lichtmikroskopische, immunologische Untersuchung von angezüchteten Bakterien – einschließlich Fluoreszenz-, Enzym- oder anderer Markierung –, je Antiserum	290	33,06 16,90	38,02 19,44	42,98 21,97	36,37 18,59	39,15 20,02	39,15 20,02

* Reduzierter Gebührenrahmen

	Punktzahl	1fach DM €	1,15fach DM €	1,3fach DM €	1,1fach DM €	UV Allg. DM €	UV Bes. DM €
Untersuchung zum Nachweis von Bakterienantigenen mittels Ligandenassay (z. B. Enzym-, Radioimmunoassay) – gegebenenfalls einschließlich Doppelbestimmung und aktueller Bezugskurve –, qualitativ, je Untersuchung	250	28,50 14,57	32,78 16,76	37,05 18,94	31,35 16,03	33,75 17,26	33,75 17,26
Katalog							
4561* Beta-hämolysierende Streptokokken							
4562* Enteropathogene Escherichia coli-Stämme							
4563* Legionellen							
4564* Neisseria meningitidis							
4565* Untersuchungen mit ähnlichem methodischem Aufwand							
Die untersuchten Keime sind in der Rechnung anzugeben.							
Untersuchung von angezüchteten Bakterien über Metabolitprofil mittels Gaschromatographie, je Untersuchung	410	46,74 23,90	53,75 27,48	60,76 31,07	51,41 26,29	55,35 28,30	55,35 28,30
Katalog							
4567* Anaerobier							
4568* Untersuchungen mit ähnlichem methodischem Aufwand							
Die untersuchten Keime sind in der Rechnung anzugeben.							
4570* Untersuchung von angezüchteten Bakterien über Metabolitprofil (z. B. Fettsäurenprofil) mittels Gaschromatographie – einschließlich aufwendiger Probenvorbereitung (z. B. Extraktion) und Derivatisierungsreaktion –, je Untersuchung	570	64,98 33,22	74,73 38,21	84,47 43,19	71,48 36,55	76,95 39,34	76,95 39,34
4571* Untersuchung von angezüchteten Bakterien mittels chromatographischer Analyse struktureller Komponenten, je Untersuchung	570	64,98 33,22	74,73 38,21	84,47 43,19	71,48 36,55	76,95 39,34	76,95 39,34

* Reduzierter Gebührenrahmen

	Punkt-zahl	1fach DM €	1,15fach DM €	1,3fach DM €	1,1fach DM €	UV Allg. DM €	UV Bes. DM €
Untersuchung von angezüchteten Bakterien mittels Agglutination (bis zu höchstens 15 Antiseren je Keim), je Antiserum	120	13,68 7,00	15,73 8,04	17,78 9,09	15,05 7,69	16,20 8,28	16,20 8,28
Katalog							
4572* Beta-hämolysierende Streptokokken							
4573* Escherichia coli							
4574* Salmonellen							
4575* Shigellen							
4576* Untersuchung mit ähnlichem methodischem Aufwand							
Die untersuchten Keime sind in der Rechnung anzugeben.							
Untersuchung durch Phagentypisierung von angezüchteten Bakterien (Bacteriocine oder ähnliche Methoden), je Untersuchung	250	28,50 14,57	32,78 16,76	37,05 18,94	31,35 16,03	33,75 17,26	33,75 17,26
Katalog							
4578* Brucellen							
4579* Pseudomonaden							
4580* Staphylokokken							
4581* Salmonellen							
4582* Untersuchungen mit ähnlichem methodischem Aufwand							
Die untersuchten Keime sind in der Rechnung anzugeben.							
4584* Untersuchung zum Nachweis und zur Identifizierung von Bakterien durch Anzüchtung in Flüssigmedien und Nachweis von Substratverbrauch oder Reaktionsprodukten durch photometrische, spektrometrische oder elektrochemische Messung (z. B. teil- oder vollmechanisierte Geräte für Blutkulturen), je Untersuchung	250	28,50 14,57	32,78 16,76	37,05 18,94	31,35 16,03	33,75 17,26	33,75 17,26
4585* Untersuchung zum Nachweis und zur Identifizierung von Mykobakterien durch Anzüchtung in Flüssigmedien und photometrische, elektrochemische oder radiochemische Messung (z. B. teil- oder vollmechanisierte Geräte), je Untersuchung	350	39,90 20,40	45,89 23,46	51,87 26,52	43,89 22,44	47,25 24,16	47,25 24,16

* Reduzierter Gebührenrahmen

	Punkt-zahl	1fach DM €	1,15fach DM €	1,3fach DM €	1,1fach DM €	UV Allg. DM €	UV Bes. DM €
d. Toxinnachweis							
Untersuchung zum Nachweis von Bakterientoxinen mittels Ligandenassay (z. B. Enzym-, Radioimmunoassay) – gegebenenfalls einschließlich Doppelbestimmung und aktueller Bezugskurve –, je Untersuchung	250	28,50 14,57	32,78 16,76	37,05 18,94	31,35 16,03	33,75 17,26	33,75 17,26
Katalog							
4590* Clostridium difficile, tetani oder botulinum							
4591* Enteropathogene Escherichia coli-Stämme							
4592* Staphylococcus aureus							
4593* Vibrionen							
4594* Untersuchungen mit ähnlichem methodischem Aufwand							
Die untersuchten Keime sind in der Rechnung anzugeben.							
Untersuchung zum Nachweis von Bakterienantigenen oder -toxinen durch Präzipitation im Agargel mittels Antitoxinen, je Untersuchung . . .	250	28,50 14,57	32,78 16,76	37,05 18,94	31,35 16,03	33,75 17,26	33,75 17,26
Katalog							
Antikörper gegen							
4596* Clostridium botulinum							
4597* Corynebacterium diphtheriae							
4598* Staphylokokkentoxin							
4599* Untersuchungen mit ähnlichem methodischem Aufwand							
Die untersuchten Keime sind in der Rechnung anzugeben.							
4601* Untersuchung zum Nachweis von Bakterientoxinen durch Inokulation in Versuchstiere, je Untersuchung	500	57,– 29,14	65,55 33,52	74,10 37,89	62,70 32,06	67,50 34,51	67,50 34,51
Eine mehr als dreimalige Berechnung der Leistung nach Nummer 4601 im Behandlungsfall ist nicht zulässig. Kosten für Versuchstiere sind nicht gesondert berechnungsfähig.							

* Reduzierter Gebührenrahmen

		Punkt-zahl	1fach DM €	1,15fach DM €	1,3fach DM €	1,1fach DM €	UV Allg. DM €	UV Bes. DM €

e. Keimzahl, Hemmstoffe

4605*	Untersuchung zur Bestimmung der Keimzahl mittels Eintauchobjektträgerkultur (z. B. Cult-dip Plus®, Dip-Slide®, Uricount®, Uricult®, Uriline®, Urotube®), semiquantitativ, je Urinuntersuchung	60	6,84 3,50	7,87 4,02	8,89 4,55	7,52 3,85	8,10 4,14	8,10 4,14
4606*	Untersuchung zur Bestimmung der Keimzahl in Flüssigkeiten mittels Oberflächenkulturen oder Plattengußverfahren nach quantitativer Aufbringung des Untersuchungsmaterials, je Untersuchungsmaterial	250	28,50 14,57	32,78 16,76	37,05 18,94	31,35 16,03	33,75 17,26	33,75 17,26
4607*	Untersuchung zum Nachweis von Hemmstoffen, je Material	60	6,84 3,50	7,87 4,02	8,89 4,55	7,52 3,85	8,10 4,14	8,10 4,14

f. Empfindlichkeitstestung

4610*	Untersuchung zur Prüfung der Empfindlichkeit von Bakterien gegen Antibiotika und/oder Chemotherapeutika mittels semiquantitativem Agardiffusionstest und trägergebundenen Testsubstanzen (Plättchentest), je geprüfter Substanz	20	2,28 1,17	2,62 1,34	2,96 1,52	2,51 1,28	2,70 1,38	2,70 1,38
	Eine mehr als sechzehnmalige Berechnung der Leistung nach Nummer 4610 ist in der Rechnung zu begründen.							
4611*	Untersuchung zur Prüfung der Empfindlichkeit von Bakterien gegen Antibiotika und/oder Chemotherapeutika nach der Break-Point-Methode, bis zu acht Substanzen, je geprüfter Substanz	30	3,42 1,75	3,93 2,01	4,45 2,27	3,76 1,92	4,05 2,07	4,05 2,07
4612*	Untersuchung zur Prüfung der Empfindlichkeit von Bakterien gegen Antibiotika und/oder Chemotherapeutika mittels semiquantitativem Antibiotikadilutionstest (Agardilution oder MHK-Bestimmung), bis zu acht Substanzen, je geprüfter Substanz	50	5,70 2,91	6,56 3,35	7,41 3,79	6,27 3,21	6,75 3,45	6,75 3,45

* Reduzierter Gebührenrahmen

		Punktzahl	1fach DM €	1,15fach DM €	1,3fach DM €	1,1fach DM €	UV Allg. DM €	UV Bes. DM €
4613*	Untersuchung zur Prüfung der Empfindlichkeit von Bakterien gegen Antibiotika und/oder Chemotherapeutika mittels semiquantitativer Bestimmung der minimalen mikrobiziden Antibiotikakonzentration (MBC), bis zu acht Substanzen, je geprüfter Substanz . .	75	8,55 4,37	9,83 5,03	11,12 5,68	9,41 4,81	10,13 5,18	10,13 5,18
4614*	Untersuchung zur quantitativen Prüfung der Empfindlichkeit von Bakterien gegen Antibiotika und/oder Chemotherapeutika durch Anzüchtung in entsprechenden Flüssigmedien und photometrische, turbidimetrische oder nephelometrische Messung (teil- oder vollmechanisierte Geräte), je Untersuchung	250	28,50 14,57	32,78 16,76	37,05 18,94	31,35 16,03	33,75 17,26	33,75 17,26

2. Untersuchungen zum Nachweis und zur Charakterisierung von Viren

a. Untersuchungen im Nativmaterial

		Punktzahl	1fach DM €	1,15fach DM €	1,3fach DM €	1,1fach DM €	UV Allg. DM €	UV Bes. DM €
	Nachweis von viralen Antigenen im Nativmaterial mittels Agglutinationsreaktion (z. B. Latex-Agglutination), je Untersuchung	60	6,84 3,50	7,87 4,02	8,89 4,55	7,52 3,85	8,10 4,14	8,10 4,14
	Katalog							
4630*	Rota-Viren							
4631*	Untersuchungen mit ähnlichem methodischem Aufwand							
	Die untersuchten Viren sind in der Rechnung anzugeben.							
	Lichtmikroskopische Untersuchung im Nativmaterial zum Nachweis von Einschluß- oder Elementarkörperchen aus Zellmaterial – einschließlich Anfärbung –, qualitativ, je Untersuchung . . .	80	9,12 4,66	10,49 5,36	11,86 6,06	10,03 5,13	10,80 5,52	10,80 5,52
	Katalog							
4633*	Herpes simplex Viren							
4634*	Untersuchungen mit ähnlichem methodischem Aufwand							
	Die untersuchten Viren sind in der Rechnung anzugeben.							
4636*	Lichtmikroskopische immunologische Untersuchung im Nativmaterial zum Nachweis von Viren – einschließlich Fluoreszenz-, Enzym- oder anderer Markierung –, je Antiserum	290	33,06 16,90	38,02 19,44	42,98 21,97	36,37 18,59	39,15 20,02	39,15 20,02

* Reduzierter Gebührenrahmen

Nr.	Leistung	Punktzahl	1fach DM / €	1,15fach DM / €	1,3fach DM / €	1,1fach DM / €	UV Allg. DM / €	UV Bes. DM / €
4637*	Elektromikroskopischer Nachweis und Identifizierung von Viren im Nativmaterial, je Untersuchung	3180	362,52 185,35	416,90 213,16	471,28 240,96	398,77 203,89	429,30 219,50	429,30 219,50
	Ligandenassay (z. B. Enzym- oder Radioimmunoassay) – gegebenenfalls einschließlich Doppelbestimmung und aktueller Bezugskurve –, zum Nachweis von viralen Antigenen im Nativmaterial, je Untersuchung	250	28,50 14,57	32,78 16,76	37,05 18,94	31,35 16,03	33,75 17,26	33,75 17,26

Katalog

4640* Adeno-Viren
4641* Hepatitis A-Viren
4642* Hepatitis B-Viren (HBe-Antigen)
4643* Hepatitis B-Viren (HBs-Antigen)
4644* Influenza-Viren
4645* Parainfluenza-Viren
4646* Rota-Viren
4647* Respiratory syncytial virus
4648* Untersuchungen mit ähnlichem methodischem Aufwand

Die untersuchten Viren sind in der Rechnung anzugeben.

b. Züchtung

Nr.	Leistung	Punktzahl	1fach DM / €	1,15fach DM / €	1,3fach DM / €	1,1fach DM / €	UV Allg. DM / €	UV Bes. DM / €
4655*	Untersuchung zum Nachweis von Viren durch Anzüchtung auf Gewebekultur oder Gewebesubkultur, je Ansatz	450	51,30 26,23	59,– 30,16	66,69 34,10	56,43 28,85	60,75 31,06	60,75 31,06

c. Identifizierung, Charakterisierung

Allgemeine Bestimmungen

Die zur Identifizierung geeigneten Verfahren können nur dann in Ansatz gebracht werden, wenn zuvor im Rahmen der Leistung nach Nummer 4655 ein positiver Nachweis gelungen ist und die Charakterisierung nach der Leistung nach Nummer 4665 durchgeführt wurde. Es können jedoch nicht mehr als zwei Verfahren nach den Nummern 4666 bis 4671 zur Identifizierung berechnet werden.

Nr.	Leistung	Punktzahl	1fach DM / €	1,15fach DM / €	1,3fach DM / €	1,1fach DM / €	UV Allg. DM / €	UV Bes. DM / €
4665*	Untersuchung zur Charakterisierung von Viren mittels einfacher Verfahren (z. B. Ätherresistenz, Chloroformresistenz, pH3-Test), je Ansatz	250	28,50 14,57	32,78 16,76	37,05 18,94	31,35 16,03	33,75 17,26	33,75 17,26
4666*	Identifizierung von Viren durch aufwendigere Verfahren (Hämabsorption, Hämagglutination, Hämagglutinationshemmung), je Ansatz	250	28,50 14,57	32,78 16,76	37,05 18,94	31,35 16,03	33,75 17,26	33,75 17,26

* Reduzierter Gebührenrahmen

		Punktzahl	1fach DM €	1,15fach DM €	1,3fach DM €	1,1fach DM €	UV Allg. DM €	UV Bes. DM €
4667*	Identifizierung von Viren durch Neutralisationstest, je Untersuchung .	250	28,50 14,57	32,78 16,76	37,05 18,94	31,35 16,03	33,75 17,26	33,75 17,26
4668*	Identifizierung von Virus-Antigenen durch Immunoblotting, je Untersuchung	330	37,62 19,24	43,26 22,12	48,91 25,01	41,38 21,16	44,55 22,78	44,55 22,78
4670*	Lichtmikroskopische immunologische Untersuchung zur Identifizierung von Viren – einschließlich Fluoreszenz-, Enzym- oder anderer Markierung –, je Antiserum	290	33,06 16,90	38,02 19,44	42,98 21,97	36,37 18,59	39,15 20,02	39,15 20,02
4671*	Elektronenmikroskopischer Nachweis und Identifizierung von Viren nach Anzüchtung, je Untersuchung	3180	362,52 185,35	416,90 213,16	471,28 240,96	398,77 203,89	429,30 219,50	429,30 219,50
	Ligandenassay (z. B. Enzym- oder Radioimmunoassay) – gegebenenfalls einschließlich Doppelbestimmung und aktueller Bezugskurve –, zum Nachweis von viralen Antigenen angezüchteter Viren, je Untersuchung	250	28,50 14,57	32,78 16,76	37,05 18,94	31,35 16,03	33,75 17,26	33,75 17,26

Katalog

4675* Adeno-Viren
4676* Influenza-Viren
4677* Parainfluenza-Viren
4678* Rota-Viren
4679* Respiratory syncytial virus
4680* Untersuchungen mit ähnlichem methodischem Aufwand

Die untersuchten Viren sind in der Rechnung anzugeben.

3. Untersuchungen zum Nachweis und zur Charakterisierung von Pilzen

a. Untersuchungen im Nativmaterial

	Punktzahl	1fach DM €	1,15fach DM €	1,3fach DM €	1,1fach DM €	UV Allg. DM €	UV Bes. DM €
Untersuchungen zum Nachweis von Pilzantigenen mittels Agglutination, je Antiserum	120	13,68 7,00	15,73 8,04	17,78 9,09	15,05 7,69	16,20 8,28	16,20 8,28

Katalog

4705* Aspergillus
4706* Candida
4707* Kryptokokkus neoformans
4708* Untersuchungen mit ähnlichem methodischem Aufwand

Die untersuchten Pilze sind in der Rechnung anzugeben.

* Reduzierter Gebührenrahmen

		Punktzahl	1fach DM €	1,15fach DM €	1,3fach DM €	1,1fach DM €	UV Allg. DM €	UV Bes. DM €
4710*	Lichtmikroskopische Untersuchung zum Nachweis von Pilzen ohne Anfärbung im Nativmaterial, je Material .	80	9,12 4,66	10,49 5,36	11,86 6,06	10,03 5,13	10,80 5,52	10,80 5,52
4711*	Lichtmikroskopische Untersuchung zum Nachweis von Pilzen im Nativmaterial nach Präparation (z. B. Kalilauge) oder aufwendigerer Anfärbung (z. B. Färbung mit Fluorochromen, Baumwollblau-, Tuschefärbung), je Material	120	13,68 7,00	15,73 8,04	17,78 9,09	15,05 7,69	16,20 8,28	16,20 8,28
4712*	Lichtmikroskopische immunologische Untersuchung zum Nachweis von Pilzen im Nativmaterial – einschließlich Fluoreszenz-, Enzym- oder anderer Markierung –, je Antiserum	290	33,06 16,90	38,02 19,44	42,98 21,97	36,37 18,59	39,15 20,02	39,15 20,02
4713*	Untersuchung im Nativmaterial zum Nachweis von Pilzantigenen mittels Ligandenassay (z. B. Enzym- oder Radioimmunoassay) – gegebenenfalls einschließlich Doppelbestimmung und aktueller Bezugskurve –, je Untersuchung	250	28,50 14,57	32,78 16,76	37,05 18,94	31,35 16,03	33,75 17,26	33,75 17,26

b. Züchtung

		Punktzahl	1fach DM €	1,15fach DM €	1,3fach DM €	1,1fach DM €	UV Allg. DM €	UV Bes. DM €
4715*	Untersuchung zum Nachweis von Pilzen durch An- oder Weiterzüchtung auf einfachen Nährmedien (z. B. Sabouraud-Agar), je Nährmedium	100	11,40 5,83	13,11 6,70	14,82 7,58	12,54 6,41	13,50 6,90	13,50 6,90
	Eine mehr als fünfmalige Berechnung der Leistung nach Nummer 4715 bei Untersuchungen aus demselben Untersuchungsmaterial ist nicht zulässig.							
4716*	Untersuchung zum Nachweis von Pilzen durch An- oder Weiterzüchtung auf aufwendigeren Nährmedien (z. B. Antibiotika-, Wuchsstoffzusatz), je Nährmedium	120	13,68 7,00	15,73 8,04	17,78 9,09	15,05 7,69	16,20 8,28	16,20 8,28
	Eine mehr als fünfmalige Berechnung der Leistung nach Nummer 4716 bei Untersuchungen aus demselben Untersuchungsmaterial ist nicht zulässig.							

* Reduzierter Gebührenrahmen

		Punktzahl	1fach DM €	1,15fach DM €	1,3fach DM €	1,1fach DM €	UV Allg. DM €	UV Bes. DM €
4717*	Züchtung von Pilzen auf Differenzierungsmedien (z. B. Harnstoff-, Stärkeagar), je Nährmedium	120	13,68 7,00	15,73 8,04	17,78 9,09	15,05 7,69	16,20 8,28	16,20 8,28
	Eine mehr als dremmalige Berechnung der Leistung nach Nummer 4717 je Pilz ist nicht zulässig.							
	c. Identifizierung/Charakterisierung							
4720*	Identifizierung von angezüchteten Pilzen mittels Röhrchen- oder Mehrkammerverfahren bis zu fünf Reaktionen, je Pilz	120	13,68 7,00	15,73 8,04	17,78 9,09	15,05 7,69	16,20 8,28	16,20 8,28
4721*	Identifizierung von angezüchteten Pilzen mittels Röhrchen- oder Mehrkammerverfahren mit mindestens sechs Reaktionen, je Pilz	250	28,50 14,57	32,78 16,76	37,05 18,94	31,35 16,03	33,75 17,26	33,75 17,26
4722*	Lichtmikroskopische Identifizierung angezüchteter Pilze – einschließlich Anfärbung (z. B. Färbung mit Fluorochromen, Baumwollblau-, Tuschefärbung) –, je Untersuchung	120	13,68 7,00	15,73 8,04	17,78 9,09	15,05 7,69	16,20 8,28	16,20 8,28
4723*	Lichtmikroskopische immunologische Untersuchung zur Identifizierung angezüchteter Pilze – einschließlich Fluoreszenz-, Enzym- oder anderer Markierung –, je Antiserum	290	33,06 16,90	38,02 19,44	42,98 21,97	36,37 18,59	39,15 20,02	39,15 20,02
4724*	Untersuchung zur Identifizierung von Antigenen angezüchteter Pilze mittels Ligandenassay (z. B. Enzym- oder Radioimmunoassay) – gegebenenfalls einschließlich Doppelbestimmung und aktueller Bezugskurve –, je Untersuchung	250	28,50 14,57	32,78 16,76	37,05 18,94	31,35 16,03	33,75 17,26	33,75 17,26
	d. Empfindlichkeitstestung							
4727*	Untersuchung zur Prüfung der Empfindlichkeit von angezüchteten Pilzen gegen Antimykotika und/oder Chemotherapeutika mittels trägergebundener Testsubstanzen, je Pilz	120	13,68 7,00	15,73 8,04	17,78 9,09	15,05 7,69	16,20 8,28	16,20 8,28

* Reduzierter Gebührenrahmen

		Punktzahl	1fach DM €	1,15fach DM €	1,3fach DM €	1,1fach DM €	UV Allg. DM €	UV Bes. DM €
4728*	Untersuchung zur Prüfung der Empfindlichkeit von angezüchteten Pilzen gegen Antimykotika und/oder Chemotherapeutika mittels Reihenverdünnungstest, je Reihenverdünnungstest	250	28,50 14,57	32,78 16,76	37,05 18,94	31,35 16,03	33,75 17,26	33,75 17,26

4. Untersuchungen zum Nachweis und zur Charakterisierung von Parasiten

a. Untersuchungen im Nativmaterial oder nach Anreicherung

	Punktzahl	1fach DM €	1,15fach DM €	1,3fach DM €	1,1fach DM €	UV Allg. DM €	UV Bes. DM €
Lichtmikroskopische Untersuchung zum Nachweis von Parasiten, ohne oder mit einfacher Anfärbung (z. B. Lugol- oder Methylenblaufärbung) – gegebenenfalls einschließlich spezieller Beleuchtungsverfahren (z. B. Phasenkontrast) –, qualitativ, je Untersuchung	120	13,68 7,00	15,73 8,04	17,78 9,09	15,05 7,69	16,20 8,28	16,20 8,28

Katalog

- 4740* Amöben
- 4741* Lamblien
- 4742* Sarcoptes scabiei (Krätzmilbe)
- 4743* Trichomonaden
- 4744* Würmer und deren Bestandteile, Wurmeier
- 4745* Untersuchungen mit ähnlichem methodischem Aufwand

Die untersuchten Parasiten sind in der Rechnung anzugeben.

	Punktzahl	1fach DM €	1,15fach DM €	1,3fach DM €	1,1fach DM €	UV Allg. DM €	UV Bes. DM €
Lichtmikroskopische Untersuchung zum Nachweis von Parasiten, ohne oder mit einfacher Anfärbung (z. B. Lugol- oder Methylenblaufärbung) – gegebenenfalls einschließlich spezieller Beleuchtungsverfahren (z. B. Phasenkontrast) –, nach einfacher Anreicherung (z. B. Sedimentation, Filtration, Kochsalzaufschwemmung), qualitativ, je Untersuchung	160	18,24 9,33	20,98 10,73	23,71 12,12	20,06 10,26	21,60 11,04	21,60 11,04

Katalog

- 4747* Amöben
- 4748* Lamblien
- 4749* Trichomonaden
- 4750* Würmer und deren Bestandteile, Wurmeier
- 4751* Untersuchungen mit ähnlichem methodischem Aufwand

Die untersuchten Parasiten sind in der Rechnung anzugeben.

* Reduzierter Gebührenrahmen

	Punktzahl	1fach DM €	1,15fach DM €	1,3fach DM €	1,1fach DM €	UV Allg. DM €	UV Bes. DM €
Lichtmikroskopische Untersuchung zum Nachweis von Parasiten – einschließlich aufwendigerer Anfärbung –, qualitativ, je Untersuchung ...	250	28,50 14,57	32,78 16,76	37,05 18,94	31,35 16,03	33,75 17,26	33,75 17,26
Katalog							
4753* Giemsafärbung (Blutausstrich) (z. B. Malariaplasmodien)							
4754* Untersuchungen mit ähnlichem methodischem Aufwand							
Die untersuchten Parasiten sind in der Rechnung anzugeben.							
4756* Lichtmikroskopische Untersuchung zum Nachweis von Parasiten, ohne oder mit einfacher Anfärbung (z. B. Lugol- oder Methylenblaufärbung) oder speziellen Beleuchtungsverfahren (z. B. Phasenkontrast), nach aufwendiger Anreicherung oder Vorbereitung (z. B. Schlüpfversuch, Formalin-Äther-Verfahren), qualitativ, je Untersuchung	200	22,80 11,66	26,22 13,41	29,64 15,16	25,08 12,82	27,00 13,80	27,00 13,80
4757* Lichtmikroskopische Untersuchung zum Nachweis von Parasiten, ohne oder mit einfacher Anfärbung (z. B. Lugolfärbung oder Methylenblaufärbung) oder speziellen Beleuchtungsverfahren (z. B. Phasenkontrast), nach aufwendiger Anreicherung oder Vorbereitung (z. B. Schlüpfversuch, Formalin-Äther-Verfahren), quantitativ (z. B. Filtermethode, Zählkammer), je Untersuchung	250	28,50 14,57	32,78 16,76	37,05 18,94	31,35 16,03	33,75 17,26	33,75 17,26
4758* Lichtmikroskopische immunologische Untersuchung zum Nachweis von Parasiten im Nativmaterial – einschließlich Fluoreszenz-, Enzym- oder anderer Markierung –, je Antiserum	290	33,06 16,90	38,02 19,44	42,98 21,97	36,37 18,59	39,15 20,02	39,15 20,02
4759* Ligandenassay (z. B. Enzym-, Radioimmunoassay) – gegebenenfalls einschließlich Doppelbestimmung und aktueller Bezugskurve –, zum Nachweis von Parasitenantigenen im Nativmaterial, je Untersuchung	250	28,50 14,57	32,78 16,76	37,05 18,94	31,35 16,03	33,75 17,26	33,75 17,26

* Reduzierter Gebührenrahmen

	Punktzahl	1fach DM €	1,15fach DM €	1,3fach DM €	1,1fach DM €	UV Allg. DM €	UV Bes. DM €

b. Züchtung

	Punktzahl	1fach	1,15fach	1,3fach	1,1fach	UV Allg.	UV Bes.
Untersuchung zum Nachweis von Parasiten durch Züchtung auf Kulturmedien, je Untersuchung	250	28,50 14,57	32,78 16,76	37,05 18,94	31,35 16,03	33,75 17,26	33,75 17,26

Katalog

4760* Amöben
4761* Lamblien
4762* Trichomonaden
4763* Untersuchungen mit ähnlichem methodischem Aufwand

Die untersuchten Parasiten sind in der Rechnung anzugeben.

c. Identifizierung

	Punktzahl	1fach	1,15fach	1,3fach	1,1fach	UV Allg.	UV Bes.
Lichtmikroskopische Untersuchung zur Identifizierung von Parasiten nach Anzüchtung, je Untersuchung	120	13,68 7,00	15,73 8,04	17,78 9,09	15,05 7,69	16,20 8,28	16,20 8,28

Katalog

4765* Trichomonaden
4766* Untersuchungen mit ähnlichem methodischem Aufwand

Die untersuchten Parasiten sind in der Rechnung anzugeben.

	Punktzahl	1fach	1,15fach	1,3fach	1,1fach	UV Allg.	UV Bes.
4768* Ligandenassay (z. B. Enzym- oder Radioimmunoassay) – gegebenenfalls einschließlich Doppelbestimmung und aktueller Bezugskurve –, zum Nachweis von Parasitenantigenen, je Untersuchung	250	28,50 14,57	32,78 16,76	37,05 18,94	31,35 16,03	33,75 17,26	33,75 17,26

d. Xenodiagnostische Untersuchungen

	Punktzahl	1fach	1,15fach	1,3fach	1,1fach	UV Allg.	UV Bes.
Xenodiagnostische Untersuchung zum Nachweis von parasitären Krankheitserregern, je Untersuchung	250	28,50 14,57	32,78 16,76	37,05 18,94	31,35 16,03	33,75 17,26	33,75 17,26

Katalog

4770* Trypanosoma cruzi
4771* Untersuchungen mit ähnlichem methodischem Aufwand

Die untersuchten Parasiten sind in der Rechnung anzugeben.

* Reduzierter Gebührenrahmen

5. Untersuchungen zur molekularbiologischen Identifizierung von Bakterien, Viren, Pilzen und Parasiten

Allgemeine Bestimmung

Bei der Berechnung der Leistungen nach den Nummern 4780 bis 4787 ist die Art des untersuchten Materials (Nativmaterial oder Material nach Anzüchtung) sowie der untersuchte Mikroorganismus (Bakterium, Virus, Pilz oder Parasit) in der Rechnung anzugeben.

		Punktzahl	1fach DM / €	1,15fach DM / €	1,3fach DM / €	1,1fach DM / €	UV Allg. DM / €	UV Bes. DM / €
4780*	Isolierung von Nukleinsäuren	900	102,60 52,46	117,99 60,33	133,38 68,20	112,86 57,70	121,50 62,12	121,50 62,12
4781*	Verdau (Spaltung) isolierter Nukleinsäuren mit Restriktionsenzymen, je Enzym	150	17,10 8,74	19,67 10,06	22,23 11,37	18,81 9,62	20,25 10,35	20,25 10,35
4782*	Enzymatische Transkription von RNA mittels reverser Transkriptase	500	57,– 29,14	65,55 33,52	74,10 37,89	62,70 32,06	67,50 34,51	67,50 34,51
4783*	Amplifikation von Nukleinsäuren oder Nukleinsäurefragmenten mit Polymerasekettenreaktion (PCR)	500	57,– 29,14	65,55 33,52	74,10 37,89	62,70 32,06	67,50 34,51	67,50 34,51
4784*	Amplifikation von Nukleinsäuren oder Nukleinsäurefragmenten mit geschachtelter Polymerasekettenreaktion (nested PCR)	1000	114,– 58,29	131,10 67,03	148,20 75,77	125,40 64,12	135,00 69,02	135,00 69,02
4785*	Identifizierung von Nukleinsäurefragmenten durch Hybridisierung mit radioaktiv oder nichtradioaktiv markierten Sonden und nachfolgender Detektion, je Sonde	300	34,20 17,49	39,33 20,11	44,46 22,73	37,62 19,24	40,50 20,71	40,50 20,71
4786*	Trennung von Nukleinsäurefragmenten mittels elektrophoretischer Methoden und anschließendem Transfer auf Trägermaterialien (z. B. Dot-Blot, Slot-Blot)	600	68,40 34,97	78,66 40,22	88,92 45,46	75,24 38,47	81,00 41,41	81,00 41,41
4787*	Identifizierung von Nukleinsäurefragmenten durch Sequenzermittlung	2000	228,– 116,58	262,20 134,06	296,40 151,55	250,80 128,23	270,00 138,05	270,00 138,05

* Reduzierter Gebührenrahmen

N. Histologie, Zytologie und Zytogenetik (GOÄ/UV-GOÄ)

		Punkt-zahl	1fach DM €	2,3-/ 1,8fach DM €	3,5-/ 2,5fach DM €	1,7fach DM €	UV Allg. DM €	UV Bes. DM €
I. Histologie								
4800	Histologische Untersuchung und Begutachtung eines Materials	217	24,74 12,65	56,90 29,09	86,58 44,27	42,06 21,50	29,30 14,98	36,46 18,64
4801	Histologische Untersuchung und Begutachtung mehrerer Zupfpräparate aus der Magen- oder Darmschleimhaut	289	32,95 16,85	75,78 38,74	115,31 58,96	56,01 28,64	39,02 19,95	48,55 24,82
4802	Histologische Untersuchung und Begutachtung eines Materials mit besonders schwieriger Aufbereitung desselben (z. B. Knochen mit Entkalkung)	289	32,95 16,85	75,78 38,74	115,31 58,96	56,01 28,64	39,02 19,95	48,55 24,82
4810	Histologische Untersuchung eines Materials und zytologische Untersuchung zur Krebsdiagnostik	289	32,95 16,85	75,78 38,74	115,31 58,96	56,01 28,64	39,02 19,95	48,55 24,82
4811	Histologische Untersuchung und Begutachtung eines Materials (z. B. Portio, Zervix, Bronchus) anhand von Schnittserien bei zweifelhafter oder positiver Zytologie	289	32,95 16,85	75,78 38,74	115,31 58,96	56,01 28,64	39,02 19,95	48,55 24,82
4815	Histologische Untersuchung und Begutachtung von Organbiopsien (z. B. Leber, Lunge, Niere, Milz, Knochen, Lymphknoten) unter Anwendung histochemischer oder optischer Sonderverfahren (Elektronen-Interferenz-, Polarisationsmikroskopie)	350	39,90 20,40	91,77 46,92	139,65 71,40	67,83 34,68	47,25 24,16	58,80 30,06
4816	Histologische Sofortuntersuchung und -begutachtung während einer Operation (Schnellschnitt)	250	28,50 14,57	65,55 33,52	99,75 51,00	48,45 24,77	33,75 17,26	42,00 21,47
II. Zytologie								
4850*	Zytologische Untersuchung zur Phasenbestimmung des Zyklus – gegebenenfalls einschließlich der Beurteilung nichtzytologischer mikroskopischer Befunde an demselben Material – . . .	87	9,92 5,07	17,85 9,13	24,80 12,68	12,90** 6,59	11,75 6,01	14,62 7,47

* Reduzierter Gebührenrahmen
** 1,3fach

		Punktzahl	1fach DM €	2,3-/ 1,8fach DM €	3,5-/ 2,5fach DM €	1,7fach DM €	UV Allg. DM €	UV Bes. DM €
	Neben der Leistung nach Nummer 4850 ist die Leistung nach Nummer 297 nicht berechnungsfähig.							
4851*	Zytologische Untersuchung zur Krebsdiagnostik als Durchmusterung der in zeitlichem Zusammenhang aus einem Untersuchungsgebiet gewonnenen Präparate (z. B. aus dem Genitale der Frau) – gegebenenfalls einschließlich der Beurteilung nichtzytologischer mikroskopischer Befunde an demselben Material –	130	14,82 7,58	26,68 13,64	37,05 18,94	19,27** 9,85	17,55 8,97	21,84 11,17
	Neben der Leistung nach Nummer 4851 ist die Leistung nach Nummer 4850 bei Untersuchungen aus demselben Material nicht berechnungsfähig.							
4852*	Zytologische Untersuchung von z. B. Punktaten, Sputum, Sekreten, Spülflüssigkeiten mit besonderen Aufbereitungsverfahren – gegebenenfalls einschließlich der Beurteilung nichtzytologischer mikroskopischer Befunde an demselben Material –, je Untersuchungsmaterial	174	19,84 10,14	35,71 18,26	49,59 25,36	25,79** 13,19	23,49 12,01	29,23 14,95
4860*	Mikroskopische Differenzierung von Haaren und deren Wurzeln (Trichogramm) – einschließlich Epilation und Aufbereitung sowie gegebenenfalls einschließlich Färbung –, auch mehrere Präparate	160	18,24 9,33	32,83 16,79	45,60 23,32	23,71** 12,12	21,60 11,04	26,88 13,74

III. Zytogenetik

		Punktzahl	1fach DM €	2,3-/ 1,8fach DM €	3,5-/ 2,5fach DM €	1,7fach DM €	UV Allg. DM €	UV Bes. DM €
4870*	Kerngeschlechtsbestimmung mittels Untersuchung auf X-Chromosomen, auch nach mehreren Methoden – gegebenenfalls einschließlich Materialentnahme –	273	31,12 15,91	56,02 28,64	77,81 39,78	40,56** 20,69	36,86 18,85	45,86 23,45
4871*	Kerngeschlechtsbestimmung mittels Untersuchung auf Y-Chromosomen, auch nach mehreren Methoden – gegebenenfalls einschließlich Materialentnahme –	289	32,95 16,85	59,30 30,32	82,37 42,11	42,84** 21,90	39,02 19,95	48,55 24,82

* Reduzierter Gebührenrahmen
** 1,3fach

		Punktzahl	1fach DM €	2,3-/ 1,8fach DM €	3,5-/ 2,5fach DM €	1,7fach DM €	UV Allg. DM €	UV Bes. DM €
4872*	Chromosomenanalyse, auch einschließlich vorangehender kurzzeitiger Kultivierung – gegebenenfalls einschließlich Materialentnahme – . . .	1950	222,30 113,66	400,14 204,59	555,75 284,15	288,99** 147,76	263,25 134,60	327,60 167,50
4873*	Chromosomenanalyse an Fibroblasten oder Epithelien einschließlich vorangehender Kultivierung und langzeitiger Subkultivierung – gegebenenfalls einschließlich Materialentnahme –	3030	345,42 176,61	621,76 317,90	863,55 441,53	449,05** 229,59	409,05 209,14	509,04 260,27

* Reduzierter Gebührenrahmen
** 1,3fach

O. Strahlendiagnostik, Nuklearmedizin, Magnetresonanztomographie und Strahlentherapie (GOÄ/UV-GOÄ)

I. Strahlendiagnostik (GOÄ)

Allgemeine Bestimmungen

1. *Mit den Gebühren sind alle Kosten (auch für Dokumentation und Aufbewahrung der Datenträger) abgegolten.*
2. *Die Leistungen für Strahlendiagnostik mit Ausnahme der Durchleuchtung(en) (Nummer 5295) sind nur bei Bilddokumentation auf einem Röntgenfilm oder einem anderen Langzeitdatenträger berechnungsfähig.*
3. *Die Befundmitteilung oder der einfache Befundbericht mit Angaben zu Befund(en) und zur Diagnose ist Bestandteil der Leistungen und nicht gesondert berechnungsfähig.*
4. *Die Beurteilung von Röntgenaufnahmen (auch Fremdaufnahmen) als selbständige Leistung ist nicht berechnungsfähig.*
5. *Die nach der Strahlenschutzverordnung bzw. Röntgenverordnung notwendige ärztliche Überprüfung der Indikation und des Untersuchungsumfangs ist auch im Überweisungsfall Bestandteil der Leistungen des Abschnitts O und mit den Gebühren abgegolten.*
6. *Die Leistungen nach den Nummern 5011, 5021, 5031, 5101, 5106, 5121, 5201, 5267, 5295, 5302, 5305, 5308, 5311, 5318, 5331, 5339, 5376 und 5731 dürfen unabhängig von der Anzahl der Ebenen, Projektionen, Durchleuchtungen bzw. Serien insgesamt jeweils nur einmal berechnet werden.*
7. *Die Kosten für Kontrastmittel auf Bariumbasis und etwaige Zusatzmittel für die Doppelkontrastuntersuchung sind in den abrechnungsfähigen Leistungen enthalten.*

1. Skelett

Allgemeine Bestimmung

Neben den Leistungen nach den Nummern 5050, 5060 und 5070 sind die Leistungen nach den Nummern 300 bis 302, 372, 373, 490, 491 und 5295 nicht berechnungsfähig.

		Punktzahl	1fach DM €	1,8fach DM €	2,5fach DM €	1,3fach DM €	UV Allg. DM €	UV Bes. DM €
Zähne								
5000*	Zähne, je Projektion *Werden mehrere Zähne mittels einer Röntgenaufnahme erfaßt, so darf die Leistung nach Nummer 5000 nur einmal und nicht je aufgenommenem Zahn berechnet werden.*	50	5,70 2,91	10,26 5,25	14,25 7,29	7,41 3,79		
5002*	Panoramaaufnahme(n) eines Kiefers	250	28,50 14,57	51,30 26,23	71,25 36,43	37,05 18,94		
5004*	Panoramaschichtaufnahme der Kiefer	400	45,60 23,32	82,08 41,97	114,– 58,29	59,28 30,31		
Finger oder Zehen								
5010*	jeweils in zwei Ebenen	180	20,52 10,49	36,94 18,89	51,30 26,23	26,68 13,64		

* Reduzierter Gebührenrahmen

		Punktzahl	1fach DM €	1,8fach DM €	2,5fach DM €	1,3fach DM €	UV Allg. DM €	UV Bes. DM €
5011*	ergänzende Ebene(n)	60	6,84 3,50	12,31 6,30	17,10 8,74	8,89 4,55		
	Werden mehrere Finger oder Zehen mittels einer Röntgenaufnahme erfaßt, so dürfen die Leistungen nach den Nummern 5010 und 5011 nur einmal und nicht je aufgenommenem Finger oder Zehen berechnet werden.							
	Handgelenk, Mittelhand, alle Finger einer Hand, Sprunggelenk, Fußwurzel und/oder Mittelfuß, Kniescheibe							
5020*	jeweils in zwei Ebenen	220	25,08 12,82	45,14 23,08	62,70 32,06	32,60 16,67		
5021*	ergänzende Ebene(n)	80	9,12 4,66	16,42 8,39	22,80 11,66	11,86 6,06		
	Werden mehrere der in der Leistungsbeschreibung genannten Skeletteile mittels einer Röntgenaufnahme erfaßt, so dürfen die Leistungen nach den Nummern 5020 und 5021 nur einmal und nicht je aufgenommenem Skeletteil berechnet werden.							
	Oberarm, Unterarm, Ellenbogengelenk, Oberschenkel, Unterschenkel, Kniegelenk, ganze Hand oder ganzer Fuß, Gelenke der Schulter, Schlüsselbein, Beckenteilaufnahme, Kreuzbein oder Hüftgelenk							
5030*	jeweils in zwei Ebenen	360	41,04 20,98	73,87 37,77	102,60 52,46	53,35 27,28		
5031*	ergänzende Ebene(n)	100	11,40 5,83	20,52 10,49	28,50 14,57	14,82 7,58		
	Werden mehrere der in der Leistungsbeschreibung genannten Skeletteile mittels einer Röntgenaufnahme erfaßt, so dürfen die Leistungen nach den Nummern 5030 und 5031 nur einmal und nicht je aufgenommenem Skeletteil berechnet werden.							
5035*	Teile des Skeletts in einer Ebene, je Teil	160	18,24 9,33	32,83 16,79	45,60 23,32	23,71 12,12		
	Die Leistung nach Nummer 5035 ist je Skeletteil und Sitzung nur einmal berechnungsfähig. Das untersuchte Skeletteil ist in der Rechnung anzugeben.							

* Reduzierter Gebührenrahmen

Nr.	Leistung	Punktzahl	1fach DM €	1,8fach DM €	2,5fach DM €	1,3fach DM €	UV Allg. DM €	UV Bes. DM €
	Die Leistung nach Nummer 5035 ist neben den Leistungen nach den Nummern 5000 bis 5031 und 5037 bis 5121 nicht berechnungsfähig.							
5037*	Bestimmung des Skelettalters – gegebenenfalls einschließlich Berechnung der prospektiven Endgröße, einschließlich der zugehörigen Röntgendiagnostik und gutachterlichen Beurteilung –	300	34,20 17,49	61,56 31,48	85,50 43,72	44,46 22,73		
5040*	Beckenübersicht	300	34,20 17,49	61,56 31,48	85,50 43,72	44,46 22,73		
5041*	Beckenübersicht bei einem Kind bis zum vollendeten 14. Lebensjahr	200	22,80 11,66	41,04 20,98	57,– 29,14	29,64 15,16		
5050*	Kontrastuntersuchung eines Hüftgelenks, Kniegelenks oder Schultergelenks, einschließlich Punktion, Stichkanalanästhesie und Kontrastmitteleinbringung – gegebenenfalls einschließlich Durchleuchtung(en) –	950	108,30 55,37	194,94 99,67	270,75 138,43	140,79 71,99		
5060*	Kontrastuntersuchung eines Kiefergelenks, einschließlich Punktion, Stichkanalanästhesie und Kontrastmitteleinbringung – gegebenenfalls einschließlich Durchleuchtung(en) –	500	57,– 29,14	102,60 52,46	142,50 72,86	74,10 37,89		
5070*	Kontrastuntersuchung der übrigen Gelenke, einschließlich Punktion, Stichkanalanästhesie und Kontrastmitteleinbringung – gegebenenfalls einschließlich Durchleuchtung(en) –, je Gelenk	400	45,60 23,32	82,08 41,97	114,– 58,29	59,28 30,31		
5090*	Schädel-Übersicht, in zwei Ebenen	400	45,60 23,32	82,08 41,97	114,– 58,29	59,28 30,31		
5095*	Schädelteile in Spezialprojektionen, je Teil	200	22,80 11,66	41,04 20,98	57,– 29,14	29,64 15,16		
5098*	Nasennebenhöhlen – gegebenenfalls auch in mehreren Ebenen –	260	29,64 15,16	53,35 27,28	74,10 37,89	38,53 19,70		
5100*	Halswirbelsäule, in zwei Ebenen	300	34,20 17,49	61,56 31,48	85,50 43,72	44,46 22,73		

* Reduzierter Gebührenrahmen

		Punktzahl	1fach DM €	1,8fach DM €	2,5fach DM €	1,3fach DM €	UV Allg. DM €	UV Bes. DM €
5101*	ergänzende Ebene(n)	160	18,24 9,33	32,83 16,79	45,60 23,32	23,71 12,12		
5105*	Brust- oder Lendenwirbelsäule, in zwei Ebenen, je Teil	400	45,60 23,32	82,08 41,97	114,– 58,29	59,28 30,31		
5106*	ergänzende Ebene(n)	180	20,52 10,49	36,94 18,89	51,30 26,23	26,68 13,64		
5110*	Ganzaufnahme der Wirbelsäule oder einer Extremität	500	57,– 29,14	102,60 52,46	142,50 72,86	74,10 37,89		
5111*	ergänzende Ebene(n) *Die Leistung nach Nummer 5111 ist je Sitzung nicht mehr als zweimal berechnungsfähig.* *Die Leistungen nach den Nummern 5110 und 5111 sind neben den Leistungen nach den Nummern 5010, 5011, 5020, 5021, 5030 und 5031 nicht berechnungsfähig.* *Die Nebeneinanderberechnung der Leistungen nach den Nummern 5100, 5105 und 5110 bedarf einer besonderen Begründung.*	200	22,80 11,66	41,04 20,98	57,– 29,14	29,64 15,16		
5115*	Untersuchung von Teilen der Hand oder des Fußes mittels Feinstfokustechnik (Fokusgröße maximal 0,2 mm) oder Xeroradiographietechnik zur gleichzeitigen Beurteilung von Knochen und Weichteilen, je Teil	400	45,60 23,32	82,08 41,97	114,– 58,29	59,28 30,31		
5120*	Rippen einer Thoraxhälfte, Schulterblatt oder Brustbein, in einer Ebene	260	29,64 15,16	53,35 27,28	74,10 37,89	38,53 19,70		
5121*	ergänzende Ebene(n)	140	15,96 8,16	28,73 14,69	39,90 20,40	20,75 10,61		
	2. Hals- und Brustorgane							
5130*	Halsorgane oder Mundboden – gegebenenfalls in mehreren Ebenen –	280	31,92 16,32	57,46 29,38	79,80 40,80	41,50 21,22		
5135*	Brustorgane-Übersicht, in einer Ebene *Die Leistung nach Nummer 5135 ist je Sitzung nur einmal berechnungsfähig.*	280	31,92 16,32	57,46 29,38	79,80 40,80	41,50 21,22		

* Reduzierter Gebührenrahmen

		Punktzahl	1fach DM €	1,8fach DM €	2,5fach DM €	1,3fach DM €	UV Allg. DM €	UV Bes. DM €
5137*	Brustorgane-Übersicht – gegebenenfalls einschließlich Breischluck und Durchleuchtung(en) –, in mehreren Ebenen	450	51,30 26,23	92,34 47,21	128,25 65,57	66,69 34,10		
5139*	Teil der Brustorgane	180	20,52 10,49	36,94 18,89	51,30 26,23	26,68 13,64		
	Die Berechnung der Leistung nach Nummer 5139 neben den Leistungen nach den Nummern 5135, 5137 und/ oder 5140 ist in der Rechnung zu begründen.							
5140*	Brustorgane, Übersicht im Mittelformat	100	11,40 5,83	20,52 10,49	28,50 14,57	14,82 7,58		

3. Bauch- und Verdauungsorgane

		Punktzahl	1fach DM €	1,8fach DM €	2,5fach DM €	1,3fach DM €	UV Allg. DM €	UV Bes. DM €
5150*	Speiseröhre, gegebenenfalls einschließlich ösophago-gastraler Übergang, Kontrastuntersuchung (auch Doppelkontrast) – einschließlich Durchleuchtung(en) –, als selbständige Leistung	550	62,70 32,06	112,86 57,70	156,75 80,15	81,51 41,68		
5157*	Oberer Verdauungstrakt (Speiseröhre, Magen, Zwölffingerdarm und oberer Abschnitt des Dünndarms), Monokontrastuntersuchung – einschließlich Durchleuchtung(en) –	700	79,80 40,80	143,64 73,44	199,50 102,00	103,74 53,04		
5158*	Oberer Verdauungstrakt (Speiseröhre, Magen, Zwölffingerdarm und oberer Abschnitt des Dünndarms), Kontrastuntersuchung – einschließlich Doppelkontrastdarstellung und Durchleuchtung(en), gegebenenfalls einschließlich der Leistung nach Nummer 5150 –	1200	136,80 69,95	246,24 125,90	342,– 174,86	177,84 90,93		
5159*	Zuschlag zu den Leistungen nach den Nummern 5157 und 5158 bei Erweiterung der Untersuchung bis zum Ileozökalgebiet	300	34,20 17,49	61,56 31,48	85,50 43,72	44,46 22,73		
5163*	Dünndarmkontrastuntersuchung mit im Bereich der Flexura duodeno-jejunalis endender Sonde – einschließlich Durchleuchtung(en) –	1300	148,20 75,77	266,76 136,39	370,50 189,43	192,66 98,51		

* Reduzierter Gebührenrahmen

		Punktzahl	1fach DM €	1,8fach DM €	2,5fach DM €	1,3fach DM €	UV Allg. DM €	UV Bes. DM €
5165*	Monokontrastuntersuchung von Teilen des Dickdarms – einschließlich Durchleuchtung(en) –	700	79,80 40,80	143,64 73,44	199,50 102,00	103,74 53,04		
5166*	Dickdarmdoppelkontrastuntersuchung – einschließlich Durchleuchtung(en) –	1400	159,60 81,60	287,28 146,88	399,– 204,01	207,48 106,08		
5167*	Defäkographie nach Markierung der benachbarten Hohlorgane – einschließlich Durchleuchtung(en) –	1000	114,– 58,29	205,20 104,92	285,– 145,72	148,20 75,77		
5168*	Pharyngographie unter Verwendung kinematographischer Techniken – einschließlich Durchleuchtung(en) –, als selbständige Leistung	800	91,20 46,63	164,16 83,93	228,– 116,58	118,56 60,62		
5169*	Pharyngographie unter Verwendung kinematographischer Techniken – einschließlich Durchleuchtung(en) und einschließlich der Darstellung der gesamten Speiseröhre –	1100	125,40 64,12	225,72 115,41	313,50 160,29	163,02 83,35		
5170*	Kontrastuntersuchung von Gallenblase und/oder Gallenwegen und/oder Pankreasgängen	400	45,60 23,32	82,08 41,97	114,– 58,29	59,28 30,31		
5190*	Bauchübersicht, in einer Ebene oder Projektion *Die Leistung nach Nummer 5190 ist je Sitzung nur einmal berechnungsfähig.*	300	34,20 17,49	61,56 31,48	85,50 43,72	44,46 22,73		
5191*	Bauchübersicht, in zwei oder mehr Ebenen oder Projektionen	500	57,– 29,14	102,60 52,46	142,50 72,86	74,10 37,89		
5192*	Bauchteilaufnahme – gegebenenfalls in mehreren Ebenen oder Spezialprojektionen –	200	22,80 11,66	41,04 20,98	57,– 29,14	29,64 15,16		
5200*	Harntraktkontrastuntersuchung – einschließlich intravenöser Verabreichung des Kontrastmittels –	600	68,40 34,97	123,12 62,95	171,– 87,43	88,92 45,46		
5201*	Ergänzende Ebene(n) oder Projektion(en) im Anschluß an die Leistung nach Nummer 5200 – gegebenenfalls einschließlich Durchleuchtung(en) –	200	22,80 11,66	41,04 20,98	57,– 29,14	29,64 15,16		

* Reduzierter Gebührenrahmen

		Punktzahl	1fach DM €	1,8fach DM €	2,5fach DM €	1,3fach DM €	UV Allg. DM €	UV Bes. DM €
5220*	Harntraktkontrastuntersuchung – einschließlich retrograder Verabreichung des Kontrastmittels, gegebenenfalls einschließlich Durchleuchtung(en) –, je Seite	300	34,20 17,49	61,56 31,48	85,50 43,72	44,46 22,73		
5230*	Harnröhren- und/oder Harnblasenkontrastuntersuchung (Urethrozystographie) – einschließlich retrograder Verabreichung des Kontrastmittels, gegebenenfalls einschließlich Durchleuchtung(en) –, als selbständige Leistung	300	34,20 17,49	61,56 31,48	85,50 43,72	44,46 22,73		
5235*	Refluxzystographie – einschließlich retrograder Verabreichung des Kontrastmittels, einschließlich Miktionsaufnahmen und gegebenenfalls einschließlich Durchleuchtung(en) –, als selbständige Leistung	500	57,– 29,14	102,60 52,46	142,50 72,86	74,10 37,89		
5250*	Gebärmutter- und/oder Eileiterkontrastuntersuchung – einschließlich Durchleuchtung(en) –	400	45,60 23,32	82,08 41,97	114,– 58,29	59,28 30,31		

4. Spezialuntersuchungen

		Punktzahl	1fach DM €	1,8fach DM €	2,5fach DM €	1,3fach DM €	UV Allg. DM €	UV Bes. DM €
5260*	Röntgenuntersuchung natürlicher, künstlicher oder krankhaft entstandener Gänge, Gangsysteme, Hohlräume oder Fisteln (z. B. Sialographie, Galaktographie, Kavernographie, Vesikulographie) – gegebenenfalls einschließlich Durchleuchtung(en) –	400	45,60 23,32	82,08 41,97	114,– 58,29	59,28 30,31		
	Die Leistung nach Nummer 5260 ist nicht berechnungsfähig für Untersuchungen des Harntrakts, der Gebärmutter und Eileiter sowie der Gallenblase.							
5265*	Mammographie einer Seite, in einer Ebene	300	34,20 17,49	61,56 31,48	85,50 43,72	44,46 22,73		
	Die Leistung nach Nummer 5265 ist je Seite und Sitzung nur einmal berechnungsfähig.							
5266*	Mammographie einer Seite, in zwei Ebenen	450	51,30 26,23	92,34 47,21	128,25 65,57	66,69 34,10		

* Reduzierter Gebührenrahmen

		Punktzahl	1fach DM €	1,8fach DM €	2,5fach DM €	1,3fach DM €	UV Allg. DM €	UV Bes. DM €
5267*	Ergänzende Ebene(n) oder Spezialprojektion(en) im Anschluß an die Leistung nach Nummer 5266	150	17,10 8,74	30,78 15,74	42,75 21,86	22,23 11,37		
5280*	Myelographie	750	85,50 43,72	153,90 78,69	213,75 109,29	111,15 56,83		
5285*	Bronchographie – einschließlich Durchleuchtung(en) –	450	51,30 26,23	92,34 47,21	128,25 65,57	66,69 34,10		
5290*	Schichtaufnahme(n) (Tomographie), bis zu fünf Strahlenrichtungen oder Projektionen, je Strahlenrichtung oder Projektion	650	74,10 37,89	133,38 68,20	185,25 94,72	96,33 49,25		
5295*	Durchleuchtung(en), als selbständige Leistung	240	27,36 13,99	49,25 25,18	68,40 34,97	35,57 18,19		
5298*	Zuschlag zu den Leistungen nach den Nummern 5010 bis 5290 bei Anwendung digitaler Radiographie (Bildverstärker-Radiographie) *Der Zuschlag nach Nummer 5298 beträgt 25 v. H. des einfachen Gebührensatzes der betreffenden Leistung.*							

5. Angiographie

Allgemeine Bestimmungen

Die Zahl der Serien im Sinne der Leistungsbeschreibungen der Leistungen nach den Nummern 5300 bis 5327 wird durch die Anzahl der Kontrastmittelgaben bestimmt.

Die Leistungen nach den Nummern 5300, 5302, 5303, 5305 bis 5313, 5315, 5316, 5318, 5324, 5325, 5327, 5329 bis 5331, 5338 und 5339 sind je Sitzung jeweils nur einmal berechnungsfähig.

		Punktzahl	1fach DM €	1,8fach DM €	2,5fach DM €	1,3fach DM €	UV Allg. DM €	UV Bes. DM €
5300*	Serienangiographie im Bereich von Schädel, Brust- und/oder Bauchraum, eine Serie	2000	228,– 116,58	410,40 209,83	570,– 291,44	296,40 151,55		
5301*	Zweite bis dritte Serie im Anschluß an die Leistung nach Nummer 5300, je Serie *Bei der angiographischen Darstellung von hirnversorgenden Arterien ist auch die vierte bis sechste Serie jeweils nach Nummer 5301 berechnungsfähig.*	400	45,60 23,32	82,08 41,97	114,– 58,29	59,28 30,31		

* Reduzierter Gebührenrahmen

		Punktzahl	1fach DM €	1,8fach DM €	2,5fach DM €	1,3fach DM €	UV Allg. DM €	UV Bes. DM €
5302*	Weitere Serien im Anschluß an die Leistungen nach den Nummern 5300 und 5301, insgesamt	600	68,40 34,97	123,12 62,95	171,– 87,43	88,92 45,46		
5303*	Serienangiographie im Bereich von Schädel, Brust- und Bauchraum im zeitlichen Zusammenhang mit einer oder mehreren Leistungen nach den Nummern 5315 bis 5327, eine Serie	1000	114,– 58,29	205,20 104,92	285,– 145,72	148,20 75,77		
5304*	Zweite bis dritte Serie im Anschluß an die Leistung nach Nummer 5303, je Serie	200	22,80 11,66	41,04 20,98	57,– 29,14	29,64 15,16		
	Bei der angiographischen Darstellung von hirnversorgenden Arterien ist auch die vierte bis sechste Serie jeweils nach Nummer 5304 berechnungsfähig.							
5305*	Weitere Serien im Anschluß an die Leistungen nach den Nummern 5303 und 5304, insgesamt	300	34,20 17,49	61,56 31,48	85,50 43,72	44,46 22,73		
5306*	Serienangiographie im Bereich des Beckens und beider Beine, eine Serie	2000	228,– 116,58	410,40 209,83	570,– 291,44	296,40 151,55		
5307*	Zweite Serie im Anschluß an die Leistung nach Nummer 5306	600	68,40 34,97	123,12 62,95	171,– 87,43	88,92 45,46		
5308*	Weitere Serien im Anschluß an die Leistungen nach den Nummern 5306 und 5307, insgesamt	800	91,20 46,63	164,16 83,93	228,– 116,58	118,56 60,62		

Neben den Leistungen nach den Nummern 5306 bis 5308 sind die Leistungen nach den Nummern 5309 bis 5312 für die Untersuchung der Beine nicht berechnungsfähig.
Werden die Leistungen nach den Nummern 5306 bis 5308 im zeitlichen Zusammenhang mit einer oder mehreren Leistung(en) nach den Nummern 5300 bis 5305 erbracht, sind die Leistungen nach den Nummern 5306 bis 5308 nur mit dem einfachen Gebührensatz berechnungsfähig.

* Reduzierter Gebührenrahmen

		Punkt-zahl	1fach DM €	1,8fach DM €	2,5fach DM €	1,3fach DM €	UV Allg. DM €	UV Bes. DM €
5309*	Serienangiographie einer Extremität, eine Serie	1800	205,20 104,92	369,36 188,85	513,– 262,29	266,76 136,39		
5310*	Weitere Serien im Anschluß an die Leistung nach Nummer 5309, insgesamt	600	68,40 34,97	123,12 62,95	171,– 87,43	88,92 45,46		
5311*	Serienangiographie einer weiteren Extremität im zeitlichen Zusammenhang mit der Leistung nach Nummer 5309, eine Serie	1000	114,– 58,29	205,20 104,92	285,– 145,72	148,20 75,77		
5312*	Weitere Serien im Anschluß an die Leistung nach Nummer 5311, insgesamt	600	68,40 34,97	123,12 62,95	171,– 87,43	88,92 45,46		
5313*	Angiographie der Becken- und Beingefäße in Großkassetten-Technik, je Sitzung *Die Leistung nach Nummer 5313 ist neben den Leistungen nach den Nummern 5300 bis 5312 sowie 5315 bis 5339 nicht berechnungsfähig.*	800	91,20 46,63	164,16 83,93	228,– 116,58	118,56 60,62		
5315*	Angiokardiographie einer Herzhälfte, eine Serie *Die Leistung nach Nummer 5315 ist je Sitzung nur einmal berechnungsfähig.*	2200	250,80 128,23	451,44 230,82	627,– 320,58	326,04 166,70		
5316*	Angiokardiographie beider Herzhälften, eine Serie *Die Leistung nach Nummer 5316 ist je Sitzung nur einmal berechnungsfähig.* *Neben der Leistung nach Nummer 5316 ist die Leistung nach Nummer 5315 nicht berechnungsfähig.*	3000	342,– 174,86	615,60 314,75	855,– 437,16	444,60 227,32		
5317*	Zweite bis dritte Serie im Anschluß an die Leistungen nach den Nummern 5315 oder 5316, je Serie	400	45,60 23,32	82,08 41,97	114,– 58,29	59,28 30,31		
5318*	Weitere Serien im Anschluß an die Leistung nach Nummer 5317, insgesamt	600	68,40 34,97	123,12 62,95	171,– 87,43	88,92 45,46		

* Reduzierter Gebührenrahmen

Nr.	Leistung	Punktzahl	1fach DM €	1,8fach DM €	2,5fach DM €	1,3fach DM €	UV Allg. DM €	UV Bes. DM €
	Die Leistungen nach den Nummern 5315 bis 5318 sind neben den Leistungen nach den Nummern 5300 bis 5302 sowie 5324 bis 5327 nicht berechnungsfähig.							
5324*	Selektive Koronarangiographie eines Herzkranzgefäßes oder Bypasses mittels Cinetechnik, eine Serie	2400	273,60 139,89	492,48 251,80	684,– 349,72	355,68 181,86		
	Die Leistungen nach den Nummern 5324 und 5325 sind nicht nebeneinander berechnungsfähig.							
5325*	Selektrive Koronarangiographie aller Herzkranzgefäße oder Bypasse mittels Cinetechnik, eine Serie	3000	342,– 174,86	615,60 314,75	855,– 437,16	444,60 227,32		
5326*	Selektive Koronarangiographie eines oder aller Herzkranzgefäße im Anschluß an die Leistungen nach den Nummern 5324 oder 5325, zweite bis fünfte Serie, je Serie	400	45,60 23,32	82,08 41,97	114,– 58,29	59,28 30,31		
5327*	Zusätzliche Linksventrikulographie bei selektiver Koronarangiographie	1000	114,– 58,29	205,20 104,92	285,– 145,72	148,20 75,77		
	Die Leistungen nach den Nummern 5324 bis 5327 sind neben den Leistungen nach den Nummern 5300 bis 5302 und 5315 bis 5318 nicht berechnungsfähig.							
5328*	Zuschlag zu den Leistungen nach den Nummern 5300 bis 5327 bei Anwendung der simultanen Zwei-Ebenen-Technik	1200	136,80 69,95	– –	– –	– –		
	Der Zuschlag nach Nummer 5328 ist je Sitzung nur einmal und nur mit dem einfachen Gebührensatz berechnungsfähig.							
5329*	Venographie im Bereich des Brust- und Bauchraums	1600	182,40 93,26	328,32 167,87	456,– 233,15	237,12 121,24		
5330*	Venographie einer Extremität	750	85,50 43,72	153,90 78,69	213,75 109,29	111,15 56,83		
5331*	Ergänzende Projektion(en) (insbesondere des zentralen Abflußgebiets) im Anschluß an die Leistung nach Nummer 5330, insgesamt	200	22,80 11,66	41,04 20,98	57,– 29,14	29,64 15,16		

* Reduzierter Gebührenrahmen

		Punktzahl	1fach DM €	1,8fach DM €	2,5fach DM €	1,3fach DM €	UV Allg. DM €	UV Bes. DM €
5335*	Zuschlag zu den Leistungen nach den Nummern 5300 bis 5331 bei computergestützter Analyse und Abbildung	800	91,20 46,63	– –	– –	– –		
	Der Zuschlag nach Nummer 5335 kann je Untersuchungstag unabhängig von der Anzahl der Einzeluntersuchungen nur einmal und nur mit dem einfachen Gebührensatz berechnet werden.							
5338*	Lymphographie, je Extremität	1000	114,– 58,29	205,20 104,92	285,– 145,72	148,20 75,77		
5339*	Ergänzende Projektion(en) im Anschluß an die Leistung nach Nummer 5338 – einschließlich Durchleuchtung(en) –, insgesamt	250	28,50 14,57	51,30 26,23	71,25 36,43	37,05 18,94		

6. Interventionelle Maßnahmen

Allgemeine Bestimmung

Die Leistungen nach den Nummern 5345 bis 5356 können je Sitzung nur einmal berechnet werden.

		Punktzahl	1fach DM €	1,8fach DM €	2,5fach DM €	1,3fach DM €	UV Allg. DM €	UV Bes. DM €
5345*	Perkutane transluminale Dilatation und Rekanalisation von Arterien mit Ausnahme der Koronararterien – einschließlich Kontrastmitteleinbringungen und Durchleuchtung(en) im zeitlichen Zusammenhang mit dem gesamten Eingriff –	2800	319,20 163,20	574,56 293,77	798,– 408,01	414,96 212,17		
	Neben der Leistung nach Nummer 5345 sind die Leistungen nach den Nummern 350 bis 361 sowie 5295 nicht berechnungsfähig. *Wurde innerhalb eines Zeitraums von vierzehn Tagen vor Erbringung der Leistung nach Nummer 5345 bereits eine Leistung nach den Nummern 5300 bis 5313 berechnet, darf neben der Leistung nach Nummer 5345 für dieselbe Sitzung eine Leistung nach den Nummern 5300 bis 5313 nicht erneut berechnet werden. Im Falle der Nebeneinanderberechnung der Leistung nach Nummer 5345 neben einer Leistung nach den Nummern 5300 bis 5313 ist in der Rechnung zu bestätigen, daß in den vorhergehenden vierzehn Tagen eine Leistung nach den Nummern 5300 bis 5313 nicht berechnet wurde.*							

* Reduzierter Gebührenrahmen

		Punktzahl	1fach DM €	1,8fach DM €	2,5fach DM €	1,3fach DM €	UV Allg. DM €	UV Bes. DM €
5346*	Zuschlag zu der Leistung nach Nummer 5345 bei Dilatation und Rekanalisation von mehr als zwei Arterien, insgesamt	600	68,40 34,97	123,12 62,95	171,– 87,43	88,92 45,46		
	Neben der Leistung nach Nummer 5346 sind die Leistungen nach den Nummern 350 bis 361 sowie 5295 nicht berechnungsfähig.							
5348*	Perkutane transluminale Dilatation und Rekanalisation von Koronararterien – einschließlich Kontrastmitteleinbringungen und Durchleuchtung(en) im zeitlichen Zusammenhang mit dem gesamten Eingriff –	3800	433,20 221,49	779,76 398,69	1083,– 553,73	563,16 287,94		
	Neben der Leistung nach Nummer 5348 sind die Leistungen nach den Nummern 350 bis 361 sowie 5295 nicht berechnungsfähig. *Wurde innerhalb eines Zeitraums von vierzehn Tagen vor Erbringung der Leistung nach Nummer 5348 bereits eine Leistung nach den Nummern 5315 bis 5327 berechnet, darf neben der Leistung nach Nummer 5348 für dieselbe Sitzung eine Leistung nach den Nummern 5315 bis 5327 nicht erneut berechnet werden. Im Falle der Nebeneinanderberechnung der Leistung nach Nummer 5348 neben einer Leistung nach den Nummern 5315 bis 5327 ist in der Rechnung zu bestätigen, daß in den vorhergehenden vierzehn Tagen eine Leistung nach den Nummern 5315 bis 5327 nicht berechnet wurde.*							
5349*	Zuschlag zu der Leistung nach Nummer 5348 bei Dilatation und Rekanalisation von mehr als einer Koronararterie, insgesamt	1000	114,– 58,29	205,20 104,92	285,– 145,72	148,20 75,77		
	Neben der Leistung nach Nummer 5349 sind die Leistungen nach den Nummern 350 bis 361 sowie 5295 nicht berechnungsfähig.							
5351*	Lysebehandlung, als Einzelbehandlung oder ergänzend zu den Leistungen nach den Nummern 2826, 5345 oder 5348 – bei einer Lysedauer von mehr als einer Stunde –	500	57,– 29,14	102,60 52,46	142,50 72,86	74,10 37,89		

* Reduzierter Gebührenrahmen

		Punktzahl	1fach DM €	1,8fach DM €	2,5fach DM €	1,3fach DM €	UV Allg. DM €	UV Bes. DM €
5352*	Zuschlag zu der Leistung nach Nummer 5351 bei Lysebehandlung der hirnversorgenden Arterien	1000	114,– 58,29	205,20 104,92	285,– 145,72	148,20 75,77		
5353*	Perkutane transluminale Dilatation und Rekanalisation von Venen – einschließlich Kontrastmitteleinbringungen und Durchleuchtung(en) im zeitlichen Zusammenhang mit dem gesamten Eingriff –	2000	228,– 116,58	410,40 209,83	570,– 291,44	296,40 151,55		
	Neben der Leistung nach Nummer 5353 sind die Leistungen nach den Nummern 344 bis 347, 5295 sowie 5329 bis 5331 nicht berechnungsfähig.							
5354*	Zuschlag zu der Leistung nach Nummer 5353 bei Dilatation und Rekanalisation von mehr als zwei Venen, insgesamt	200	22,80 11,66	41,04 20,98	57,– 29,14	29,64 15,16		
	Neben der Leistung nach Nummer 5354 sind die Leistungen nach den Nummern 344 bis 347, 5295 sowie 5329 bis 5331 nicht berechnungsfähig.							
5355*	Einbringen von Gefäßstützen oder Anwendung alternativer Angioplastiemethoden (Atherektomie, Laser), zusätzlich zur perkutanen transluminalen Dilatation – einschließlich Kontrastmitteleinbringungen und Durchleuchtung(en) im zeitlichen Zusammenhang mit dem gesamten Eingriff –	2000	228,– 116,58	410,40 209,83	570,– 291,44	296,40 151,55		
	Neben der Leistung nach Nummer 5355 sind die Leistungen nach den Nummern 344 bis 361, 5295 sowie 5300 bis 5327 nicht berechnungsfähig.							
5356*	Einbringung von Gefäßstützen oder Anwendung alternativer Angioplastiemethoden (Atherektomie, Laser), zusätzlich zur perkutanen transluminalen Dilatation einer Koronararterie – einschließlich Kontrastmitteleinbringungen und Durchleuchtung(en) im zeitlichen Zusammenhang mit dem gesamten Eingriff –	2500	285,– 145,72	513,– 262,29	712,50 364,30	370,50 189,43		

* Reduzierter Gebührenrahmen

		Punktzahl	1fach DM €	1,8fach DM €	2,5fach DM €	1,3fach DM €	UV Allg. DM €	UV Bes. DM €
	Neben der Leistung nach Nummer 5356 sind die Leistungen nach den Nummern 350 bis 361, 5295, 5315 bis 5327, 5345, 5353 sowie 5355 nicht berechnungsfähig. *Neben der Leistung nach Nummer 5356 ist die Leistung nach Nummer 5355 für Eingriffe an Koronararterien nicht berechnungsfähig.*							
5357*	Embolisation einer oder mehrerer Arterie(n) mit Ausnahme der Arterien im Kopf-Halsbereich oder Spinalkanal – einschließlich Kontrastmitteleinbringung(en) und angiographischer Kontrollen im zeitlichen Zusammenhang mit dem gesamten Eingriff –, je Gefäßgebiet	3500	399,– 204,01	718,20 367,21	997,50 510,01	518,70 265,21		
	Neben der Leistung nach Nummer 5357 sind die Leistungen nach den Nummern 350 bis 361, 5295 sowie 5300 bis 5312 nicht berechnungsfähig.							
5358*	Embolisation einer oder mehrerer Arterie(n) im Kopf-Halsbereich oder Spinalkanal – einschließlich Kontrastmitteleinbringung(en) und angiographischer Kontrollen im zeitlichen Zusammenhang mit dem gesamten Eingriff –, je Gefäßgebiet	4500	513,– 262,29	923,40 472,13	1282,50 655,73	666,90 340,98		
	Neben der Leistung nach Nummer 5358 sind die Leistungen nach den Nummern 350, 351, 5295 sowie 5300 bis 5305 nicht berechnungsfähig.							
5359*	Embolisation der Vena spermatica – einschließlich Kontrastmitteleinbringung(en) und angiographischer Kontrollen im zeitlichen Zusammenhang mit dem gesamten Eingriff –	2500	285,– 145,72	513,– 262,29	712,50 364,30	370,50 189,43		
	Neben der Leistung nach Nummer 5359 sind die Leistungen nach den Nummern 344 bis 347, 5295 sowie 5329 bis 5331 nicht berechnungsfähig.							
5360*	Embolisation von Venen – einschließlich Kontrastmitteleinbringung(en) und angiographischer Kontrollen im zeitlichen Zusammenhang mit dem gesamten Eingriff –	2000	228,– 116,58	410,40 209,83	570,– 291,44	296,40 151,55		

* Reduzierter Gebührenrahmen

		Punktzahl	1fach DM €	1,8fach DM €	2,5fach DM €	1,3fach DM €	UV Allg. DM €	UV Bes. DM €
	Neben der Leistung nach Nummer 5360 sind die Leistungen nach den Nummern 344 bis 347, 5295 sowie 5329 bis 5331 nicht berechnungsfähig.							
5361*	Transhepatische Drainage und/oder Dilatation von Gallengängen – einschließlich Kontrastmitteleinbringung(en) und cholangiographischer Kontrollen im zeitlichen Zusammenhang mit dem gesamten Eingriff –	2600	296,40 151,55	533,52 272,79	741,– 378,87	385,32 197,01		
	Neben der Leistung nach Nummer 5361 sind die Leistungen nach den Nummern 370, 5170 sowie 5295 nicht berechnungsfähig.							

7. Computertomographie

Allgemeine Bestimmungen

Die Leistungen nach den Nummern 5369 bis 5375 sind je Sitzung jeweils nur einmal berechnungsfähig.

Die Nebeneinanderberechnungen von Leistungen nach den Nummern 5370 bis 5374 ist in der Rechnung gesondert zu begründen. Bei Nebeneinanderberechnungen von Leistungen nach den Nummern 5370 bis 5374 ist der Höchstwert nach Nummer 5369 zu beachten.

		Punktzahl	1fach DM €	1,8fach DM €	2,5fach DM €	1,3fach DM €	UV Allg. DM €	UV Bes. DM €
5369*	Höchstwert für Leistungen nach den Nummern 5370 bis 5374	3000	342,– 174,86	615,60 314,75	855,– 437,16	444,60 227,32		
	Die im einzelnen erbrachten Leistungen sind in der Rechnung anzugeben.							
5370*	Computergesteuerte Tomographie im Kopfbereich – gegebenenfalls einschließlich des kranio-zervikalen Übergangs –	2000	228,– 116,58	410,40 209,83	570,– 291,44	296,40 151,55		
5371*	Computergesteuerte Tomographie im Hals- und/oder Thoraxbereich	2300	262,20 134,06	471,96 241,31	655,50 335,15	340,86 174,28		
5372*	Computergesteuerte Tomographie im Abdominalbereich	2600	296,40 151,55	533,52 272,79	741,– 378,87	385,32 197,01		
	Die Nebeneinanderberechnung der Nummern 5370 bis 5372 ist in der Rechnung gesondert zu begründen.							
5373*	Computergesteuerte Tomographie des Skeletts (Wirbelsäule, Extremitäten oder Gelenke bzw. Gelenkpaare)	1900	216,60 110,75	389,88 199,34	541,50 276,87	281,58 143,97		

* Reduzierter Gebührenrahmen

		Punktzahl	1fach DM €	1,8fach DM €	2,5fach DM €	1,3fach DM €	UV Allg. DM €	UV Bes. DM €
5374*	Computergesteuerte Tomographie der Zwischenwirbelräume im Bereich der Hals-, Brust- und/oder Lendenwirbelsäule – gegebenenfalls einschließlich der Übergangsregionen –	1900	216,60 110,75	389,88 199,34	541,50 276,87	281,58 143,97		
5375*	Computergesteuerte Tomographie der Aorta in ihrer gesamten Länge . . . . . . *Die Leistung nach Nummer 5375 ist neben den Leistungen nach den Nummern 5371 und 5372 nicht berechnungsfähig.*	2000	228,– 116,58	410,40 209,83	570,– 291,44	296,40 151,55		
5376*	Ergänzende computergesteuerte Tomographie(n) mit mindestens einer zusätzlichen Serie (z. B. bei Einsatz von Xenon, bei Einsatz der High-Resolution-Technik, bei zusätzlichen Kontrastmittelgaben) – zusätzlich zu den Leistungen nach den Nummern 5370 bis 5375 –	500	57,– 29,14	102,60 52,46	142,50 72,86	74,10 37,89		
5377*	Zuschlag für computergesteuerte Analyse – einschließlich speziell nachfolgender 3D-Rekonstruktion – . . *Der Zuschlag nach Nummer 5377 ist nur mit dem einfachen Gebührensatz berechnungsfähig.*	800	91,20 46,63	– –	– –	– –		
5378*	Computergesteuerte Tomographie zur Bestrahlungsplanung oder zu interventionellen Maßnahmen . . . . *Neben oder anstelle der computergesteuerten Tomographie zur Bestrahlungsplanung oder zu interventionellen Maßnahmen sind die Leistungen nach den Nummern 5370 bis 5376 nicht berechnungsfähig.*	1000	114,– 58,29	205,20 104,92	285,– 145,72	148,20 75,77		
5380*	Bestimmung des Mineralgehalts (Osteodensitometrie) von repräsentativen (auch mehreren) Skeletteilen mit quantitativer Computertomographie oder quantitativer digitaler Röntgentechnik	300	34,20 17,49	61,56 31,48	85,50 43,72	44,46 22,73		

* Reduzierter Gebührenrahmen

I. Strahlendiagnostik (UV-GOÄ)

Allgemeine Bestimmungen

1. Mit den Gebühren sind alle Kosten (auch für Dokumentation und Aufbewahrung der Datenträger) abgegolten.
2. Die Leistungen für Strahlendiagnostik mit Ausnahme der Durchleuchtung(en) (Nummer 5295) sind nur bei Bilddokumentation auf einem Röntgenfilm oder einem anderen Langzeitdatenträger berechnungsfähig.
3. Die Befundmitteilung oder der einfache Befundbericht mit Angaben zu Befund(en) und zur Diagnose ist Bestandteil der Leistungen und nicht gesondert berechnungsfähig.
4. Die Beurteilung von Röntgenaufnahmen als selbständige Leistung ist grundsätzlich nicht berechnungsfähig. Für die im Zusammenhang mit einer Begutachtung erforderlichen Beurteilung anderweitig angefertigter Röntgenaufnahmen kann der Arzt die Leistungen nach den Nummern 5255 bis 5257 berechnen.
5. Die nach der Strahlenschutzverordnung bzw. Röntgenverordnung notwendige ärztliche Überprüfung der Indikation und des Untersuchungsumfangs ist auch im Überweisungsfall Bestandteil der Leistungen des Abschnitts O und mit den Gebühren abgegolten.
6. Die Leistungen nach den Nummern 5011, 5021, 5031, 5101, 5106, 5121, 5201, 5267, 5295, 5302, 5305, 5308, 5311, 5318, 5331, 5339, 5376 und 5731 dürfen unabhängig von der Anzahl der Ebenen, Projektionen, Durchleuchtungen bzw. Serien insgesamt jeweils nur einmal berechnet werden.
7. Die Kosten für Kontrastmittel auf Bariumbasis und etwaige Zusatzmittel für die Doppelkontrastuntersuchung sind in den abrechnungsfähigen Leistungen enthalten.
8. Bei Anforderung von Auskünften, Berichten, und Gutachten durch den Träger der gesetzlichen Unfallversicherung sind von diesem für die Rücksendung Freiumschläge beizulegen. In allen anderen Fällen ist dem Arzt das Porto zu ersetzen. Für die Übersendung angeforderter Röntgenaufnahmen (einschließlich Verpackung) ist ein Pauschalbetrag von 10,70 DM (€ 5,47) je Sendung (zuzüglich Portokosten) zu zahlen.

1. Skelett

Allgemeine Bestimmung

Neben den Leistungen nach den Nummern 5050, 5060 und 5070 sind die Leistungen nach den Nummern 300 bis 302, 372, 373, 490, 491 und 5295 nicht berechnungsfähig.

		Punkt-zahl	1fach DM €	1,8fach DM €	2,5fach DM €	1,3fach DM €	UV Allg. DM €	UV Bes. DM €
Zähne								
5000	Zähne, je Projektion *Werden mehrere Zähne mittels einer Röntgenaufnahme erfaßt, so darf die Leistung nach Nummer 5000 nur einmal und nicht je aufgenommenem Zahn berechnet werden.*						6,75 3,45	8,40 4,29
5002	Panoramaaufnahme(n) eines Kiefers						33,75 17,26	42,00 21,47
5004	Panoramaschichtaufnahme der Kiefer						54,00 27,61	67,20 34,36
Finger oder Zehen								
5010	jeweils in zwei Ebenen						24,30 12,42	30,24 15,46

		Punkt-zahl	1fach DM €	1,8fach DM €	2,5fach DM €	1,3fach DM €	UV Allg. DM €	UV Bes. DM €
5011	ergänzende Ebene(n) *Werden mehrere Finger oder Zehen mittels einer Röntgenaufnahme erfaßt, so dürfen die Leistungen nach den Nummern 5010 und 5011 nur einmal und nicht je aufgenommenem Finger oder Zehen berechnet werden.*						8,10 4,14	10,08 5,15
	Handgelenk, Mittelhand, alle Finger einer Hand, Sprunggelenk, Fußwurzel und/oder Mittelfuß, Kniescheibe							
5020	jeweils in zwei Ebenen						29,70 15,19	36,96 18,90
5021	ergänzende Ebene(n) *Werden mehrere der in der Leistungsbeschreibung genannten Skeletteile mittels einer Röntgenaufnahme erfaßt, so dürfen die Leistungen nach den Nummern 5020 und 5021 nur einmal und nicht je aufgenommenem Skeletteil berechnet werden.*						10,80 5,52	13,44 6,87
5022	Gehaltene Aufnahme(n) zur Funktionsprüfung des Bandapparates eines Daumen- oder Sprunggelenks zu den Leistungen nach den Gebührenordnungsnummern 5020, 5021						8,10 4,14	10,08 5,15
	Oberarm, Unterarm, Ellenbogengelenk, Oberschenkel, Unterschenkel, Kniegelenk, ganze Hand oder ganzer Fuß, Gelenke der Schulter, Schlüsselbein, Beckenteilaufnahme, Kreuzbein oder Hüftgelenk							
5030	jeweils in zwei Ebenen						48,60 24,85	60,48 30,92
5031	ergänzende Ebene(n) *Werden mehrere der in der Leistungsbeschreibung genannten Skeletteile mittels einer Röntgenaufnahme erfaßt, so dürfen die Leistungen nach den Nummern 5030 und 5031 nur einmal und nicht je aufgenommenem Skeletteil berechnet werden.*						13,50 6,90	16,80 8,59

		Punktzahl	1fach DM €	1,8fach DM €	2,5fach DM €	1,3fach DM €	UV Allg. DM €	UV Bes. DM €
5032	Gehaltene Aufnahme(n) zur Funktionsprüfung des Bandapparates eines Schultereck- oder Kniegelenks zu den Leistungen nach den Gebührenordnungsnummern 5030, 5031						8,10 4,14	10,08 5,15
5035	Teile des Skeletts in einer Ebene, je Teil *Die Leistung nach Nummer 5035 ist je Skeletteil und Sitzung nur einmal berechnungsfähig. Das untersuchte Skeletteil ist in der Rechnung anzugeben.* *Die Leistung nach Nummer 5035 ist neben den Leistungen nach den Nummern 5000 bis 5031 und 5037 bis 5121 nicht berechnungsfähig.*						21,60 11,04	26,88 13,74
5037	Bestimmung des Skelettalters – gegebenenfalls einschließlich Berechnung der prospektiven Endgröße, einschließlich der zugehörigen Röntgendiagnostik und gutachterlichen Beurteilung –						40,50 20,71	50,40 25,77
5040	Beckenübersicht						40,50 20,71	50,40 25,77
5041	Beckenübersicht bei einem Kind bis zum vollendeten 14. Lebensjahr						27,00 13,80	33,60 17,18
5050	Kontrastuntersuchung eines Hüftgelenks, Kniegelenks oder Schultergelenks, einschließlich Punktion, Stichkanalanästhesie und Kontrastmitteleinbringung – gegebenenfalls einschließlich Durchleuchtung(en) –						128,25 65,57	159,60 81,60
5060	Kontrastuntersuchung eines Kiefergelenks, einschließlich Punktion, Stichkanalanästhesie und Kontrastmitteleinbringung – gegebenenfalls einschließlich Durchleuchtung(en) –						67,50 34,51	84,00 42,95
5070	Kontrastuntersuchung der übrigen Gelenke, einschließlich Punktion, Stichkanalanästhesie und Kontrastmitteleinbringung – gegebenenfalls einschließlich Durchleuchtung(en) –, je Gelenk						54,00 27,61	67,20 34,36

		Punktzahl	1fach DM €	1,8fach DM €	2,5fach DM €	1,3fach DM €	UV Allg. DM €	UV Bes. DM €
5090	Schädel-Übersicht, in zwei Ebenen						54,00 27,61	67,20 34,36
5095	Schädelteile in Spezialprojektionen, je Teil						27,00 13,80	33,60 17,18
5098	Nasennebenhöhlen – gegebenenfalls auch in mehreren Ebenen –						35,10 17,95	43,68 22,33
5100	Halswirbelsäule, in zwei Ebenen						40,50 20,71	50,40 25,77
5101	ergänzende Ebene(n)						21,60 11,04	26,88 13,74
5105	Brust- oder Lendenwirbelsäule, in zwei Ebenen, je Teil						54,00 27,61	67,20 34,36
5106	ergänzende Ebene(n)						24,30 12,42	30,24 15,46
5110	Ganzaufnahme der Wirbelsäule oder einer Extremität						67,50 34,51	84,00 42,95
5111	ergänzende Ebene(n) *Die Leistung nach Nummer 5111 ist je Sitzung nicht mehr als zweimal berechnungsfähig.* *Die Leistungen nach den Nummern 5110 und 5111 sind neben den Leistungen nach den Nummern 5010, 5011, 5020, 5021, 5030 und 5031 nicht berechnungsfähig.* *Die Nebeneinanderberechnung der Leistungen nach den Nummern 5100, 5105 und 5110 bedarf einer besonderen Begründung.*						27,00 13,80	33,60 17,18
5115	Untersuchung von Teilen der Hand oder des Fußes mittels Feinstfokustechnik (Fokusgröße maximal 0,2 mm) oder Xeroradiographietechnik zur gleichzeitigen Beurteilung von Knochen und Weichteilen, je Teil						54,00 27,61	67,20 34,36
5120	Rippen einer Thoraxhälfte, Schulterblatt oder Brustbein, in einer Ebene						35,10 17,95	43,68 22,33
5121	ergänzende Ebene(n)						18,90 9,66	23,52 12,03

		Punktzahl	1fach DM €	1,8fach DM €	2,5fach DM €	1,3fach DM €	UV Allg. DM €	UV Bes. DM €

2. Hals- und Brustorgane

		Punktzahl	1fach DM €	1,8fach DM €	2,5fach DM €	1,3fach DM €	UV Allg. DM €	UV Bes. DM €
5130	Halsorgane oder Mundboden – gegebenenfalls in mehreren Ebenen –						37,80 19,33	47,04 24,05
5135	Brustorgane-Übersicht, in einer Ebene						37,80 19,33	47,04 24,05
	Die Leistung nach Nummer 5135 ist je Sitzung nur einmal berechnungsfähig.							
5137	Brustorgane-Übersicht – gegebenenfalls einschließlich Breischluck und Durchleuchtung(en) – in mehreren Ebenen						60,75 31,06	75,60 38,65
5139	Teil der Brustorgane						24,30 12,42	30,24 15,46
	Die Berechnung der Leistung nach Nummer 5139 neben den Leistungen nach den Nummern 5135, 5137 und/ oder 5140 ist in der Rechnung zu begründen.							
5140	Brustorgane, Übersicht im Mittelformat						13,50 6,90	16,80 8,59

3. Bauch- und Verdauungsorgane

		Punktzahl	1fach DM €	1,8fach DM €	2,5fach DM €	1,3fach DM €	UV Allg. DM €	UV Bes. DM €
5150	Speiseröhre, gegebenenfalls einschließlich ösophagogastraler Übergang, Kontrastuntersuchung (auch Doppelkontrast) – einschließlich Durchleuchtung(en) –, als selbständige Leistung						74,25 37,96	92,40 47,24
5157	Oberer Verdauungstrakt (Speiseröhre, Magen, Zwölffingerdarm und oberer Abschnitt des Dünndarms), Monokontrastuntersuchung – einschließlich Durchleuchtung(en) –						94,50 48,32	117,60 60,13
5158	Oberer Verdauungstrakt (Speiseröhre, Magen, Zwölffingerdarm und oberer Abschnitt des Dünndarms), Kontrastuntersuchung – einschließlich Doppelkontrastdarstellung und Durchleuchtung(en), gegebenenfalls einschließlich der Leistung nach Nummer 5150 –						162,00 82,83	201,60 103,08

		Punktzahl	1fach DM €	1,8fach DM €	2,5fach DM €	1,3fach DM €	UV Allg. DM €	UV Bes. DM €
5159	Zuschlag zu den Leistungen nach den Nummern 5157 und 5158 bei Erweiterung der Untersuchung bis zum Ileozökalgebiet						40,50 20,71	50,40 25,77
5163	Dünndarmkontrastuntersuchung mit im Bereich der Flexura duodenojejunalis endender Sonde – einschließlich Durchleuchtung(en) –						175,50 89,73	218,40 111,67
5165	Monokontrastuntersuchung von Teilen des Dickdarms – einschließlich Durchleuchtung(en) –						94,50 48,32	117,60 60,13
5166	Dickdarmdoppelkontrastuntersuchung – einschließlich Durchleuchtung(en) –						189,00 96,63	235,20 120,26
5167	Defäkographie nach Markierung der benachbarten Hohlorgane – einschließlich Durchleuchtung(en) –						135,00 69,02	168,00 85,90
5168	Pharyngographie unter Verwendung kinematographischer Techniken – einschließlich Durchleuchtung(en) –, als selbständige Leistung						108,00 55,22	134,40 68,72
5169	Pharyngographie unter Verwendung kinematographischer Techniken – einschließlich Durchleuchtung(en) und einschließlich der Darstellung der gesamten Speiseröhre –						148,50 75,93	184,80 94,49
5170	Kontrastuntersuchung von Gallenblase und/oder Gallenwegen und/oder Pankreasgängen						54,00 27,61	67,20 34,36
5190	Bauchübersicht, in einer Ebene oder Projektion *Die Leistung nach Nummer 5190 ist je Sitzung nur einmal berechnungsfähig.*						40,50 20,71	50,40 25,77
5191	Bauchübersicht, in zwei oder mehr Ebenen oder Projektionen						67,50 34,51	84,00 42,95
5192	Bauchteilaufnahme – gegebenenfalls in mehreren Ebenen oder Spezialprojektionen –						27,00 13,80	33,60 17,18

		Punktzahl	1fach DM €	1,8fach DM €	2,5fach DM €	1,3fach DM €	UV Allg. DM €	UV Bes. DM €
5200	Harntraktkontrastuntersuchung – einschließlich intravenöser Verabreichung des Kontrastmittels –						81,00 41,41	100,80 51,54
5201	Ergänzende Ebene(n) oder Projektion(en) im Anschluß an die Leistung nach Nummer 5200 – gegebenenfalls einschließlich Durchleuchtung(en) –						27,00 13,80	33,60 17,18
5220	Harntraktkontrastuntersuchung – einschließlich retrograder Verabreichung des Kontrastmittels, gegebenenfalls einschließlich Durchleuchtung(en) –, je Seite						40,50 20,71	50,40 25,77
5230	Harnröhren- und/oder Harnblasenkontrastuntersuchung (Urethrozystographie) – einschließlich retrograder Verabreichung des Kontrastmittels, gegebenenfalls einschließlich Durchleuchtung(en) –, als selbständige Leistung						40,50 20,71	50,40 25,77
5235	Refluxzystographie – einschließlich retrograder Verabreichung des Kontrastmittels, einschließlich Miktionsaufnahmen und gegebenenfalls einschließlich Durchleuchtung(en) –, als selbständige Leistung						67,50 34,51	84,00 42,95
5250	Gebärmutter- und/oder Eileiterkontrastuntersuchung – einschließlich Durchleuchtung(en) –						54,00 27,61	67,20 34,36

4. Beurteilung von Fremdaufnahmen

Beurteilung anderweitig gefertigter Röntgenaufnahmen im Zusammenhang mit einer Begutachtung

5255	bis zu 15 Aufnahmen						20,00 10,23	20,00 10,23
5256	bis zu 40 Aufnahmen						35,00 17,90	35,00 17,90
5257	über 40 Aufnahmen						70,00 35,79	70,00 35,79

		Punkt-zahl	1fach DM €	1,8fach DM €	2,5fach DM €	1,3fach DM €	UV Allg. DM €	UV Bes. DM €
	5. Spezialuntersuchungen							
5260	Röntgenuntersuchung natürlicher, künstlicher oder krankhaft entstandener Gänge, Gangsysteme, Hohlräume oder Fisteln (z. B. Sialographie, Galaktographie, Kavernographie, Vesikulographie) – gegebenenfalls einschließlich Durchleuchtung(en) –						54,00 27,61	67,20 34,36
	Die Leistung nach Nummer 5260 ist nicht berechnungsfähig für Untersuchungen des Harntrakts, der Gebärmutter und Eileiter sowie der Gallenblase.							
5265	Mammographie einer Seite, in einer Ebene						40,50 20,71	50,40 25,77
	Die Leistung nach Nummer 5265 ist je Seite und Sitzung nur einmal berechnungsfähig.							
5266	Mammographie einer Seite, in zwei Ebenen						60,75 31,06	75,60 38,65
5267	Ergänzende Ebene(n) oder Spezialprojektion(en) im Anschluß an die Leistung nach Nummer 5266						20,25 10,35	25,20 12,88
5280	Myelographie						101,25 51,77	126,00 64,42
5285	Bronchographie – einschließlich Durchleuchtung(en) –						60,75 31,06	75,60 38,65
5290	Schichtaufnahme(n) (Tomographie), bis zu fünf Strahlenrichtungen oder Projektionen, je Strahlenrichtung oder Projektion						87,75 44,87	109,20 55,83
5295	Durchleuchtung(en), als selbständige Leistung						32,40 16,57	40,32 20,62
5298	Zuschlag zu den Leistungen nach den Nummern 5010 bis 5290 bei Anwendung digitaler Radiographie (Bildverstärker-Radiographie) *Nummer 5298 beträgt 25 v. H. des Gebührensatzes für die allgemeine Heilbehandlung der betreffenden Leistung.*							

6. Angiographie

Allgemeine Bestimmungen

Die Zahl der Serien im Sinne der Leistungsbeschreibungen der Leistungen nach den Nummern 5300 bis 5327 wird durch die Anzahl der Kontrastmittelgaben bestimmt.

Die Leistungen nach den Nummern 5300, 5302, 5303, 5305 bis 5313, 5315, 5316, 5318, 5324, 5325, 5327, 5329 bis 5331, 5338 und 5339 sind je Sitzung jeweils nur einmal berechnungsfähig.

		Punktzahl	1fach DM €	1,8fach DM €	2,5fach DM €	1,3fach DM €	UV Allg. DM €	UV Bes. DM €
5300	Serienangiographie im Bereich von Schädel, Brust- und/oder Bauchraum, eine Serie						270,00 138,05	336,00 171,79
5301	Zweite bis dritte Serie im Anschluß an die Leistung nach Nummer 5300, je Serie *Bei der angiographischen Darstellung von hirnversorgenden Arterien ist auch die vierte bis sechste Serie jeweils nach Nummer 5301 berechnungsfähig.*						54,00 27,61	67,20 34,36
5302	Weitere Serien im Anschluß an die Leistungen nach den Nummern 5300 und 5301, insgesamt						81,00 41,41	100,80 51,54
5303	Serienangiographie im Bereich von Schädel, Brust- und Bauchraum im zeitlichen Zusammenhang mit einer oder mehreren Leistungen nach den Nummern 5315 bis 5327, eine Serie						135,00 69,02	168,00 85,90
5304	Zweite bis dritte Serie im Anschluß an die Leistung nach Nummer 5303, je Serie *Bei der angiographischen Darstellung von hirnversorgenden Arterien ist auch die vierte bis sechste Serie jeweils nach Nummer 5304 berechnungsfähig.*						27,00 13,80	33,60 17,18
5305	Weitere Serien im Anschluß an die Leistungen nach den Nummern 5303 und 5304, insgesamt						40,50 20,71	50,40 25,77

		Punktzahl	1fach DM €	1,8fach DM €	2,5fach DM €	1,3fach DM €	UV Allg. DM €	UV Bes. DM €
5306	Serienangiographie im Bereich des Beckens und beider Beine, eine Serie *Neben dieser Leistung sind die Leistungen nach den Nummern 5309 bis 5312 für die Untersuchung der Beine nicht berechnungsfähig.*						270,00 138,05	336,00 171,79
5306 a	Leistung nach Nummer 5306, jedoch im zeitlichen Zusammenhang mit einer oder mehreren Leistung(en) nach den Nummern 5303 bis 5305 *Neben dieser Leistung sind die Leistungen nach den Nummern 5309 bis 5312 für die Untersuchung der Beine nicht berechnungsfähig.*						228,00 116,57	228,00 116,57
5307	Zweite Serie im Anschluß an die Leistung nach Nummer 5306 *Neben dieser Leistung sind die Leistungen nach den Nummern 5309 bis 5312 für die Untersuchung der Beine nicht berechnungsfähig.*						81,00 41,41	100,80 51,54
5307 a	Leistung nach Nummer 5307, jedoch im zeitlichen Zusammenhang mit einer oder mehreren Leistung(en) nach den Nummern 5303 bis 5305 *Neben dieser Leistung sind die Leistungen nach den Nummern 5309 bis 5312 für die Untersuchung der Beine nicht berechnungsfähig.*						68,40 34,97	68,40 34,97
5308	Weitere Serien im Anschluß an die Leistungen nach den Nummern 5306 und 5307, insgesamt *Neben dieser Leistung sind die Leistungen nach den Nummern 5309 bis 5312 für die Untersuchung der Beine nicht berechnungsfähig.*						108,00 55,22	134,40 68,72
5308 a	Leistung nach Nummer 5308, jedoch im zeitlichen Zusammenhang mit einer oder mehreren Leistung(en) nach den Nummern 5300 bis 5305. *Neben dieser Leistung sind die Leistungen nach den Nummern 5309 bis 5312 für die Untersuchung der Beine nicht berechnungsfähig.*						91,20 46,63	91,20 46,63

		Punkt-zahl	1fach DM €	1,8fach DM €	2,5fach DM €	1,3fach DM €	UV Allg. DM €	UV Bes. DM €
5309	Serienangiographie einer Extremität, eine Serie						243,00 124,24	302,40 154,61
5310	Weitere Serien im Anschluß an die Leistung nach Nummer 5309, insgesamt						81,00 41,41	100,80 51,54
5311	Serienangiographie einer weiteren Extremität im zeitlichen Zusammenhang mit der Leistung nach Nummer 5309, eine Serie						135,00 69,02	168,00 85,90
5312	Weitere Serien im Anschluß an die Leistung nach Nummer 5311, insgesamt						81,00 41,41	100,80 51,54
5313	Angiographie der Becken- und Beingefäße in Großkassetten-Technik, je Sitzung *Die Leistung nach Nummer 5313 ist neben den Leistungen nach den Nummern 5300 bis 5312 sowie 5315 bis 5339 nicht berechnungsfähig.*						108,00 55,22	134,40 68,72
5315	Angiokardiographie einer Herzhälfte, eine Serie *Die Leistung nach Nummer 5315 ist je Sitzung nur einmal berechnungsfähig.*						297,00 151,85	369,60 188,97
5316	Angiokardiographie beider Herzhälften, eine Serie *Die Leistung nach Nummer 5316 ist je Sitzung nur einmal berechnungsfähig. Neben der Leistung nach Nummer 5316 ist die Leistung nach Nummer 5315 nicht berechnungsfähig.*						405,00 207,07	504,00 257,69
5317	Zweite bis dritte Serie im Anschluß an die Leistungen nach Nummer 5315 oder 5316, je Serie						54,00 27,61	67,20 34,36
5318	Weitere Serien im Anschluß an die Leistung nach Nummer 5317, insgesamt						81,00 41,41	100,80 51,54

		Punktzahl	1fach DM €	1,8fach DM €	2,5fach DM €	1,3fach DM €	UV Allg. DM €	UV Bes. DM €
	Die Leistungen nach den Nummern 5315 bis 5318 sind neben den Leistungen nach den Nummern 5300 bis 5302 sowie 5324 bis 5327 nicht berechnungsfähig.							
5324	Selektive Koronarangiographie eines Herzkranzgefäßes oder Bypasses mittels Cinetechnik, eine Serie						324,00 165,66	403,20 206,15
	Die Leistungen nach den Nummern 5324 und 5325 sind nicht nebeneinander berechnungsfähig.							
5325	Selektive Koronarangiographie aller Herzkranzgefäße oder Bypasse mittels Cinetechnik, eine Serie						405,00 207,07	504,00 257,69
5326	Selektive Koronarangiographie eines oder aller Herzkranzgefäße im Anschluß an die Leistungen nach den Nummern 5324 oder 5325, zweite bis fünfte Serie, je Serie						54,00 27,61	67,20 34,36
5327	Zusätzliche Linksventrikulographie bei selektiver Koronarangiographie						135,00 69,02	168,00 85,90
	Die Leistungen nach den Nummern 5324 bis 5327 sind neben den Leistungen nach den Nummern 5300 bis 5302 und 5315 bis 5318 nicht berechnungsfähig.							
5328	Zuschlag zu den Leistungen nach den Nummern 5300 bis 5327 bei Anwendung der simultanen Zwei-Ebenen-Technik						136,80 69,94	136,80 69,94
	Nummer 5328 ist je Sitzung nur einmal berechnungsfähig.							
5329	Venographie im Bereich des Brust- und Bauchraums						216,00 110,44	268,80 137,44
5330	Venographie einer Extremität						101,25 51,77	126,00 64,42
5331	Ergänzende Projektion(en) (insbesondere des zentralen Abflußgebiets) im Anschluß an die Leistung nach Nummer 5330, insgesamt						27,00 13,80	33,60 17,18

		Punktzahl	1fach DM €	1,8fach DM €	2,5fach DM €	1,3fach DM €	UV Allg. DM €	UV Bes. DM €
5335	Zuschlag zu den Leistungen nach den Nummern 5300 bis 5331 bei computergestützter Analyse und Abbildung *Nummer 5335 kann je Untersuchungstag unabhängig von der Anzahl der Einzeluntersuchungen nur einmal berechnet werden.*						91,20 46,63	91,20 46,63
5338	Lymphographie, je Extremität						135,00 69,02	168,00 85,90
5339	Ergänzende Projektion(en) im Anschluß an die Leistung nach Nummer 5338 – einschließlich Durchleuchtung(en) –, insgesamt						33,75 17,26	42,00 21,47

7. Interventionelle Maßnahmen

Allgemeine Bestimmung

Die Leistungen nach den Nummern 5345 bis 5356 können je Sitzung nur einmal berechnet werden.

		Punktzahl	1fach DM €	1,8fach DM €	2,5fach DM €	1,3fach DM €	UV Allg. DM €	UV Bes. DM €
5345	Perkutane transluminale Dilatation und Rekanalisation von Arterien mit Ausnahme der Koronararterien – einschließlich Kontrastmitteleinbringungen und Durchleuchtung(en) im zeitlichen Zusammenhang mit dem gesamten Eingriff – *Neben der Leistung nach Nummer 5345 sind die Leistungen nach den Nummern 350 bis 361 sowie 5295 nicht berechnungsfähig.* *Wurde innerhalb eines Zeitraums von vierzehn Tagen vor Erbringung der Leistung nach Nummer 5345 bereits eine Leistung nach den Nummern 5300 bis 5313 berechnet, darf neben der Leistung nach Nummer 5345 für dieselbe Sitzung eine Leistung nach den Nummern 5300 bis 5313 nicht erneut berechnet werden. Im Falle der Nebeneinanderberechnung der Leistung nach Nummer 5345 neben einer Leistung nach den Nummern 5300 bis 5313 ist in der Rechnung zu bestätigen, daß in den vorhergehenden vierzehn Tagen eine Leistung nach den Nummern 5300 bis 5313 nicht berechnet wurde.*						378,00 193,27	470,40 240,51

		Punktzahl	1fach DM €	1,8fach DM €	2,5fach DM €	1,3fach DM €	UV Allg. DM €	UV Bes. DM €
5346	Zuschlag zu der Leistung nach Nummer 5345 bei Dilatation und Rekanalisation von mehr als zwei Arterien, insgesamt						81,00 41,41	100,80 51,54
	Neben der Leistung nach Nummer 5346 sind die Leistungen nach den Nummern 350 bis 361 sowie 5295 nicht berechnungsfähig.							
5348	Perkutane transluminale Dilatation und Rekanalisation von Koronararterien – einschließlich Kontrastmitteleinbringungen und Durchleuchtung(en) im zeitlichen Zusammenhang mit dem gesamten Eingriff –						513,00 262,29	638,40 326,41
	Neben der Leistung nach Nummer 5348 sind die Leistungen nach den Nummern 350 bis 361 sowie 5295 nicht berechnungsfähig. *Wurde innerhalb eines Zeitraums von vierzehn Tagen vor Erbringung der Leistung nach Nummer 5348 bereits eine Leistung nach den Nummern 5315 bis 5327 berechnet, darf neben der Leistung nach Nummer 5348 für dieselbe Sitzung eine Leistung nach den Nummern 5315 bis 5327 nicht erneut berechnet werden. Im Falle der Nebeneinanderberechnung der Leistung nach Nummer 5348 neben einer Leistung nach den Nummern 5315 bis 5327 ist in der Rechnung zu bestätigen, daß in den vorhergehenden vierzehn Tagen eine Leistung nach den Nummern 5315 bis 5327 nicht berechnet wurde.*							
5349	Zuschlag zu der Leistung nach Nummer 5348 bei Dilatation und Rekanalisation von mehr als einer Koronararterie, insgesamt						135,00 69,02	168,00 85,90
	Neben der Leistung nach Nummer 5349 sind die Leistungen nach den Nummern 350 bis 361 sowie 5295 nicht berechnungsfähig.							
5351	Lysebehandlung, als Einzelbehandlung oder ergänzend zu den Leistungen nach Nummer 2826, 5345 oder 5348 – bei einer Lysedauer von mehr als einer Stunde –						67,50 34,51	84,00 42,95

		Punktzahl	1fach DM €	1,8fach DM €	2,5fach DM €	1,3fach DM €	UV Allg. DM €	UV Bes. DM €
5352	Zuschlag zu der Leistung nach Nummer 5351 bei Lysebehandlung der hirnversorgenden Arterien						135,00 69,02	168,00 85,90
5352	Perkutane transluminale Dilatation und Rekanalisation von Venen – einschließlich Kontrastmitteleinbringungen und Durchleuchtung(en) im zeitlichen Zusammenhang mit dem gesamten Eingriff –						270,00 138,05	336,00 171,79
	Neben der Leistung nach Nummer 5353 sind die Leistungen nach den Nummern 344 bis 347, 5295 sowie 5329 bis 5331 nicht berechnungsfähig.							
5354	Zuschlag zu der Leistung nach Nummer 5353 bei Dilatation und Rekanalisation von mehr als zwei Venen, insgesamt						27,00 13,80	33,60 17,18
	Neben der Leistung nach Nummer 5354 sind die Leistungen nach den Nummern 344 bis 347, 5295 sowie 5329 bis 5331 nicht berechnungsfähig.							
5355	Einbringung von Gefäßstützen oder Anwendung alternativer Angioplastiemethoden (Atherektomie, Laser), zusätzlich zur perkutanen transluminalen Dilatation – einschließlich Kontrastmitteleinbringungen und Durchleuchtung(en) im zeitlichen Zusammenhang mit dem gesamten Eingriff –						270,00 138,05	336,00 171,79
	Neben der Leistung nach Nummer 5355 sind die Leistungen nach den Nummern 344 bis 361, 5295 sowie 5300 bis 5327 nicht berechnungsfähig.							
5356	Einbringung von Gefäßstützen oder Anwendung alternativer Angioplastiemethoden (Atherektomie, Laser), zusätzlich zur perkutanen transluminalen Dilatation einer Koronararterie – einschließlich Kontrastmitteleinbringungen und Durchleuchtung(en) im zeitlichen Zusammenhang mit dem gesamten Eingriff –						337,50 172,56	420,00 214,74

		Punktzahl	1fach DM €	1,8fach DM €	2,5fach DM €	1,3fach DM €	UV Allg. DM €	UV Bes. DM €
	Neben der Leistung nach Nummer 5356 sind die Leistungen nach den Nummern 350 bis 361, 5295, 5315 bis 5327, 5345, 5353 sowie 5355 nicht berechnungsfähig. Neben der Leistung nach Nummer 5356 ist die Leistung nach Nummer 5355 für Eingriffe an Koronararterien nicht berechnungsfähig.							
5357	Embolisation einer oder mehrerer Arterie(n) mit Ausnahme der Arterien im Kopf-Halsbereich oder Spinalkanal – einschließlich Kontrastmitteleinbringung(en) und angiographischer Kontrollen im zeitlichen Zusammenhang mit dem gesamten Eingriff –, je Gefäßgebiet						472,50 241,59	588,00 300,64
	Neben der Leistung nach Nummer 5357 sind die Leistungen nach den Nummern 350 bis 361, 5295 sowie 5300 bis 5312 nicht berechnungsfähig.							
5358	Embolisation einer oder mehrerer Arterie(n) im Kopf-Halsbereich oder Spinalkanal – einschließlich Kontrastmitteleinbringung(en) und angiographischer Kontrollen im zeitlichen Zusammenhang mit dem gesamten Eingriff –, je Gefäßgebiet						607,50 310,61	756,00 386,54
	Neben der Leistung nach Nummer 5358 sind die Leistungen nach den Nummern 350, 351, 5295 sowie 5300 bis 5305 nicht berechnungsfähig.							
5359	Embolisation der Vena spermatica – einschließlich Kontrastmitteleinbringung(en) und angiographischer Kontrollen im zeitlichen Zusammenhang mit dem gesamten Eingriff –						337,50 172,56	420,00 214,74
	Neben der Leistung nach Nummer 5359 sind die Leistungen nach den Nummern 344 bis 347, 5295 sowie 5329 bis 5331 nicht berechnungsfähig.							
5360	Embolisation von Venen – einschließlich Kontrastmitteleinbringung(en) und angiographischer Kontrollen im zeitlichen Zusammenhang mit dem gesamten Eingriff –						270,00 138,05	336,00 171,79

		Punktzahl	1fach DM €	1,8fach DM €	2,5fach DM €	1,3fach DM €	UV Allg. DM €	UV Bes. DM €
	Neben der Leistung nach Nummer 5360 sind die Leistungen nach den Nummern 344 bis 347, 5295 sowie 5329 bis 5331 nicht berechnungsfähig.							
5361	Transhepatische Drainage und/oder Dilatation von Gallengängen – einschließlich Kontrastmitteleinbringung(en) und cholangiographischer Kontrollen im zeitlichen Zusammenhang mit dem gesamten Eingriff –						351,00 179,46	436,80 223,33
	Neben der Leistung nach Nummer 5361 sind die Leistungen nach den Nummern 370, 5170 sowie 5295 nicht berechnungsfähig.							

8. Computertomographie

Allgemeine Bestimmungen

Die Leistungen nach den Nummern 5369 bis 5375 sind je Sitzung jeweils nur einmal berechnungsfähig.

Die Nebeneinanderberechnung von Leistungen nach den Nummern 5370 bis 5374 ist in der Rechnung gesondert zu begründen. Bei Nebeneinanderberechnung von Leistungen nach den Nummern 5370 bis 5374 ist der Höchstwert nach Nummer 5369 zu beachten.

							UV Allg.	UV Bes.
5369	Höchstwert für Leistungen nach den Nummern 5370 bis 5374						405,00 207,07	504,00 257,69
	Die im einzelnen erbrachten Leistungen sind in der Rechnung anzugeben.							
5370	Computergesteuerte Tomographie im Kopfbereich – gegebenenfalls einschließlich des kraniozervikalen Übergangs –						270,00 138,05	336,00 171,79
5371	Computergesteuerte Tomographie im Hals- und/oder Thoraxbereich						310,50 158,76	386,40 197,56
5372	Computergesteuerte Tomographie im Abdominalbereich						351,00 179,46	436,80 223,33
5373	Computergesteuerte Tomographie des Skeletts (Wirbelsäule, Extremitäten oder Gelenke bzw. Gelenkpaare)						256,50 131,15	319,20 163,20

		Punktzahl	1fach DM €	1,8fach DM €	2,5fach DM €	1,3fach DM €	UV Allg. DM €	UV Bes. DM €
5374	Computergesteuerte Tomographie der Zwischenwirbelräume im Bereich der Hals-, Brust- und/oder Lendenwirbelsäule – gegebenenfalls einschließlich der Übergangsregionen –						256,50 131,15	319,20 163,20
5375	Computergesteuerte Tomographie der Aorta in ihrer gesamten Länge *Die Leistung nach Nummer 5375 ist neben den Leistungen nach den Nummern 5371 und 5372 nicht berechnungsfähig.*						270,00 138,05	336,00 171,79
5376	Ergänzende computergesteuerte Tomographie(n) mit mindestens einer zusätzlichen Serie (z. B. bei Einsatz von Xenon, bei Einsatz der High-Resolution-Technik, bei zusätzlichen Kontrastmittelgaben) – zusätzlich zu den Leistungen nach den Nummern 5370 bis 5375 –						67,50 34,51	84,00 42,95
5377	Zuschlag für computergesteuerte Analyse – einschließlich speziell nachfolgender 3D-Rekonstruktion –						91,20 46,63	91,20 46,63
5378	Computergesteuerte Tomographie zur Bestrahlungsplanung oder zu interventionellen Maßnahmen *Neben oder anstelle der computergesteuerten Tomographie zur Bestrahlungsplanung oder zu interventionellen Maßnahmen sind die Leistungen nach den Nummern 5370 bis 5376 nicht berechnungsfähig.*						135,00 69,02	168,00 85,90
5380	Bestimmung des Mineralgehalts (Osteodensitometrie) von repräsentativen (auch mehreren) Skeletteilen mit quantitativer Computertomographie oder quantitativer digitaler Röntgentechnik						40,50 20,71	50,40 25,77

II. Nuklearmedizin (GOÄ/UV-GOÄ)

Allgemeine Bestimmungen

1. *Szintigraphische Basisleistung ist grundsätzlich die planare Szintigraphie mit der Gammakamera, gegebenenfalls in mehreren Sichten/Projektionen. Bei der Auswahl des anzuwendenden Radiopharmazeutikums sind wissenschaftliche Erkenntnisse und strahlenhygienische Gesichtspunkte zu berücksichtigen. Wiederholungsuntersuchungen, die nicht ausdrücklich aufgeführt sind, sind nur mit besonderer Begründung und wie die jeweilige Basisleistung berechnungsfähig.*
2. *Ergänzungsleistungen nach den Nummern 5480 bis 5485 sind je Basisleistung oder zulässiger Wiederholungsuntersuchung nur einmal berechnungsfähig. Neben Basisleistungen, die quantitative Bestimmungen enthalten, dürfen Ergänzungsleistungen für Quantifizierungen nicht zusätzlich berechnet werden. Die Leistungen nach den Nummern 5473 und 5481 dürfen nicht nebeneinander berechnet werden. Die Leistungen nach den Nummern 5473, 5480, 5481 und 5483 sind nur mit Angabe der Indikation berechnungsfähig.*
3. *Die Befunddokumentation, die Aufbewahrung der Datenträger sowie die Befundmitteilung oder der einfache Befundbericht mit Angaben zu Befund(en) und zur Diagnose sind Bestandteil der Leistungen und nicht gesondert berechnungsfähig.*
4. *Die Materialkosten für das Radiopharmazeutikum (Nuklid, Markierungs- oder Testbestecke) sind gesondert berechnungsfähig. Kosten für Beschaffung, Aufbereitung, Lagerung und Entsorgung der zur Untersuchung notwendigen Substanzen, die mit ihrer Anwendung verbraucht sind, sind nicht gesondert berechnungsfähig.*
5. *Die Einbringung von zur Diagnostik erforderlichen Stoffen in den Körper – mit Ausnahme der Einbringung durch Herzkatheter, Arterienkatheter, Subokzipitalpunktion oder Lumbalpunktion – sowie die gegebenenfalls erforderlichen Entnahmen von Blut oder Urin sind mit den Gebühren abgegolten, soweit zu den einzelnen Leistungen dieses Abschnitts nichts anderes bestimmt ist.*
6. *Die Einbringung von zur Therapie erforderlichen radioaktiven Stoffen in den Körper – mit Ausnahme der intraartikulären, intralymphatischen, endoskopischen oder operativen Einbringungen des Strahlungsträgers oder von Radionukliden – ist mit den Gebühren abgegolten, soweit zu den einzelnen Leistungen dieses Abschnitts nichts anderes bestimmt ist.*
7. *Rechnungsbestimmungen*
   a) *Der Arzt darf nur die für den Patienten verbrauchte Menge an radioaktiven Stoffen berechnen.*
   b) *Bei der Berechnung von Leistungen nach Abschnitt O II sind die Untersuchungs- und Behandlungsdaten der jeweils eingebrachten Stoffe sowie die Art der ausgeführten Maßnahmen in der Rechnung anzugeben, sofern nicht durch die Leistungsbeschreibung eine eindeutige Definition gegeben ist.*

1. Diagnostische Leistungen (In-vivo-Untersuchungen)
a. Schilddrüse

		Punktzahl	1fach DM €	1,8fach DM €	2,5fach DM €	1,3fach DM €	UV Allg. DM €	UV Bes. DM €
5400*	Szintigraphische Untersuchung (Schilddrüse) – gegebenenfalls einschließlich Darstellung dystoper Anteile –	350	39,90 20,40	71,82 36,72	99,75 51,00	51,87 26,52	47,25 24,16	58,80 30,06

* Reduzierter Gebührenrahmen

		Punktzahl	1fach DM €	1,8fach DM €	2,5fach DM €	1,3fach DM €	UV Allg. DM €	UV Bes. DM €
5401*	Szintigraphische Untersuchung (Schilddrüse) – einschließlich quantitativer Untersuchung –, mit Bestimmung der globalen, gegebenenfalls auch der regionalen Radionuklidaufnahme in der Schilddrüse mit Gammakamera und Meßwertverarbeitungssystem als Jodidclearance-Äquivalent – einschließlich individueller Kalibrierung und Qualitätskontrolle (z. B. Bestimmung der injizierten Aktivität) –	1300	148,20 75,77	266,76 136,39	370,50 189,43	192,66 98,51	175,50 89,73	218,40 111,67
5402*	Radiojodkurztest bis zu 24 Stunden (Schilddrüse) – gegebenenfalls einschließlich Blutaktivitätsbestimmungen und/oder szintigraphischer Untersuchung(en) –	1000	114,– 58,29	205,20 104,92	285,– 145,72	148,20 75,77	135,00 69,02	168,00 85,90
	Die Leistungen nach den Nummern 5400 bis 5402 sind nicht nebeneinander berechnungsfähig.							
5403*	Radiojodtest (Schilddrüse) vor Radiojodtherapie mit ^{131}J mit mindestens drei zeitlichen Meßpunkten, davon zwei später als 24 Stunden nach Verabreichung – gegebenenfalls einschließlich Blutaktivitätsbestimmungen –	1200	136,80 69,95	246,24 125,90	342,– 174,86	177,84 90,93	162,00 82,83	201,60 103,08
	Die Leistungen nach den Nummern 5402 und 5403 sind nicht nebeneinander berechnungsfähig.							

b. Gehirn

		Punktzahl	1fach DM €	1,8fach DM €	2,5fach DM €	1,3fach DM €	UV Allg. DM €	UV Bes. DM €
5410*	Szintigraphische Untersuchung des Gehirns	1200	136,80 69,95	246,24 125,90	342,– 174,86	177,84 90,93	162,00 82,83	201,60 103,08
5411*	Szintigraphische Untersuchung des Liquorraums	900	102,60 52,46	184,68 94,43	256,50 131,15	133,38 68,20	121,50 62,12	151,20 77,31
	Für die Leistung nach Nummer 5411 sind zwei Wiederholungsuntersuchungen zugelassen, davon eine später als 24 Stunden nach Einbringung(en) des radioaktiven Stoffes.							

* Reduzierter Gebührenrahmen

		Punktzahl	1fach DM €	1,8fach DM €	2,5fach DM €	1,3fach DM €	UV Allg. DM €	UV Bes. DM €
c. Lunge								
5415*	Szintigraphische Untersuchung der Lungenperfusion – mindestens vier Sichten/Projektionen –, insgesamt ...	1300	148,20 75,77	266,76 136,39	370,50 189,43	192,66 98,51	175,50 89,73	218,40 111,67
5416*	Szintigraphische Untersuchung der Lungenbelüftung mit Inhalation radioaktiver Gase, Aerosole oder Stäube .	1300	148,20 75,77	266,76 136,39	370,50 189,43	192,66 98,51	175,50 89,73	218,40 111,67
d. Herz								
5420*	Radionuklidventrikulographie mit quantitativer Bestimmung von mindestens Auswurffraktion und regionaler Wandbewegung in Ruhe – gegebenenfalls einschließlich EKG im zeitlichen Zusammenhang mit der Untersuchung –	1200	136,80 69,95	246,24 125,90	342,– 174,86	177,84 90,93	162,00 82,83	201,60 103,08
5421*	Radionuklidventrikulographie als kombinierte quantitative Mehrfachbestimmung von mindestens Auswurffraktion und regionaler Wandbewegung in Ruhe und unter körperlicher oder pharmakologischer Stimulation – gegebenenfalls einschließlich EKG im zeitlichen Zusammenhang mit der Untersuchung –	3800	433,20 221,49	779,76 398,69	1083,– 553,73	563,16 287,94	513,00 262,29	638,40 326,41
	Neben der Leistung nach Nummer 5421 ist bei zusätzlicher Erste-Passage-Untersuchung die Leistung nach Nummer 5473 berechnungsfähig.							
5422*	Szintigraphische Untersuchung des Myokards mit myokardaffinen Tracern in Ruhe – gegebenenfalls einschließlich EKG im zeitlichen Zusammenhang mit der Untersuchung –	1000	114,– 58,29	205,20 104,92	285,– 145,72	148,20 75,77	135,00 69,02	168,00 85,90
	Die Leistungen nach den Nummern 5422 und 5423 sind nicht nebeneinander berechnungsfähig.							
5423*	Szintigraphische Untersuchung des Myokards mit myokardaffinen Tracern unter körperlicher oder pharmakologischer Stimulation – gegebenenfalls einschließlich EKG im zeitlichen Zusammenhang mit der Untersuchung –	2000	228,– 116,58	410,40 209,83	570,– 291,44	296,40 151,55	270,00 138,05	336,00 171,79

* Reduzierter Gebührenrahmen

		Punktzahl	1fach DM €	1,8fach DM €	2,5fach DM €	1,3fach DM €	UV Allg. DM €	UV Bes. DM €
5424*	Szintigraphische Untersuchung des Myokards mit myokardaffinen Tracern in Ruhe und unter körperlicher oder pharmakologischer Stimulation – gegebenenfalls einschließlich EKG im zeitlichen Zusammenhang mit der Untersuchung –	2800	319,20 163,20	574,56 293,77	798,– 408,01	414,96 212,17	378,00 193,27	470,40 240,51
	Neben der Leistung nach Nummer 5424 sind die Leistungen nach den Nummern 5422 und/oder 5423 nicht berechnungsfähig.							

e. Knochen- und Knochenmarkszintigraphie

		Punktzahl	1fach DM €	1,8fach DM €	2,5fach DM €	1,3fach DM €	UV Allg. DM €	UV Bes. DM €
5425*	Ganzkörperskelettszintigraphie, Schädel und Körperstamm in zwei Sichten/ Projektionen – einschließlich der proximalen Extremitäten, gegebenenfalls einschließlich der distalen Extremitäten –	2250	256,50 131,15	461,70 236,06	641,25 327,87	333,45 170,49	303,75 155,30	378,00 193,27
5426*	Teilkörperskelettszintigraphie – gegebenenfalls einschließlich der kontralateralen Seite –	1260	143,64 73,44	258,55 132,20	359,10 183,61	186,73 95,48	170,10 86,97	211,68 108,23
5427*	Zusätzliche szintigraphische Abbildung des regionalen Blutpools (Zwei-Phasenszintigraphie) – mindestens zwei Aufnahmen –	400	45,60 23,32	82,08 41,97	114,– 58,29	59,28 30,31	54,00 27,61	67,20 34,36
5428*	Ganzkörperknochenmarkszintigraphie, Schädel und Körperstamm in zwei Sichten/Projektionen – einschließlich der proximalen Extremitäten, gegebenenfalls einschließlich der distalen Extremitäten –	2250	256,50 131,15	461,70 236,06	641,25 327,87	333,45 170,49	303,75 155,30	378,00 193,27

f. Tumorszintigraphie

Tumorszintigraphie mit radioaktiv markierten unspezifischen Tumormarkern (z. B. Radiogallium oder -thallium), metabolischen Substanzen (auch ^{131}J), Rezeptorsubstanzen oder monoklonalen Antikörpern

		Punktzahl	1fach DM €	1,8fach DM €	2,5fach DM €	1,3fach DM €	UV Allg. DM €	UV Bes. DM €
5430*	eine Region	1200	136,80 69,95	246,24 125,90	342,– 174,86	177,84 90,93	162,00 82,83	201,60 103,08

* Reduzierter Gebührenrahmen

		Punktzahl	1fach DM €	1,8fach DM €	2,5fach DM €	1,3fach DM €	UV Allg. DM €	UV Bes. DM €
5431*	Ganzkörper (Stamm und/oder Extremitäten)	2250	256,50 131,15	461,70 236,06	641,25 327,87	333,45 170,49	303,75 155,30	378,00 193,27

Für die Untersuchung mehrerer Regionen ist die Leistung nach Nummer 5430 nicht mehrfach berechnungsfähig.
Für die Leistung nach Nummer 5430 sind zwei Wiederholungsuntersuchungen zugelassen, davon eine später als 24 Stunden nach Einbringung der Testsubstanz(en).
Die Leistungen nach den Nummern 5430 und 5431 sind nicht nebeneinander berechnungsfähig.

g. Nieren

		Punktzahl	1fach DM €	1,8fach DM €	2,5fach DM €	1,3fach DM €	UV Allg. DM €	UV Bes. DM €
5440*	Nierenfunktionsszintigraphie mit Bestimmung der quantitativen Ganzkörper-Clearance und der Einzelnieren-Clearance – gegebenenfalls einschließlich Blutaktivitätsbestimmungen und Vergleich mit Standards –	2800	319,20 163,20	574,56 293,77	798,– 408,01	414,96 212,17	378,00 193,27	470,40 240,51
5441*	Perfusionsszintigraphie der Nieren – einschließlich semiquantitativer oder quantitativer Auswertung –	1600	182,40 93,26	328,32 167,87	456,– 233,15	237,12 121,24	216,00 110,44	268,80 137,44
5442*	Statische Nierenszintigraphie	600	68,40 34,97	123,12 62,95	171,– 87,43	88,92 45,46	81,00 41,41	100,80 51,54

Die Leistungen nach den Nummern 5440 bis 5442 sind je Sitzung nur einmal und nicht nebeneinander berechnungsfähig.

		Punktzahl	1fach DM €	1,8fach DM €	2,5fach DM €	1,3fach DM €	UV Allg. DM €	UV Bes. DM €
5443*	Zusatzuntersuchung zu den Leistungen nach den Nummern 5440 oder 5441 – mit Angabe der Indikation (z. B. zusätzliches Radionephrogramm als Einzel- oder Wiederholungsuntersuchung, Tiefenkorrektur durch Verwendung des geometrischen Mittels, Refluxprüfung, forcierte Diurese) –	700	79,80 40,80	143,64 73,44	199,50 102,00	103,74 53,04	94,50 48,32	117,60 60,13
5444*	Quantitative Clearanceuntersuchungen der Nieren an Sondenmeßplätzen – gegebenenfalls einschließlich Registrierung mehrerer Kurven und Blutaktivitätsbestimmungen –	1000	114,– 58,29	205,20 104,92	285,– 145,72	148,20 75,77	135,00 69,02	168,00 85,90

* Reduzierter Gebührenrahmen

		Punktzahl	1fach DM €	1,8fach DM €	2,5fach DM €	1,3fach DM €	UV Allg. DM €	UV Bes. DM €
	Neben der Leistung nach Nummer 5444 ist die Leistung nach Nummer 5440 nicht berechnungsfähig.							

h. Endokrine Organe

5450*	Szintigraphische Untersuchung von endokrin aktivem Gewebe – mit Ausnahme der Schilddrüse –	1000	114,– 58,29	205,20 104,92	285,– 145,72	148,20 75,77	135,00 69,02	168,00 85,90
	Das untersuchte Gewebe ist in der Rechnung anzugeben. *Für die Leistung nach Nummer 5450 sind zwei Wiederholungsuntersuchungen zugelassen, davon eine später als 24 Stunden nach Einbringung der radioaktiven Substanz(en).* *Die Leistung nach Nummer 5450 ist neben den Leistungen nach den Nummern 5430 und 5431 nicht berechnungsfähig.*							

i. Gastrointestinaltrakt

5455*	Szintigraphische Untersuchung im Bereich des Gastrointestinaltrakts (z. B. Speicheldrüsen, Ösophagus-Passage – gegebenenfalls einschließlich gastralem Reflux und Magenentleerung –, Gallenwege – gegebenenfalls einschließlich Gallenreflux –, Blutungsquellensuche, Nachweis eines Meckel'schen Divertikels)	1300	148,20 75,77	266,76 136,39	370,50 189,43	192,66 98,51	175,50 89,73	218,40 111,67
5456*	Szintigraphische Untersuchung von Leber und/oder Milz (z. B. mit Kolloiden, gallengängigen Substanzen, Erythrozyten), in mehreren Ebenen	1300	148,20 75,77	266,76 136,39	370,50 189,43	192,66 98,51	175,50 89,73	218,40 111,67

j. Hämatologie, Angiologie

5460*	Szintigraphische Untersuchung von großen Gefäßen und/oder deren Stromgebieten – gegebenenfalls einschließlich der kontralateralen Seite –	900	102,60 52,46	184,68 94,43	256,50 131,15	133,38 68,20	121,50 62,12	151,20 77,31
	Die Leistung nach Nummer 5460 ist neben der Leistung nach Nummer 5473 nicht berechnungsfähig.							

* Reduzierter Gebührenrahmen

		Punktzahl	1fach DM €	1,8fach DM €	2,5fach DM €	1,3fach DM €	UV Allg. DM €	UV Bes. DM €
5461*	Szintigraphische Untersuchung von Lymphabflußgebieten an Stamm und/oder Kopf und/oder Extremitäten – gegebenenfalls einschließlich der kontralateralen Seite –	2200	250,80 128,23	451,44 230,82	627,– 320,58	326,04 166,70	297,00 151,85	369,60 188,97
5462*	Bestimmung von Lebenszeit und Kinetik zellulärer Blutbestandteile – einschließlich Blutaktivitätsbestimmungen –	2200	250,80 128,23	451,44 230,82	627,– 320,58	326,04 166,70	297,00 151,85	369,60 188,97
5463*	Zuschlag zu der Leistung nach Nummer 5462, bei Bestimmung des Abbauorts	500	57,– 29,14	102,60 52,46	142,50 72,86	74,10 37,89	67,50 34,51	84,00 42,95
	Szintigraphische Suche nach Entzündungsherden oder Thromben mit Radiogallium, markierten Eiweißen, Zellen oder monoklonalen Antikörpern							
5465*	eine Region	1260	143,64 73,44	258,55 132,20	359,10 183,61	186,73 95,48	170,10 86,97	211,68 108,23
5466*	Ganzkörper (Stamm und Extremitäten)	2250	256,50 131,15	461,70 236,06	641,25 327,87	333,45 170,49	303,75 155,30	378,00 193,27

Für die Untersuchung mehrerer Regionen ist die Leistung nach Nummer 5465 nicht mehrfach berechnungsfähig.
Für die Leistungen nach den Nummern 5462 bis 5466 sind zwei Wiederholungsuntersuchungen zugelassen, davon eine später als 24 Stunden nach Einbringung der Testsubstanz(en).

k. Resorptions- und Exkretionsteste

		Punktzahl	1fach DM €	1,8fach DM €	2,5fach DM €	1,3fach DM €	UV Allg. DM €	UV Bes. DM €
5470*	Nachweis und/oder quantitative Bestimmung von Resorption, Exkretion oder Verlust von körpereigenen Stoffen (durch Bilanzierung nach radioaktiver Markierung) und/oder von radioaktiv markierten Analoga, in Blut, Urin, Faeces oder Liquor – einschließlich notwendiger Radioaktivitätsmessungen über dem Verteilungsraum –	950	108,30 55,37	194,94 99,67	270,75 138,43	140,79 71,99	128,25 65,57	159,60 81,60

* Reduzierter Gebührenrahmen

		Punktzahl	1fach DM €	1,8fach DM €	2,5fach DM €	1,3fach DM €	UV Allg. DM €	UV Bes. DM €

l. Sonstige

5472*	Szintigraphische Untersuchungen (z. B. von Hoden, Tränenkanälen, Augen, Tuben) oder Funktionsmessungen (z. B. Ejektionsfraktion mit Meßsonde) ohne Gruppenzuordnung – auch nach Einbringung eines Radiopharmazeutikums in eine Körperhöhle –	950	108,30 55,37	194,94 99,67	270,75 138,43	140,79 71,99	128,25 65,57	159,60 81,60
5473*	Funktionsszintigraphie – einschließlich Sequenzszintigraphie und Erstellung von Zeit-Radioaktivitätskurven aus ROI und quantifizierender Berechnung (z. B. von Transitzeiten, Impulsratenquotienten, Perfusionsindex, Auswurffraktion aus Erster-Radionuklid-Passage) –	900	102,60 52,46	184,68 94,43	256,50 131,15	133,38 68,20	121,50 62,12	151,20 77,31
	Die Leistung nach Nummer 5473 ist neben den Leistungen nach den Nummern 5460 und 5481 nicht berechnungsfähig.							
5474*	Nachweis inkorporierter unbekannter Radionuklide	1350	153,90 78,69	277,02 141,64	384,75 196,72	200,07 102,29	182,25 93,18	226,80 115,96

m. Mineralgehalt

5475*	Quantitative Bestimmung des Mineralgehalts im Skelett (Osteodensitometrie) in einzelnen oder mehreren repräsentativen Extremitäten- oder Stammskelettabschnitten mittels Dual-Photonen-Absorptionstechnik	300	34,20 17,49	61,56 31,48	85,50 43,72	44,46 22,73	40,50 20,71	50,40 25,77

n. Ergänzungsleistungen

Allgemeine Bestimmung (GOÄ)

Die Ergänzungsleistungen nach den Nummern 5480 bis 5485 sind nur mit dem einfachen Gebührensatz berechnungsfähig.

5480*	Quantitative Bestimmung von Impulsen/Impulsratendichte (Fläche, Pixel, Voxel) mittels Gammakamera mit Meßwertverarbeitung – mindestens zwei ROI –	750	85,50 43,72	– –	– –	– –	85,50 43,72	85,50 43,72

* Reduzierter Gebührenrahmen

		Punktzahl	1fach DM €	1,8fach DM €	2,5fach DM €	1,3fach DM €	UV Allg. DM €	UV Bes. DM €
5481*	Sequenzszintigraphie – mindestens sechs Bilder in schneller Folge –	680	77,52 39,64	– –	– –	– –	77,52 39,64	77,52 39,64
5483*	Subtraktionsszintigraphie oder zusätzliche Organ- oder Blutpoolszintigraphie als anatomische Ortsmarkierung	680	77,52 39,64	– –	– –	– –	77,52 39,64	77,52 39,64
5484*	In-vitro-Markierung von Blutzellen (z. B. Erythrozyten, Leukozyten, Thrombozyten), – einschließlich erforderlicher In-vitro-Qualitätskontrollen –	1300	148,20 75,77	– –	– –	– –	148,20 75,77	148,20 75,77
5485*	Messung mit dem Ganzkörperzähler – gegebenenfalls einschließlich quantitativer Analysen von Gammaspektren –	980	111,72 57,12	– –	– –	– –	111,72 57,12	111,72 57,12

o. Emissions-Computer-Tomographie

		Punktzahl	1fach DM €	1,8fach DM €	2,5fach DM €	1,3fach DM €	UV Allg. DM €	UV Bes. DM €
5486*	Single-Photonen-Emissions-Computertomographie (SPECT) mit Darstellung in drei Ebenen	1200	136,80 69,95	246,24 125,90	342,– 174,86	177,84 90,93	162,00 82,83	201,60 103,08
5487*	Single-Photonen-Emissions-Computertomographie (SPECT) mit Darstellung in drei Ebenen und regionaler Quantifizierung	2000	228,– 116,58	410,40 209,83	570,– 291,44	296,40 151,55	270,00 138,05	336,00 171,79
5488*	Positronen-Emissions-Tomographie (PET) – gegebenenfalls einschließlich Darstellung in mehreren Ebenen – . .	6000	684,– 349,72	1231,20 629,50	1710,– 874,31	889,20 454,64	810,00 414,15	1008,00 515,38
5489*	Positronen-Emissions-Tomographie (PET) mit quantifizierender Auswertung – gegebenenfalls einschließlich Darstellung in mehreren Ebenen – . .	7500	855,– 437,16	1539,– 786,88	2137,50 1092,89	1111,50 568,30	1012,50 517,68	1260,00 644,23

2. Therapeutische Leistungen (Anwendung offener Radionuklide)

		Punktzahl	1fach DM €	1,8fach DM €	2,5fach DM €	1,3fach DM €	UV Allg. DM €	UV Bes. DM €
5600*	Radiojodtherapie von Schilddrüsenerkrankungen	2480	282,72 144,55	508,90 260,20	706,80 361,38	367,54 187,92	334,80 171,18	416,64 213,02
5602*	Radiophosphortherapie bei Erkrankungen der blutbildenden Organe . . .	1350	153,90 78,69	277,02 141,64	384,75 196,72	200,07 102,29	182,25 93,18	226,80 115,96

* Reduzierter Gebührenrahmen

		Punkt-zahl	1fach DM / €	1,8fach DM / €	2,5fach DM / €	1,3fach DM / €	UV Allg. DM / €	UV Bes. DM / €
5603*	Behandlung von Knochenmetastasen mit knochenaffinen Radiopharmazeutika	1080	123,12 62,95	221,62 113,31	307,80 157,38	160,06 81,84	145,80 74,55	181,44 92,77
5604*	Instillation von Radiopharmazeutika in Körperhöhlen, Gelenke oder Hohlorgane	2700	307,80 157,38	554,04 283,28	769,50 393,44	400,14 204,59	364,50 186,37	453,60 231,92
5605*	Tumorbehandlung mit radioaktiv markierten, metabolisch aktiven oder rezeptorgerichteten Substanzen oder Antikörpern	2250	256,50 131,15	461,70 236,06	641,25 327,87	333,45 170,49	303,75 155,30	378,00 193,27
5606*	Quantitative Bestimmung der Therapieradioaktivität zur Anwendung eines individuellen Dosiskonzepts – einschließlich Berechnungen auf Grund von Vormessungen – *Die Leistung nach Nummer 5606 ist nur bei Zugrundeliegen einer Leistung nach den Nummern 5600, 5603 und/ oder 5605 berechnungsfähig.*	900	102,60 52,46	184,68 94,43	256,50 131,15	133,38 68,20	121,50 62,12	151,20 77,31
5607*	Posttherapeutische Bestimmung von Herddosen – einschließlich Berechnungen auf Grund von Messungen der Kinetik der Therapieradioaktivität – *Die Leistung nach Nummer 5607 ist nur bei Zugrundeliegen einer Leistung nach den Nummern 5600, 5603 und/ oder 5605 berechnungsfähig.*	1620	184,68 94,43	332,42 169,97	461,70 236,06	240,08 122,75	218,70 111,82	272,16 139,15

* Reduzierter Gebührenrahmen

III. Magnetresonanztomographie (GOÄ/UV-GOÄ)

Allgemeine Bestimmungen (GOÄ)

Die Leistungen nach den Nummern 5700 bis 5735 sind je Sitzung jeweils nur einmal berechnungsfähig.

Die Nebeneinanderberechnung von Leistungen nach den Nummern 5700 bis 5730 ist in der Rechnung besonders zu begründen. Bei Nebeneinanderberechnung von Leistungen nach den Nummern 5700 bis 5730 ist der Höchstwert nach Nummer 5735 zu beachten.

Allgemeine Bestimmungen (UV-GOÄ)

Die Leistungen nach den Nummern 5700 bis 5735 sind je Sitzung jeweils nur einmal berechnungsfähig.

Die Nebeneinanderberechnung von Leistungen nach den Nummern 5700 bis 5730 ist in der Rechnung besonders zu begründen. Bei Nebeneinanderberechnung von Leistungen nach den Nummern 5700 bis 5730 ist der Höchstwert nach Nummer 5735 zu beachten.

Leistungen nach den Nummern 5700 bis 5735 können dann ausgeführt und abgerechnet werden, wenn der Arzt die Genehmigung zur Durchführung kernspintomographischer Leistungen in der vertragsärztlichen Versorgung besitzt.

		Punktzahl	1fach DM €	1,8fach DM €	2,5fach DM €	1,3fach DM €	UV Allg. DM €	UV Bes. DM €
5700*	Magnetresonanztomographie im Bereich des Kopfes – gegebenenfalls einschließlich des Halses –, in zwei Projektionen, davon mindestens eine Projektion unter Einschluß T2-gewichteter Aufnahmen	4400	501,60 256,46	902,88 461,64	1254,– 641,16	652,08 333,40	594,00 303,71	739,20 377,95
5705*	Magnetresonanztomographie im Bereich der Wirbelsäule, in zwei Projektionen	4200	478,80 244,81	861,84 440,65	1197,– 612,02	622,44 318,25	567,00 289,90	705,60 360,77
5715*	Magnetresonanztomographie im Bereich des Thorax – gegebenenfalls einschließlich des Halses –, der Thoraxorgane und/oder der Aorta in ihrer gesamten Länge	4300	490,20 250,64	882,36 451,14	1225,50 626,59	637,26 325,83	580,50 296,80	722,40 369,36
5720*	Magnetresonanztomographie im Bereich des Abdomens und/oder des Beckens	4400	501,60 256,46	902,88 461,64	1254,– 641,16	652,08 333,40	594,00 303,71	739,20 377,95
5721*	Magnetresonanztomographie der Mamma(e)	4000	456,– 233,15	820,80 419,67	1140,– 582,87	592,80 303,09	540,00 276,10	672,00 343,59
5729*	Magnetresonanztomographie eines oder mehrerer Gelenke oder Abschnitte von Extremitäten	2400	273,60 139,89	492,48 251,80	684,– 349,72	355,68 181,86	324,00 165,66	403,20 206,15

* Reduzierter Gebührenrahmen

		Punktzahl	1fach DM €	1,8fach DM €	2,5fach DM €	1,3fach DM €	UV Allg. DM €	UV Bes. DM €
5730*	Magnetresonanztomographie einer oder mehrerer Extremität(en) mit Darstellung von mindestens zwei großen Gelenken einer Extremität .... *Neben der Leistung nach Nummer 5730 ist die Leistung nach Nummer 5729 nicht berechnungsfähig.*	4000	456,– 233,15	820,80 419,67	1140,– 582,87	592,80 303,09	540,00 276,10	672,00 343,59
5731*	Ergänzende Serie(n) zu den Leistungen nach den Nummern 5700 bis 5730 (z. B. nach Kontrastmitteleinbringung, Darstellung von Arterien als MR-Angiographie)	1000	114,– 58,29	205,20 104,92	285,– 145,72	148,20 75,77	135,00 69,02	168,00 85,90
5732*	Zuschlag zu den Leistungen nach den Nummern 5700 bis 5730 für Positionswechsel und/oder Spulenwechsel .... *Der Zuschlag nach Nummer 5732 ist nur mit dem einfachen Gebührensatz berechnungsfähig.*	1000	114,– 58,29	– –	– –	– –		
5732	Zuschlag zu den Leistungen nach den Nummern 5700 bis 5730 für Positionswechsel und/oder Spulenwechsel						114,00 58,29	114,00 58,29
5733*	Zuschlag für computergesteuerte Analyse (z. B. Kinetik, 3D-Rekonstruktion) .... *Der Zuschlag nach Nummer 5733 ist nur mit dem einfachen Gebührensatz berechnungsfähig.*	800	91,20 46,63			– –		
5733	Zuschlag für computergesteuerte Analyse (z. B. Kinetik, 3D-Rekonstruktion)						91,20 46,63	91,20 46,63
5735*	Höchstwert für Leistungen nach den Nummern 5700 bis 5730 .... *Die im einzelnen erbrachten Leistungen sind in der Rechnung anzugeben.*	6000	684,– 349,72	1231,20 629,50	1710,– 874,31	889,20 454,64	810,00 414,15	1008,00 515,38

* Reduzierter Gebührenrahmen

IV. Strahlentherapie (GOÄ/UV-GOÄ)

Allgemeine Bestimmungen

1. Eine Bestrahlungsserie umfaßt grundsätzlich sämtliche Bestrahlungsfraktionen bei der Behandlung desselben Krankheitsfalls, auch wenn mehrere Zielvolumina bestrahlt werden.

2. Eine Bestrahlungsfraktion umfaßt alle für die Bestrahlung eines Zielvolumens erforderlichen Einstellungen, Bestrahlungsfelder und Strahleneintrittsfelder. Die Festlegung der Ausdehnung bzw. der Anzahl der Zielvolumina und Einstellungen muß indikationsgerecht erfolgen.

3. Eine mehrfache Berechnung der Leistungen nach den Nummern 5800, 5810, 5831 bis 5833, 5840 und 5841 bei der Behandlung desselben Krankheitsfalls ist nur zulässig, wenn wesentliche Änderungen der Behandlung durch Umstellung der Technik (z. B. Umstellung von Stehfeld auf Pendeltechnik, Änderung der Energie und Strahlenart) oder wegen fortschreitender Metastasierung, wegen eines Tumorrezidivs oder wegen zusätzlicher Komplikationen notwendig werden. Die Änderungen sind in der Rechnung zu begründen.

4. Bei Berechnung einer Leistung für Bestrahlungsplanung sind in der Rechnung anzugeben: die Diagnose, das/die Zielvolumen/ina, die vorgesehene Bestrahlungsart und -dosis sowie die geplante Anzahl von Bestrahlungsfraktionen.

		Punktzahl	1fach DM €	1,8fach DM €	2,5fach DM €	1,3fach DM €	UV Allg. DM €	UV Bes. DM €
	1. Strahlenbehandlung dermatologischer Erkrankungen							
5800*	Erstellung eines Bestrahlungsplans für die Strahlenbehandlung nach den Nummern 5802 bis 5806, je Bestrahlungsserie	250	28,50 14,57	51,30 26,23	71,25 36,43	37,05 18,94	33,75 17,26	42,00 21,47
	Der Bestrahlungsplan nach Nummer 5800 umfaßt Angaben zur Indikation und die Beschreibung des zu bestrahlenden Volumens, der vorgesehenen Dosis, der Fraktionierung und der Strahlenschutzmaßnahmen und gegebenenfalls die Fotodokumentation.							
	Orthovoltstrahlenbehandlung (10 bis 100 kV Röntgenstrahlen)							
5802*	Bestrahlung von bis zu zwei Bestrahlungsfeldern bzw. Zielvolumina, je Fraktion	200	22,80 11,66	41,04 20,98	57,– 29,14	29,64 15,16	27,00 13,80	33,60 17,18
5803*	Zuschlag zu der Leistung nach Nummer 5802 bei Bestrahlung von mehr als zwei Bestrahlungsfeldern bzw. Zielvolumina, je Fraktion	100	11,40 5,83	– –	– –	– –		

* Reduzierter Gebührenrahmen

		Punktzahl	1fach DM €	1,8fach DM €	2,5fach DM €	1,3fach DM €	UV Allg. DM €	UV Bes. DM €
	Der Zuschlag nach Nummer 5803 ist nur mit dem einfachen Gebührensatz berechnungsfähig. Die Leistungen nach den Nummern 5802 und 5803 sind für die Bestrahlung flächenhafter Dermatosen jeweils nur einmal berechnungsfähig.							
5803	Zuschlag zu der Leistung nach Nummer 5802 bei Bestrahlung von mehr als zwei Bestrahlungsfeldern bzw. Zielvolumina, je Fraktion						11,40 5,83	11,40 5,83
	Die Leistungen nach den Nummern 5802 und 5803 sind für die Bestrahlung flächenhafter Dermatosen jeweils nur einmal berechnungsfähig.							
5805*	Strahlenbehandlung mit schnellen Elektronen, je Fraktion	1000	114,– 58,29	205,20 104,92	285,– 145,72	148,20 75,77	135,00 69,02	168,00 85,90
5806*	Strahlenbehandlung der gesamten Haut mit schnellen Elektronen, je Fraktion ...	2000	228,– 116,58	410,40 209,83	570,– 291,44	296,40 151,55	270,00 138,05	336,00 171,79

2. Orthovolt- oder Hochvoltstrahlenbehandlung

		Punktzahl	1fach DM €	1,8fach DM €	2,5fach DM €	1,3fach DM €	UV Allg. DM €	UV Bes. DM €
5810*	Erstellung eines Bestrahlungsplans für die Strahlenbehandlung nach den Nummern 5812 und 5813, je Bestrahlungsserie	200	22,80 11,66	41,04 20,98	57,– 29,14	29,64 15,16	27,00 13,80	33,60 17,18
	Der Bestrahlungsplan nach Nummer 5810 umfaßt Angaben zur Indikation und die Beschreibung des zu bestrahlenden Volumens, der vorgesehenen Dosis, der Fraktionierung und der Strahlenschutzmaßnahmen und gegebenenfalls die Fotodokumentation.							
5812*	Orthovolt- (100 bis 400 kV Röntgenstrahlen) oder Hochvoltstrahlenbehandlung bei gutartiger Erkrankung, je Fraktion	190	21,66 11,08	38,99 19,93	54,15 27,69	28,16 14,40	25,65 13,11	31,92 16,32
	Bei Bestrahlung mit einem Telecaesiumgerät wegen einer bösartigen Erkrankung ist die Leistung nach Nummer 5812 je Fraktion zweimal berechnungsfähig.							
5813*	Hochvoltstrahlenbehandlung von gutartigen Hypophysentumoren oder der endokrinen Orbitopathie, je Fraktion .	900	102,60 52,46	184,68 94,43	256,50 131,15	133,38 68,20	121,50 62,12	151,20 77,31

* Reduzierter Gebührenrahmen

3. Hochvoltstrahlenbehandlung bösartiger Erkrankungen (mindestens 1 MeV)

Allgemeine Bestimmungen

Die Leistungen nach den Nummern 5834 bis 5837 sind grundsätzlich nur bei einer Mindestdosis von 1,5 Gy im Zielvolumen berechnungsfähig. Muß diese im Einzelfall unterschritten werden, ist für die Berechnung dieser Leistungen eine besondere Begründung erforderlich.

Bei Bestrahlungen von Systemerkrankungen oder metastasierten Tumoren gilt als ein Zielvolumen derjenige Bereich, der in einem Großfeld (z. B. Mantelfeld, umgekehrtes Y-Feld) bestrahlt werden kann.

Die Kosten für die Anwendung individuell geformter Ausblendungen (mit Ausnahme der Kosten für wiederverwendbares Material) und/oder Kompensatoren oder für die Anwendung individuell gefertigter Lagerungs- und/oder Fixationshilfen sind gesondert berechnungsfähig.

		Punktzahl	1fach DM €	1,8fach DM €	2,5fach DM €	1,3fach DM €	UV Allg. DM €	UV Bes. DM €
5831*	Erstellung eines Bestrahlungsplans für die Strahlenbehandlung nach den Nummern 5834 bis 5837, je Bestrahlungsserie	1500	171,– 87,43	307,80 157,38	427,50 218,58	222,30 113,66	202,50 103,54	252,00 128,85
	Der Bestrahlungsplan nach Nummer 5831 umfaßt Angaben zur Indikation und die Beschreibung des Zielvolumens, der Dosisplanung, der Berechnung der Dosis im Zielvolumen, der Ersteinstellung einschließlich Dokumentation (Feldkontrollaufnahme).							
5832*	Zuschlag zu der Leistung nach Nummer 5831 bei Anwendung eines Simulators und Anfertigung einer Körperquerschnittszeichnung oder Benutzung eines Körperquerschnitts anhand vorliegender Untersuchungen (z. B. Computertomogramm), je Bestrahlungsserie	500	57,– 29,14	– –	– –	– –		
	Der Zuschlag nach Nummer 5832 ist nur mit dem einfachen Gebührensatz berechnungsfähig.							
5832	Zuschlag zu der Leistung nach Nummer 5831 bei Anwendung eines Simulators und Anfertigung einer Körperquerschnittszeichnung oder Benutzung eines Körperquerschnitts anhand vorliegender Untersuchungen (z. B. Computertomogramm), je Bestrahlungsserie						57,00 29,14	57,00 29,14

* Reduzierter Gebührenrahmen

		Punktzahl	1fach DM €	1,8fach DM €	2,5fach DM €	1,3fach DM €	UV Allg. DM €	UV Bes. DM €
5833*	Zuschlag zu der Leistung nach Nummer 5831 bei individueller Berechnung der Dosisverteilung mit Hilfe eines Prozeßrechners, je Bestrahlungsserie	2000	228,– 116,58	– –	– –	– –		
	Der Zuschlag nach Nummer 5833 ist nur mit dem einfachen Gebührensatz berechnungsfähig.							
5833	Zuschlag zu der Leistung nach Nummer 5831 bei individueller Berechnung der Dosisverteilung mit Hilfe eines Prozeßrechners, je Bestrahlungsserie						228,00 116,57	228,00 116,57
5834*	Bestrahlung mittels Telekobaltgerät mit bis zu zwei Strahleneintrittsfeldern – gegebenenfalls unter Anwendung von vorgefertigten, wiederverwendbaren Ausblendungen –, je Fraktion ...	720	82,08 41,97	147,74 75,54	205,20 104,92	106,70 54,56	97,20 49,70	120,96 61,85
5835*	Zuschlag zu der Leistung nach Nummer 5834 bei Bestrahlung mit Großfeld oder von mehr als zwei Strahleneintrittsfeldern, je Fraktion	120	13,68 7,00	24,62 12,59	34,20 17,49	17,78 9,09	16,20 8,28	20,16 10,31
5836*	Bestrahlung mittels Beschleuniger mit bis zu zwei Strahleneintrittsfeldern – gegebenenfalls unter Anwendung von vorgefertigten, wiederverwendbaren Ausblendungen –, je Fraktion	1000	114,– 58,29	205,20 104,92	285,– 145,72	148,20 75,77	135,00 69,02	168,00 85,90
5837*	Zuschlag zu der Leistung nach Nummer 5836 bei Bestrahlung mit Großfeld oder von mehr als zwei Strahleneintrittsfeldern, je Fraktion	120	13,68 7,00	24,62 12,59	34,20 17,49	17,78 9,09	16,20 8,28	20,16 10,31

* Reduzierter Gebührenrahmen

4. Brachytherapie mit umschlossenen Radionukliden

Allgemeine Bestimmungen

Der Arzt darf nur die für den Patienten verbrauchte Menge an radioaktiven Stoffen berechnen.

Bei der Berechnung von Leistungen nach Abschnitt O IV 4 sind die Behandlungsdaten der jeweils eingebrachten Stoffe sowie die Art der ausgeführten Maßnahmen in der Rechnung anzugeben, sofern nicht durch die Leistungsbeschreibung eine eindeutige Definition gegeben ist.

Nr.	Leistung	Punktzahl	1fach DM / €	1,8fach DM / €	2,5fach DM / €	1,3fach DM / €	UV Allg. DM / €	UV Bes. DM / €
5840*	Erstellung eines Bestrahlungsplans für die Brachytherapie nach den Nummern 5844 und/oder 5846, je Bestrahlungsserie	1500	171,– 87,43	307,80 157,38	427,50 218,58	222,30 113,66	202,50 103,54	252,00 128,85
	Der Bestrahlungsplan nach Nummer 5840 umfaßt Angaben zur Indikation, die Berechnung der Dosis im Zielvolumen, die Lokalisation und Einstellung der Applikatoren und die Dokumentation (Feldkontrollaufnahmen).							
5841*	Zuschlag zu der Leistung nach Nummer 5840 bei individueller Berechnung der Dosisverteilung mit Hilfe eines Prozeßrechners, je Bestrahlungsserie	2000	228,– 116,58	– –	– –	– –	228,00 116,57	228,00 116,57
	Der Zuschlag nach Nummer 5841 ist nur mit dem einfachen Gebührensatz berechnungsfähig.							
5842*	Brachytherapie an der Körperoberfläche – einschließlich Bestrahlungsplanung, gegebenenfalls einschließlich Fotodokumentation –, je Fraktion	300	34,20 17,49	61,56 31,48	85,50 43,72	44,46 22,73	40,50 20,71	50,40 25,77
5844*	Intrakavitäre Brachytherapie, je Fraktion	1000	114,– 58,29	205,20 104,92	285,– 145,72	148,20 75,77	135,00 69,02	168,00 85,90
5846*	Interstitielle Brachytherapie, je Fraktion	2100	239,40 122,40	430,92 220,33	598,50 306,01	311,22 159,12	283,50 144,95	352,80 180,38

5. Besonders aufwendige Bestrahlungstechniken

Nr.	Leistung	Punktzahl	1fach DM / €	1,8fach DM / €	2,5fach DM / €	1,3fach DM / €	UV Allg. DM / €	UV Bes. DM / €
5851*	Ganzkörperstrahlenbehandlung vor Knochenmarktransplantation – einschließlich Bestrahlungsplanung –	6900	786,60 402,18	1415,88 723,93	1966,50 1005,46	1022,58 522,84	931,50 476,27	1159,20 592,69

* Reduzierter Gebührenrahmen

		Punktzahl	1fach DM €	1,8fach DM €	2,5fach DM €	1,3fach DM €	UV Allg. DM €	UV Bes. DM €
	Die Leistung nach Nummer 5851 ist unabhängig von der Anzahl der Fraktionen insgesamt nur einmal berechnungsfähig.							
5852*	Oberflächen-Hyperthermie, je Fraktion	1000	114,– 58,29	– –	– –	– –	135,00 69,02	168,00 85,90
5853*	Halbtiefen-Hyperthermie, je Fraktion .	2000	228,– 116,58	– –	– –	– –	270,00 138,05	336,00 171,79
5854*	Tiefen-Hyperthermie, je Fraktion	2490	283,86 145,14	– –	– –	– –	336,15 171,87	418,32 213,88
	Die Leistungen nach den Nummern 5852 bis 5854 sind nur in Verbindung mit einer Strahlenbehandlung oder einer regionären intravenösen oder intraarteriellen Chemotherapie und nur mit dem einfachen Gebührensatz berechnungsfähig.							
5855*	Intraoperative Strahlenbehandlung mit Elektronen	6900	786,60 402,18	1415,88 723,93	1966,50 1005,46	1022,58 522,84	931,50 476,27	1159,20 592,69

* Reduzierter Gebührenrahmen

P. Sektionsleistungen (GOÄ/UV-GOÄ)

Für die Abrechnung zwischen UV-Träger und Pathologen gilt das sogenannte Pathologenabkommen vom 09.11.1990 – Stand 01.07.92 –

		Punktzahl	1fach DM €	2,3fach DM €	3,5fach DM €	1,7fach DM €	UV Allg. DM €	UV Bes. DM €
6000	Vollständige innere Leichenschau – einschließlich Leichenschaubericht und pathologisch-anatomischer Diagnose –	1710	194,94 99,67	448,36 229,24	682,29 348,85	331,40 169,44		
6001	Vollständige innere Leichenschau, die zusätzliche besonders zeitaufwendige oder umfangreiche ärztliche Verrichtungen erforderlich macht (z. B. ausgedehnte Untersuchung des Knochensystems oder des peripheren Gefäßsystems mit Präparierung und/oder Untersuchung von Organen bei fortschreitender Zersetzung mit bereits wesentlichen Fäulniserscheinungen) – einschließlich Leichenschaubericht und pathologisch-anatomischer Diagnose –	2300	262,20 134,06	603,06 308,34	917,70 469,21	445,74 227,90		
6002	Vollständige innere Leichenschau einer exhumierten Leiche am Ort der Exhumierung – einschließlich Leichenschaubericht und pathologisch-anatomischer Diagnose –	3200	364,80 186,52	839,04 429,00	1276,80 652,82	620,16 317,08		
6003	Innere Leichenschau, die sich auf Teile einer Leiche und/oder auf einzelne Körperhöhlen beschränkt – einschließlich Leichenschaubericht und pathologisch-anatomischer Diagnose –	739	84,25 43,07	193,77 99,07	294,86 150,76	143,23 73,23		
6010	Makroskopische neuropathologische Untersuchung des Zentralnervensystems (Gehirn, Rückenmark) einer Leiche – einschließlich Organschaubericht und pathologisch-anatomischer Diagnose –	400	45,60 23,32	104,88 53,62	159,60 81,60	77,52 39,64		
6015	Mikroskopische Untersuchung von Organen (Haut, Muskel, Leber, Niere, Herz, Milz, Lunge) nach innerer Leichenschau – einschließlich Beurteilung des Befundes –, je untersuchtes Organ	242	27,59 14,11	63,45 32,44	96,56 49,37	46,90 23,98		

		Punktzahl	1fach DM €	2,3fach DM €	3,5fach DM €	1,7fach DM €	UV Allg. DM €	UV Bes. DM €
6016	Mikroskopische Untersuchung eines Knochens nach innerer Leichenschau – einschließlich Beurteilung des Befundes –, je Knochen	300	34,20 17,49	78,66 40,22	119,70 61,20	58,14 29,73		
6017	Mikroskopische Untersuchung von vier oder mehr Knochen nach innerer Leichenschau – einschließlich Beurteilung des Befundes –	1045	119,13 60,91	274,– 140,09	416,96 213,19	202,52 103,55		
6018	Mikroskopische Untersuchung von Nerven oder Rückenmark oder Gehirn nach innerer Leichenschau – einschließlich des Befundes –	300	34,20 17,49	78,66 40,22	119,70 61,20	58,14 29,73		

Verzeichnis der Analogen Bewertungen der Bundesärztekammer (GOÄ)

Stand September 1998

Gemäß § 6 Abs. 2 GOÄ können selbständige, nicht im Gebührenverzeichnis aufgeführte ärztliche Leistungen entsprechend einer nach Art, Kosten und Zeitaufwand gleichwertigen Leistung des Gebührenverzeichnisses berechnet werden. Mit der zum 1. Januar 1996 in Kraft getretenen vierten Änderungsverordnung zur GOÄ wurden die von der Bundesärztekammer empfohlenen analogen Bewertungen weitgehend in das Gebührenverzeichnis aufgenommen. Auf der Grundlage der vierten Änderungsverordnung hat die Bundesärztekammer dann seit dem 1. Januar 1996 weitere analoge Bewertungen beschlossen. Diese analogen Bewertungen, die mit dem Bundesminister für Gesundheit, dem Bundesministerium des Innern und dem Verband der privaten Krankenversicherung abgestimmt wurden, sind nachfolgend wiedergegeben.
Für die Abrechnung mit den gesetzlichen Unfallversicherungsträgern (Berufsgenossenschaften) gelten die „Analogen Bewertungen" nicht. Die entsprechenden Leistungen können dort entweder (noch) nicht abgerechnet werden (nachfolgend gekennzeichnet mit „–") oder sind im Leistungsverzeichnis gesondert ausgewiesen (gekennzeichnet mit „[1]").

		Punktzahl	1fach DM €	2,3-/1,8fach DM €	3,5-/2,5fach DM €	1,7fach DM €	UV Allg. DM €	UV Bes. DM €
A 36	Strukturierte Schulung einer Einzelperson mit einer Mindestdauer von 20 Min. bei Asthma bronchiale, Hypertonie – einschließlich Evaluation zur Qualitätssicherung zum Erlernen und Umsetzen des Behandlungsmanagements, einschließlich Auswertung standardisierter Fragebögen, je Sitzung analog: Nr. 33	300	34,20 17,49	78,66 40,22	119,70 61,20	58,14 29,73		
A 72	Vorläufiger Entlassungsbericht im Krankenhaus analog: Nr. 70	40	4,56 2,33	10,49 5,36	15,96 8,16	7,75 3,96		
A 353	Einbringung des Kontrastmittels mittels intraarterieller Hochdruckinjektion zur selektiven Arteriographie (z.B. Nierenarterie), einschließlich Röntgenkontrolle und ggf. einschließlich fortlaufender EKG-Kontrolle, je Arterie analog: Nr. 351	500	57,00 29,14	113,10 67,03	199,50 102,00	96,90 49,54		
A 409	A-Bild-Sonographie analog: Nr. 410	200	22,80 11,66	52,44 26,81	79,80 40,80	38,76 19,82		

		Punkt-zahl	1fach DM €	2,3-/ 1,8fach DM €	3,5-/ 2,5fach DM €	1,7fach DM €	UV Allg. DM €	UV Bes. DM €
A 482	Relaxometrie während und/oder nach einer Allgemeinanästhesie bei Vorliegen von die Wirkungsdauer von Muskelrelaxantien verändernden Vorerkrankungen (z.B. ACE-Hemmer-Mangel) oder gravierenden pathophysiologischen Zuständen (z.B. Unterkühlung) analog: Nr. 832	158	18,01 9,21	41,42 21,18	63,04 32,23	30,62 10,13		
A 496	Drei-in-eins-Block, Knie- oder Fußblock analog: Nr. 476	380	43,32 22,15	99,64 50,94	151,62 77,52	73,64 24,36		
A 618	H2-Atemtest (z.B. Laktosetoleranztest), einschließlich Verabreichung der Testsubstanz, Probeentnahmen und Messungen der H2-Konzentration, einschließlich Kosten analog: Nr. 617	341	38,87 19,88	69,97 45,72	97,18 69,57	50,53 21,86		
A 619	Durchführung des 13C-Harnstoff-Atemtest, einschließlich Verabreichung der Testsubstanz und Probeentnahmen analog: Nr. 615	227	25,88 13,23	46,58 30,43	64,70 46,31	33,64 14,55		
A 658	Hochverstärktes Oberflächen-EKG aus drei orthogonalen Ableitungen mit Signalermittlung zur Analyse ventrikulärer Spätpotentiale im Frequenz- und Zeitbereich (Spätpotential-EKG) analog: Nr. 652	445	50,73 25,94	116,68 59,66	177,56 90,78	86,24 28,53		
A 704	Analtonometrie analog: Nr. 1791	148	16,87 8,63	38,80 19,84	59,05 30,19	28,68 9,49		
A 795	Kipptisch-Untersuchung mit kontinuierlicher EKG- und Blutdruckregistrierung analog: Nr. 648	605	68,97 35,26	158,63 81,11	241,40 123,42	117,25 38,79		

		Punktzahl	1fach DM €	2,3-/ 1,8fach DM €	3,5-/ 2,5fach DM €	1,7-/ 1,1fach DM €	UV Allg. DM €	UV Bes. DM €
A 796	Ergometrische Funktionsprüfung mittels Fahrrad- oder Laufbandergometer (physikalisch definierte und reproduzierbare Belastungsstufen), einschließlich Dokumentation analog: Nr. 650	152	17,33 8,86	31,19 20,38	43,33 31,01	22,53 9,75		
A 888	Psychiatrische Behandlung zur Reintegration eines Erwachsenen mit psychopathologisch definiertem Krankheitsbild als Gruppenbehandlung (in Gruppen von 3 bis 8 Teilnehmern) durch syndrombezogene verbale Intervention als therapeutische Konsequenz aus den dokumentierten Ergebnissen der selbsterbrachten Leistung nach Nr. 801, Dauer mindestens 50 Minuten, je Teilnehmer und Sitzung analog: Nr. 887	200	22,80 11,66	52,44 26,81	79,80 40,80	38,76 12,82		
A 1157	Chorionzottenbiopsie, transvaginal oder transabdominal unter Ultraschallsicht analog: Nr. 1158	739	84,25 43,07	193,78 99,07	294,88 150,76	143,23 47,38		
A 1716	Spaltung einer Harnröhrenstriktur unter Sicht (z.B. nach Sachse) analog: Nr. 1802	739	84,25 43,07	193,78 99,07	294,88 150,76	143,23 47,38		
A 1833a	Wechsel eines suprapubischen Harnblasenfistelkatheters, einschl. Spülung, Katheterfixation und Verband analog: Nr. 1833	237	27,02 13,81	62,15 15,89	94,57 17,96	45,93 15,20		

		Punktzahl	1fach DM €	1,15fach DM €	1,3fach DM €	1,1fach DM €	UV Allg. DM €	UV Bes. DM €
A 3732	Troponin-T-Schnelltest analog: Nr. 3741	200	22,80 11,66	26,22 13,41	29,64 15,16	25,08 12,82		
A 3733	Trockenchemische Bestimmung von Theophyllin analog: Nr. 3736	120	13,68 7,00	15,73 8,04	17,78 9,09	15,05 7,69		
A 3734	Qualitativer immunologischer Nachweis von Albumin im Stuhl analog: Nr. 3736	120	13,68 7,00	15,73 8,04	17,78 9,09	15,05 7,69		
A 3757	Eiweißuntersuchung aus eiweißarmen Flüssigkeiten (z.B. Liquor-, Gelenk- oder Pleurapunktat) analog: Nr. 3760	70	7,98 4,08	9,18 4,69	10,37 5,30	8,78 4,49		
A 4463	Qualitative Bestimmung von Antikörpern mittels Ligandenassay – gegebenenfalls einschließlich Doppelbestimmung und aktueller Bezugskurve analog: Nr. 4462	230	26,22 13,41	30,15 15,42	34,09 17,43	28,84 14,75		

Sachverzeichnis

zur Gebührenordnung und zum Gebührenverzeichnis mit Ausnahme des Kapitels M (Laboratoriumsuntersuchungen).

Die Paragraphen mit dem Zusatz (GOÄ) beziehen sich auf die Gebührenordnung für Ärzte, diejenigen mit dem Zusatz (V) auf den Vertrag Ärzte/Unfallversicherungsträger.

Die Zahlen beziehen sich auf die Nummern des Gebührenverzeichnisses GOÄ/UV-GOÄ.

In dem nachfolgenden Sachverzeichnis sind auch solche Untersuchungs- und Behandlungsverfahren aufgeführt, die im Gebührenverzeichnis für ärztliche Leistungen der GOÄ nicht ausdrücklich erwähnt werden. Auf der Grundlage der GOÄ stehen zwei Möglichkeiten zur Verfügung, derartige Verfahren mit bestimmten Nummern des Leistungsverzeichnisses in Verbindung zu bringen:

1. Zuordnung

Besondere Ausführungen einer im Gebührenverzeichnis beschriebenen Leistung sind eben dieser Leistung nummernmäßig zuzuordnen. Auch neuartige Verfahren, die Modifikationen von bestehenden Leistungsansätzen des Gebührenverzeichnisses darstellen, sind in diesem Sinne zuzuordnen. Dies gilt auch für den Fall, dass mit dem Einsatz derart modifizierter Verfahren ein gegenüber der im Gebührenverzeichnis beschriebenen Ausgangsleistung höherer Schwierigkeitsgrad bzw. größerer Zeitaufwand verbunden ist. Derartige Besonderheiten berechtigen also nicht zur Anwendung der analogen Bewertung gemäß § 6, sondern können lediglich über die Anwendung des Gebührenrahmens nach § 5, ggf. – bei entsprechender Begründung – mit Überschreitung des sog. Schwellenwertes, Berücksichtigung finden. Davon unberührt bleibt die Möglichkeit der Anwendung des Gebührenrahmens aufgrund der sich im Einzelfall ergebenden Umstände bei der Leistungserbringung bzw. der Schwierigkeit des Krankheitsfalles. Im nachfolgenden Sachverzeichnis sind derartige Leistungen, die von der Methodik her eine andersartige, zumeist schwierigere und zeitaufwendigere Ausführung der im Gebührenverzeichnis genannten Ausgangsleistung darstellen, mit dem Klammerzusatz „M" (für „Modifikation") gekennzeichnet.

2. Entsprechende (analoge) Bewertung

Gemäß § 6 Abs. 2 GOÄ können selbstständige, nicht im Gebührenverzeichnis aufgeführte ärztliche Leistungen entsprechend einer nach Art, Kosten und Zeitaufwand gleichwertigen Leistung des Gebührenverzeichnisses berechnet werden. Zum 1. Januar 1996 wurden die bis dahin von der Bundesärztekammer empfohlenen analogen Bewertungen in das Gebührenverzeichnis der GOÄ übernommen. Die Bundesärztekammer hat die nachstehend aufgeführten Empfehlungen für analoge Bewertungen beschlossen.

Im Sachverzeichnis werden Empfehlungen für analoge Bewertungen mit dem Klammerzusatz „§ 6" gekennzeichnet.

A

B

C

F

H

I

N

O

Q

R

S

T

W

X

Z

Sachverzeichnis (Labor)

zu Kapitel M (Laboratoriumsuntersuchungen) des Gebührenverzeichnisses.

Für die speziellen Laboratoriumsuntersuchungen (Abschnitte M III und M IV) sind die Stichworte auf Oberbegriffe und ausgesuchte Laboratoriumsuntersuchungen begrenzt. Die Leistungen des Abschnitts M I (Vorhalteleistungen in der eigenen, niedergelassenen Praxis) sind mit „(E)“ gekennzeichnet.